锦天城法律实务丛书

ALLBRIGHT
LAW OFFICES
锦天城

金融机构

FINANCIAL INSTITUTION

Participate in the Legal Practice of Internet Loan Assistance

参与互联网助贷

法律实务

李宪明　林先海 / 著

法律出版社 LAW PRESS · CHINA

序一

服务实体经济是金融的宗旨。未来一段时期，提升金融科技水平，增强金融普惠性，是我国构建金融有效支持实体经济的体制机制的基本内容。金融科技的发展已成为我国金融业务创新的重要工具。传统金融业务的结构、理念和模式在金融科技的应用过程中不断调整、优化，正在经历一个由量变到质变的过程。

在存贷款业务中，传统的银行存款业务一般限于柜台办理，其业务规模较难提升，而应用金融科技发展的互联网存款业务则可以协助各偏远地区小银行大规模快速揽储。传统小额贷款业务发展存在效率低、成本高的障碍，即便在国家不断出台各种政策予以鼓励的背景下仍难获得较快发展，而应用金融科技发展的互联网助贷等小额贷款业务成为了各机构竞相争取的香饽饽。互联网助贷业务的发展能够在一定程度上缓解分配不均，抑制财富垄断，降低资金集聚效应，推动需求侧改革的深入发展。

金融科技解决了传统金融业务的一些难题，成为我国现阶段发展普惠金融的重要手段，但其同时也带来了不少新的问题。首先，金融科技的应用会加剧金融业务的系统性风险传导。不同金融业务模式在相互融合的同时，业务风险也可能跨区域、跨行业扩散。互联网助贷业务链条中的资金供给、资金划转及贷款资产再次流转等任一环节发生风险，均有可能引发连锁反应，引发系统性兑付危机。其次，金融科技的应用会导致寡头垄断风险。尤其是头部互联网平台企业不断利用其市场地位扩大业务领域，从银行牌照到第三方支付牌照、消费金融牌照、小额贷款牌照，逐步实现全牌照发展，垂直整合金融产业，对金融发展的影响力及控制力不断扩大。这种状况不利于各类市场主体平等参与市场竞争，不利于金融科技业务健康平稳的发展。最后，金融科技应用中金融消费者权益保护不足问题会加剧金融业务的风险。目前，我国金融消费者的信用观念比较淡薄、金融风险意识和风险识别能力较差，金融素质水平明显落后于金融业的发展，金融知识依然匮乏，以致金融违约现象和非理性投资行为频发。在金融科技应用过程中，这一问题尤为突出，金融消费者权益保护显得尤其重要，保护不当则可能加剧金融业务的风险。

为了解决金融科技应用带来的问题，充分发挥金融科技服务于实体经济发展的重要作用，监管部门需要对金融科技进行有效监管和引导。首先，监管部门应遵循包容审慎的监管原则进行监管。监管与创新并不完全对立，金融创新应获得鼓励，滥用金融创新名义从事非法金融活动的行为应被禁止。金融科技监管，既要包容创新发展，又要审慎控制风险。其次，针对互联网金融的特点进行有效监管。金融科技公司能够发挥其丰富的数据资源优势和强大的数据处理能力，为金融活动提供平台服务。比较于传统的金融资产，科技平台企业的数据资产具有更强的公共属性，对其法律规制和监管应当区别于传统的金融企业和金融资产。在对科技平台企业和数据资产进行明晰的产权界定基础上，应当研究通过经济、行政或法律等非产权控制方式对互联网金融活动进行有效的规范、调控，发挥其应有的作用。再次，更新监管技术，运用科技手段监管互联网金融科技的应用。金融科技正在重构金融监管与互联网金融活动之间的逻辑，一些新兴业态游离于传统的金融监管体系之外，出现了监管的缺失，产生诸如金融稳定、数据隐私保护、技术与数据垄断等问题。监管金融科技要对其科技属性与经济属性同时进行监管，准确穿透识别金融科技背后的业务模式、商业模式和经济逻辑，对违反市场规则和金融规律的行为及时进行规范。最后，监管部门应注意防范系统性金融风险。金融科技业务具有快速发展的特性，其风险在短期内无法充分暴露，最终可能因风险集中爆发，进而引发金融危机等系统性风险。例如，金融科技业务违规导致的合规风险、头部互联网公司垄断市场导致的垄断风险、风控策略失效导致的不良资产风险等等。监管部门应充分利用监管科技精准防范金融风险，引导金融机构及其他参与机构落实服务实体经济的准则。

序一

本书作者结合日常工作中的研究成果，全面总结了丰富的金融科技法律服务实践经验，从法律实务的角度系统梳理、解释和论证了互联网助贷业务的基本原理、法律基础、业务模式与风险防范等问题，是一部既有理论性又具有实务价值的著作。本书观点鲜明，资料翔实，言之有据，丰富了我国互联网助贷活动的研究成果。应作者之邀，欣然为序，推荐给广大读者。

①

2020年12月

① 蔡鄂生，原中国银行业监督管理委员会副主席、党委委员，北方新金融研究院院长。

序二

金融科技应用在金融领域，对于提高金融业务效率、促进金融业务发展具有重要的作用，不但强化了金融的资金融通功能，创新出更普及的金融产品，甚至聚集成新的金融业态。在法律层面，金融科技的应用催生了新的法律主体，形成了新的法律关系，同时，也导致了新的法律纠纷，出现新的法律风险等问题。近年来，银行、信托公司、消费金融公司等金融机构广泛参与的互联网助贷业务便是金融科技应用的重要体现。互联网助贷解决了传统的金融机构发放小额贷款，及个人、小微企业获得小额贷款服务等需求方面存在的效率低、成本高的严重问题，孕育了助贷机构、数据服务机构、获客服务机构、支付服务机构、催收机构等新的法律主体，形成了金融机构与该等主体之间新的法律关系，但也出现了高利贷、暴力催收、多头借贷、个人信息滥用等新的法律问题。对此，我们需要以新的法律思维和法律制度解决问题，以满足新的需求。

完善互联网助贷业务法律制度，我们需要从创新立法理念、构建基础性法律制度、更新监管体系、建立风险防范制度等角度多措并举。首先，创新立法理念。互联网助贷业务是在市场需求推动下发展起来的一种金融创新活动，法律制度的刚性约束与助贷活动的创新发展之间需要建立一种动态的平衡关系。例如，借鉴引进沙盒监管、柔性监管等机制；运用互联网科技等技术手段，通过行业协会等自律组织形成行业风险管控机制，规范和引导互联网助贷机构的行为。其次，构建基础性法律制度。包括建立适应互联网助贷业务创新发展的准入制度；针对高度的信息不对称、长尾投资者等特点完善信息披露制度；建立能够全面评价互联网助贷业务风险程度，提供可靠量化指标的风险评估制度；健全社会信用体系，在完善企业和个人信用信息基础数据库系统的基础上，引导发展信用的资信认证、等级评估、咨询服务等业务，为提高资金配置效率提供必要的信用工具。再次，更新监管体系。互联网助贷业务是在分业经营体制下发展起来的一种混业经营金融模式，传统的分业监管体制已经不能适应混业监管需要，金融监管机构与信息、科技、公安、工商行政等部门应当分工合作，信息共享，避免监管漏洞，提高监管效率。在监管方式上，机构监管与功能监管应相互结合，审慎监管和行为监管应适度平衡。最后,建立互联网助贷业务风险防范制度。金融业是高风险行业，互联网助贷业务等金融科技的应用更加强化了金融风险。例如，头部助贷机构集中对接众多金融机构，其业务模式的同质性可能导致发生风险时引发金融机构的系统性风险；金融科技应用的计算机信息系统漏洞、技术瑕疵等问题亦可能导致金融业务过程中资金、信息等存在安全风险。这些金融科技应用导致的风险都需要完善的法律制度进行防范。

本书中，李宪明律师、林先海律师结合其丰富的业务实践经验，从法律实务的角度分享了互联网助贷业务这一具体金融科技应用业务的相关问题，对于法律研究、金融实践、监管指导均具有重要的参考价值。本书研究了互联网助贷的概念、特点、原理以及历史沿革，从宏观法律法规及微观法律法规两个维度分析了互联网助贷业务的法律基础，从业务实践的角度总结了互联网助贷业务的主要模式，并提示了互联网助贷业务的主要法律风险以及相应的防范措施，最后总结了互联网助贷业务的问题、成因以及解决建议。本书的一些观点和建议来源于作者的法律业务实践，同时，引用了大量司法判例及市场公开业务案例进行论述，便于快速理解互联网助贷业务的重点问题及难点问题。本书通过理论阐释、案例分析系统研究了互联网助贷业务的法律问题，既包括对互联网助贷业务前沿理论问题的探讨，也有对法律实务操作问题的详尽解答。

本书的面世恰逢其时，是作者法律服务实践积累的总结，也是我国金融机构参与互联网助贷业务法律实务的全景式描述，是一项开拓性的工作。作者身为律师，笔耕不辍，乐业敬业，也是我主编的《金融法律评论》座上宾。值此出版之际，特作序推荐给读者。

吴弘[①]

2020年12月

① 吴弘，华东政法大学经济法学院教授，博士生导师，上海市法学会金融法研究会会长。

前言

“这是一个最好的时代，也是一个最坏的时代”，这是狄更斯在《双城记》开头用来描述当时社会环境的一段经典语句，在互联网盛行之初便被各界用来形容互联网的发展境况，而如今我们用这句话来形容互联网助贷业务的发展现状依然恰到好处。

互联网助贷业务伴随着金融与科技的融合应运而生，在千回百折中艰难前行。2015年、2016年，一贯不做小额业务的信托公司开始通过互联网助贷业务模式参与消费金融、小微经营贷款等小额贷款业务。2017年，银保监会发布《小额贷款公司网络小额贷款业务风险专项整治实施方案》等系列文件开始整顿网络小额贷款业务乱象，并发布《关于规范整顿“现金贷”业务的通知》整顿现金贷业务（涉及互联网助贷业务）。2017年，最高人民法院发布司法指导性文件将金融机构适用的贷款利率上限调整为与民间借贷一致，改变了自2004年开始人民银行关于金融机构利率不设上限的规定。2018年，P2P业务集中爆雷，整改为互联网助贷机构成为P2P平台的主要退路。2019年，监管部门发布《关于开展App违法违规收集使用个人信息专项治理的公告》等系列文件，开始整顿违法违规收集、使用个人信息的行为，互联网助贷平台利用收集个人信息进行风控的业务环节受到一定影响。2019年，司法部门集中打击暴力催收的违法行为，暴力催收机构合作的业务涉及互联网助贷业务。2020年，银保监会发布《商业银行互联网贷款管理暂行办法》，互联网贷款及互联网助贷均有了明确的法律依据。2020

年，民间借贷司法解释做出重大修改，司法保护的借款利率上限大幅下调，并且溯及既往，金融机构参与的互联网助贷业务存在被要求适用的可能性。2020年，小额贷款公司融资杠杆提升至5倍，这对小额贷款公司而言属于相对利好。其间，司法部门和监管部门的多个典型执法案例成为重磅案例，每个重磅案例均令互联网助贷业务各参与机构对于业务发展方向不知所措。

互联网助贷业务的业务逻辑是借助金融科技进行的多方业务合作，金融机构利用助贷机构的技术优势突破了发展消费金融的高成本困境，并一定程度上解决了小微企业融资难的问题。这对于类似于消费金融及小微企业融资的同质化业务效率的提高意义重大，用发展的眼光来看，互联网助贷业务在一定时间内必然会对经济发展产生重大的正面影响，但是，应当看到，类似于“高利贷”“暴力催收”“多头借贷”“个人信息滥用”等系列负面效应也会蔓延滋生。在法治社会，我们需要利用法律工具来规范互联网助贷业务，发挥其正面功能，抑制其负面效应。对此，我们需要立法部门、司法部门、监管部门，以及金融机构、其他参与机构、律师事务所等中介服务机构由上至下的共同努力。

首先，立法部门应该利用具体问题具体分析的思路制定法律法规，在控制负面效应的同时，还应当考虑互联网助贷业务等新兴业务涉及的特殊问题，在短期内可以予以特殊支持。例如，在2020年民间借贷司法解释大幅下调司法支持的利率上限后，关于金融机构是否适用的问题引起强烈关注及讨论，立法部门应当充分考虑互联网助贷业务等小额业务涉及的特殊困境，明确规定金融机构与民间借贷区别适用。

其次，司法部门应该在充分考虑司法效果的情况下斟酌裁判结果，慎重使用自由裁量权。互联网助贷业务发展以来，司法部门裁判了一些典型案例，例如，平安普惠涉刑案、信托公司非法放贷案、平安银行民间借贷案等，每个案例都引起业内广泛讨论。这些案例在一定程度上存在着如何衡量金融机构与借款人利益保护的限度等问题。

再次，监管部门应该利用监管科技对互联网助贷业务实施包容审慎的监管原则。“让子弹飞一会儿”的“假阴性错误”监管逻辑可以在一定程度上促进互联网助贷业务的发展，但是，也需要避免类似“P2P爆雷”的恶性事件集中爆发。充分利用监管科技，在包容的前提下，对互联网助贷业务各参与机构进行事前监管、实时监管，有利于互联网助贷业务等新金融的发展。

最后，金融机构作为互联网助贷业务的核心参与者与主要风险承担主体，应当对于法律风险、商务风险等隐患进行提前预防，避免类似“日本武富士公司”的惨剧发生在我国金融机构身上，避免因科技应用导致的系统性风险在我国金融系统发生。

此外，律师作为互联网助贷业务的专业法律服务提供者，亦有义务加强互联网助贷业务等新金融业务法律问题的研究，并分享法律实务经验，以协助立法、司法、监管等部门及金融机构等机构防范法律风险。本书就此诞生，我们希望以此书研究成果为我国的互联网助贷业务等新金融贡献微薄的一份力量。

李宪明[①]

林先海[②]

2020 年 12 月于上海中心大厦

读者交流群

购书读者微信搜索关注“金融赛博谈”(微信号:FinancialCyberlaw)并留言“互联网助贷”，验证后可加入读者交流群。

---

① 上海市锦天城律师事务所高级合伙人。

② 上海市锦天城律师事务所资深律师。

目·录

第一章 互联网助贷概述

第二章 互联网助贷的法律基础

第四章 互联网助贷的法律风险及防范措施

第五章 互联网助贷的问题、成因及建议

第一章 互联网助贷概述

小额贷款等普惠金融具有信息不对称、借款人信用无法量化、借款金融小、投入成本高、利润低等特点，相较于金融机构传统贷款业务有明显劣势，因此，小额贷款等普惠金融自诞生以来，基本是在国家政策鼓励与支持以及金融机构发展社会公益的环境下存续。例如，我国 2008 年发布《中国银行业监督管理委员会、中国人民银行关于小额贷款公司试点的指导意见》（银监发〔2008〕23 号），鼓励小额信贷的发展，并于 2015 年发布《国务院关于印发〈推进普惠金融发展规划（2016—2020 年）〉的通知》（国发〔2015〕74 号），推进普惠金融的发展。随着掌握贷款技术与金融科技的助贷机构的出现，金融机构参与小额贷款等普惠金融业务越来越多，助贷（尤其是互联网助贷）逐步成为了普惠金融发展的重要路径。

第一节 互联网助贷的概念

在汉语中，“助”具有“帮助协同、辅佐、辅助、帮助、助手”之意，“贷”则指“借入或借出：贷款、借贷、信贷”。顾名思义，“助贷”是指协助贷款借入或借出的行为，“互联网助贷”则指“利用互联网技术协助贷款借入或借出的行为”。

一、助贷的本质

助贷行为在法律关系上具有以居间中介为基础的复合法律属性。助贷机构为金融机构贷款人和借款人分别提供基础居间中介服务并同时提供部分代理服务，但是我国监管部门对其进行了部分修正。

我国中介法律关系主要包括居间（中介）[①]、代理（委托）、行纪、信托，这四种法律关系比较容易混淆。助贷行为不属于行纪和信托，而具有以居间（中介）为基础并附带代理（委托）的属性。

首先，助贷行为不属于行纪和信托。根据我国《民法典》第九百五十一条规定，行纪关系中的行纪人以自己的名义为委托人从事贸易活动，委托人支付报酬。行纪的构成要件之一是以自己的名义为他人从事活动，在助贷行为中助贷机构不存在以自己的名义为贷款人或借款人从事活动的结构安排，因此，助贷行为不属于行纪。根据我国《信托法》第二条规定，信托关系中的委托人基于对受托人的信任，将其财产权委托给受托人，由受托人按委托人的意愿以自己的名义，为受益人的利益或者特定目的，进行管理或者处分。信托的构成要件之一是委托人将财产权委托给受托人进行管理运用，在助贷行为中不存在金融机构贷款人或借款人将财产权委托给助贷机构进行管理运用的情况，因此，助贷行为不属于信托。

其次，助贷行为以居间（中介）为基础属性。根据我国《合同法》第四百二十四条规定，“居间合同是居间人向委托人报告订立合同的机会或者提供订立合同的媒介服务，委托人支付报酬的合同”。我国《民法典》将“居间合同”修改为“中介合同”，规定，“中介合同是中介人向委托人报告订立合同的机会或者提供订立合同的媒介服务，委托人支付报酬的合同”。助贷行为中的助贷机构为贷款关系中的贷款人和借款人提供签署借款合同的机会和媒介服务，借款人与金融机构贷款人均会分别与助贷机构签署服务协议以明确相关服务内容及各方权利义务，这在本质上属于我国《合同法》规定的“居间”关系，即《民法典》规定的“中介”关系。助贷行为与 P2P 业务中的网络借贷信息中介行为具有同质性，网络借贷信息中介机构为个体与个体之间借贷提供服务，助贷机构为金融机构贷款人与借款人之间提供服务。我国相关法律法规将网络借贷信息中介行为界定为居间服务，助贷机构的服务性质与此相同。例如，中国人民银行等十部委联合下

① 我国民法典已将“居间合同”的法律属性修改为“中介合同”。

发的《关于促进互联网金融健康发展的指导意见》(银发〔2015〕221号)明确要求个体网络借贷要坚持平台功能，为投资方和融资方提供信息交互、撮合、资信评估等中介服务，个体网络借贷机构要明确信息中介性质，主要为借贷双方的直接借贷提供信息服务，不得提供增信服务，不得非法集资，网络借贷机构为信息中介。《最高人民法院关于审理民间借贷案件适用法律若干问题的规定》(法释〔2015〕18号)明确指出，借贷双方通过网络贷款平台形成借贷关系，网络贷款平台的提供者仅提供媒介服务，当事人请求其承担担保责任的，人民法院不予支持，这在一定程度上认可了网络贷款平台提供服务的性质为媒介服务。中国银行业监督管理委员会等部门联合发布的《网络借贷信息中介机构业务活动管理暂行办法》将网络借贷界定为个体和个体之间通过互联网平台实现的直接借贷。个体包含自然人、法人及其他组织。网络借贷信息中介机构是指依法设立，专门从事网络借贷信息中介业务活动的金融信息中介公司。该类机构以互联网为主要渠道，为借款人与出借人(即贷款人)实现直接借贷提供信息搜集、信息公布、资信评估、信息交互、借贷撮合等服务。网络借贷信息中介机构的性质被界定为为“金融信息中介公司”。无论是《关于促进互联网金融健康发展的指导意见》中“信息中介”的表述，还是《最高人民法院关于审理民间借贷案件适用法律若干问题的规定》中“媒介服务”的表述，甚至是《网络借贷信息中介机构业务活动管理暂行办法》中“金融信息中介”的表述，均表明我国司法部门和监管部门将网络借贷信息中介机构为个体与个体之间借贷提供服务的法律属性界定为居间(中介)服务。

再次，助贷行为具有附带代理(委托)的属性。在民事活动中，民事主体可以通过代理人实施民事法律行为，代理人接受被代理人的委托实施民事法律行为。代理人在代理权限内，以被代理人名义实施的民事法律行为，对被代理人发生效力。助贷行为中助贷机构提供的服务内容多种多样，除了具有居间(中介)属性的获客推荐外，还包括为金融机构贷款人提供信息收集、信息披露、技术服务、贷款催收等服务，该等服务内容并不属于居间(中介)服务的内容，而是助贷机构接受金融机构贷款人的委托代理从事的相关民事法律行为，具有一定的委托代理性质。因此，助贷行为在居间(中介)性质的基础上附带代理(委托)属性。

最后，我国监管部门对助贷行为的居间(中介)并附带代理的属性进行了部分修正。根据居间(中介)的法律原理，居间(中介)人可以为居间(中介)服务的双方同时提供服务并收取报酬，例如房产中介可以向购房者和卖房者双方分别收取居间服务费，《网络借贷信息中介机构业务活动管理暂行办法》亦规定了网络借贷信息中介机构应当与出借人、借款人另行约定费用标准和支付方式。根据代理的法律原理，除法律明确禁止的“依照法律规定、当事人约定或者民事法律行为的性质，应当由本人亲自实施的民事法律行为”外，其他行为一般均可以采用民事代理。但是鉴于助贷行为中贷款人为金融机构的特殊属性以及借款人的劣势地位考虑，我国监管部门对于助贷机构的助贷行为做出了限制性规定。例如，互联网金融风险专项整治工作领导小组办公室、P2P 网络借贷风险专项整治工作领导小组办公室发布的《关于规范整顿“现金贷”业务的通知》（整治办函〔2017〕141 号）明确规定，“助贷”业务应当回归本源，银行业金融机构不得接受无担保资质的第三方机构提供增信服务以及兜底承诺等变相增信服务，应要求并保证第三方合作机构不得向借款人收取息费，助贷机构不得向借款人收取费用；《关于规范整顿“现金贷”业务的通知》亦明确规定，银行业金融机构与第三方机构合作开展贷款业务的，不得将授信审查、风险控制等核心业务外包，金融机构贷款人的“授信审查、风险控制等核心业务”不得委托助贷机构进行代理。

二、助贷的规范性解释

目前，我国法律法规对于“助贷”“互联网助贷”尚未有统一的规范性解释。“助贷”一词在法律法规等正式文件中最早见于互联网金融风险专项整治工作领导小组办公室、P2P 网络借贷风险专项整治工作领导小组办公室于 2017 年联合下发的《关于规范整顿“现金贷”业务的通知》（整治办函〔2017〕141 号），该文提及“‘助贷’业务应当回归本源，银行业金融机构不得接受无担保资质的第三方机构提供增信服务以及兜底承诺等变相增信服务，应要求并保证第三方合作机构不得向借款人收取息费”，但该文并未对“助贷业务”进行明确释义。

我国最早对“助贷”进行明确定义的规范性文件是《北京市互联网金融行业协会关于助贷机构加强业务规范和风险防控的提示》（互金协发〔2019〕039 号），该文规定：“助贷业务是指助贷机构通过自有系统或渠道筛选目标客群，在完成自有风控流程后，将较为优质的客户输送给持牌金融机构、类金融机构，经持牌金融机构、类金融机构风控终审后，完成发放贷款的一种业务。”该文从助贷机构在助贷业务中的主要功能的角度对助贷业务进行界定，在一定程度上说明了助贷机构的“帮助”角色，此外，该定义还特别提及了“自有系统”，这是目前助贷机构提供助贷服务不可或缺的，也是“互联网助贷”一词的主要依据。

中国银保监会浙江监管局于2019年1月9日下发的《关于加强互联网助贷和联合贷款风险防控监管提示的函》在前言中提及了“互联网助贷”这一概念，但未进一步解释，具体内容为：“近年来，辖内城商行和民营银行通过引入互联网科技公司助贷或者与互联网金融机构开展联合贷款业务（以下统称互联网联合贷款），扩大了业务场景、增加了客户引流渠道、推动了业务发展。”

我国部分规范性文件并未提及“助贷”，而以“合作”业务进行规定。例如，中国银行业监督管理委员会上海监管局于2018年4月4日下发的《关于规范在沪银行业金融机构与第三方机构合作贷款业务的通知》（沪银监通〔2018〕19号），将“助贷”表述为“各银行业金融机构与合作机构合作开展贷款业务”；中国银行保险监督管理委员会北京监管局于2019年10月12日下发的《北京银保监局关于规范银行与金融科技公司合作类业务及互联网保险业务的通知》（京银保监发〔2019〕310号），将“助贷”归入“银行与金融科技公司合作类业务”范畴，并将相关“合作机构”（即“金融科技公司”）界定为“是指通过输出技术或提供场景，与银行业金融机构在营销、获客、风控、运营等领域开展合作的企业。包括但不限于：在金融业务与技术输出方面同时布局的互联网企业；主要依托互联网展业的民营银行、直销银行、保险公司、保险中介机构及银行系金融科技子公司；利用新技术或依托互联网从事类金融业务、经纪类业务、中介服务及信息服务的企业；提供数据或技术服务的企业等”，将“合作类业务”的范围界定为“包括但不限于信贷、表内外投资、客户和产品推介、信用卡、支付、数据信息和技术服务等方面”；中国银行保险监督管理委员会宁波监管局于2019年11月21日下发的《关于加强商业银行外部合作风险管理的通知》（甬银保监发〔2019〕141号）将“助贷”涵括为“部分银行机构通过与保险公司、网络平台、服务中介等合作，开展联合放贷、合作获客、担保增信、催收外包等业务”中的一种业务。再例如，中国银行保险监督管理委员会于2020年7月12日下发的《商业银行互联网贷款管理暂行办法》（中国银行保险监督管理委员会令2020年第9号）亦将“助贷”表述为“合作”业务，并将“合作机构”界定为“在互联网贷款业务中，与商业银行在营销获客、共同出资发放贷款、支付结算、风险分担、信息科技、逾期清收等方面开展合作的各类机构，包括但不限于银行业金融机构、保险公司等金融机构和小额贷款公司、融资担保公司、电子商务公司、非银行支付机构、信息科技公司等非金融机构”。

三、互联网助贷的定义

随着互联网技术等金融科技的不断发展，“助贷”已经无法脱离互联网技术，“助贷”逐渐趋向“互联网助贷”。结合助贷的本质及我国法律法规对于“助贷”与“合作”业务的相关规定，“互联网助贷”应当界定为具有贷款发放资质的金融机构与金融科技公司等助贷机构通过互联网技术合作开展的，由助贷机构提供获客推介、数据收集、初审、电子合同签署、信息披露、催收、贷后管理等服务，并由金融机构终审完成发放贷款的一种业务。助贷机构一般是具有强大获客能力及科技风控优势的机构，包括具有科技背景的科技金融公司（例如微众银行、蚂蚁小贷等）及具有科技优势的金融科技公司（例如 360 金融、携程等）。金融机构主要包括商业银行、信托公司、小额贷款公司、消费金融公司等。目前，“互联网助贷”主要应用于个人消费贷款领域，逐步扩展至小微企业经营贷款领域，将来其应用范围会不断扩大。

第二节 互联网助贷的特点

互联网助贷在我国现行法律法规和监管体系下具有以下几个特点：第一，持牌金融机构主导；第二，倾向助贷机构与金融机构的合作；第三，互联网技术工具的辅助作用；第四，以维护借款人合法权益为前提。

一、持牌金融机构主导

互联网助贷的基础法律关系是持牌金融机构作为贷款人与借款人之间的借款关系，而持牌金融机构是整个借款关系的主导方，根据我国现行法律法规规定，互联网助贷应由持牌金融机构进行主导，授信审查及风险控制等核心业务不得外包给助贷机构。

自我国于 2017 年开始整顿互联网金融业务开始，上至全国性法律法规，下至多个地区地方性规定，均明确要求金融机构不得将核心业务外包。例如，我国《关于规范整顿“现金贷”业务的通知》及上海市《关于规范在沪银行业金融机构与第三方机构合作贷款业务的通知》、浙江省《关于加强互联网助贷和联合贷款风险防控监管提示的函》、北京市《关于规范银行与金融科技公司合作类业务及互联网保险业务的通知》均明确规定，在金融机构与第三方机构合作开展贷款业务中，金融机构不得将授信审查、风险控制等核心业务外包。上海市《关于规范在沪银行业金融机构与第三方机构合作贷款业务的通知》还明确将“客户风险评估、贷款审核、贷款审批、贷款核准发放、贷款档案建档和保管、贷款本息回收以及其他关键环节的信贷管理工作”界定为核心业务，规定必须由银行业金融机构自身实施。《北京市互联网金融行业协会关于助贷机构加强业务规范和风险防控的提示》特别提出，不利用技术漏洞、业务便利，半异化为放贷资金提供方私下出资放贷，或与无放贷业务资质的机构共同出资放贷。宁波市《关于加强商业银行外部合作风险管理的通知》明确提出，合作机构仅可在银行确定的标准和流程可控的前提下协助收集、整理资料。北京市《关于规范银行与金融科技公司合作类业务及互联网保险业务的通知》特别提出，不得因引入保证保险、回购承诺等风险缓释措施而放松风险管控。此外，2020年最新发布的《商业银行互联网贷款管理暂行办法》亦明确规定，互联网贷款业务涉及合作机构的，授信审批、合同签订等核心风控环节应当由商业银行独立有效开展。

从以上规定足以看出我国法律法规对于互联网助贷业务中金融机构主导性的重视，其主要原因在于：首先，金融机构为我国强监管机构，金融机构业务经验和风险防控能力更加专业，其业务范围内的责任和义务当然应由金融机构自身负责和承担；其次，助贷机构不具备金融机构相关业务牌照，且不具备相关业务经验和风险防控能力，甚至部分助贷机构更加注重业务盈利而不关注社会影响，若由助贷机构主导相关业务则可能会导致对社会经济发展不利的影响；最后，基于助贷机构的服务专业性要求，部分头部助贷机构可能会集中为大量金融机构提供助贷服务，若由助贷机构进行主导，则不排除会因为助贷机构的服务同质性而导致发生系统性金融风险，甚至导致相关监管部门无法进行监控和风险预防。中国人民银行于2020年9月11日发布的《金融控股公司监督管理试行办法》对非金融机构控股金融机构提出了明确的管理要求，亦在一定程度上是基于上述原因。因此，金融机构主导是我国互联网助贷发展的基本特点和趋势。

二、倾向助贷机构与金融机构的合作

根据助贷的本质，助贷机构本质上是金融机构作为贷款人与借款人在借款关系中的居间（中介）方，但是我国监管部门对其进行了部分修正，其主要修正内容即为将助贷机构的角色修正为金融机构的合作方，助贷机构的任务是协助金融机构向借款人发放贷款，而借款人是金融机构和助贷机构共同的交易对手。我国现行法律法规对助贷业务的规范便能体现上述特点。首先，我国相关法律法规均将助贷机构描述为金融机构的合作方，要求金融机构与助贷机构明确约定各方职责范围，我国《商业银行互联网贷款管理暂行办法》《关于规范整顿“现金贷”业务的通知》及各省市的地方性规定对此均有明确规定。其次，我国相关法律法规对助贷机构与借款人之间的关系做出了一定的限制，例如，助贷机构不得直接向借款人收取费用等。因此，在互联网助贷各主体之间的关系中，我国法律法规更加倾向于界定及规范助贷机构与金融机构之间合作关系，而不是助贷机构和借款人之间的合作关系，其主要原因在于金融机构与助贷机构之间的关系更容易调整和控制，而助贷机构与借款人之间的关系因过于复杂而不易控制，将助贷机构倾向于认定为金融机构的合作方则更有利于监管部门对助贷业务发展方向的监控。

三、互联网技术工具的辅助作用

《论语・卫灵公》中“子曰”：“工欲善其事，必先利其器。”任何一项任务的完成都离不开工具的辅助，工具的辅助作用有时候会起到至关重要的作用。在互联网助贷业务中，互联网技术便是起到至关重要作用的工具，甚至可以说，没有互联网技术，互联网助贷中的很多工作无法完成。例如，在互联网助贷业务中，贷款业务向大量借款人的推介，若不是通过互联网的辅助则被推介的借款人数量必然是有限的；大量借款人向贷款人申请贷款时对借款人信息的收集、审核，若没有自动批量处理的技术，而是仅通过人工逐一处理，则金融机构在一定时间内处理的借款申请数量必然是有限的；贷款人同时向大量借款人发放贷款及借款人批量还款时，若没有小额批量结算划款的技术，则贷款发放和还款流程及准确性均会受到影响；金融机构同时管理大量贷款资产时，若没有贷款管理系统等工具，则难以实现对贷款资产质量的实时监控。因此，互联网助贷的发展离不开互联网技术工具的辅助。

四、以维护借款人合法权益为前提

日本消费金融发展较早,“高利贷”“暴力催收”“多头借贷”被日本称为“消金三恶”。而我国互联网助贷发展过程中亦产生了很多问题,除了被日本称为“消金三恶”的问题外,我国还有一个问题,即“个人信息滥用”,因此,我国互联网助贷发展存在“消金四恶”的问题,其根源便是侵犯借款人的合法权益。我国关于互联网助贷的法律法规相关内容的主体思路均是规制“消金四恶”,例如,《关于规范整顿“现金贷”业务的通知》指出,近期,具有无场景依托、无指定用途、无客户群体限定、无抵押等特征的“现金贷”业务快速发展,在满足部分群体正常消费信贷需求方面发挥了一定作用,但过度借贷、重复授信、不当催收、畸高利率、侵犯个人隐私等问题十分突出,存在着较大的金融风险和社会风险隐患。这里提及的“畸高利率”问题是指“高利贷”,“不当催收”问题是指“暴力催收”,“过度借贷”问题是指“多头借贷”,“侵犯个人隐私”问题是指“个人信息滥用”。在互联网助贷业务的各方参与主体中,借款人人数众多,同时借款人亦是最为弱势的群体,金融机构和助贷机构作为利益方自然会想方设法维护自己的利益,其中不乏一些侵犯借款人合法权益的行为,根据我国法律法规规定,维护借款人合法权益是合法合规开展互联网助贷业务的前提。

第三节 互联网助贷的原理

联合国于2005年首次提出了“普惠金融”一词,具体是指:“能够以可负担的成本,有效、全方位地为所有社会成员提供金融服务的金融体系”[①]。我国于2013年在《中共中央关于全面深化改革若干重大问题的决定》(2013年11月12日中国共产党第十八届中央委员会第三次全体会议通过)中正式提出“发展普惠金融”,随后多份政府文件及法律法规中均相继提出发展“普惠金融”。普惠金融

① 《普惠金融体系》,载https://baike.baidu.com/item/%E6%99%AE%E6%83%A0%E9%87%91%E8%9E%8D%E4%BD%93%E7%B3%BB/7401903?fr=aladdin,最后访问日期:2020年9月19日。

体现了金融服务的公平性，对于改善弱势群体获得金融服务的机会和质量具有更大的社会价值。

小额贷款是发展普惠金融的重要途径之一，而金融机构发放小额贷款天然具有多重障碍，其中最为重要的是获客成本、风控成本、管理成本较高进而导致利润较低。互联网助贷的结构设计为金融机构发放小额贷款解决了诸多障碍，甚至使之逐渐成为金融机构获取利润的重要途径。在互联网助贷发展之初，其原理主要包括两方面：一是金融科技原理，二是助贷机构兜底原理。

一、金融科技原理

金融稳定理事会于 2016 年 3 月发布《金融科技的全景描述与分析框架报告》界定了“金融科技”的含义，“金融科技”是指将金融和科技进行融合的方式，创造出新的业务模式、应用、流程或产品，进而对整个金融市场、金融机构和金融服务的提供方式产生重大的影响。

“金融科技”中“科技”一词的典型内涵是计算机技术，计算机的数字化处理特性与金融的数字化本质在一定程度上决定着金融与科技必将融合。自计算机技术诞生以来，逐步经历了为金融机构提供后台清算服务、为金融机构提供前台对客服务、为金融机构提供互联网化服务、为金融机构提供智能化服务的多个阶段。

计算机技术为金融机构提供后台清算服务及为金融机构提供前台对客服务阶段，可以称为金融科技 0.0 阶段，本阶段科技的服务范围主要限定在金融机构内部的“局域网”，科技的服务内容主要为金融机构日常清算等简单重复工作的程序化处理。

计算机技术为金融机构提供互联网化服务阶段，可以称为金融科技 1.0 阶段，本阶段在金融科技 0.0 的基础上引入了互联网技术，因此又称为“互联网金融”，互联网技术在一定程度上解决了信息不对称等问题，更加强化了金融机构连接资金端和资产端时的精准高效匹配能力。

计算机技术为金融机构提供智能化服务阶段，可以称为金融科技 2.0 阶段，本阶段的典型技术包括云计算、大数据、区块链、人工智能，这些技术更加强化了金融机构的媒介能力和风控手段。

金融科技发展至今，对于金融机构诸多业务领域意义重大，例如证券投资领域的智能投顾、保险领域的互联网保险、银行领域的小额贷款、资产管理领域的线上销售资产管理产品等，均借助金融科技之势迅猛发展。

金融科技在小额贷款领域是银行业金融机构的得力助手，例如，互联网技术的应用大大提升了金融机构获客能力并同时降低了获客成本，大数据技术的应用大幅提升了金融机构的风控水平和风控效率，这在一定程度上使得金融机构践行普惠金融理念的同时，可以获得非凡的利润，尤其在近几年房地产市场受到限制的环境下，这种资金运用优势显得更加明显。

金融机构发展金融科技的途径有多种，例如自行开发研究团队、并购科技型企业、与科技型企业合作等。科技毕竟是专业性较强并且需要不断创新研发的领域，与科技型企业合作是目前大多数金融机构获得金融科技的高效便捷的主要途径，互联网助贷便是金融机构寻求与掌握金融科技的科技型企业合作从而实现双赢的主要方式之一，因此，金融科技是互联网助贷诞生的基本原理，也是互联网助贷发展的主要动力。

二、助贷机构兜底原理

助贷业务最初的发展动因，除了基于金融科技的技术支撑之外，助贷机构和金融机构的双方合意也是重要的推动因素。一方面，互联网金融快速发展的同时带来了很多负面效应，掌握金融科技的互联网金融平台大力发展 P2P 网络贷款业务，但没有发放贷款资质的互联网金融平台处于非法吸收公众存款、非法发放贷款等违法犯罪边缘，随着监管部门整治力度加大，多数互联网金融平台急迫需要转型，与具备发放贷款资质的金融机构合作开展助贷业务便是其重要转型路径之一；另一方面，面临互联网金融的业务模式挤压，金融机构业务普遍收缩，例如，根据央行公布的数据，截至 2015 年 10 月底，中国工商银行、中国农业银行、中国银行、中国建设银行四大国有银行的各项存款余额较 9 月底减少了 4474 亿元，四大国有银行贷款余额减少了 656 亿元，这是自 2009 年以来的首次下降①；银行业等金融机构迫切需要参与互联网金融业务以拓宽业务模式；在国家鼓励金融机构参与普惠金融的政策环境中，与助贷机构合作开展助贷业务成为其拓展业务模

① 刘洋：《消费金融论 – 如何应对消费新时代和金融大变局的中国方案与全球路径》，北京大学出版社 2018 年版，第 110~111 页。

式的重要途径之一。

金融机构与助贷机构对于助贷业务的需求一致，但是在助贷业务项下的小额贷款业务中，助贷机构的计算机信息系统等金融科技起到了决定性作用，而金融机构对此无法掌控甚至尚未深入了解，金融机构经营一般较为审慎，需要以助贷机构交付保证金、提供回购、担保等增信措施以确保金融机构不因其科技能力的失衡而受损失。同时，助贷机构掌握借款人流量和金融科技核心技术，希望在助贷业务中获取超额收益而不是小额固定服务费。因此，只有在结构设计中增加一个兜底方才能促进金融机构开展业务的动力，而助贷机构希望获取超额收益，超额收益成为了助贷机构兜底的对价。

助贷机构为金融机构兜底便是助贷业务最初发展的重要发展原理，在其他国家同样如此，例如，印度ICICI银行（Industrial Credit and Investment Corporation of India）将微贷款业务外包给Spanada微型金融机构，由该机构承担第一信贷损失，这是国际上商业银行按照外包零售业务方式进入微贷款领域的成功典型，也为国际上广泛借鉴采用。[①] 当然，随着监管部门合规要求的逐渐细化以及金融机构金融科技能力的提升，助贷机构兜底的结构可能会逐渐被合作共赢的分润模式替代，这也是未来互联网助贷业务的发展方向。

第四节 我国互联网助贷的历史沿革

我国互联网助贷业务的发展与小额借款人的需求、互联网技术的发展、法律法规的指引以及客观环境的影响密切相关。我国互联网助贷业务源于线下助贷业务对国际经验的借鉴，始于阿里巴巴等电子商务企业的发展，爆发于4G网络的互联网技术的发展，并由金融机构作为助贷机构的通道逐步发展为金融机构主动管理。

① 《国开行、中安信业和建行开创的助贷模式最初效果如何？》，载https：//www.jiemian.com/article/1526867.html，最后访问日期：2020年9月19日。

一、我国助贷的诞生

2007 年，国家开发银行深圳市分行（以下简称“国开行深圳分行”）、深圳市中安信业创业投资有限公司（以下简称“中安信业”）和中国建设银行股份有限公司深圳市分行（以下简称“建行深圳分行”）首次借鉴国外经验合作开展我国的“助贷业务”。其中，国开行深圳分行作为贷款人提供资金发放贷款，建行深圳分行作为结算代理机构提供结算服务，中安信业作为服务机构提供获客、风控、贷后等全流程服务，该业务主要在线下开展。①

（一）首次诞生的助贷结构

国开行深圳分行与建行深圳分行、中安信业合作的线下助贷业务结构如图 1：

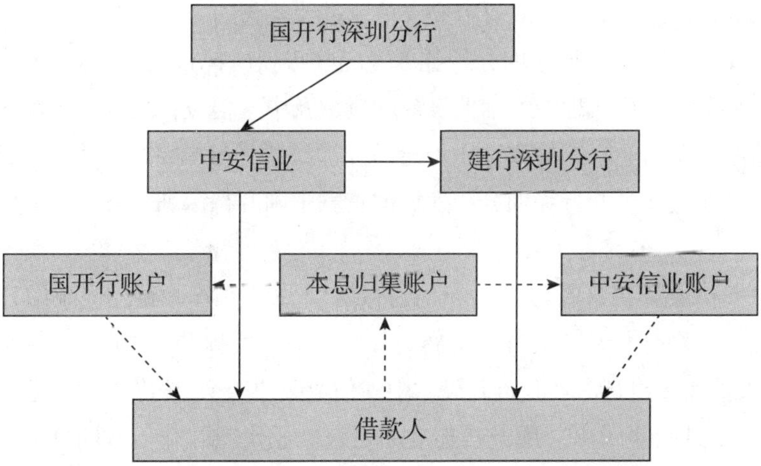

图 1 国开行深圳分行与建行深圳分行、中安信业合作的线下助贷业务结构

1. 国开行深圳分行与中安信业签署《微贷款业务代理合同》，约定由中安信业履行以下职责和义务：

（1）中安信业负责借款人获客并对借款人进行风控审核；

（2）对于通过审核的借款人，由中安信业作为国开行深圳分行的代理人代理国开行深圳分行与借款人签署《国家开发银行人民币资金贷款合同》；

---

① 洪偌馨：《风暴眼中的助贷》，载 https：//www.weiyangx.com/317597.html，最后访问日期：2020 年 9 月 19 日。

（3）由中安信业代理国开行深圳分行向借款人发放贷款；

（4）由中安信业负责对贷款进行催收等贷后管理。

2. 中安信业需自筹资金委托建行深圳分行发放小额贷款形成自有贷款。中安信业与建行深圳分行签署代理合同约定由建行深圳分行作为中安信业代理人代理中安信业与借款人签署借款合同并发放其自有贷款。

3. 中安信业代理国开行深圳分行发放的贷款余额与建行深圳分行代理中安信业发放的自有贷款余额应不高于约定的比例。国开行深圳分行贷款余额不能高于中安信业自有贷款余额的 4 倍；如果中安信业代理国开行深圳分行贷款连续两个月或者 1 年内累计 4 个月出现 90 天以上的不良贷款率达到或者超过 5% 的情况，则国开行深圳分行有权决定调减国开行深圳分行贷款比例，必要时有权决定停止与中安信业合作助贷业务，或要求中安信业进行整改。

4. 中安信业与国开行深圳分行签署《应收账款质押合同》，约定中安信业将其委托建行深圳分行代理中安信业发放的贷款及中安信业代理国开行深圳分行发放的贷款中中安信业享有的收益质押给国开行深圳分行，并办理质押登记，用于担保中安信业代理国开行深圳分行发放的贷款中国开行深圳分行享有的固定本息债权。

5. 中安信业与国开行深圳分行、建行深圳分行签署《委托代理结算合同》，约定国开行深圳分行在建行深圳分行开设“本息归集账户”“国开行深圳分行账户”，中安信业在建行深圳分行开设“中安信业账户”，并按以下约定进行结算：

（1）“本息归集账户”用于归集全部中安信业代理国开行深圳分行发放的贷款与建行深圳分行代理中安信业发放的贷款的本息回收款；

（2）前述本息回收款中满足中安信业代理国开行深圳分行发放的贷款本息到期回款中国开行深圳分行享有的份额划付至“国开行深圳分行账户”，由国开行深圳分行使用及继续循环发放贷款；

（3）按照前述约定划付后剩余的本息回收款划付至“中安信业账户”作为中安信业享有的债权，并由中安信业使用及继续循环发放贷款。

6. 国开行深圳分行重新设计业务操作流程，每个营业日日终集中审批贷款及进行账务处理，实现助贷业务项下小额贷款每日频繁发放、频繁回收。同时，国开行深圳分行安装了中安信业提供的助贷业务数据终端系统，作为贷款发放、利息计算、本息回收的核心数据处理系统，并与中安信业自有业务系统对接联网，实现数据同步、数据核对。

7. 国开行深圳分行通过走访中安信业业务网点、访谈管理人员、检查信贷等现场监管方式对中安信业业务开展尽职情况进行监督检查，并通过网上银行监管本息归集账户现金流等非现场监管方式，监督中安信业助贷业务的经营业绩、资产质量，以进行风险控制。此外，国开行深圳分行主要通过中安信业对借款人进行管理。

（二）首次诞生的助贷理念

中安信业与国开行深圳分行、建行深圳分行合作的助贷结构体现了早期助贷业务的特点。其一，国开行深圳分行不承担贷款发放及贷款管理的主要实质工作，国开行深圳分行仅作为贷款人提供资金用于发放贷款，关于借款人审核、借款合同签署、贷后管理等工作均主要由中安信业作为服务机构代理完成，国开行深圳分行对中安信业履职情况进行监督。其二，国开行深圳分行不承担贷款资产的实质风险，中安信业需按约定比例参与发放自有贷款并将贷款债权质押给国开行深圳分行对国开行深圳分行的固定收益提供增信。可以说，中安信业作为助贷机构不仅需承担主要工作还需承担为国开行深圳分行兜底的风险责任。

助贷业务项下金融机构对于助贷机构的依赖性比较大，如何控制助贷机构的操作风险成为开展此类业务需解决的首要问题。在没有助贷业务可以参考的情况下，该结构主要借鉴了国际上相关小微业务及资产证券化业务的理念，以实现对助贷机构尽职履责的约束最终达到控制风险的目的。首先，该结构借鉴了 ICICI 银行让微型金融机构承担“第一信贷损失”的合作模式，由中安信业作为助贷机构负责国开行深圳分行贷款主要风控职责，并由中安信业以自有贷款及收益为国开行深圳分行提供质押担保的增信，以承担第一信贷损失。其次，该结构运用了“资产证券化结构”中的风险分层原理，中安信业委托建行深圳分行代理发放的贷款在该结构中构成“次级档”贷款，中安信业代理国开行深圳分行发放的贷款构成“优先档”贷款，贷款本息回收至“本息归集账户”后，“优先档”贷款的回款优先于“次级档”贷款获得分配，从而实现“次级档”贷款为“优先档”贷款提供增信。[①]

① 《国开行、中安信业和建行开创的助贷模式最初效果如何？》，载 https：//www.jiemian.com/article/1526867.html，最后访问日期：2020 年 9 月 19 日。

以上理念也是早期互联网助贷业务发展的主流理念，也体现了早期助贷机构的一项基本原理，即助贷机构兜底原理。

二、互联网助贷萌芽

2007 年 5 月，阿里巴巴联手中国建设银行浙江省分行（以下简称“建行浙江分行”）推出“e 贷通”网络贷款产品，放款首日完成 120 万元小微企业信用贷款发放；2007 年 10 月阿里巴巴联手工商银行浙江省分行（以下简称“工商银行浙江分行”）相继推出“易融通”网络贷款产品，放款首日完成 45 万元小微企业信用贷款发放；“e 贷通”及“易融通”网络贷款产品开发的目的均是为了解决无法提供抵押物等强增信措施的小微企业融资难问题，这是我国“互联网助贷”业务的雏形。

以阿里巴巴与工商银行浙江分行联合开展的互联网助贷业务为例，其基本结构如图 2：[①]

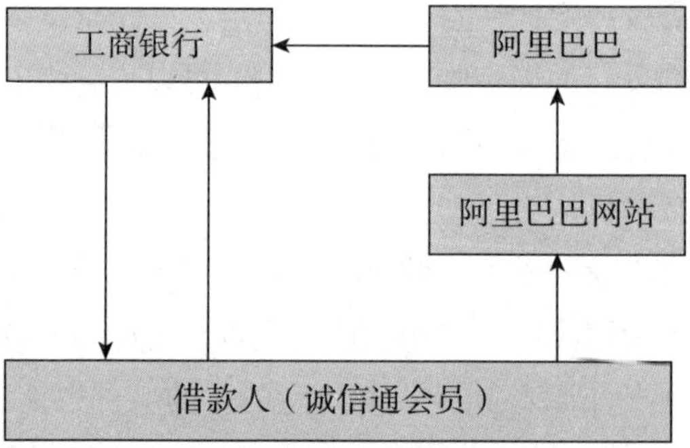

图 2　阿里巴巴与工商银行浙江分行联合开展的互联网助贷业务

首先，阿里巴巴担任助贷机构为工商银行浙江分行发放贷款提供获客推荐、风控审核等服务。阿里巴巴获客渠道为其“诚信通[②]网站”会员，“诚信通网站”会员均是阿里巴巴合作第三方机构进行身份认证的中小微企业，阿里巴巴自 2002 年起便已经通过交易数据等信息对“诚信通网站”会员建立征信体系，阿里巴巴

① 郭子初：《银行出招助力小企业应对通胀》，载《中国金融家》2008 年第 9 期。

② 诚信通是阿里巴巴网站专为发展中企业量身定制，提供强大的服务的网络交易平台。通过诚信通可以在阿里巴巴这个全球最大的贸易市场直接销售产品，并宣传企业和产品，主要用以解决网络贸易信用问题。

凭借“诚信通网站”会员的征信数据对其进行筛选评价。

其次，通过阿里巴巴筛选符合条件的借款人可通过阿里巴巴网站申请贷款，借款人提交申请后，计算机系统会根据借款人征信数据等信息自动计算借款人的评级和授信。

再次，对于符合条件的借款人，可以在规定时间内携带资料至工商银行浙江分行指定网点进行审核，审核通过后计算机系统会自动告知审批结果，工商银行浙江分行根据审批结果发放贷款。

最后，借款人初次成功借贷后，后续每次贷款均通过计算机系统根据借款人交易数据等信息自动审核，并实时调整额度和利率等具体要素。

阿里巴巴联手建行浙江分行和工商银行浙江分行开展的网络贷款产品主要有以下特点：首先，该产品首次利用网络信用作为小微企业贷款的参考标准之一。小微企业一般无法提供抵押物及其他主体担保增信，其获得融资难度高一直是社会关注的问题，阿里巴巴利用小微企业网络交易数据对其进行信用评价并据此作为贷款的风控手段，这在一定程度上为解决小微企业融资难的问题提供了榜样。其次，该产品利用计算机信息系统进行自动化处理以解决小额频繁放款的效率问题。该结构利用计算机系统对借款人的借款申请进行自动审核并根据实时信用数据进行调整，这在一定程度上解决了小微企业融资成本高的问题，计算机自动审核自动调整的效率和准确度是人工审核无法比拟的。尽管阿里巴巴的创新有很多优点，但是由于当时互联网与金融的相斥性大于契合性，导致“互联网助贷”业务并未发展壮大。①

三、互联网助贷爆发

2013 年以后，随着智能手机的普及、4G 通信技术的应用，互联网支付业务发展迅速，从而带动 P2P 等互联网金融业务迅速崛起，互联网与金融的契合性逐渐超过相斥性，互联网助贷业务再度爆发，逐步发展成万亿级市场业务，各大金融机构纷纷入局。其中，2015 年腾讯推出的“微粒贷”产品及飞贷推出的“手机助贷 APP”的问世最为典型。

---

① 李晓小：《银行挑战者：阿里小贷》，载 http：//finance.caixin.com/2012-11-16/100609835.html，最后访问日期：2020 年 9 月 19 日。

（一）“微粒贷”[①]

2014年12月，我国首批试点民营银行中腾讯旗下的深圳前海微众银行股份有限公司（以下简称“微众银行”）经监管部门批准开业。基于腾讯的互联网背景，微众银行是我国首家具有互联网基因的民营银行，其业务定位是无物理网点、纯线上经营、大数据风控。2015年1月4日，李克强总理考察微众银行时按下计算机键盘的回车键（Enter键）成功发放了微众银行的首笔贷款，这象征着微众银行互联网贷款业务的开端。[②]

2015年5月，微众银行正式推出“微粒贷”产品，“微粒贷”产品模式为从申请、审批到放款全流程通过互联网线上完成。借款人通过手机QQ、微信的“钱包”页面申请借款，系统会在几秒内完成500元至20万元不等的贷款额度授信，借款人无须提供抵押物，仅需按照系统提示填写信息便可在3分钟内完成借款，借款人获得借款后随借随还。“微粒贷”产品的主要客群是刚毕业步入社会的年轻白领、个体户等小微企业的企业主。“微粒贷”产品提供服务时间为7×24小时不间断服务。“微粒贷”产品在风控上采用白名单邀请制及人脸识别、大数据技术风控，其大数据范围主要包括借款人征信等强关联数据及在线时长、虚拟财产、支付频率、购物喜好、社交行为等弱关联数据。

2015年9月，微众银行推出了联合贷款模式，“微粒贷”产品项下贷款由微众银行与其他银行共同审核发放。“微粒贷”产品联合贷款基本结构如图3[③④]：

1. 微众银行与联合贷款银行合作向借款人发放贷款，微众银行与联合贷款银行按约定比例提供贷款资金（业务起步阶段的主要出资比例为：微众银行出资金额：联合贷款银行出资金额=2：8）；

---

① 郭炎兴：《做互联网银行的探路者—深圳前海微众银行副行长黄黎明谈普惠金融服务》，载《中国金融家》2016年5月。

② 廖志明、林瑾璐：《行业专题研究：详解微众银行，见证金融科技的力量－天风银行》，载https：//xw.qq.com/cmsid/20180908B1POBH/20180908B1POBH00，最后访问日期：2020年9月19日。

③ 廖志明、林瑾璐：《行业专题研究：详解微众银行，见证金融科技的力量－天风银行》，载https：//xw.qq.com/cmsid/20180908B1POBH/20180908B1POBH00，最后访问日期：2020年9月19日。

④ 郭炎兴：《做互联网银行的探路者—深圳前海微众银行副行长黄黎明谈普惠金融服务》，载《中国金融家》2016年5月。

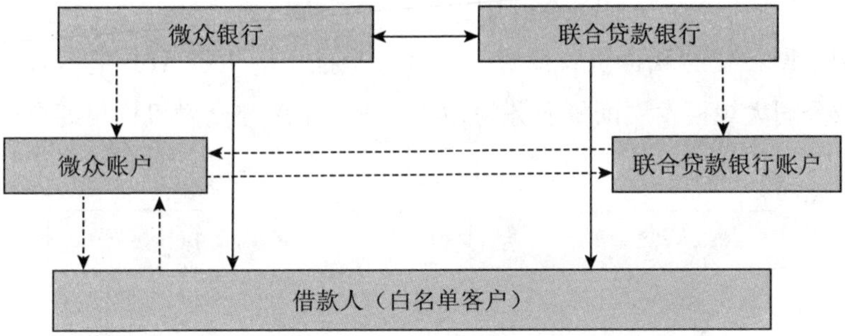

图 3 “微粒贷”产品联合贷款基本结构

2. 在该结构项下，微众银行除了提供联合贷款资金外，还需提供获客风控、线上签署借款合同、贷款管理、催收等服务，即微众银行兼任联合贷款银行的助贷机构；

3. 在贷款发放与回收的现金流方面，联合贷款银行需在微众银行开设银行账户，并按约定存入备用资金，每笔贷款发放时微众银行向借款人全额放款并实时扣划联合贷款银行账户中相应比例的资金；借款人还款时，还款资金自动扣划至微众银行，并由微众银行按约定比例划付至联合贷款银行账户。

微众银行与联合贷款银行开展的“微粒贷”产品主要有以下特点：首先，该产品项下微众银行既提供资金用于发放贷款又作为助贷机构提供助贷服务。微众银行自诞生以来便自称为金融机构和广大腾讯客群的“连接器”，助贷机构是其连接器作用的重要体现。其次，该产品采用全流程互联网线上处理。借款人可在 3 分钟内完成借款，并且微众银行与联合贷款银行之间的贷款回收款清分均利用互联网自动处理，这是互联网在助贷业务中的典型应用。

（二）飞贷

2015 年 10 月，深圳中兴飞贷金融科技有限公司（以下简称“飞贷金融”）正式推出手机助贷 APP（飞贷 APP），该产品具备随时随地、一次授信、终身使用、随借随还的特点。借款人在手机上安装飞贷 APP 软件后便可全程在手机上操作完成一笔借款，整个过程仅需 5 分钟，贷款发放后借款人可以按照实际情况提前部分还款或全部还款，且不需要支付任何额外费用。借款人通过该产品借款的资金来源均是金融机构，当时主要有中国银行、建设银行、南粤银行、华商银行、外贸信托、华润信托、五矿证券、中山证券等机构。①

区别于微粒贷的联合贷款模式，飞贷金融推出的飞贷 APP 是不参与贷款的金融科技公司大规模发展助贷业务的开端，飞贷金融与金融机构早期合作的主要模式如图 4②：

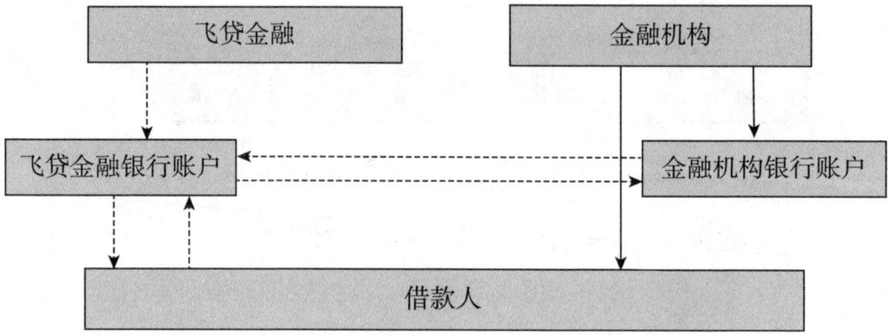

图 4　飞贷金融与金融机构早期合作的主要模式

1. 飞贷金融在央行征信数据和第三方的数据基础上建立了一整套风控规则，并且通过对数据的加工处理还建立了反欺诈系统，及全线上的飞贷 APP 风控体系。

2. 飞贷金融作为服务方与借款人通过飞贷 APP 签署《服务合同》，约定借款人通过飞贷 APP 向金融机构申请贷款，飞贷金融作为服务方为借款人的贷款提供相关贷款申请、预审核、签约、贷后管理等服务；借款人需向飞贷金融一次性支付管理费、按期支付综合费，并且在飞贷金融代偿后支付代偿费。

3. 借款人与金融机构通过飞贷 APP 签订《借款合同》，约定相关借款要素；并且金融机构将贷款资金先行发放至飞贷金融银行账户，然后再由飞贷金融通过第三方支付公司或其他清算渠道将贷款资金划转给借款人；金融机构授权飞贷金融代为向借款人收取应还本息，借款人还款时委托飞贷金融向贷款人交付还款资金。

飞贷金融与金融机构合作的飞贷 APP 产品主要有以下特点：首先，该产品利用大数据进行风控。区别于微粒贷产品，作为助贷机构的飞贷金融不是金融机构，在获取借款人金融数据方面不具有优势，其大数据来源中还需要依靠征信等

① 周小白：《手机贷款 APP 飞贷发布：不做 P2P 平台可随借随还》，载 http：//www.techweb.com.cn/news/2015-10-23/2216670.shtml，最后访问日期：2020 年 9 月 19 日。

② 《厦门鑫众信资产管理咨询有限公司、姚瑶金融不良债权追偿纠纷一审民事判决书》（案号：〔2019〕川 0107 民初 9628 号）

金融数据之外的数据，这对于助贷机构的数据整合能力要求比较高，同时这也是助贷业务后续获得发展的主要因素。其次，飞贷金融的收益来源主要是向借款人收取各种费用，飞贷金融作为助贷机构向借款人收取费用是早期助贷业务的主要收费模式。最后，飞贷金融对金融机构发放的贷款提供代偿增信安排，这也充分体现了助贷机构兜底原理。

根据最高人民法院公开的飞贷金融相关判例，早在飞贷 APP 上线之前，飞贷金融便与银行、信托公司等金融机构合作开展助贷业务，飞贷 APP 上线后，其助贷业务全面优化为线上模式。飞贷 APP 的上线解决了小额资金需求方面的申请难、获批难、用款难、还款难、再借难的痛点，对于国际上小额贷款业务的发展均具有重要的借鉴意义。2016 年，飞贷 APP 案例成为了唯一入选美国沃顿商学院的中国金融案例。[①]

四、互联网助贷通道时代

在助贷业务发展早期，基于发放贷款资质的限制以及贷款资金来源不足等原因，很多互联网科技平台逐渐转型开展互联网助贷，而此类业务中金融机构仅仅相当于助贷机构发放贷款的通道，趣店便是当时最受关注的助贷机构之一。

趣店集团早期主要从事校园分期等消费分期业务，后来发展线上小额贷款业务，依靠支付宝引流获得较大发展，并于 2017 年 10 月 18 日在美国纽交所上市。[②]

趣店的早期资金来源主要是小赢理财、银客网等 P2P 平台。鉴于 P2P 平台资金成本较高并且合规风险较大的弊端，趣店于 2016 年通过与银行、信托公司、消费金融公司等金融机构合作，实现多渠道资金来源。2017 年上半年，“趣店与消费金融公司和银行合作的助贷业务（计入表外交易）交易额为 28.15 亿元，占整个平台交易额的 7.4%；通过金交所网金社资金渠道促成的交易占比为在 30% 以上；信托资金的交易占比在 14.6%”，其通过自有资金（自有网络小贷公司及信托公司通道）促成的贷款比重为 44.6%。其中，自有资金通过信托公司通道发放的贷款占比超过 20%。[③]

---

① 张同涛、朱美真：《论飞贷对我国信贷业务发展的启示》，载《金融理论与教学》2017 年第 2 期。

② 《趣店》，载 https：//baike.baidu.com/item/%E8%B6%A3%E5%BA%97/17199531?fr=aladdin，最后访问日期：2020 年 9 月 19 日。

③ 佚名：《深挖趣店、乐信：为何对 P2P 资金态度截然相反》，载 https：//baijiahao.baidu.com/s?id=1584841248604229822&wfr=spider&for=pc，最后访问日期：2020 年 9 月 19 日。

早期助贷业务通道属性主要体现为以下几点：首先，资金来源最终为助贷机构自有资金。例如，助贷机构以自有资金委托信托公司设立通道类信托产品，信托产品项下信托财产的管理运用均由助贷机构向信托公司发送相关指令，信托公司根据助贷机构的指令进行操作。其次，助贷机构对金融机构提供增信。例如，助贷机构对于逾期贷款资产进行垫付或者回购、向金融机构交付保证金、对固定收益进行差额补足等。最后，助贷机构自行将部分贷款纳入表内业务，例如，根据趣店公布的财务报表，其促成的贷款大部分被纳入资产负债表，即归属于表内业务，这也在一定程度上说明趣店自行将助贷业务认定为“名助实贷”。

五、互联网助贷主动管理时代

在《关于促进互联网金融健康发展的指导意见》（银发〔2015〕221 号）等系列政策的推进下，互联网助贷业务乱象频生，相关监管部门于 2017 年开始专项整顿，以 2017 年 12 月 1 日互联网金融风险专项整治工作领导小组办公室、P2P 网贷风险专项整治工作领导小组办公室正式下发的《关于规范整顿“现金贷”业务的通知》（以下简称“141 号文”）为典型代表，随后各地相继出台具体规范性文件，例如《上海银监局关于规范在沪银行业金融机构与第三方机构合作贷款业务的通知》《浙江银保监局关于加强互联网助贷和联合贷款风险防控监管提示的函》《北京市互联网金融行业协会关于助贷机构加强业务规范和风险防控的提示》《北京银保监局关于规范银行与金融科技公司合作类业务及互联网保险业务的通知》《宁波银保监局关于加强商业银行外部合作风险管理的通知》等，《商业银行互联网贷款管理暂行办法》亦于 2020 年发布生效。

根据“141 号文”等规定，“助贷”业务应当回归本源，银行业金融机构不得接受无担保资质的第三方机构提供增信服务以及兜底承诺等变相增信服务，应要求并保证第三方合作机构不得向借款人收取息费。这就意味着“名助实贷”助贷业务模式的商业逻辑被监管部门予以否认，以往助贷业务中助贷机构向借款人直接收取费用以及助贷机构向金融机构交付保证金、逾期资产受让、差额补足等结构将无法继续开展，助贷业务应向金融机构主动管理进行转变，相应的助贷机构兜底模式应转变为共担风险的分润模式。

在“141 号文”等助贷新规的影响下，部分助贷机构采用设立担保公司、与保险公司等具备担保资质的机构合作等方式对助贷业务结构进行合规改造，例如，在“141号文”发布之后，51信用卡等网贷平台开始着手收购融资担保牌照，维信金科等助贷平台联合阳光信保等保险公司共同为助贷业务通过信用保证保险进行增信[①];但是此类部分结构中助贷机构仍获取超额收益，金融机构仍为通道。当然，金融机构也开始不断提升主动管理能力，将助贷业务结构不断调整为分润模式，助贷机构与金融机构根据资产质量表现进行分润，此类业务结构会随着金融机构科技能力的进步而不断发展。以信托公司为例，根据中国信托业协会调研数据，2018年信托公司参与助贷业务的程度相较于2017年有所加深，在朝主导地位发力；2018年信托公司开展的助贷业务中，不断有助贷机构提出不再作为担保方进行增信的需求；2018年信托公司不断加大对于计算机信息系统的研发投入力度，开展消费金融业务的信托公司中有80%的比例已经布局相关业务系统，信托公司的主动风控能力不断提升，例如，中融信托改造升级“天巡”消费金融科技系统以支持消费金融信托业务开展，主要包括贷前风控反欺诈系统、贷中支付系统、贷后管理系统、征信对接系统四大部分。[②]

第五节 互联网助贷相关问题的域外经验借鉴

日本、欧洲、美国等国家和地区相关法律法规规定及演变对于我国互联网助贷业务中涉及的高利贷问题、个人信息保护问题、金融科技应用问题具有一定的借鉴意义。

一、日本：对于高利贷规制的法律法规演变

2010年9月28日，日本消费信贷巨头武富士公司向法院申请破产保护，该

① 苗亿伟：《互金行业2018“三重门”：助贷兴起，获客承重，从兜底到分润》，载https://baijiahao.baidu.com/s?id=1632250942096589409&wfr=spider&for=pc，最后访问日期：2020年9月19日。

② 《【发展报告】消费金融信托（二）》，载https://mp.weixin.qq.com/s/fCvSLogmmYqtcBklc7o1mQ，最后访问日期：2020年9月19日。

案件是首个大型日本消费信贷公司破产保护案，武富士公司负有的债务多达4336亿日元（约51亿美元）。[①] 该等债务主要是由于日本法律关于贷款利率的规定存在重大调整，导致武富士公司需要按照规定向借款人返还超过法律保护范围的利息。这对于我国防范互联网助贷业务的高成本导致的高利率带来的风险是典型的前车之鉴。

（一）日本高利贷规制的法律法规演变

日本关于贷款利率的规定经历了由限制到不限制，再到严格限制的演变过程，其中伴随着司法裁判者和既得利益集团的抗争过程。

1. 旧利息限制法的反复

日本早期（1603—1868年）便有利息限制法令。在明治初期，利息限制法令被以带有封建色彩为由予以废除，但是随即便出现高利贷的严重影响。自1875年开始，日本再次实施利息限制，直至1954年存续长达77年之久的利息限制法令被称为旧利息限制法。旧利息限制法明确规定，超过限制的利息，“在裁判上是无效的”，大审院将此条规定解释为“债务者支付了超过限制的利息的话，债务者便成为超出利息部分的债权者”，即借款人有权要求贷款人偿还其超额偿还的利息。[②]

2. 新利息限制法及最高裁判所的违宪审查争议

1954年，为了应对第二次世界大战的混乱环境，日本全面修改旧法，并制定了新的利息限制法。新的利息限制法明确规定，“债务人主动支付超过部分，则无权要求返还”，即借款人无权要求贷款人返还其超额偿还的利息。而在司法实践中，日本最高裁判所做出了一系列不符合新的利息限制法的保护借款人权益的裁判，认定借款人超额偿还的利息可以折抵未偿还的借款本金，例如，“昭和39年判决”中，最高裁判所做出如下分析：“债务人主动支付的超出限制部分的利息充当残留本金的解释主要是为了保护处于经济劣位的债务人，这和本法的立法宗旨是一致的。在前文的解释情况下，残存本金债权的债务人和没有残存本金债权的债务人之间不可避免的产生不均衡，但是，如果仅以此为理由就放弃保护

---

① 吴家明：《日本消费信贷巨头武富士申请破产保护》，载http：//stock.10jqka.com.cn/usstock/20100929/c63380061.shtml，最后访问日期：2020年9月19日。

② 甲斐素直：《违反利息限制法案件判决的宪法判例性格》，蒋小帅译，载《法学思潮》第2卷第1辑。

残存本金债权的债务人，显然与本法的立法精神是相冲突的。”最高裁判所的系列判例相当于废止了新的利息限制法部分条款，这也导致了日本业内对最高裁判所的裁判是否构成违宪审查产生了激烈的讨论。[①]

3. 国会通过贷款业规制法复活新利息限制法对借款人主动支付的保护

最高裁判所的裁判结果触犯了部分利益集团的利益，因此，相关利益集团向日本国会施压再次修改法律。1983 年（昭和 58 年），日本以议员立法的形式制定了贷款业规制法第 43 条，具体内容为："债务人‘主动’支付超过利息限制法限制的利息时，贷款业者只要基于此法履行交付书面契约和收据凭证的义务，超额利息就可以作为‘有效利息债务的偿还’"。贷款业规制法第 43 条直接将新利息限制法的相关条款予以复活，这使得最高裁判所面对政治压力时的司法无力感日益增强。[②]

4. 最高裁判所再次废除贷款业规制法对借款人主动支付的保护

最高裁判所自 1999 年开始，逐渐通过条文解释的手段再次废止贷款业规制法第 43 条规定，直接作出对借款人有利的判决，自 2004 年开始相关判例逐渐增多。例如，2004 年 2 月的第二小法廷判决做出了如下解释："为了确保贷款业者业务的正当运营，为了保护资金需要者的利益，鉴于对贷款业进行必要限制的法的宗旨，应该对第 43 条第一项规定的适用要件进行严格的解释。"[③]

5. 国会修改贷款业规制法与最高裁判所观点一致

迫于最高裁判所的司法裁判压力，国会于 2006 年对贷款业规制法进行了修改，将利息限制的相关内容调整与最高裁判所观点一致，涉及利息限制的主要内容如下："第一、贷款业者不能缔结超过利息限制法限制的契约，不能接受或者要求债务人支付超额利息。第二、基于贷款业者的金钱消费借贷契约，债务者主动支付灰色地带利息（处于利息限制法第一条第一项规定的利息限制额和出资法第五条第二项规定的利息限制额之间的利息），贷款业者交付了契约等书面材料，则该支付视为有效的债务偿还的贷款业规制法第 43 条被废止了。"修改后的贷款业规制法于 2010 年 6 月开始实施。自此，日本消费金融业务利益集团受到了前

---

① 甲斐素直：《违反利息限制法案件判决的宪法判例性格》，蒋小帅译，载《法学思潮》第 2 卷第 1 辑。

② 甲斐素直：《违反利息限制法案件判决的宪法判例性格》，蒋小帅译，载《法学思潮》第 2 卷第 1 辑。

③ 甲斐素直：《违反利息限制法案件判决的宪法判例性格》，蒋小帅译，载《法学思潮》第 2 卷第 1 辑。

所未有的影响。[①]

（二）我国互联网助贷业务经验借鉴

我们通过比较日本高利贷规制的法律法规演变以及我国关于金融机构贷款利率的相关规定演变，可以发现其演变规律具有较高的相似性，这在一定程度上可以对我国互联网助贷业务的风险防范具有重要的借鉴意义。

日本高利贷规制的法律法规演变进程与我国关于金融机构贷款利率的相关规定演变进度如图 5 所示：

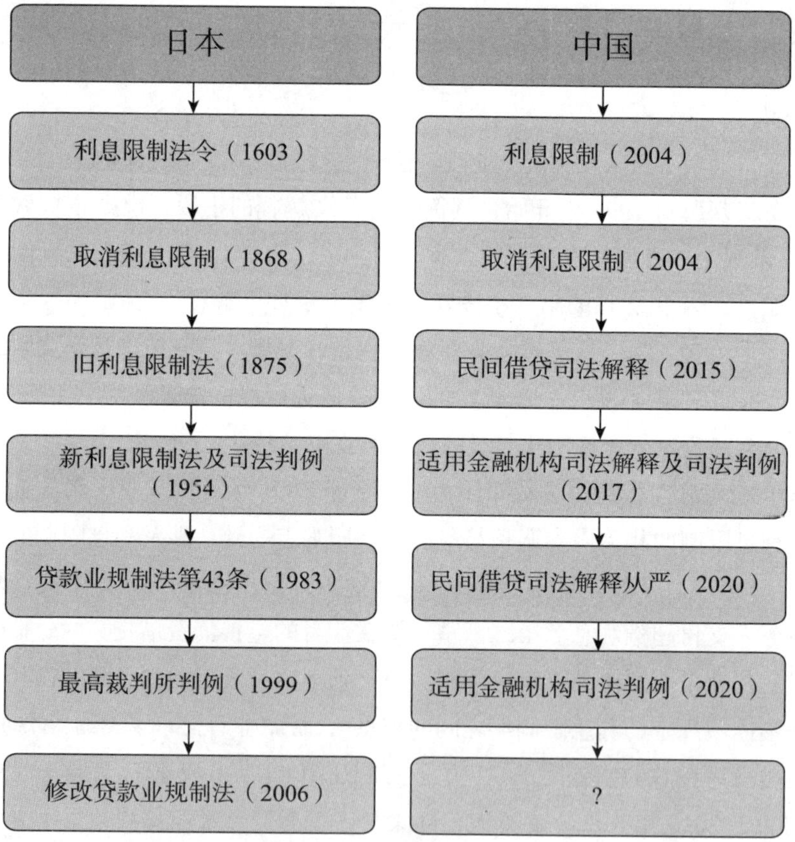

图 5　日本高利贷规制的法律法规演变进程与我国关于金融机构贷款利率的相关规定演变进度

① 甲斐素直:《违反利息限制法案件判决的宪法判例性格》，蒋小帅译，载《法学思潮》第 2 卷第 1 辑。

从图 5 可以看出，我国关于金融机构适用贷款利率的限制规定变化进程与日本较为类似，2004 年之前我国金融机构存在贷款利率的最高限制规定，这与日本 1603 年至 1868 年的利息限制法令较为类似。

2004 年，中国人民银行发布《关于调整金融机构存、贷款利率的通知》（银发〔2004〕251 号），规定“金融机构（城乡信用社除外）贷款利率不再设定上限”，这与日本 1868 年取消利息限制的制度较为类似。

2015 年，最高人民法院发布《关于审理民间借贷案件适用法律若干问题的规定》（法释〔2015〕18 号），对民间借贷利率做出了“两线三区”（即年化利率分为 24% 和 36% 两条线，超过 24% 部分无法获得司法支持，超过 36% 部分可以要求贷款人予以返还，24% 至 36% 区间自愿偿还的不得要求返还）的限制性规定，但该规定明确说明金融机构不予适用。2017 年最高人民法院发布《关于进一步加强金融审判工作的若干意见》（法发〔2017〕22 号），明确规定：“金融借款合同的借款人以贷款人同时主张的利息、复利、罚息、违约金和其他费用过高，显著背离实际损失为由，请求对总计超过年利率 24% 的部分予以调减的，应予支持，以有效降低实体经济的融资成本。”同时，在司法实践中，不同的人民法院存在不同结果的判决，有些人民法院认为金融机构不适用民间借贷相关借款利率的限制规定；有些人民法院则认为金融机构应当适用民间借贷司法解释对于利率的限制规定，其理由也是多方面的，有的人民法院认为“虽然金融机构发放贷款并不适用上述规定，然而，相较于民间借贷，金融机构的贷款利率应受到更为严格的限制”，有的人民法院则引用《关于进一步加强金融审判工作的若干意见》（法发〔2017〕22 号）的规定作为裁判依据。随着司法实践的趋严，大部分金融机构在起诉时均会主动或被动将年化利率主张调整在 24% 以下。这与日本 1875 年及 1954 年的法律规定和司法判例不一致的情况较为类似。

2020 年，《最高人民法院关于修改〈关于审理民间借贷案件适用法律若干问题的规定〉的决定》（法释〔2020〕6 号）生效，该规定取消了“两线三区”的利率限制规定，直接规定“出借人请求借款人按照合同约定利率支付利息的，人民法院应予支持，但是双方约定的利率超过合同成立时一年期贷款市场报价利率四倍的除外”，即民间借贷利率受保护范围大幅降低，按 2020 年 7 月 20 日的 LPR 利率标准计算出受保护的最高利率为 15.4%，较原规定的 36% 降低了超过 20%，较原规定的 24% 降低将近 9%。并且，新规明确规定了溯及既往的效力：“本规定施行后，人民法院新受理的一审民间借贷纠纷案件，适用本规定。”即新规生效前未起诉的已放款的合同均需适用新规调整利率。尽管新规仍明确规定金融机构不予适用，但是在新规生效后很快便有司法判例认定金融机构应适用民间借贷的利率限制收取利息。这与日本贷款业规制法第 43 条修改及最高裁判所的不同判例较为类似。

按照日本法律的演变，接下来我国明确规定金融机构利率限制的可能性较大。金融机构应该做好充分准备，避免日本武富士公司破产的法律风险在我国重现。

二、欧洲：对于个人信息保护的严格立法

在互联网时代，大数据成为高科技创新业务发展的重要生产要素，个人信息则是大数据的重要组成部分。个人信息的滥用既危及个人权益又可能损害相关企业的权益。因此，随着互联网及金融科技的不断发展，世界各国不断加强个人信息保护立法，其中，欧洲一直是个人信息保护立法的标杆，欧洲个人信息保护立法的经验对于我国个人信息保护立法及其可能对互联网助贷业务的影响具有一定的借鉴意义。

（一）欧洲个人信息保护经验

“欧洲个人信息保护立法起源于对隐私权的保护。1948 年《世界人权宣言》、1950 年《欧洲人权公约》、1966 年《公民权利和政治权利国际公约》等均将个人隐私权作为基本权利写入公约（刘云，2017），这被认为是欧洲个人信息保护立法的开端。1981 年 1 月 28 日，欧共体成员国在法国斯特拉斯堡市签订了《关于自动化处理的个人信息保护公约》，首次尝试在欧洲建立统一的个人信息保护法律制度。但该公约签订后未取得预期效果。1990 年，欧洲委员会向欧洲理事会提交了《关于保护共同体个人信息及信息安全的指令草案》。欧洲联盟于 1995 年 10 月 24 日制订第 95/46/EC 号指令，即一般通称的欧盟《个人数据保护纲领》（Data Protection Directive）。《个人数据保护纲领》是在欧盟地区适用的法律框架与指导原则，欧盟各成员国可依本国情况，制定本国的数据保护法律，因而欧盟各成员国数据保护状况存在较大差异。2007 年《欧洲联盟基本权利宪章》（Charter of Fundamental Rights of the European Union）第 8 条及 2009 年《欧洲联盟运作条约》（Treaty on the Functioning of the European Union）第 16 条均规定任何人均有保护其

个人信息的权利，将个人信息保护上升到人权的高度。例如，《欧洲联盟基本权利宪章》第 8 条规定：人人均有权享有个人信息之保护；信息应仅基于特定明确目的，且获得信息所有人同意或根据法律规定，才能被处理，这种处理应该是公平的；人人均有权了解其个人信息，并有权要求销毁其个人信息；应由独立之主管机构监督这些原则的遵守。”①

欧盟议会于 2016 年 4 月 14 日通过《通用数据保护条例》（General Data Protection Regulations，GDPR）（2018 年 5 月 25 日在欧盟成员国内正式生效实施）②，通用数据保护条例将个人信息赋予人权高度并规定了天价行政处罚条款，被称为史上最严个人信息保护立法。

通用数据保护条例规定，“对违法企业的罚金最高可达 2000 万欧元（约合 1.5 亿元人民币）或者其全球营业额的 4%，以高者为准”③。

根据报道，2019 年 1 月，互联网巨头谷歌因违反通用数据保护条例而被法国国家互联网信息中心（以下简称“CNIL”）处以罚款 5000 万欧元（约合 5680 万美元）的处罚。谷歌的主要违法行为包括，“谷歌向用户提供了不充分的信息，在多个页面上分散提供信息，而且并未在广告个性化的问题上获得有效许可”。④

（二）我国互联网助贷业务经验借鉴

欧洲通用数据保护条例发布后，基于其适用跨境传输信息的规定，倒逼全球各国更新个人信息保护立法，我国亦不例外。我国相继于 2016 年制定了《网络安全法》，并于最近两年制定了《个人金融信息保护技术规范》（JR/T0171-2020）等系列规范指引，及进行集中整治 APP 违法违规收集个人信息行为等，2021 年

---

① 陈荣：《欧盟〈通用数据保护条例〉的亮点与启示》，载《西部金融》2019 年第 10 期。

② 《通用数据保护条例》，载 https://baike.baidu.com/item/%E9%80%9A%E7%94%A8%E6%95%B0%E6%8D%AE%E4%BF%9D%E6%8A%A4%E6%9D%A1%E4%BE%8B/22616576?fr=aladdin，最后访问日期：2020 年 9 月 19 日。

③ 《通用数据保护条例》，载 https：//baike.baidu.com/item/%E9%80%9A%E7%94%A8%E6%95%B0%E6%8D%AE%E4%BF%9D%E6%8A%A4%E6%9D%A1%E4%BE%8B/22616576?fr=aladdin，最后访问日期：2020 年 9 月 19 日。

④ 《谷歌违反通用数据保护条例遭法国当局罚款 5000 万欧元》，载 https：//tech.sina.com.cn/i/2019-01-22/doc-ihrfqziz9829342.shtml?source=cj&dv=2，1，最后访问日期：2020 年 9 月 19 日。

生效的《民法典》亦设定了“隐私权和个人信息保护”的专门章节，此外，我国刑法亦对个人信息做出了较为严格的保护性规定。

尽管我国个人信息保护立法在不断完善，但是与欧洲相比我们还存在刑法先行、缺少专门立法、企业权属不明确、监管职责不明确、法律救济较为困难等不足。例如刑法先行，我国明确规定了侵犯公民个人信息罪，刑法具有谦抑性，一般是在其他法律无法规制的情况下方启用刑法予以保护，而我国由于个人信息相关法律保护力度较弱，稍严重的违法行为便只能启用刑法进行规制。再例如，企业权属不明确，我国法律未赋予整理及控制借款人个人信息的相关企业对于相关数据的法定权利，因此导致一些不正当竞争的行为出现，例如典型案例“头腾大战”便是因为腾讯以今日头条侵犯了其用户数据权益而起诉至法院导致的纠纷。

随着立法技术的不断进步，我国会像欧洲一样建立完善的个人信息保护法律体系，企业侵权成本会越来越高。例如，2020 年 10 月 21 日，全国人民代表大会常务委员会发布了《个人信息保护法》（草案）征求意见的通知，该草案对个人信息处理规则、个人的权利及个人信息处理者的义务等内容做出了详细规定。在互联网助贷业务中，个人信息收集对于风险防范至关重要，金融机构及助贷机构应注意关注立法完善对其收集个人信息的影响，应及时更新相关技术，既要注意防范违法收集个人信息可能导致的相关责任，又要避免部分数据无法收集导致的风险防范技术漏洞。

三、美国：对于金融科技发展的立法引导

随着大数据、云计算、区块链等金融科技技术的发展，科技应用于金融的实践更加频繁，不予规范则容易诱发系统性安全等严重风险，过分限制则容易抑制业务创新，监管部门如何把握监管尺度则显得至关重要。美国作为金融科技强国，其审慎包容的监管政策值得我国借鉴。

（一）美国金融科技监管经验

美国在金融科技监管方面具有立法先行及包容审慎两大特点。

首先，美国对金融科技进行立法引导。美国在金融科技监管方面注重法律的引导作用，对于金融科技制定前瞻性的法律红线，将监管引导的意图和理念融合到法律条文中，引导金融科技在资源配置、提高效率方面发挥积极作用。美国金

融科技立法会尽量减少滞后性问题，避免对金融科技市场造成负面影响。这在美国2019年1月3日正式提交美国国会的《金融科技保护法案》（H.R.56，Fintech Protection Act）及2019年3月4日正式提交美国国会的《金融科技法案2019》（H.R.1491，FINTECH Act of 2019）中均有明显体现。《金融科技保护法案》的监管对象是“利用虚拟货币从事恐怖主义和非法融资活动的人及其行为”，监管方式主要是行为监管，监管手段主要是举报和惩戒，并设定专项奖励。《金融科技法案2019》的监管对象是“初创型金融科技公司”，监管方式主要是功能监管，该法案侧重鼓励和保护创新，通过“监管沙箱”（Regulatory Sandbox）机制明确监管主体、议事规则、协调机制等方式，解决“多头监管”和“监管真空”问题，最终达到保护“初创型金融科技公司”的目的。例如，该法案明确规定了协调机制，明确规定监管机构在执法时应与其他监管机构充分沟通，避免出现相互冲突或监管真空的现象。①

其次，美国采用“包容审慎监管”模式。法律滞后性可以尽量减轻，但无法根本避免，面对创新与合法合规的金融科技发展难题，美国采用“监管沙箱机制”，允许初创企业在一定的试验环境下享有违法豁免权。《金融科技法案2019》中的“监管沙箱”制度便是重要体现。②

美国对于金融科技的监管更加注重顶层设计，致力形成全国统一的监管体系，消除监管套利，并根据金融科技最新应用情况及时更新立法规范。这对于维护法律的权威性、严肃性具有重要意义。③

（二）我国互联网助贷业务经验借鉴

近几年我国金融科技应用迅猛发展，已成为科技人才大国。然而我国金融科技发展的监管存在立法体系混乱、监管体系不统一等问题，这对于促进我国金融科技应用的发展以及防范金融科技风险极为不利。

---

① 李真、袁伟：《美国金融科技最新立法监管动态及对我国的启示》，载 https：//www.weiyangx.com/358646.html，最后访问日期：2020年9月19日。

② 李真、袁伟：《美国金融科技最新立法监管动态及对我国的启示》，载 https：//www.weiyangx.com/358646.html，最后访问日期：2020年9月19日。

③ 李真、袁伟：《美国金融科技最新立法监管动态及对我国的启示》，载 https：//www.weiyangx.com/358646.html，最后访问日期：2020年9月19日。

近年来，我国立法及司法、监管部门一直在不断努力改变我国金融科技发展监管存在的问题。

从中国人民银行发布《金融科技发展规划（2019—2021年）》到中国人民银行组建金融科技委员会均有所体现。目前，我国亦在试行金融科技创新监管的“监管沙箱”制度，自2019年开始相继覆盖北京、上海、深圳、重庆、成都、广州、苏州、杭州、雄安新区9个试点地区，共涉及60个惠民利企创新项目，共计60余家金融机构以及30多家科技公司参与试点。[①]

此外，我国《商业银行互联网贷款管理暂行办法》以及APP备案制度等一系列金融科技应用规范相继落地，这对于我国金融科技的发展及风险防范提出更高要求。互联网助贷是金融科技的典型应用，我国法律法规对其相关金融科技的支持及限制决定着互联网助贷业务能否健康有序发展，目前互联网助贷业务相关技术仍处于探索成长期，尚需相关立法司法执法部门予以支持，同时金融机构等参与主体应注意风险防范，既要防范金融科技带来的系统性风险，又要防范立法司法执法变化带来的法律风险。

① 佚名：《9地区60个项目金融科技监管沙箱全面落地》，载http://news.hexun.com/2020-08-27/201949440.html，最后访问日期：2020年9月19日。

第二章 互联网助贷的法律基础

经济与法律存在根本的联系，经济决定法律，法律反哺经济。经济结构决定法律的类型及主要内容，经济结构的发展变化决定着法律的更新。法律服务于经济的发展，保障经济发展，并对经济发展起到指引、预测和规制的作用。①

互联网助贷是我国社会经济发展过程中产生的一种新型金融活动，与我国法律制度存在必然的联系。在国家普惠金融政策的鼓励和支持下，互联网助贷业务不断发展。随着互联网助贷业务模式的不断演进，相关法律法规也需要不断更新和完善。尤其是在我国互联网助贷业务发展的初期，科学、健全的法律制度对于保障互联网助贷业务及平衡各参与主体的财产权利等利益关系发挥着重要作用，防范和抑制互联网助贷活动中与社会主义市场经济发展规律不符的自发性、盲目性缺陷，引导互联网助贷业务朝着有利于社会主义市场经济发展及人民群众利益的方向不断演进。

法律制度的内容主要体现在宏观和微观两个层面，宏观法律制度主要是指鼓励性的政策文件，微观法律制度主要是对参与主体权利义务的具体规范，我国互联网助贷相关法律法规在宏观上主要体现为对互联网金融、普惠金融业务的政策支持和引导；在微观上主要体现在对金融机构、助贷机构、融资担保机构、保险机构、技术服务机构、支付服务机构、数据服务机构、获客推广机构、借款人等

① 舒国滢主编：《法理学导论》，北京大学出版社 2006 年版，第 280~285 页。

主体的权利义务的规范。此外，我国互联网助贷相关法律法规在部门法分类中主要包括民法商法、经济法、行政法、刑法等，在立法层级体系中主要包括法律、行政法规、地方性法规、规章及其他规范性文件。

第一节 互联网助贷宏观法律法规

宏观政策文件一般不涉及交易主体的具体权利义务，但其在我国经济发展中具有重要指导意义，是我国各国家机关进一步制定具体法律法规、开展工作的方向标。早在二十年前，中共中央、国务院，及中国人民银行等机构制定的宏观政策文件就涉及互联网助贷业务的部分内容。自 2013 年开始至今，仍在密集出台相关指导意见，主要内容涉及构成互联网助贷业务核心关系的消费金融、小微企业融资等普惠金融发展，构成互联网助贷业务基本关系的金融机构与其他机构合作事项，构成互联网助贷业务辅助关系的融资担保、互联网保险业务发展，构成互联网助贷业务基础工具的金融科技发展，构成互联网助贷业务数据基础的信用信息共享，构成互联网助贷业务风险防范指的个人信息保护、网络安全等。

1. 鼓励发展小微企业融资服务及消费金融

1998 年 5 月 26 日，中国人民银行下发《关于改进金融服务、支持国民经济发展的指导意见》（银发〔1998〕215 号），一方面，鼓励各商业银行积极为中小企业提供信贷服务，并且鼓励成立中小企业贷款担保机构解决担保难的问题；另一方面，鼓励扩大买方信贷市场，进行消费信贷试点，逐步扩大消费信贷的规模、品种和形式。这充分体现了中国人民银行意识到中小企业对于经济发展的重要支撑作用，充分注意到消费对于拉动经济增长的潜在价值。

1999 年 2 月 23 日，中国人民银行发布《关于开展个人消费信贷的指导意见》（银发〔1999〕73 号），说明从 1999 年起，允许所有中资商业银行开办消费信贷业务，鼓励拓展消费信贷业务，鼓励消费信贷领域由个人住房、汽车消费贷款领域扩展到试办一些新品种的消费贷款，如耐用消费品贷款、教育助学贷款、旅游贷款等等；同时，在当时我国个人信用制度还不完善的情况下，鼓励金融机构先从银行信用记录做起，建立个人档案及进行信用记录共享，以防范金融风险；该文件还提到鼓励金融机构加强电子信息网络的建设，利用计算机软件对已开办的个人住房贷款、汽车贷款进行业务处理。此外，该文件还提及消费信贷工作涉及社会的方方面面，鼓励金融机构围绕涉及消费信贷的各个环节与中介服务等机构开展合作，这里的中介服务应指与目前助贷机构类似的机构。该文件应该是我国个人消费贷款业务的开端，相关指导意见对于我国个人消费贷款的发展具有重要的指导意义，但是在风险防范上仍指导较为严谨，即对发放的每笔贷款都要做到“三查”（即贷前调查、贷时审查、贷后检查）及落实抵押和担保，这应当说是在当时个人信用环境下的当然举措。

1999年11月17日，中国人民银行下发《关于印发〈关于加强和改进对小企业金融服务的指导意见〉的通知》（银发〔1999〕379号），鼓励金融机构加强对小企业的信贷支持，并提出借鉴国外信用评分办法，将小企业资信与小企业经营者个人信用相结合发放无担保的信用贷款。这个文件提出的政策在当时应该属于比较超前的，在当时信息严重不对称的年代，金融机构几乎不敢对小微企业发放信用贷款，中国人民银行提出了对小微企业及小微企业主绑定进行信用评分的方法解决此问题，这对于后续的小微企业贷款发展一直具有指导意义，目前针对小微企业设计的互联网助贷业务中仍将小微企业及小微企业主绑定进行信用风险评估。

2013年7月1日，国务院办公厅发布《关于金融支持经济结构调整和转型升级的指导意见》（国办发〔2013〕67号），鼓励发展小微企业贷款和消费金融，加快推进中小企业信用体系建设及加强个人信用管理，并且提出对信息消费的金融支持，试点推广小额信贷保证保险。该文件是党的十八大、中央经济工作会议和国务院常务会议精神的重要体现，充分说明了新一届领导的改革意向，以普惠金融促进经济转型升级是新一届领导的重要方向。

2015年11月19日，国务院发布《关于积极发挥新消费引领作用加快培育形成新供给新动力的指导意见》（国发〔2015〕66号），同日，国务院办公厅发布《关于加快发展生活性服务业促进消费结构升级的指导意见》（国办发〔2015〕85号），鼓励发展消费金融及融资担保、保险业务，支持实体经济转型升级。该等文件再次表明国家对于消费引领经济发展的重视。

2016年4月15日，国家发展和改革委员会，教育部，工业和信息化部，公安部，民政部，人力资源和社会保障部，国土资源部（已撤销），住房和城乡建设部，交通运输部，商务部，文化部（已撤销），国家卫生和计划生育委员会（已撤销），国家工商行政管理总局（已撤销），国家质量监督检验检疫总局（已撤销），国家新闻出版广电总局（已撤销），国家体育总局，国家旅游局（已撤销），中国民用航空局，中国保险监督管理委员会（已撤销），国家能源局，国家邮政局，国家文物局，中国铁路总公司，中华全国供销合作总社联合发布《关于印发〈促进消费带动转型升级行动方案〉的通知》（发改综合〔2016〕832 号），强调消费对于经济发展的重要意义，鼓励进行金融支持。

2018 年 6 月 23 日，中国人民银行、中国银行保险监督管理委员会、中国证券监督管理委员会、国家发展和改革委员会、财政部联合发布《关于进一步深化小微企业金融服务的意见》（银发〔2018〕162 号），首先，鼓励金融机构发放小微企业贷款，适当支持金融机构发行小微企业贷款资产支持证券；其次，引导金融机构发放单户授信 500 万元及以下的小微企业贷款以及个体工商户经营性贷款、小微企业主经营性贷款；再次，鼓励银行业金融机构要加强对互联网、大数据、云计算等信息技术的运用，改造信贷流程和信用评价模型，降低运营管理成本，提高贷款发放效率和服务便利度；最后，鼓励稳步推动小微企业信用保证保险业务的发展；此外，再次要求完善小微企业信用信息共享机制。该文件专门提及小微企业贷款，足以说明相关部门对于小微企业贷款发展的重视，文件提到的小微企业主经营性贷款也是目前很多互联网助贷业务的主要业务模式。

2018 年 9 月 20 日，中共中央、国务院联合下发《关于完善促进消费体制机制、进一步激发居民消费潜力的若干意见》，继续鼓励发展消费信贷，加强消费领域信用体系建设，鼓励保险公司为消费信贷提供融资增信支持。应该说，保险公司近年来大量参与互联网助贷业务的现象与相关部门的不断鼓励不无关系。

2019 年 2 月 14 日，中共中央办公厅、国务院办公厅发布《关于加强金融服务民营企业的若干意见》，鼓励金融机构增加民营企业、小微企业信贷投放；鼓励破解民营企业信息不对称、信用不充分等问题，加强数据共享；鼓励金融机构利用金融科技进行线上审批操作、风险评估、提高授信审批时效；鼓励加强融资担保体系建设和业务合作，减轻对抵押担保的过度依赖。该文件对于小微企业贷款的线上操作和增信方式做了具体的指示，对于小微企业互联网助贷业务的发展具有重要指示意义。

2019 年 8 月 16 日，国务院办公厅发布《关于加快发展流通促进商业消费的意见》（国办发〔2019〕42 号），鼓励金融机构加强对新消费的信贷支持力度。

2020 年 2 月 28 日，国家发展和改革委员会、中共中央宣传部、教育部、工业和信息化部、公安部、民政部、财政部、人力资源和社会保障部、自然资源部、生态环境部、住房和城乡建设部、交通运输部、农业农村部、商务部、文化和旅游部、国家卫生健康委员会、中国人民银行、海关总署、国家税务总局、国家市场监督管理总局、国家广播电视总局、国家体育总局、中国证券监督管理委员会联合下发《关于促进消费扩容提质加快形成强大国内市场的实施意见》（发改就业〔2020〕293 号），鼓励线上线下融合的消费体系，并要求积极推荐消费领域信用体系建设。

2. 鼓励发展金融科技

2013 年 8 月 8 日，国务院发布《国务院关于促进信息消费扩大内需的若干意见》（国发〔2013〕32 号），一方面，鼓励发展宽带网络等信息消费，并计划推动 2013 年内发放第四代移动通信（4G）牌照；另一方面，鼓励引导金融机构为中小网商等小微企业提供小额贷款服务，鼓励融资性担保机构帮助互联网小微企业增信融资；此外，还要求推进国家基础数据库、金融信用信息基础数据库等数据库的协同，支持社会信用体系建设，并且明确加强个人信息保护。该文件主题虽然是信息消费，但其内容涉及互联网助贷业务的多个方面，从核心业务基础小微企业贷款到担保增信措施，以及构成数据基础的信用体系，构成基础工具的 4G 网络，构成风险防范措施的个人信息保护均有所体现。而其中最为重要的应属 4G 网络的推进，4G 网络的发展进一步推进了手机移动网络的普及应用，而手机移动网络形成的支付信息等大数据是个人信用信息的重要替代数据，这些替代数据构成网络借贷中的个人信用评估的基础数据，也是后来互联网助贷业务发展的数据基础。

2014 年 2 月 4 日，国务院办公厅转发《密码局等部门关于金融领域密码应用指导意见的通知》（国办发〔2014〕6 号），要求建立以国产密码为主要支撑的金融信息安全保障体系，实现金融领域信息安全核心产品及系统的自主可控。密码技术是互联网金融的核心技术之一，是金融科技的重要技术，关系到金融信息的安全，我国对于密码技术的重视对于其后互联网助贷等业务安全具有支撑意义。

2015 年 1 月 6 日，国务院发布《关于促进云计算创新发展培育信息产业新业态的意见》(国发〔2015〕5号),支持云计算与移动互联网、互联网金融、电子商务等技术和服务的融合发展与创新应用。云计算的发展对于互联网助贷业务中的实时审批、实时放款等业务流程具有重要意义。

2015年1月12日,中国人民银行发布《关于推动移动金融技术创新健康发展的指导意见》(银发〔2015〕11号),推动发展移动金融技术,发挥移动金融普惠民生的作用。移动金融技术的发展对于互联网助贷业务中获客端APP的普及具有重要意义。

2017年7月8日,国务院发布《关于印发〈新一代人工智能发展规划〉的通知》(国发〔2017〕35号),鼓励发展大数据智能金融。人工智能技术对于互联网助贷中的大数据收集、整理及风控防控模型的建设均具有积极的意义。

2017年8月13日,国务院发布《关于进一步扩大和升级信息消费持续释放内需潜力的指导意见》(国发〔2017〕40号),再次强调信息消费,鼓励加快发展第五代移动通信(5G)标准研究、技术试验和产业推进,鼓励金融机构利用金融科技降低消费金融服务成本,并再次强调加快信用体系建设和加强个人信息保护。5G网络的发展意味着我国金融科技发展进入新的台阶,这对于互联网助贷等商业发展提高效率、降低成本具有重要意义。

2020年1月31日,中国人民银行、财政部、中国银行保险监督管理委员会、中国证券监督管理委员会、国家外汇管理局联合下发《关于进一步强化金融支持防控新型冠状病毒感染肺炎疫情的通知》(银发〔2020〕29号),鼓励金融机构为应对新冠肺炎疫情采取金融支持举措,并鼓励金融机构进行线上审批放款,引导企业和居民通过互联网、手机APP等线上方式办理金融业务。2019年年底和2020年年初全球暴发的新冠肺炎疫情对经济的影响时空前的,这种环境下人与人无法直接接触,也充分体现了我国前期大力发展金融科技的重要价值,借助金融科技工具,金融业务仍可以远程办理,疫情发生后,互联网助贷等线上金融业务受到更大程度的重视。

2020年2月14日,中国银保监会办公厅下发《关于进一步做好疫情防控金融服务的通知》(银保监办发〔2020〕15号),进一步强调提高线上金融服务效率,鼓励各银行保险机构积极推广线上业务,强化网络银行、手机银行、小程序等电子渠道服务管理和保障,优化丰富“非接触式服务”渠道,提供安全便捷的“在家”金融服务,探索运用视频连线、远程认证等科技手段,探索发展非现场核查、核保、核签等方式，切实做到应贷尽贷快贷、应赔尽赔快赔。

2019 年 8 月，中国人民银行印发《金融科技（FinTech）发展规划（2019—2021 年）》，明确提出未来三年的金融科技发展规划，明确提出金融科技已成为践行普惠金融、发展数字经济的新动力。该文件对于金融科技的发展具有重要的指导意义，各地后来推出的监管沙箱制度便是该文件内容的具体体现。

3. 鼓励发展普惠金融

2013 年 11 月 11 日，中共中央发布《关于全面深化改革若干重大问题的决定》，明确提出发展普惠金融。自我国改革开放以来，中国共产党的三中全会会议内容便成为判断我国新一届中央领导未来 5 至 10 年的施政方针和工作重点，该文件便是习近平总书记领导的新一届中央领导精神的重要体现，该文件明确提出全面深化改革，促进经济转型升级，并将普惠金融作为重要的手段。这也就意味着在党的十八大后一段时间内，普惠金融会成为社会各界努力的重点工作之一。

2015 年 3 月 5 日，国务院总理李克强在第十二届全国人民代表大会第三次会议《政府工作报告》中再次强调大力发展普惠金融，让所有市场主体都能分享金融服务的雨露甘霖。这充分说明发展普惠金融成为了政府工作的主要内容。

2015 年 12 月 31 日，国务院发布《关于印发〈推进普惠金融发展规划（2016—2020 年）〉的通知》（国发〔2015〕74 号），呼应 2015 年《政府工作报告》提出的大力发展普惠金融的指示，对普惠金融进行了准确定义，并参与机构、产品类型、金融科技运用、贷款保障措施、信用体系建设等业务环节进行了总体规划。这对于互联网助贷等普惠金融业务的发展具有重要指导意义。

2016 年 3 月 5 日，国务院总理李克强在第十二届全国人民代表大会第四次会议《政府工作报告》中强调规范发展互联网金融、大力发展普惠金融。这也说明了政府部门注意互联网金融大力发展的同时，存在一些问题，规范发展将成为后续工作的另一个重点。

4. 鼓励多方合作促进普惠金融发展

2015 年 7 月 1 日，国务院发布《关于积极推进“互联网 +”行动的指导意见》（国发〔2015〕40 号），鼓励发展“互联网 +”普惠金融，支持银行业金融机构借助互联网技术发展消费信贷业务，支持金融机构和互联网企业依法合规开展网络借贷、网络保险等业务，并且要求扩大专业互联网保险公司试点，充分发挥保险业在防范互联网金融风险中的作用，鼓励利用大数据发展市场化个人征信业务，加快网络征信和信用评价体系建设。该文件提到的“互联网 +”行动较为详尽，尤其提到了支持金融机构与互联网企业合作开展网络借贷，这对于互联网助贷的发展意义重大。

2015 年 7 月 18 日，中国人民银行、工业和信息化部、公安部、财政部、国家工商行政管理总局、国务院法制办公室、中国银行业监督管理委员会、中国证券监督管理委员会、中国保险监督管理委员会、国家互联网信息办公室联合发布《关于促进互联网金融健康发展的指导意见》(银发〔2015〕221 号)，首先，鼓励发展网络消费金融业务，为满足中小微企业和个人的融资需求进一步拓展普惠金融的广度和深度；其次，鼓励从业机构相互合作、优势互补，支持小微金融服务机构与互联网企业开展业务合作，支持信托、消费金融等机构与互联网企业开展合作，鼓励保险公司与互联网企业合作；再次，要求网络小额贷款发挥网络借贷优势降低客户融资成本；最后，强调推动信用基础设施建设，推动符合条件的相关从业机构接入金融信用信息基础数据库，允许有条件的从业机构依法申请征信业务许可，支持具备资质的信用中介组织开展互联网企业信用评级。该文件由多达十个部门联合发布，并且对于互联网金融发展的指导较为全面，几乎囊括了互联网金融的全部业态，因此被称为互联网金融发展的尚方宝剑，其中重点段落提及了金融机构与互联网企业相互合作，这也充分说明了各部门对于互联网助贷业务的正面肯定。

2016 年 3 月 24 日，中国人民银行、中国银行业监督管理委员会发布《关于加大对新消费领域金融支持的指导意见》，一方面，提出优化消费信贷管理模式，鼓励金融机构探索运用互联网等技术手段开展远程客户授权，实现消费贷款线上申请、审批和放贷，进行产品创新；另一方面，鼓励银行业金融机构与网络零售平台在小额消费领域开展合作，并在风险可控、权责明确的条件下，自主发放小额消费信贷。该文件可以说是对互联网助贷业务的精准指导，既明确了利用互联网技术进行线上放款，又对于金融机构与网络零售平台作为助贷机构的合作进行鼓励。

5. 关注个人信息保护、高利贷等普惠金融问题并强调金融监管

2015 年 8 月 31 日，国务院发布《关于印发〈促进大数据发展行动纲要〉

的通知》(国发〔2015〕50号),鼓励信用、交通、医疗、卫生、就业、社保、地理、文化、教育、科技、资源、农业、环境、安监、金融、质量、统计、气象、海洋、企业登记监管等重要领域实现公共数据资源合理适度向社会开放,推动信用信息共享机制和信用信息系统建设,鼓励企业根据数据资源基础和业务特色,积极发展互联网金融和移动金融等新业态。推动大数据与移动互联网、物联网、云计算的深度融合,并且明确提出了推动个人信息保护的立法工作。该文件充分重视大数据对于互联网金融发展的重要意义,同时关注到个人信息保护问题。个人信息保护是互联网助贷等业务需要重点解决的问题之一。2018年7月27日,工业和信息化部、国家发展和改革委员会发布《关于印发〈扩大和升级信息消费三年行动计划(2018—2020年)〉的通知》(工信部联信软〔2018〕140号),就扩大和升级信息消费制定了较为详细的行动计划,并再次强调个人信息保护问题。

2018年,中国人民银行、发展改革委、科技部、工业和信息化部、财政部、农业农村部、商务部、中国银行保险监督管理委员会、中国证券监督管理委员会等九部委共同编制《十三五现代金融体系规划》,继续支持发展普惠金融,鼓励推进金融科技标准研究,并提出规范网络借贷等互联网金融的发展,遏制校园高利贷等违法违规现象,强调金融监管。该文件是贯彻落实十九大精神的重要体现,为我国现代金融的进一步发展指明了方向。

2018年8月17日,中国银保监会办公厅下发《关于进一步做好信贷工作、提升服务实体经济质效的通知》(银保监办发〔2018〕76号),鼓励积极发展小微企业贷款、发展消费金融,并明确提出规范经营行为,严禁附加不合理贷款条件,要求严格按照标准和程序进行贷前调查、贷时审查、贷后检查,不得在发放贷款时捆绑或搭售理财、基金、保险等其他金融产品,严禁将贷款发放和管理等核心职能外包。自2018年开始,监管部门开始重视互联网金融业务的监管,其中包括互联网助贷业务,而贷款授信审查不完善、捆绑搭售其他产品、核心职能外包是互联网助贷当时存在的主要问题。

6. 试行包容审慎的监管沙箱制度

2018年12月14日,中国人民银行、国家发展和改革委员会、科技部、工业和信息化部、人力资源和社会保障部、卫生健康委联合下发《关于开展金融科技应用试点的通知》,要求推动云计算、人工智能、移动互联网、大数据、物联网等新一代技术与金融融合发展的试点方案,金融科技应用需先试点后推广。该文件被认为是我国的监管沙箱制度[①]，随后，北京在全国率先试点，首批试点产品便包含农业银行的微捷贷和宁波银行的快审快贷两个贷款产品。

第二节 互联网助贷微观法律法规

互联网助贷的微观法律法规主要体现在对于各参与主体权利义务的规制。在一个完整的互联网助贷业务流程中，其参与主体较多，主要包括金融机构、助贷机构、融资担保机构、保险公司、支付服务机构、技术服务机构、数据服务机构、获客推广机构等，我国法律法规对于各主体参与互联网助贷的资质、业务操作流程、风险防范建议等进行了较为具体的规定，我们将在本节分析互联网助贷业务主要参与方职责的相关法律法规。

一、发放贷款资质相关法律法规及具体分析

在互联网助贷业务中，金融机构作为贷款人发放贷款是主要交易结构，参与金融机构具体包含商业银行、信托公司、消费金融公司、小额贷款公司[②]、商业保理公司[③]等，我国法律、行政法规、部门规章、地方性法规及其他规定对于不同主体发放贷款的资质均作出了明确规定。具体法律法规主要包括：《商业银行法》、《最高人民法院最高人民检察院公安部司法部关于办理非法放贷刑事案件若干问题的意见》、《非法金融机构和非法金融业务活动取缔办法（2011 修订）》、《信托公司管理办法》、《消费金融公司试点管理办法》、《中国银行业监督管理委员会

① “监管沙箱”由英国率先提出金融科技试点制度，主要为新兴金融科技提供创新示范空间，减少负面影响的范围，试验成功的可以推广使用。

② 在《金融机构编码规范》（银发〔2009〕363 号）中，小额贷款公司被纳入其他金融机构类别，但在司法实践中，小额贷款公司与借款人的借款纠纷均被归入民间借贷纠纷。这在司法实践中存在比较大的争议。

③ 目前商业保理公司已划归地方金融监督管理部门管理，但准确界定，商业保理公司并不属于金融机构，本书仅按“金融机构”进行表述。

中国人民银行关于小额贷款公司试点的指导意见》（银监发〔2008〕23号）、《关于立即暂停批设网络小额贷款公司的通知》（整治办函〔2017〕138号）、《P2P网络借贷风险专项整治工作领导小组办公室关于印发〈小额贷款公司网络小额贷款业务风险专项整治实施方案〉的通知》（网贷整治办函〔2017〕56号）、《中国银保监会办公厅关于加强商业保理企业监督管理的通知》、《中国银保监会办公厅关于推进农村商业银行坚守定位强化治理提升金融服务能力的意见》（银保监办发〔2019〕5号）、《中国银监会市场准入工作实施细则（试行）》《关于规范整顿“现金贷”业务的通知》（整治办函〔2017〕141号）、《个人贷款管理暂行办法》（中国银行业监督管理委员会令2010年第2号）、《商业银行互联网贷款管理暂行办法》（中国银行保险监督管理委员会令2020年第9号）[①]、《中国银保监会办公厅关于加强小额贷款公司监督管理的通知》（银保监办发〔2020〕86号）、《北京银保监局关于进一步规范信托公司个人信托贷款业务的通知》（京银保监发〔2020〕391号）、《北京市互联网金融行业协会关于助贷机构加强业务规范和风险防控的提示》（互金协发〔2019〕039号）、《北京银保监局关于规范银行与金融科技公司合作类业务及互联网保险业务的通知》（京银保监发〔2019〕310号）、《浙江银保监局关于加强互联网助贷和联合贷款风险防控监管提示的函（2019年1月9日）》、《上海银监局关于规范在沪银行业金融机构与第三方机构合作贷款业务的通知》（沪银监通〔2018〕19号）、《宁波银保监局关于加强商业银行外部合作风险管理的通知》（甬银保监发〔2019〕141号）、《厦门市地方金融协会关于厦门市小额贷款公司与合作机构开展贷款业务的工作指引（试行）》。

根据我国上述现行法律法规，金融机构作为贷款人参与互联网助贷业务必须具备监管部门批准的发放贷款资质；部分金融机构发放贷款受到地域限制；不具备发放贷款资质的机构参与互联网助贷业务发放贷款的行为应予以取缔，并可能需要承担刑事责任。

① 根据《商业银行互联网贷款管理暂行办法》规定，商业银行适用该规定，消费金融公司、汽车金融公司参照适用，而对于信托公司是否适用则主要看各地银保监局的具体指导意见，有些地方银保监局要求适用，有些地方银保监局则明确不需适用，有些地方银保监局则不置可否，有些地方银保监局则另行规定（例如北京银保监局发布《北京银保监局关于进一步规范信托公司个人信托贷款业务的通知》（京银保监发〔2020〕391号））。

（一）金融机构作为贷款人参与互联网助贷业务必须具备监管部门批准的发放贷款资质

我国法律法规明确规定了商业银行、信托公司、消费金融公司、小额贷款公司经批准可以从事发放贷款业务。《商业银行法》明确规定，商业银行可以经营发放短期、中期和长期贷款业务。《信托公司管理办法》明确规定，信托公司管理运用或处分信托财产时，可以依照信托文件的约定，采取投资、出售、存放同业、买入返售、租赁、贷款等方式进行；并且信托公司固有业务项下可以开展存放同业、拆放同业、贷款、租赁、投资等业务。《消费金融公司试点管理办法》明确规定，消费金融公司是经银监会批准，在中华人民共和国境内设立的，不吸收公众存款，以小额、分散为原则，为中国境内居民个人提供以消费为目的的贷款的非银行金融机构；经银监会批准，消费金融公司可以经营发放个人消费贷款业务。《中国银行业监督管理委员会中国人民银行关于小额贷款公司试点的指导意见》（银监发〔2008〕23 号）及《中国银保监会办公厅关于加强小额贷款公司监督管理的通知》（银保监办发〔2020〕86 号）明确规定，小额贷款公司是由自然人、企业法人与其他社会组织投资设立，不吸收公众存款，经营小额贷款业务的有限责任公司或股份有限公司；小额贷款公司应坚持为农民、农业和农村经济发展服务的原则及“小额、分散”的原则发放贷款；鼓励小额贷款公司面向农户和微型企业提供信贷服务，着力扩大客户数量和服务覆盖面。

而商业保理企业不能从事发放贷款业务，仅可通过保理业务模式提供融资。《中国银保监会办公厅关于加强商业保理企业监督管理的通知》明确规定，商业保理业务是供应商将其基于真实交易的应收账款转让给商业保理企业，由商业保理企业向其提供保理融资等服务，商业保理企业不得从事发放贷款或受托发放贷款的行为或经营业务。

根据我国现行法律法规规定，区别于民间借贷的发放贷款日常业务活动，属于行政许可事项，应获得中国人民银行的批准。利用互联网向不特定借款人发放贷款的行为构成发放贷款日常业务活动，相关主体应取得发放贷款资质。在互联网金融业务发展初期，存在较多没有发放贷款资质的企业或个人打着互联网金融创新的名义从事非法发放贷款的行为，例如 2019 年“3 · 15”晚会上中央电视台报道的“714 高炮”行为，一些非法个人及团体利用互联网通过手机 APP 等程序向不特定多数人发放高利贷，非法从事金融活动，其业务模式包含互联网助贷业务模式，北京市互联网金融行业协会曾在2019年3月19日发布《关于相关企业为非持牌放贷机构提供导流服务的风险提示函》，提示为非法放贷提供导流获客服务的互联网平台（涉及电商平台、搜索引擎、社交媒体）注意合作机构发放贷款的合法性风险。

在互联网助贷业务中，商业银行、信托公司、消费金融公司、小额贷款公司均具备发放贷款资质，可以作为贷款人参与互联网助贷业务，其中，消费金融公司仅具备发放个人消费贷款的资质，不具备发放小微企业经营贷款的资质；小额贷款公司虽经地方金融监督管理部门批准从事小额贷款业务，但在司法实践中均被认定为应遵守民间借贷的相关规定，2020年银保监会发布《中国银保监会办公厅关于加强小额贷款公司监督管理的通知》（银保监办发〔2020〕86号），强调“小额贷款公司应当主要经营放贷业务”，该规定能否改变司法实践中人民法院的意见尚具有不确定性。这在互联网助贷的业务实践中比较常见，例如，根据网络信息披露，“微粒贷”产品的贷款人包括50余家银行及信托公司、消费金融公司[①]；根据信托业协会整理的数据，截至2018年年末，68家信托公司总数中已有近40家信托公司开展了消费金融业务，其主要业务模式便是助贷模式。

在消费金融类的互联网助贷业务中经常能够见到商业保理公司的身影，例如，在“花呗”产品中的资金方包含商融保理，“拿去花”产品中的资金方包含天津趣游等多家商业保理公司。商业保理公司参与互联网助贷业务的结构与其他金融机构相比较为特殊，商业保理公司不具备发放贷款资质，其无法以贷款人的身份参与互联网助贷业务，但是商业保理公司具备应收账款融资业务资质，其参与互联网助贷业务的身份是应收账款受让方。以“花呗”产品为例，《花呗保理付款服务合同》约定：“根据商融保理与您的交易对手达成的约定，商融保理可在您交易时向您提供保理付款服务，即当您在交易付款时选择分期还款的，商融保理将从您的交易对手处受让您与交易对手达成的每笔订单项下的应收账款。前述应收账款自您‘下单成功’时从您的交易对手处转让至商融保理，您已清楚知晓转让安排，故交易对手或商融保理将不再另行向您通知”，“商融保理将基于向您提供的服务而向您收取分期手续费”，根据上述约定内容可知，在客户通过花呗产

① 《微众银行微粒贷的资金来自这58家银行》，载https：//xw.qq.com/amphtml/20181011A0BTWN00，最后访问日期：2020年9月19日。

品与商户产生交易时，商户对客户享有一笔应收账款债权，商融保理从商户处受让该笔应收账款债权并向客户提供分期还款服务及收取分期还款手续费，客户将分期将包含应收账款资金及分期还款手续费的还款资金偿还给商融保理。此类结构中商业保理公司的行为性质表面上属于保理业务中的应收账款融资行为，但是其具有两个区别于一般应收账款融资行为的重要特征。其一，应收账款转让具有即时性，商业保理公司通过助贷机构的服务平台操作及事先合同约定的方式实现应收账款产生的一刹那即向商业保理公司转让，助贷机构可即时在资产管理系统中标记该笔债权的权属方为商业保理公司；其二，商业保理公司向客户收取分期还款手续费，分期还款手续费并不是商业保理公司受让的应收账款的一部分，而是商业保理公司受让应收账款后为客户提供分期还款服务而另行向客户收取的报酬。上述两个重要特征使得此类结构与互联网助贷业务中借款人获得贷款后分期还款并支付利息的结构在本质上几乎没有任何区别，因此导致了对商业保理公司参与此类结构是否为变相发放贷款的质疑。我们认为，商业保理公司以此类结构参与互联网助贷业务，其本质可能会被认定为发放贷款，目前在实践中并没有监管部门对此类结构提出疑问甚至做出处罚的实例，但是随着互联网金融业务监管的趋严，并不能排除监管部门从严规制此类业务结构的可能。

此外，我国关于互联网助贷的法律法规中还明确提及不得为无放贷资质的机构提供资金发放贷款，不得与无放贷资质的机构联合发放贷款。例如《关于规范整顿“现金贷”业务的通知》（整治办函〔2017〕141 号）、《北京市互联网金融行业协会关于助贷机构加强业务规范和风险防控的提示》（互金协发〔2019〕039 号）、《浙江银保监局关于加强互联网助贷和联合贷款风险防控监管提示的函（2019 年 1 月 9 日）》、《上海银监局关于规范在沪银行业金融机构与第三方机构合作贷款业务的通知》（沪银监通〔2018〕19 号）、《宁波银保监局关于加强商业银行外部合作风险管理的通知》（甬银保监发〔2019〕141 号）等互联网助贷法律法规均做出了上述规定。根据相关规定的字面理解，金融机构不得向不具备放贷资质的机构以发放贷款等形式提供资金供该等机构用于发放贷款，亦不得与无放贷资质的机构共同作为贷款人发放贷款，金融机构目前一般均能做到不违反该规定。但是，从实质角度而言，在实践中存在疑似违反该等规定的行为，例如，金融机构提供资金与助贷机构合作向借款人发放贷款，而商业实质中的借款人风控审核、贷款发放、还款回收等核心业务环节均由助贷机构操作或决定，金融机构仅就其出资资金收取固定的收益，助贷机构自行或安排其关联方对金融机构的固定收益进行兜底并最终获取超过金融机构固定收益部分的超额收益，此类业务模式中，助贷机构既不是贷款人又不是资金提供方，但却承担贷款人的实质风险和责任并最终享有贷款的超额收益，在实质上与股票配资类的融资有些类似，这与监管要求的核心业务不得外包的规定是相悖的。

（二）部分金融机构发放贷款受到地域限制

我国法律法规对于不同金融机构经营贷款业务存在不同的要求，其中，对于互联网助贷业务而言，影响较大的是限制部分金融机构的贷款业务地域范围。

根据我国现行法律法规规定，信托公司及消费金融公司的经营地域范围是没有限制的，而部分银行业金融机构和小额贷款公司的经营地域范围限于本地，其通过互联网发放贷款则可能违反相关规定。

我国的商业银行区分为国有大型商业银行、城市商业银行、农村商业银行、村镇银行、民营银行。国有大型商业银行的服务定位为服务全国，没有地域限制。

我国法律法规对于城市商业银行、农村商业银行、村镇银行的服务定位为服务本地区县，为当地“三农”及小微企业提供金融支持。例如，《中国银保监会办公厅关于推进农村商业银行坚守定位强化治理提升金融服务能力的意见》（银保监办发〔2019〕5号）明确规定：“农村商业银行应准确把握自身在银行体系中的差异化定位，确立与所在地域经济总量和产业特点相适应的发展方向、战略定位和经营重点，严格审慎开展综合化和跨区域经营，原则上机构不出县（区）、业务不跨县（区）。应专注服务本地，下沉服务重心，当年新增可贷资金应主要用于当地。”《浙江银保监局关于加强互联网助贷和联合贷款风险防控监管提示的函（2019年1月9日）》强调了城商行服务本地的定位。

对于民营银行而言，《浙江银保监局关于加强互联网助贷和联合贷款风险防控监管提示的函（2019年1月9日）》明确规定民营银行不得跨区域经营，具体内容如下：民营银行开展互联网联合贷款业务，应坚守“立足当地、服务当地、不跨区域”的定位，将长期可持续发展作为目标，通过互联网渠道引入在自身营销、服务和风险管控能力范围内的客户。要按照客户身份证地址、主要业务经营地、主要居住生活地等维度，建立统一的属地经营规则，按照异地授信管理相关文件的精神严格管控异地授信。开展互联网联合贷款业务，辖内民营银行法人原则上只能经营本行有分支机构的地域的客户。我国全国性法律法规并没有对民营银行经营的地域范围作出明确限定，但是我国监管部门在《中国银监会市场准入工作实施细则（试行）》中提出如下要求："民营银行应坚持'一行一店'，在总行所在城市仅可设 1 家（在行式）营业部，不跨区域"。实践中对此要求是否为明确限定不得跨区域经营存在不同的理解，若从严解释则可以理解为对民营银行跨区域经营的限制。

对于"跨区域经营"的内涵与外延界定，浙江省规定要按照客户身份证地址、主要业务经营地、主要居住生活地等维度，建立统一的属地经营规则，我国其他地区法律法规对此规定是不明确的，是从借款人的户籍 / 住所地进行界定还是从经常居住地 / 实际营业地进行界定抑或综合二者进行界定，相关规定并不清晰，若从严认定则应综合户籍 / 住所地及经常居住地 / 实际营业地进行界定。基于互联网的公开特性，借款人的经常居住地 / 实际营业地较难界定，被限定不得跨区域经营的商业银行若参与互联网助贷发放互联网贷款，则其难免会违反不得跨区域经营的限制性规定。对此，《浙江银保监局关于加强互联网助贷和联合贷款风险防控监管提示的函（2019 年 1 月 9 日）》中做出明确重申，开展互联网联合贷款业务，辖内城商行、民营银行法人原则上只能经营本行有分支机构的地域的客户，辖内城商行分行原则上只能经营省内的客户。有些商业银行因跨区域经营而受到处罚，例如，中国银保监会宁夏监管局于 2019 年 9 月 30 日对宁夏永宁汇发村镇银行股份有限公司做出行政处罚决定，罚款二十万元，处罚事由即为"跨经营区域发放贷款"。而 2020 年发布生效的《商业银行互联网贷款管理暂行办法》对于跨区域经营的要求则有所缓和，其规定商业银行"审慎开展跨注册地辖区业务"，而非全面禁止。

根据我国法律法规规定，小额贷款公司的定位是引导资金流向农村和欠发达地区，改善农村地区金融服务，促进农业、农民和农村经济发展，支持社会主义新农村建设，小额贷款公司的经营范围一般由地方金融监管部门批设。随着互联网金融的普及，我国各地方金融监管部门纷纷批准当地小额贷款公司通过互联网开展网络小额贷款业务，这就意味着其经营地域范围不再有任何限制，与小额贷款公司的定位初衷存在错位。2017 年年底开始，我国监管部门发布《关于立即暂停批设网络小额贷款公司的通知》（整治办函〔2017〕138 号）、《关于规范整顿"现金贷"业务的通知》（整治办函〔2017〕141 号）等系列文件，对小额贷款公司网络小额贷款业务进行整顿，明确要求各地小额贷款公司监管部门暂停新批设网络（互联网）小额贷款公司，暂停新增批小额贷款公司跨省（区、市）开展小额贷款业务，暂停发放无特定场景依托、无指定用途的网络小额贷款。目前，小额贷款公司参与互联网助贷业务在地域范围与参与方式方面均有一定的限制。2020年银保监会发布《中国银保监会办公厅关于加强小额贷款公司监督管理的通知》（银保监办发〔2020〕86号），规定："小额贷款公司原则上应当在公司住所所属县级行政区域内开展业务。对于经营管理较好、风控能力较强、监管评价良好的小额贷款公司，经地方金融监管部门同意，可以放宽经营区域限制，但不得超出公司住所所属省级行政区域。经营网络小额贷款业务等另有规定的除外。"2020年11月2日，中国银保监会会同中国人民银行等部门发布的《网络小额贷款业务管理暂行办法（征求意见稿）》亦明确规定，小额贷款公司跨省级行政区域经营网络小额贷款业务的，应当经国务院银行业监督管理机构依法批准。我国法律法规对于小额贷款公司的监管要求趋于严格。当然，随着金融科技和政府基础设施的进一步发展，在限定地域范围内发放互联网贷款也是完全可以实现的。

（三）不具备发放贷款资质的机构参与互联网助贷业务发放贷款的行为应予以取缔，并可能需要承担刑事责任

《非法金融机构和非法金融业务活动取缔办法（2011修订）》明确规定未经批准擅自从事发放贷款的活动为非法金融活动，擅自从事非法发放贷款活动的机构为非法金融机构，非法金融机构及非法金融活动应予以取缔。

根据《最高人民法院最高人民检察院公安部司法部关于办理非法放贷刑事案件若干问题的意见》等刑事法律法规规定，违反国家规定，未经监管部门批准，或者超越经营范围，以营利为目的，经常性地向社会不特定对象发放贷款，扰乱金融市场秩序，情节严重的，依照刑法第二百二十五条第（四）项的规定，以非法经营罪定罪处罚。不具备发放贷款资质的机构参与互联网助贷业务发放贷款的行为可能构成非法经营罪，其承担刑事责任的必要条件有三个：（1）不具备监管部门批准的发放贷款资质；（2）以营利为目的，经常性地向社会不特定对象发放贷款；（3）以超过36%[①] 的实际年利率实施非法放贷行为。基于互联网的受众不

① 民间借贷司法解释将受司法保护的借款利率上限调低后，目前刑法尚未修改涉刑的利率标准。

特定性及涉众性，以及网络贷款的高利贷特性，不具备放贷资质的主体通过互联网发放贷款的行为很难不符合上述必要条件，例如“714高炮”类型的互联网贷款。

对于发放贷款受到地域范围限制的商业银行、小额贷款公司，其是否可能构成非法经营罪是个值得探讨的问题。探讨这个问题的关键在于是否可以将跨区域发放贷款视为不具备发放贷款资质。根据我国刑法规定的原文，不具备发放贷款资质是指“违反国家规定，未经监管部门批准，或者超越经营范围”。按照文义解释的方式进行理解，金融机构跨区域发放贷款的行为若没有经过监管部门批准，则完全符合该条件，构成不具备发放贷款资质。但是，按照类比推理的方法进行判断则可能得出不同的结论。最高人民法院于2011年曾对非法经营罪做出过如下批复，“被告人李明华持有烟草专卖零售许可证，但多次实施批发业务，而且从非指定烟草专卖部门进货的行为，属于超范围和地域经营的情形，不宜按照非法经营罪处理”，跨区域经营烟草的行为不构成非法经营罪。而跨区域发放贷款的行为与跨区域经营烟草的行为在行为性质上较为类似，均是获得受限的行政许可而超越限制进行经营，以此类推，最高人民法院对于跨区域发放贷款的行为与跨区域经营烟草的行为应按同样的方式进行处理，即不构成非法经营罪。当然，鉴于发放贷款的行为为金融行为，基于金融行为的危害性、涉众性等特性，如此类比在理论上并不是完全经得住考验。综上，受到地域范围限制的商业银行、小额贷款公司跨区域发放贷款的行为，仍存在刑事责任风险。在实践中，互联网助贷业务的综合资金成本基本会选择控制在实际年利率36%的范围以内，避免刑事责任应该是其考量因素之一。

二、金融机构资金来源相关法律法规及具体分析

在任何金融业务交易结构中，资金来源都是最为关键的核心问题，互联网助贷业务亦不例外，互联网助贷业务的资金直接来源于金融机构的放款资金，而金融机构的放款资金来源最为关键，它会决定着某类金融机构能否扩大其业务规模，并最终决定其最终的利润。我国法律、部门规章、地方性法规对于不同金融机构的资金来源均作出了明确规定。具体法律法规主要包括：《商业银行法》、《信托公司管理办法》、《信托公司集合资金信托计划管理办法（2009修订）》、《消费金融公司试点管理办法》、《中国银行业监督管理委员会中国人民银行关于小额贷款公司试点的指导意见》（银监发〔2008〕23号）、《关于规范整顿“现金贷”业务

的通知》（整治办函〔2017〕141号）、《P2P网络借贷风险专项整治工作领导小组办公室关于印发〈小额贷款公司网络小额贷款业务风险专项整治实施方案〉的通知》（网贷整治办函〔2017〕56号）、《中国银保监会办公厅关于加强商业保理企业监督管理的通知》、《中国银保监会办公厅关于加强小额贷款公司监督管理的通知》（银保监办发〔2020〕86号）、《北京银保监局关于进一步规范信托公司个人信托贷款业务的通知》（京银保监发〔2020〕391号）。

《商业银行法》明确规定，商业银行可以经营吸收公众存款、发行金融债券、从事同业拆借等业务获得资金。《信托公司管理办法》《信托公司集合资金信托计划管理办法（2009修订）》明确规定信托公司可以经营信托业务并设立信托计划募集信托资金。《消费金融公司试点管理办法》明确规定，消费金融公司可以经营接受股东境内子公司及境内股东的存款、向境内金融机构借款、经批准发行金融债券、境内同业拆借等业务获得资金。《关于小额贷款公司试点的指导意见》及《中国银保监会办公厅关于加强小额贷款公司监督管理的通知》（银保监办发〔2020〕86号）等法律法规明确规定，小额贷款公司可以通过银行借款、股东借款等非标准化融资形式融入资金及通过发行债券、资产证券化产品等标准化债权类资产形式融入资金。而《中国银保监会办公厅关于加强商业保理企业监督管理的通知》则明确规定，商业保理企业不得经营吸收或变相吸收公众存款，以及通过网络借贷信息中介机构、地方各类交易场所、资产管理机构以及私募投资基金等机构融入资金，或与其他商业保理企业拆借或变相拆借资金，商业保理企业可以向银保监会监管的银行和非银行金融机构融资，也可以通过股东借款、发行债券、再保理等渠道融资。

根据我国现行法律法规规定，参与互联网助贷业务的金融机构中，商业银行的资金来源最为充足，因为商业银行可以经营吸收公众存款业务，吸收公众存款需要承担的资金成本是相对很低的，除此之外，商业银行还可以发行金融债券以及进行同业拆借，当然，商业银行也需要遵守资本充足率等指标要求。而其他金融机构均未获得吸收公众存款的许可，仅可通过其他成本较高的方式获得资金来源。

信托公司主要通过发行信托产品募集资金参与互联网助贷发放信托贷款。信托产品可以是单一委托人的单一信托也可以是多个委托人的集合资金信托计划。对于单一信托而言，委托人基本都是单一的机构，一些不具备发放贷款资质的机构可以通过委托信托公司设立单一信托从而分享互联网助贷业务的红利。当然，也存在一些具备发放贷款资质的机构基于贷款资产出表等多方面原因而通过设立单一信托的形式参与互联网助贷业务。有些单一信托的通道性质比较明显，信托贷款的发放、回收等事项均由信托公司根据委托人出具的指令进行操作，该等模式实质上就是委托人借用信托公司的放贷资质进行发放贷款，与信托制度建立的初衷是不符的，监管部门最近几年也一直在强调信托业务去通道，《北京银保监局关于进一步规范信托公司个人信托贷款业务的通知》（京银保监发〔2020〕391 号）已明确禁止个人贷款信托业务采用通道模式，具体内容为："信托公司开展个人信托贷款业务，应独立审批贷款，独立自主进行贷款决策。信托公司不得将贷款调查的全部事项或授信审查、风险控制等核心事项委托第三方完成，不得在《信托合同》中作出免除信托公司作为贷款人的义务和职责的下列类似约定：由委托人或由委托人指定的第三方承担实质尽职调查、贷款审核、贷后管理等职责；受托人无需进行尽职调查和贷后管理，仅对部分环节进行表面一致性审核；信托的设立、信托项下的合作机构、保证人、风控措施及借款人的确定、信托资金用途、信托财产的管理、运用和处分方式等事项均由委托人或受益人自主决定等。"集合资金信托计划的投资者比较分散，但是信托产品为私募资产管理产品，不可公开募集，投资者人数及合格投资者资格也受到法律法规的限制，例如，投资者人数不能超过 200 人，否则可能构成《证券法》规定的公开募集。信托产品的资金来源只能是委托人交付的信托财产，信托产品不能对外负债。信托产品项下信托财产的运营方式多种多样，包括投资类信托、融资类信托等，互联网助贷业务中的发放信托贷款模式属于融资类信托业务，根据法律法规规定，信托贷款的规模也有一定的限制，不得超过信托公司管理的所有信托计划实收余额的 30%[①]，这也就意味着信托公司如果想扩大发放贷款的规模，则必须扩大的其他类型信托业务规模。对于发放贷款等融资类信托业务模式，监管部门一直认为其具有一定的影子银行特征，近年来监管部门也在不断要求信托公司压降融资类信托业务规模。

---

① 根据《信托公司资金信托管理暂行办法（征求意见稿）》规定，"信托公司管理的全部集合资金信托计划向他人提供贷款或者投资于其他非标准化债权类资产的合计金额在任何时点均不得超过全部集合资金信托计划合计实收信托的百分之五十"，若该规定正式发布，则信托贷款业务规模会受到较大影响。

消费金融公司参与互联网助贷业务的资金来源则主要包括自有资金及通过向境内金融机构借款、发行金融债券、境内同业拆借等方式，消费金融公司获取资金的渠道及成本相较商业银行和信托公司存在很大的劣势，有些消费金融公司因为没有足够的资金而选择与其他金融机构发放联合贷款或者作为助贷机构参与互联网助贷。

小额贷款公司参与互联网助贷业务的资金来源主要包括自有资金及通过金融机构融入资金。就融入资金而言，我国法律法规最初规定其不得超过两个银行业金融机构，并且融入资金余额杠杆受到一定的限制，例如小额贷款公司从银行业金融机构获得融入资金的余额不得超过资本净额的50%等。在小额贷款公司网络小额贷款业务发展较快的前几年，部分地方对小额贷款公司的融入资金杠杆做出了变相提高的规定，例如，重庆市金融工作办公室于2012年率先将小额贷款公司的杠杆率提高至2.3倍（主要包括三部分：①以银行业金融机构融资和回购方式开办资产转让业务的，两项融资余额之和不得超过公司资本净额的100%；②主要股东定向借款的，融资余额不得超过公司资本净额的100%；③开办同业资金借款业务的，借入资金余额不得超过公司资本净额的30%），其他各地金融监管部门也相继出台类似的政策提升小额贷款公司的杠杆率，但是，国家监管部门于2017年明确对小额贷款公司的资金来源进行了限定，禁止通过互联网平台或地方各类交易场所销售、转让及变相转让本公司的信贷资产，禁止通过网络借贷信息中介机构融入资金，并且以信贷资产转让、资产证券化等名义融入的资金应与表内融资合并计算，合并后的融资总额与资本净额的比例暂按当地现行比例规定执行，同时明确提出各地不得进一步放宽或变相放宽小额贷款公司融入资金的比例规定。小额贷款公司的融入资金渠道受到一定的限制，扩大融入资金规模的途径只能是增加注册资本以扩大净资本基数，例如，蚂蚁金融旗下重庆市蚂蚁小微小额贷款有限公司的注册资本目前已高达120亿元，其他多家头部平台旗下小额贷款公司也在不断增资扩股，甚至传言有些头部平台准备放弃小额贷款公司牌照而转战消费金融牌照。不过，2020年银保监会发布《中国银保监会办公厅关于加强小额贷款公司监督管理的通知》（银保监办发〔2020〕86号），将小额贷款公司融资杠杆提升至5倍，明确规定，小额贷款公司通过银行借款、股东借款等非标准化融资形式融入资金的余额不得超过其净资产的1倍；通过发行债券、资产证券化产品等标准化债权类资产形式融入资金的余额不得超过其净资产的4

倍。小额贷款公司的融资杠杆得到一定改善。

商业保理公司的融资渠道也较为有限，可以向银保监会监管的银行和非银行金融机构融资，也可以通过股东借款、发行债券、再保理等渠道融资。但是，不得通过网络借贷信息中介机构、地方各类交易场所、资产管理机构以及私募投资基金等机构融入资金，不得与其他商业保理企业拆借或变相拆借资金。

对于各金融机构而言，除了上述明确提及的资金来源外，资产证券化逐渐成为较为重要的融资渠道之一，资产证券化主要包括信贷资产证券化、企业资产证券化、资产支持票据等。根据统计数据显示，2019 年上半年，消费金融领域共有 11 家机构发行了 31 支资产证券化产品，发行规模为 871.99 亿元，发行规模呈现出波动上升的趋势①。商业银行主要通过信贷资产证券化进行券化融资，信托公司可以通过信贷资产证券化、企业资产证券化进行券化融资，商业保理公司主要通过资产支持票据进行券化融资，小额贷款公司主要通过企业资产证券化、资产支持票据进行券化融资，消费金融公司可以通过信贷资产证券化进行券化融资。资产支持票据的发起机构仅限于非金融企业，部分商业银行、信托公司等金融企业会通过非金融机构进行过桥参与资产支持票据以突破非金融企业的限制。商业银行等金融机构及其资产管理产品也是资产证券化产品的主要投资者，部分不想直接参与互联网助贷管理工作或者受到一定限制的商业银行等机构便通过投资相关资产证券化等产品间接获取相应收益。

但是投资相关资产证券化等产品也有一定限制，根据法规规定，银行业金融机构及其发行、管理的资产管理产品不得直接投资或变相投资以“现金贷”“校园贷”“首付贷”等为基础资产发售的（类）证券化产品或其他产品，该规定的关键在于“现金贷”的认定，如果某互联网助贷产品被认定为现金贷，则其设立资产证券化等产品时，相应的投资者会受到一定的限制，即资金来源会受到限制。我国法律法规对于“现金贷”并没有做出明确的界定。《关于规范整顿“现金贷”业务的通知》提到了“具有无场景依托、无指定用途、无客户群体限定、无抵押等特征的‘现金贷’业务”。在理论上，我们认为具备“无场景依托、无指定用途、无客户群体限定、无抵押”等上述法规列举的全部特征方可称为现金贷，其中主

---

① 《上半年消费金融资产证券化规模超 800 亿，被互联网巨头垄断》，载 https：//finance.sina.com.cn/roll/2019-07-05/doc-ihytcerm1551151.shtml，最后访问日期：2020 年 9 月 19 日。

要特征应为“无指定用途”，即贷款人向借款人发放一笔贷款资金，不限定任何用途，或虽简单约定用途而不做任何实质监控。“无场景依托”中的“场景依托”包含两种含义，一种为“消费场景”，即借款人可以直接以借款人资金进行消费的场景，最典型的就是网上商城，例如京东商城、淘宝等；另一种为“大数据场景”，即贷款人可以通过相应场景获取借款人的相应数据分析从而进行风控，例如支付宝的支付场景、腾讯的会话场景等。“场景依托”的主要作用其实都是为了进行风险控制，利用相应场景中借款人留存的大数据进行贷前核查从而达到风险控制的目的。“无指定用途”中的“指定用途”是指借款用途，是用于消费还是用于经营抑或其他用途，没有明确的用途则不符合法律法规规定，借款资金可能用于法律法规明确禁止的领域，例如房产或股市等，从而可能对国家宏观经济调控造成负面影响。“无客户群体限定”中的“客户群体限定”是指借款人的范围限定，例如是经营者还是白领，或者按年龄段进行限定等，避免借款资金流入禁止的群体，例如在校学生等。“无抵押”是指没有抵押担保措施，即借款为纯信用借款，而无其他抵押物，早期的贷款中均会出于风控的需要而要求借款人提供抵质押物等强增信，而不接受纯信用，在互联网贷款发展起来之后，纯信用贷款不断增多，相应的违约风险亦不断加大。综上，具备上述四个特征的现金贷资产风险较大，监管禁止商业银行等银行业金融机构及相关资产管理产品进行投资的主要目的是担心因现金贷资产的风险而相互传导，最终发生系统性风险，甚至是金融危机。2008年爆发的全球金融危机便是起源于美国的劣质信贷资产次贷危机，美国房地产泡沫的环境下产生了大量的劣质房贷债权资产，金融机构将劣质房贷债权资产层层打包并进行券化，最终卖给其他金融产品及社会投资者，美国房地产泡沫破裂后导致借款人大量违约进而将风险传导至整个社会，以致发生一系列系统性风险，从而导致全球金融危机。在实践中，有些观点认为将现金贷款直接发放给借款人的产品均为“现金贷”，这个理解是比较狭隘的，如果按此标准，则仅有采用受托支付方式发放的贷款才可以不视为现金贷，这将会进一步限制互联网助贷业务的资金来源，对于互联网助贷等创新业务的发展将会造成一定影响，而且，从目前已经成功发行的产品类型来看，监管部门亦未采用此类标准来认定“现金贷”，例如蚂蚁借呗已发行系列资产证券化产品进行募集资金，而蚂蚁借呗产品的贷款发放形式即为直接向借款人发放现金贷款。当然，我国法律法规对于互联网助贷业务场景依托的要求也会越来越严格，例如，在《网络小额贷款业务管理暂行办法（征求意见稿）》中明确要求互联网平台应具备“能够积累客户经营、消费、交易等内生数据信息用于评估客户信用风险”的能力，而不能仅依赖外部数据进行风控，这便是对场景依托用于风控提出硬性要求的具体体现。

三、助贷机构相关法律法规及具体分析

助贷机构在互联网助贷业务中承担核心角色，在互联网助贷业务发展初期，我国并无专门针对助贷机构进行规范的相关法律法规，随着互联网助贷业务的不断发展，我国法律、部门规章、地方性法规对于助贷机构的相关规定逐渐由无到有。具体法律法规主要包括：《最高人民法院关于适用〈中华人民共和国合同法〉若干问题的解释（一）》（法释〔1999〕19 号）、《企业经营范围登记管理规定》、《关于规范整顿“现金贷”业务的通知》（整治办函〔2017〕141 号）、《商业银行互联网贷款管理暂行办法》（中国银行保险监督管理委员会令 2020 年第 9 号）、《北京银保监局关于进一步规范信托公司个人信托贷款业务的通知》（京银保监发〔2020〕391 号）、《北京市互联网金融行业协会关于助贷机构加强业务规范和风险防控的提示》（互金协发〔2019〕039 号）、《北京银保监局关于规范银行与金融科技公司合作类业务及互联网保险业务的通知》（京银保监发〔2019〕310 号）、《浙江银保监局关于加强互联网助贷和联合贷款风险防控监管提示的函（2019 年 1 月 9 日）》、《上海银监局关于规范在沪银行业金融机构与第三方机构合作贷款业务的通知》（沪银监通〔2018〕19 号）、《宁波银保监局关于加强商业银行外部合作风险管理的通知》（甬银保监发〔2019〕141 号）、《厦门市地方金融协会关于厦门市小额贷款公司与合作机构开展贷款业务的工作指引（试行）》。

根据我国现行法律法规，助贷机构提供助贷服务应申请相应的经营范围登记；助贷机构超越经营范围签署的相应合作协议效力不因此受到影响；助贷机构的选择及具体服务范围受到一定的限制。

（一）助贷机构提供助贷服务应申请相应的经营范围登记

《企业经营范围登记管理规定》对于企业经营范围批准及登记程序做出了明确规定，“经营范围是企业从事经营活动的业务范围，应当依法经企业登记机关登记。申请人应当参照《国民经济行业分类》选择一种或多种小类、中类或者大类自主提出经营范围登记申请。对《国民经济行业分类》中没有规范的新兴行业

或者具体经营项目，可以参照政策文件、行业习惯或者专业文献等提出申请。”“企业申请登记的经营范围中属于法律、行政法规或者国务院决定规定在登记前须经批准的经营项目（以下称前置许可经营项目）的，应当在申请登记前报经有关部门批准后，凭审批机关的批准文件、证件向企业登记机关申请登记。企业申请登记的经营范围中属于法律、行政法规或者国务院决定等规定在登记后须经批准的经营项目（以下称后置许可经营项目）的，依法经企业登记机关核准登记后，应当报经有关部门批准方可开展后置许可经营项目的经营活动。”根据上述规定，属于法律、行政法规或者国务院决定规定须经批准的经营项目应获得相应批准，《国民经济行业分类》有相关业务分类的，应按相应分类申请经营范围登记，《国民经济行业分类》没有相关业务分类的，则需参照政策文件、行业习惯或者专业文献等提出经营范围登记申请。

助贷机构在互联网助贷业务项下主要从事获客推荐、技术服务、借款人端平台管理、贷款管理、贷后催收等工作。该等服务并不属于法律、行政法规或者国务院决定规定须经批准的经营项目，《国民经济行业分类》没有相关业务分类，助贷机构需参照政策文件、行业习惯或者专业文献等提出经营范围登记申请。

在实践中，有些助贷机构会按照“咨询”等相关经营范围进行申请登记，而大部分助贷机构并未按照规定申请相应的经营范围登记，随着监管制度的不断完善，未申请登记的助贷机构不排除会受到相应处罚。例如，《网络小额贷款业务管理暂行办法（征求意见稿）》明确要求网络小额贷款公司经营中介业务应获得批准，具体内容如下：“小额贷款公司经营网络小额贷款业务的，经监督管理部门批准可以依法经营下列部分或者全部业务，并在取得网络小额贷款业务经营许可证后，依法申请办理公司变更登记，在经营范围中列明：（一）发放网络小额贷款；（二）与贷款业务有关的融资咨询、财务顾问等中介服务。”

（二）助贷机构超越经营范围签署的相应合作协议效力不因此受到影响

根据《最高人民法院关于适用〈中华人民共和国合同法〉若干问题的解释（一）》第十条规定，“当事人超越经营范围订立合同，人民法院不因此认定合同无效。但违反国家限制经营、特许经营以及法律、行政法规禁止经营规定的除外。”除非涉及违反国家限制经营、特许经营以及法律、行政法规禁止经营规定的情形，当事人超越经营范围订立合同，人民法院不因此认定合同无效。我国民法典亦明确规定，当事人超越经营范围订立的合同的效力，不得仅以超越经营范围确认合同无效。对于实践中存在的助贷机构未按照规定申请相应的经营范围登记的情况，我们认为，该等情形未违反目前国家限制经营、特许经营以及法律、行政法规禁止经营的规定，助贷机构与金融机构签署的相关合作协议效力不因此受到影响，但若我国法律法规将来对助贷机构经营范围批准程序作出特殊限定的，则需另行讨论。

（三）助贷机构的选择及具体服务范围受到一定的限制

尽管助贷机构不需要任何批准程序，但是，我国法律法规对于金融机构选择助贷机构及助贷机构的实际服务范围均进行了一定限制，并且该等限制会越来越多。

首先，金融机构不能将授信审查、风险控制等核心业务外包给助贷机构。一方面，所谓“核心业务”具体包含哪些业务内容，这一点法律法规规定有些模糊。全国性规定中的《关于规范整顿“现金贷”业务的通知》（整治办函〔2017〕141号）仅列举了“授信审查、风险控制”，《商业银行互联网贷款管理暂行办法》则明确列举了“授信审批、合同签订、贷款支付、贷后管理”等核心业务环节，而地方性法规则列举了更多内容，例如，《北京银保监局关于规范银行与金融科技公司合作类业务及互联网保险业务的通知》（京银保监发〔2019〕310号）列举了“贷款‘三查’”，规定“不得将贷款“三查”、风险控制等核心业务环节外包给合作机构”，《宁波银保监局关于加强商业银行外部合作风险管理的通知》（甬银保监发〔2019〕141号）规定“严禁将授信审查、风险控制等核心环节外包给合作机构；严禁仅凭合作机构信用降低标准或放弃标准发放贷款；严禁通过各种形式变相将信贷权利让渡给合作机构”。我们认为所谓“核心业务”的具体范围会不断扩大，在实践中部分金融机构将贷款发放及扣款过程中向支付机构发送指令的权限委托给助贷机构，该等行为会逐渐受到严格的限制。另一方面，所谓“核心业务”不得外包，并不是指助贷机构不得从事其中部分核心业务，例如“风险控制”，助贷机构可以在推荐借款人之前对借款人进行风险控制审核，但是金融机构不得仅依据助贷机构的审核结果发放贷款，金融机构仍应进行独立审核。此外，《商业银行互联网贷款管理暂行办法》对于联合贷款的业务外包范围做出了例外规定，“商业银行与其他有贷款资质的机构共同出资发放互联网贷款的，应当建立相应的内部管理制度，明确本行与合作机构共同出资发放贷款的管理机制，并在合作协议中明确各方的权利义务关系。商业银行应当独立对所出资的贷款进行风险评估和授信审批，并对贷后管理承担主体责任。商业银行不得以任何形式为无放贷业务资质的合作机构提供资金用于发放贷款，不得与无放贷业务资质的合作机构共同出资发放贷款。”根据该规定，同时提供联合贷款的助贷机构可以比纯助贷机构多承担一部分业务，这也会在一定程度上促进联合贷款助贷模式的发展。不过，在未来监管趋严的形势下，我国法律法规对于联合贷款的限制也会越来越多，例如，《网络小额贷款业务管理暂行办法（征求意见稿）》明确要求网络小额贷款公司开展联合贷款时的出资比例不得低于 30%。

其次，助贷机构若不具备担保资质或信用保险、保证保险资质的，则不得提供直接或变相提供增信。《关于规范整顿“现金贷”业务的通知》（整治办函〔2017〕141 号）明确规定，银行业金融机构不得接受无担保资质的第三方机构提供增信服务以及兜底承诺等变相增信服务。《商业银行互联网贷款管理暂行办法》（中国银行保险监督管理委员会令 2020 年第 9 号）明确规定，商业银行不得接受无担保资质和不符合信用保险和保证保险经营资质监管要求的合作机构提供的直接或变相增信服务。《北京银保监局关于进一步规范信托公司个人信托贷款业务的通知》（京银保监发〔2020〕391 号）及其他多个地方性法规均明确规定了类似内容。助贷机构提供增信可以说是互联网助贷业务发展的产物，具体形式包含保证金、差额补足、逾期资产受让等，根据上述法律法规规定，该等形式的增信措施将不能由不具备担保资质的助贷机构提供。

再次，除具备担保资质融资担保公司收取担保费及具备保险资质的保险公司收取保证保险费的情形外，助贷机构不得向借款人收取其他费用。在互联网助贷业务早期，为了减少贷款利息费率，部分助贷机构会以服务费等形式向借款人另行收取费用，这种形式目前已经被监管部门禁止。《关于规范整顿“现金贷”业务的通知》（整治办函〔2017〕141 号）明确规定，银行业金融机构应要求并保证第三方合作机构不得向借款人收取息费。《商业银行互联网贷款管理暂行办法》（中国银行保险监督管理委员会令 2020 年第 9 号）明确规定，商业银行应当在书面合作协议中明确要求合作机构不得以任何形式向借款人收取息费，保险公司和有担保资质的机构除外。《上海银监局关于规范在沪银行业金融机构与第三方机构合作贷款业务的通知》（沪银监通〔2018〕19 号）及其他多个地方性法规均明确规定了类似内容。

最后，全国及多地出台政策对助贷机构进行名单制管理，存在违法违规行为的助贷机构将被禁止从事助贷业务。新发布的《商业银行互联网贷款管理暂行办法》明确规定了名单制管理的详细要求，商业银行应当建立覆盖各类合作机构的全行统一的准入机制，明确相应标准和程序，并实行名单制管理。《北京银保监局关于规范银行与金融科技公司合作类业务及互联网保险业务的通知》（京银保监发〔2019〕310号）明确规定，对合作机构实行名单制管理，审慎制定准入标准，开展尽职调查，甄选信用状况良好、经营行为规范、内部管理健全、核心技术成熟、系统安全稳定的机构开展合作；完善审批流程，合作机构准入应报总行审批，严禁未经授权开展合作；对于出现风险预警信号、存在潜在风险隐患和违法违规行为的合作机构，应及时终止合作。《宁波银保监局关于加强商业银行外部合作风险管理的通知》（甬银保监发〔2019〕141号）明确规定，各银行要对合作过程中有提供虚假资料、挪用信贷资金、收取额外费用、泄露客户信息、信访投诉多、信用记录差、被监管部门问责、有暴力催收记录等情况的合作机构建立负面清单，审慎准入或禁入并推动相关信息在银行同业间共享。《厦门市地方金融协会关于厦门市小额贷款公司与合作机构开展贷款业务的工作指引（试行）》规定，小额贷款公司应当对合作机构建立名单制管理，定期评估合作机构资质和信用、履约情况，建立风险预警机制，提升风险管理前瞻性。对于出现风险预警信号、存在潜在风险隐患和违法违规行为的合作机构，应及时终止合作。厦门市地方金融协会对小额贷款公司的合作机构实行备案制管理，即小额贷款公司和合作机构建立、变更、终止合作的，应当定期将合作机构名单、合作协议等相关电子版材料报备厦门市地方金融协会。厦门市地方金融协会将逐步建立合作机构黑白名单制度，合作机构在合作期间有严重违法违规行为的，纳入行业合作机构黑名单。

四、融资担保机构相关法律法规及具体分析

融资担保机构在互联网助贷业务中承担重要的风险缓释角色，国家政策在鼓励加强对中小微企业及消费金融进行金融支持的同时，多次提及鼓励引入融资担保机构，我国法律、行政法规、部门规章、地方性法规及其他规定对于融资担保机构的相关担保行为具有明确规定。具体法律法规主要包括：《民法典》[①]《担保

① 2021年1月1日起生效。

法》[①]、《最高人民法院关于适用〈中华人民共和国担保法〉若干问题的解释》(法释〔2000〕44号)、《最高人民法院关于印发〈全国法院民商事审判工作会议纪要〉的通知》(法〔2019〕254号)、《融资担保公司监督管理条例》(国务院令第683号)、《关于印发〈融资担保公司监督管理补充规定〉的通知》(银保监发〔2019〕37号)、《关于规范整顿"现金贷"业务的通知》(整治办函〔2017〕141号)、《商业银行互联网贷款管理暂行办法》(中国银行保险监督管理委员会令2020年第9号)、《北京市互联网金融行业协会关于助贷机构加强业务规范和风险防控的提示》(互金协发〔2019〕039号)、《北京银保监局关于进一步规范信托公司个人信托贷款业务的通知》(京银保监发〔2020〕391号)、《浙江银保监局关于加强互联网助贷和联合贷款风险防控监管提示的函(2019年1月9日)》、《上海银监局关于规范在沪银行业金融机构与第三方机构合作贷款业务的通知》(沪银监通〔2018〕19号)、《宁波银保监局关于加强商业银行外部合作风险管理的通知》(甬银保监发〔2019〕141号)、《厦门市地方金融协会关于厦门市小额贷款公司与合作机构开展贷款业务的工作指引(试行)》。

根据我国现行法律法规，在互联网助贷业务中，不具备担保资质的机构不得提供直接或变相增信服务；融资担保机构提供增信服务受到担保余额等限制；融资担保机构可以向借款人另行收取担保费用。

首先，不具备担保资质的机构不得提供直接或变相增信服务。在互联网助贷业务发展的早期，不具备担保资质的助贷机构或其关联方提供直接或间接增信的交易结构较为常见。所谓直接增信，是指融资担保机构以保证担保、交付保证金等方式对金融机构享有的贷款债权提供担保；所谓变相增信，是指融资担保机构对金融机构固定收益进行差额补足或以不公允价值受让逾期资产等方式提供增信。自2017年开始，监管部门不断强调不具备担保资质的机构不得在互联网助贷业务中提供增信服务，提供增信服务的机构应申请融资担保资质。例如，《关于印发〈融资担保公司监督管理补充规定〉的通知》(银保监发〔2019〕37号)明确规定，为各类放贷机构提供客户推介、信用评估等服务的机构，未经批准不得提供或变相提供融资担保服务；对于无融资担保业务经营许可证但实际上经营融资担保业务的，监督管理部门应当按照规定予以取缔，妥善结清存量业务；拟

---

① 2021年1月1日起废止。

继续从事融资担保业务的，应当按照规定设立融资担保公司。

我国法律法规对于增信的界定较为宽泛，但是在实践中会存在较为复杂的情况，对于是否构成增信较难认定，例如，在信托公司参与的互联网助贷业务中，信托计划设计成分级产品，优先级信托单位规模与次级信托单位规模的比例为 3∶1，次级信托单位由不具备担保资质的助贷机构或其关联方作为次级委托人及次级受益人认购，优先级信托单位由其他合格投资者认购，次级信托单位的信托利益分配顺位劣后于优先级信托单位的信托利益及信托费用的分配顺位，该结构中次级委托人及次级受益人认购次级信托单位的行为是符合监管部门对于信托产品的相关规定的，但是其本质上也是对于优先级信托单位项下信托利益的增信，至于该种增信是否违反监管部门对于互联网助贷业务中不具备担保资质的机构不得提供直接或变相增信服务的规定，监管部门未予以明确，不同地方监管部门在监管执法过程中的认定标准也不完全一致，有些地方监管部门对此类结构的合规性予以默认，个别地方监管部门则不同意信托公司开展此类结构。

其次，融资担保机构提供增信服务受到担保余额等限制。《融资担保公司监督管理条例》（国务院令第 683 号）对融资担保公司的整体融资担保责任余额及针对同一被担保人的融资担保责任余额均做出了明确限定。融资担保公司的担保责任余额不得超过其净资产的 10 倍，对主要为小微企业和农业、农村、农民服务的融资担保公司，倍数上限可以提高至 15 倍。融资担保公司对同一被担保人的担保责任余额与融资担保公司净资产的比例不得超过 10%，对同一被担保人及其关联方的担保责任余额与融资担保公司净资产的比例不得超过 15%。

融资担保责任余额代表着融资担保机构的融资担保能力，《融资担保责任余额计量办法》对于融资担保责任余额的计算具有明确规定，融资担保责任余额 = 借款类担保责任余额 + 发行债券担保责任余额 + 其他融资担保责任余额，其中，借款类担保责任余额 = 单户在保余额 500 万元人民币以下的小微企业借款类担保在保余额 ×75%+ 单户在保余额 200 万元人民币以下的农户借款类担保在保余额 ×75%+ 其他借款类担保在保余额 ×100%，发行债券担保责任余额 = 被担保人主体信用评级 AA 级以上的发行债券担保在保余额 ×80%+ 其他发行债券担保在保余额 ×100%，其他融资担保责任余额 = 其他融资担保在保余额 ×100%。

前述内容对于小微企业的特殊规定也体现了国家对于小微企业融资的金融支持举措。

最后，融资担保机构可以向借款人另行收取担保费用。我国法律法规明确规定助贷机构不得向借款人另行收取费用，而融资担保机构基于其提供的融资担保服务可以另行收取担保费用。对于融资担保机构担任助贷机构的情况而言，助贷机构可以作为融资担保机构向借款人收取担保费。《融资担保公司监督管理条例》（国务院令第683号）规定可以由融资担保机构与借款人协商确定担保费用，而监管部门对于担保费用的收费标准并没有明确的规定。互联网助贷业务实践经验逐渐表明，监管没有进一步明确担保费用的收费标准可能是较大疏漏，高额收取担保费用可能成为避免认定借款人支付高额利息的工具，对此问题我们将在综合资金成本相关法律法规章节进行详述。

五、保险机构相关法律法规及具体分析

保险机构在互联网助贷业务中承担重要的风险缓释角色，国家政策在鼓励加强对中小微企业及消费金融进行金融支持的同时，亦多次提及鼓励引入保险措施，我国法律、部门规章、地方性法规及其他规定对于保险机构的相关保险行为具有明确规定。具体法律法规主要包括：《保险法》、《信用保险和保证保险业务监管办法》、《融资性信保业务保前管理操作指引》、《融资性信保业务保后管理操作指引》、《中国银保监会办公厅关于开展银行保险机构侵害消费者权益乱象整治工作的通知》（银保监办发〔2019〕194号）、《互联网保险业务监管暂行办法》（保监发〔2015〕69号）[①]、《财产保险公司保险条款和保险费率管理办法（2010）》（中国保险监督管理委员会令2010年第3号）、《中国保险监督管理委员会关于实施〈财产保险公司保险条款和保险费率管理办法〉有关问题的通知》（保监发〔2010〕43号）、《中国银保监会办公厅关于进一步加强和改进财产保险公司产品监管有关问题的通知》（银保监办发〔2020〕17号）、《关于规范整顿“现金贷”业务的通知》（整治办函〔2017〕141号）、《商业银行互联网贷款管理暂行办法》（中国银行保险监督管理委员会令2020年第9号）、《中国保险行业协会互联网保险业务信息披露管理细则》（2015年9月30日）、《北京银保监局关于规范银行与金融科技公司合作类业务及互联网保险业务的通知》（京银保监发〔2019〕310号）、

① 本办法自2015年10月1日起施行，施行期限为3年。有通知称在新规出台前，本法继续有效，故时效性存疑。2020年9月28日，银保监会发布《互联网保险业务监管办法（征求意见稿）》，对新规征求意见。

《北京市互联网金融行业协会关于助贷机构加强业务规范和风险防控的提示》（互金协发〔2019〕039号）、《浙江银保监局关于加强互联网助贷和联合贷款风险防控监管提示的函（2019年1月9日）》、《上海银监局关于规范在沪银行业金融机构与第三方机构合作贷款业务的通知》（沪银监通〔2018〕19号）、《宁波银保监局关于加强商业银行外部合作风险管理的通知》（甬银保监发〔2019〕141号）、《厦门市地方金融协会关于厦门市小额贷款公司与合作机构开展贷款业务的工作指引（试行）》。

根据我国现行法律法规，保险公司对于财产险与人身险应分业经营。在互联网助贷业务中，符合信用保险和保证保险经营资质监管要求的合作机构可以提供增信服务，但应关注集中度风险。保险公司的信用保险和保证保险还应遵守审批备案等要求。

（一）保险公司对于财产险与人身险应分业经营

《保险法》规定，保险公司的保险业务范围分为人身保险业务和财产保险业务，人身保险业务包括人寿保险、健康保险、意外伤害保险等保险业务，财产保险业务包括财产损失保险、责任保险、信用保险、保证保险等保险业务。财产保险业务和人身保险业务不得由保险公司兼营，而应由独立的法人分别经营，例如平安集团就人身保险和财产保险分别设立了中国平安人寿保险股份有限公司和中国平安财产保险股份有限公司等独立的法人进行分别经营。

（二）符合信用保险和保证保险经营资质监管要求的合作机构可以提供增信服务

根据《商业银行互联网贷款管理暂行办法》（中国银行保险监督管理委员会令2020年第9号）等我国现行法规规定，保险公司在互联网助贷业务中作为助贷机构提供信用保险和保证保险服务或单独作为保险服务方提供信用保险和保证保险的结构已获得认可。信用保险与保证保险均是对借款人信用风险提供的保险服务，其区分标准是投保人的不同，信用保险的投保人和被保险人均为权利人，保证保险的投保人为履约义务人，被保险人为权利人。

对于在互联网助贷中提供意外伤害险等其他险种服务的结构安排而言，相关法律法规并未予以禁止，其主要问题在于不能强制搭售，在借款人自愿的前提下仍可以安排相关保险服务结构。《中国银保监会办公厅关于开展银行保险机构侵害消费者权益乱象整治工作的通知》（银保监办发〔2019〕194号）中明确将借贷过程中强制消费者办理保险的行为总结为银行业保险业侵害消费者权益乱象的表现形式，并将强制消费者在借款过程中投保意外险、保证保险界定为保险业侵害消费者权益乱象。根据监管要求，保证保险亦不能强制搭售，不过保证保险本身具有附属于贷款的特性，其强制搭售与非强制搭售的界线如何界定，这是有一定难度的。

对于信用保险和保证保险的法律性质是属于保险还是属于保证担保，在理论与实务界均存在不同的观点。有的观点认为信用保险和保证保险实质为保证担保，应当适用担保法的相关规定。有的观点则认为信用保险和保证保险实质为保险关系，应当适用保险法的相关规定，例如，《最高人民法院关于保证保险合同纠纷案件法律适用问题的答复》（〔2006〕民二他字第43号）中答复辽宁省高级人民法院的观点为，所涉中国建设银行股份有限公司葫芦岛分行诉中国人民保险股份有限公司葫芦岛分公司保证保险合同纠纷案，在相关协议、合同中，保险人没有作出任何担保承诺的意思表示，因此，此案所涉保险单虽名为保证保险单，但性质上应属于保险合同。还有的观点认为信用保险和保证保险实质为担保与保险的结合，担保法与保险法均应适用。我们认为，信用保险和保证保险为保险相关法律法规规定的险种，而担保法并未对此进行明确规定，应当适用保险法的相关规定。

（三）信用保险和保证保险的范围等有一定的限制

我国法律法规对于保险公司提供信用保险和保证保险具有一定的限制。例如，对于信用保险和保证保险的范围，《信用保险和保证保险业务监管办法》明确禁止承保非银行机构发起的资产证券化业务和底层履约义务人已发生变更的债权转让业务。我们认为其主要含义是指不能对资产证券化等债权转让行为中转让方的信用风险提供信用保险和保证保险，而不是指在转让前已附含信用保险及保证保险的债权不能对外转让。上述理解在监管部门相关文件中可以得到印证。例如，《中国银保监会办公厅关于开展信用保证保险业务专项自查工作的通知》（银保监办发〔2018〕62号）的附件1《信保业务自查问题统计表》明确要求保险公司自查“是否承保债权转让行为，如承保资产证券化业务（即ABS）、或保理公司/银行作为被保险人的应收账款保理业务等”，此外，在《融资性信保业务保前管理操作指引》中，监管部门亦认可了“承保前未发生债权转让行为，承保后变更被保险人的债权转让业务”。

对于保险公司提供保险的额度，应注意关注其受到核心偿付能力充足率、综合偿付能力充足率等要求的限制。例如，《信用保险和保证保险业务监管办法》明确规定，最近两个季度末核心偿付能力充足率不低于75%，且综合偿付能力充足率不低于150%。并且在互联网助贷业务中还应关注保险公司的集中度风险。而对于小微企业贷款信保业务，其承保倍数可较其他融资性信保业务有所提高，其承保倍数上限可提高至6倍。《信用保险和保证保险业务监管办法》明确规定，保险公司承保的信保业务自留责任余额累计不得超过上一季度末净资产的10倍。除专营性保险公司外，其他保险公司承保的融资性信保业务自留责任余额累计不得超过上一季度末净资产的4倍，融资性信保业务中承保普惠型小微企业贷款余额占比达到30%以上时，承保倍数上限可提高至6倍。保险公司承保单个履约义务人及其关联方的自留责任余额不得超过上一季度末净资产的5%。除专营性保险公司外，其他保险公司承保的融资性信保业务单个履约义务人及其关联方自留责任余额不得超过上一季度末净资产的1%。上述规定中对于小微企业的特殊规定也是监管部门对于保险公司支持小微企业融资的一种鼓励。

（四）保险公司的保险条款及收费标准应根据规定进行审批或备案

根据我国现行法规规定，保险公司的保险条款及收费标准应根据规定进行审批或备案，对于需审批及备案的险种范围亦有明确的规定。例如，《中国保险监督管理委员会关于实施〈财产保险公司保险条款和保险费率管理办法〉有关问题的通知》（保监发〔2010〕43号）规定，保险期间超过1年期的保证保险和信用保险应当报保监会审批，而《中国银保监会办公厅关于进一步加强和改进财产保险公司产品监管有关问题的通知》（银保监办发〔2020〕17号）对此做出了修改，规定1年期以上信用保险和保证保险产品由审批改为备案。

（五）互联网保险应遵守特殊规定

我国法律法规对于互联网保险有特殊规定。《互联网保险业务监管暂行办法》（保监发〔2015〕69号）规定，互联网保险业务，是指保险机构依托互联网和移动通信等技术，通过自营网络平台、第三方网络平台等订立保险合同、提供保险服务的业务。互联网保险通过第三方平台进行销售的还需要关注第三方平台的保险销售资质问题。《中国保险行业协会互联网保险业务信息披露管理细则》（2015年9月30日）对于互联网保险业务信息披露提出了具体要求，互联网保险信息披露，是在中国保监会的指导下，中保协在官方网站建立互联网保险信息披露专栏，对开展互联网保险业务的保险机构及其合作的第三方网络平台等信息进行披露，社会公众查询和监督。

（六）投保人有解除权利

《中华人民共和国保险法》规定，除本法另有规定或者保险合同另有约定外，保险合同成立后，投保人可以解除合同，保险人不得解除合同。若保险合同未对投保人解除合同权利进行限制的，则投保人有权随时解除保险合同。

六、支付机构相关法律法规及具体分析

支付机构是互联网助贷业务的重要工具，可以说没有支付机构的辅助，互联网助贷业务基本无从发展，我国法律、部门规章对于支付机构的相关业务行为具有明确规定。具体法律法规主要包括：《商业银行法》、《非金融机构支付服务管理办法》（中国人民银行令〔2010〕第2号）、《非银行支付机构网络支付业务管理办法》（中国人民银行公告〔2015〕第43号）、《关于印发〈支付机构客户备付金存管办法〉的通知》（中国人民银行公告〔2013〕第6号）、《中国人民银行关于规范代收业务的通知》（银发〔2020〕248号）①。

根据我国法律法规规定，支付业务属于特许经营业务，第三方支付机构为金融机构开设支付账户受到限制，第三方支付机构收取的客户备付金不属于其固有财产，第三方支付机构扣划客户银行账户资金的应取得授权。

首先，支付业务属于特许经营业务。根据《商业银行法》规定，商业银行可以经营代理收付款项的业务，该规定是商业银行可以经营支付业务的依据。根据《非金融机构支付服务管理办法》（中国人民银行令〔2010〕第2号）规定，非金融机构提供支付服务，应当依据本办法规定取得《支付业务许可证》，成为支付

① 该规定生效时间为2021年4月26日。

机构。支付机构依法接受中国人民银行的监督管理。未经中国人民银行批准，任何非金融机构和个人不得从事或变相从事支付业务。非金融机构（又被称为第三方支付机构）取得《支付业务许可证》成为支付机构后可以经营支付业务。

其次，第三方支付机构为金融机构开设支付账户受到限制。根据《非银行支付机构网络支付业务管理办法》（中国人民银行公告〔2015〕第43号）规定，支付机构不得为金融机构，以及从事信贷、融资、理财、担保、信托、货币兑换等金融业务的其他机构开立支付账户。第三方支付机构不得为金融机构开设支付账户。其主要原因是第三方支付机构的资本实力、内控制度和风险管理体系普遍还不够完善，风险防范能力较弱，避免第三方支付机构的风险传递至金融机构进而向社会扩散从而引发系统性风险、区域性风险。对于支付账户的具体界定，中国人民银行有具体的解释，根据中国人民银行对《非银行支付机构网络支付业务管理办法》的释义，实践中，仅具有查询功能且记录的资金余额不属于预付资金性质的在途资金账户（亦称内部过渡账户、内部记账账户、中间账户等）不属于“支付账户”。

再次，第三方支付机构收取的客户备付金不属于其固有财产。根据《非金融机构支付服务管理办法》（中国人民银行令〔2010〕第2号）规定，支付机构接受的客户备付金不属于支付机构的自有财产。支付机构只能根据客户发起的支付指令转移备付金。禁止支付机构以任何形式挪用客户备付金。根据上述规定，第三方支付机构接受的客户备付金不属于支付机构的自有财产，而是第三方支付机构代为保管的资金，其所有权属于客户。根据《企业破产法》规定，“人民法院受理破产申请后，债务人占有的不属于债务人的财产，该财产的权利人可以通过管理人取回”，若第三方支付机构破产的，其保管的备付金账户不属于其破产财产，客户可以依法取回。

最后，第三方支付机构扣划客户银行账户资金的应取得授权。根据《非银行支付机构网络支付业务管理办法》（中国人民银行公告〔2015〕第43号）规定，支付机构应当事先或在首笔交易时自主识别客户身份并分别取得客户和银行的协议授权，同意其向客户的银行账户发起支付指令扣划资金。第三方支付机构扣划客户银行账户资金的，第三方支付机构及客户银行账户开户行均应在首笔扣划时进行自主识别身份及取得客户授权。此外，《中国人民银行关于规范代收业务的通知》（银发〔2020〕248号）还对代收业务的具体界定以及各参与机构、适用场景做出了明确约定。

七、技术服务机构相关法律法规及具体分析

对于技术能力较弱的金融机构而言，技术服务机构是其参与互联网助贷业务的重要技术支持，我国部门规章对于技术服务机构的相关业务行为具有相关规定。具体法律法规主要包括：《银行业金融机构外包风险管理指引》（银监发〔2010〕44号）、《银行业金融机构信息科技外包风险监管指引》（银监发〔2013〕5号）、《中国银监会办公厅关于加强银行业金融机构信息科技非驻场集中式外包风险管理的通知》（银监办发〔2014〕187号）、《中国银监会办公厅关于开展银行业金融机构信息科技非驻场集中式外包监管评估工作的通知》（银监办发〔2014〕272号）、《商业银行互联网贷款管理暂行办法》（中国银行保险监督管理委员会令2020年第9号）《消费金融公司试点管理办法》。

根据我国法律法规相关规定，金融机构应当建立安全、合规、高效和可靠的业务信息系统，监管部门对于金融机构科技外包则具有较为详尽的风险防范要求。

首先，我国法律法规对于非驻场外包风险有特殊防范要求。根据《银行业金融机构外包风险管理指引》（银监发〔2010〕44号）规定，外包是指银行业金融机构将原本由自身负责处理的某些业务活动委托给服务提供商进行持续处理的行为。服务提供商包括独立第三方，银行业金融机构母公司或其所属集团设立在中国境内、外的子公司、关联公司或附属机构。《银行业金融机构信息科技外包风险监管指引》（银监发〔2013〕5号）规定，非驻场外包是指服务提供商不在银行业金融机构现场提供服务的外包形式。在非驻场外包模式下，由于银行业金融机构不能对其内部控制及风险管理措施进行直接管控，我国法律法规要求银行业金融机构应当在信息安全、知识产权保护、质量监控、法律合规等方面加强对服务提供商的风险管理。《中国银监会办公厅关于加强银行业金融机构信息科技非驻场集中式外包风险管理的通知》（银监办发〔2014〕187号）对非驻场外包项下非驻场集中式外包做出了特殊风险管理要求。非驻场集中式外包是指外包服务商同时为3家（含）以上银行业金融机构或其他机构提供服务的非驻场外包方式。银行业金融机构开展非驻场集中式外包活动，应当经过审慎、充分的风险评估，形成书面风险评估报告，并报送董（理）事会和高管层。

其次，金融机构在进行信息科技外包时应按法律法规规定的范围进行尽职

调查。就一般业务外包而言，《银行业金融机构外包风险管理指引》（银监发〔2010〕44 号）明确规定，金融机构应对外包机构的管理能力和行业地位、财务稳健性、经营声誉和企业文化、技术实力和服务质量、突发事件应对能力、对银行业的熟悉程度、对其他银行业金融机构提供服务的情况、银行业金融机构认为重要的其他事项等进行尽职调查，金融机构可以聘请律师事务所等第三方机构进行尽职调查。对于非驻场集中式外包服务商而言，我国法律法规有更为严格的尽职调查要求，例如，《中国银监会办公厅关于加强银行业金融机构信息科技非驻场集中式外包风险管理的通知》（银监办发〔2014〕187 号）明确规定，对社会类机构和提供外包服务未满 3 年的银行类机构应当重点调查以下内容：（1）外包服务商对本机构与其他机构的设施、系统和数据是否有明确、清晰的边界；（2）外包服务商是否有管理制度和技术措施保障本机构数据的完整性和保密性；（3）外包服务商对涉及本机构的服务器、存储、网络设备、操作系统、数据库、中间件等软硬件基础设施是否具有最高访问权限；（4）外包服务商是否拥有或可能拥有业务系统的最高管理权限，外包服务商是否拥有或可能拥有业务系统的访问权限，是否能够浏览、获取客户敏感信息；（5）外包服务商是否有完善的灾难恢复设施和应急管理体系，对关键基础设施和信息系统运行是否有业务连续性安排；（6）外包服务商是否知晓并遵从了银行业相关监管法规要求。

再次，金融机构开展信息科技外包活动时应当签订书面合同或协议。《银行业金融机构外包风险管理指引》（银监发〔2010〕44 号）明确规定，金融机构开展信息科技外包活动时应当签订书面合同或协议明确约定包括但不限于以下内容：（1）外包服务的范围和标准；（2）外包服务的保密性和安全性的安排；（3）外包服务的业务连续性的安排；（4）外包服务的审计和检查；（5）外包争端的解决机制；（6）合同或协议变更或终止的过渡安排；（7）违约责任。对于具有专业技术性的外包活动，可签订服务标准协议。

最后，金融机构在进行信息科技外包时还应注意监管的其他重点规定，例如，《商业银行互联网贷款管理暂行办法》（中国银行保险监督管理委员会令 2020 年第 9 号）规定，商业银行不得将风险模型的管理职责外包，并应当加强风险模型的保密管理等。

八、数据服务机构相关法律法规及具体分析

数据服务机构是金融机构及助贷机构参与互联网助贷业务进行风险控制的重要数据来源，但是对于数据服务机构的业务合规性在实践中存在较大争议，我国行政法规、部门规章对于数据服务机构的相关业务行为具有相关规定。具体法律法规主要包括:《征信业管理条例》(国务院令第631号)《征信机构管理办法》(中国人民银行令2013年第1号)、《企业征信机构备案管理办法》(银发〔2016〕253号)、《商业银行互联网贷款管理暂行办法》(中国银行保险监督管理委员会令2020年第9号)。

征信业务属于行政许可事项，我国现行法律法规对于经营个人征信及企业征信有不同的监管要求。首先，设立个人征信机构应当经中国人民银行批准。《征信业管理条例》(国务院令第631号)明确规定，申请设立经营个人征信业务的征信机构，应当向国务院征信业监督管理部门提交申请书和证明其符合规定条件的材料。国务院征信业监督管理部门应当依法进行审查，自受理申请之日起60日内作出批准或者不予批准的决定。决定批准的，颁发个人征信业务经营许可证；不予批准的，应当书面说明理由。经批准设立的经营个人征信业务的征信机构，凭个人征信业务经营许可证向公司登记机关办理登记。未经国务院征信业监督管理部门批准，任何单位和个人不得经营个人征信业务。《征信机构管理办法》(中国人民银行令2013年第1号)明确规定，设立个人征信机构应当经中国人民银行批准。其次，企业征信机构应当根据规定向注册地的人民银行省级分支行办理备案。《企业征信机构备案管理办法》(银发〔2016〕253号)明确规定，设立企业征信机构应当符合《公司法》规定的公司设立条件，自公司登记机关准予登记之日起30日内向注册地的人民银行省级分支行办理备案。

企业征信机构的备案相对容易，根据相关机构统计，截至2019年1月1日，已经备案的企业征信公司共计151家[①]。而个人征信机构的批准则相对较难。2015年1月5日，中国人民银行印发《关于做好个人征信业务准备工作的通知》，要求芝麻信用管理有限公司、腾讯征信有限公司、深圳前海征信中心股份有限公司、鹏元征信有限公司、中诚信征信有限公司、中智诚征信有限公司、拉卡拉信用管

① 《151家经央行备案的企业征信机构名单》，载http：//www.01caijing.com/blog/329713.htm，最后访问日期：2020年9月19日。

理有限公司、北京华道征信有限公司等八家机构做好个人征信业务的准备工作，准备时间为六个月。而其后，上述八家机构中无任何一家机构通过了中国人民银行的批准。根据公开信息，2018 年 2 月 22 日，中国人民银行发布《设立经营个人征信业务的机构许可信息公示表》，百行征信有限公司根据许可文件编号为“银征信许准予字〔2018〕第 1 号”的《中国人民银行准予行政许可决定书》获得个人征信机构设立许可及董事、监事、高级管理人员任职资格核准。百行征信有限公司为迄今为止唯一获得许可的个人征信机构，其股东为中国互联网金融协会、芝麻信用管理有限公司、北京华道征信有限公司、中诚信征信有限公司、深圳前海征信中心股份有限公司、鹏元征信有限公司、考拉征信服务有限公司、中智诚征信有限公司、腾讯征信有限公司。

对于未获得个人征信业务许可的机构而言，则不能实质从事征信业务，而仅能从事数据处理等业务。对于金融机构而言，《商业银行互联网贷款管理暂行办法》（中国银行保险监督管理委员会令 2020 年第 9 号）明确规定商业银行不得与违规收集和使用个人信息的第三方开展数据合作。这也意味着金融机构有进一步核查数据服务机构是否存在违规行为的责任。当然，对于金融机构尽职核查的标准尚需监管部门进一步明确，对于金融机构的核查责任不宜要求过高。

九、获客推广机构相关法律法规及具体分析

获客推广机构对于金融机构获得借款客户具有重要辅助作用，而我国法律法规对于其相关业务并未进行明确规定。涉及的相关法律法规主要包括：《民法典》、《企业经营范围登记管理规定》（2015 年 8 月 27 日国家工商行政管理总局令第 76 号公布）、《关于进一步加强金融广告监管工作的意见》（沪市监规范〔2020〕12 号）。

《企业经营范围登记管理规定》（2015 年 8 月 27 日国家工商行政管理总局令第 76 号公布）明确规定，企业经营范围（即企业从事经营活动的业务范围）应当依法经企业登记机关登记，企业应当参照《国民经济行业分类》选择一种或多种小类、中类或者大类自主提出经营范围登记申请。对《国民经济行业分类》中没有规范的新兴行业或者具体经营项目，可以参照政策文件、行业习惯或者专业文献等提出申请，企业申请登记的经营范围中属于法律、行政法规或者国务院决定规定须经批准的经营项目应报有关部门批准。获客推广机构的获客服务并不属于法律、行政法规或者国务院决定规定须经批准的经营项目，《国民经济行业分类》

没有相关业务分类，获客推广机构需参照政策文件、行业习惯或者专业文献等提出经营范围登记申请，比较常见的经营范围包括“金融信息服务”“信息中介服务”“咨询”等。

根据我国《民法典》规定，当事人超越经营范围订立的合同的效力，不得仅以超越经营范围确认合同无效。对于未按规定登记相关经营范围而从事获客推广服务的行为，获客推广机构超越其经营范围与金融机构订立的相关协议不能仅以超越经营范围为由确认无效。

不过监管部门对于贷款业务推广的监管会越来越严格。例如，上海市于2020年发布《关于进一步加强金融广告监管工作的意见》（沪市监规范〔2020〕12号），对贷款类金融广告提出了更高的监管要求，贷款类金融广告应当遵循审慎审查、风险防范原则，业务合作方接受金融产品或金融服务经营者委托发布贷款业务撮合广告，必须标示委托方名称，并以委托方的名义发布广告。工业和信息化部于2020年8月31日就《通信短信息和语音呼叫服务管理规定（征求意见稿）》公开征求意见，拟对商业性短信和商业性电话做出如下限制性规定：“任何组织或个人未经用户同意或者请求，或者用户明确表示拒绝的，不得向其发送商业性短信息或拨打商业性电话。用户未明确同意的，视为拒绝。用户同意后又明确表示拒绝接收的，应当停止。”

十、校园贷相关法律法规及具体分析

我国法律法规对于校园贷及校园贷相关资产的投资、处置均有明确规定，互联网助贷业务应遵守相关规定。具体法律法规主要包括：《民法典》《关于进一步加强校园网贷整治工作的通知》（银监发〔2016〕47号）、《关于进一步加强校园贷规范管理工作的通知》（银监发〔2017〕26号）、《中国银监会关于进一步深化整治银行业市场乱象的通知》（银监发〔2018〕4号）、《小额贷款公司网络小额贷款业务风险专项整治实施方案》（网贷整治办函〔2017〕56号）、《关于规范整顿“现金贷”业务的通知》（整治办函〔2017〕141号）、《商业银行信用卡业务监督管理办法》（中国银行业监督管理委员会令2011年第2号）、《中国银监会关于进一步规范信用卡业务的通知》（银监发〔2009〕60号）。

对于校园贷，关键问题在于校园贷如何定义、校园贷的法律效力、校园贷的主体限定以及校园贷资产投资的限定。

（一）校园贷的定义

我国法律法规并未对校园贷做出较为明确的界定，我们可以根据相关法律法规的立法目的对校园贷进行界定。

随着P2P等网络借贷业务的发展，专门针对学生开发的贷款产品不断涌现，例如早期的趣分期、分期乐等等。借款人主要为大学生，这类借款人群体的主要特征是社会经历少、胆小怕事，这就决定了其面对套路贷、高利贷、暴力催收等违法行为的承受能力更弱。学生更容易被各种虚假或夸大的借款条件诱骗，从而将自己陷入利滚利等高额负债的困境，最终导致完全超出其偿还能力的债务，因此做出自杀等极端行为的学生不在少数。例如，2016年3月，某大学大二学生因迷恋足彩而通过网络借贷购买彩票，最终因欠款60多万元巨债无力偿还而跳楼自杀；2017年4月11日，厦门某学院大二女生因陷校园贷而在泉州一宾馆自杀[①]。因此,对于无序发展的校园贷需要进行规范。我国法律法规对于校园贷的相关规定的主要目的均是为了限定贷款发放主体及其操作规范，避免对借款学生合法权益造成负面影响。例如，《关于进一步加强校园网贷整治工作的通知》（银监发〔2016〕47号）明确说明，部分网络借贷平台针对在校学生开展借贷业务在一些地区呈现快速发展态势，风险事件频发，由此产生的行业乱象引起社会广泛关注，造成了不良社会影响，对校园安全和学生合法权益带来严重损害。《关于进一步加强校园贷规范管理工作的通知》（银监发〔2017〕26号）明确规定，各地金融办（局）和银监局要在前期对网贷机构开展校园网贷业务整治的基础上，协同相关部门进一步加大整治力度，杜绝网贷机构发生高利放贷、暴力催收等严重危害大学生安全的行为。

对于互联网助贷等借助网络发展的贷款产品而言，每类产品均有其明确的定位，例如之前趣店开发的趣分期产品就是专门针对大学生的贷款产品，微粒贷及借呗则是依据其相应的聊天软件、支付软件场景而开发的贷款产品。我们认为，只有专门针对学生开发的贷款产品才能称之为校园贷，这种产品就类似于在大学校园门口摆摊招揽借款人一样。而对于类似微粒贷这种基于其特定的业务场景开发的贷款产品，只要相关平台能够采用年龄、定位等措施限定借款人为非学生，

① 《大二女生陷“裸条贷”自杀：她的死可能不因虚荣》，载https：//news.qq.com/a/20170417/014724.htm，最后访问日期：2020年9月19日。

就不能贸然将其认定为校园贷。这一点在相关法律法规的规定上便有所体现，例如《关于进一步加强校园网贷整治工作的通知》（银监发〔2016〕47号）前言部分表述为“部分网络借贷平台针对在校学生开展借贷业务（以下简称校园网贷）在一些地区呈现快速发展态势”，这里的重点是“针对在校学生”，能一定程度印证上述观点。

一般理解，学生的范围较为广泛，包括义务教育阶段的学生、高中生、大学生、中专生等等，大学生等还进一步分为脱产学习的学生及在职教育的学生。对于校园贷中的学生如何界定，我们可以借鉴关于信用卡业务的相关规定。早在2009年，商业银行因大力扩展信用卡业务导致相关信用卡资产质量降低，其中不少学生客户，因此监管部门出台了一系列政策对商业银行向学生发放信用卡的业务进行规范，其中，《商业银行信用卡业务监督管理办法》（中国银行业监督管理委员会令2011年第2号）明确将学生明确界定为是指在“教育机构脱产就读的学生”，即不包含已经工作后在职接受教育的学生，例如在职硕士、在职博士。我们认为，校园贷中学生的范围应仅指在“教育机构脱产就读的学生”而不应包含在职教育的学生。

综上，我们认为，校园贷是指相关机构开发的专门针对脱产就读的在校学生开展的贷款产品。

（二）校园贷的法律效力

根据我国法律法规规定，校园贷可能因为借款人的民事行为能力而影响相应合同效力。

根据我国《民法典》等法律规定，自然人在法律上区分为完全民事行为能力人、限制民事行为能力人和无民事行为能力人。年满十八周岁的自然人为成年人，不满十八周岁的自然人为未成年人。能完全辨认自己行为的成年人为完全民事行为能力人；以自己的劳动收入为主要生活来源的十六周岁以上的未成年人，亦视为完全民事行为能力人。八周岁以上且能辨认自己行为的未成年人及不能完全辨认自己行为的成年人为限制民事行为能力人。不满八周岁的未成年人及不能辨认自己行为的成年人、不能辨认自己行为的八周岁以上的未成年人为无民事行为能力人。完全民事行为能力人从事的民事法律行为有效，无民事行为能力人从事的民事法律行为无效，限制民事行为能力人从事与其年龄、智力、精神健康状况相适应的民事法律行为有效，限制民事行为能力人从事的其他民事法律行为经法定代理人同意或者追认后有效。

根据上述规定，对于校园贷而言，若借款人为完全民事行为能力人，则其签署的相关借款协议有效；若借款人为无民事行为能力人，则其签署的相关借款协议无效；若借款人为限制民事行为能力人，则其签署的相关借款协议是否有效则取决于其法定代理人是否追认。因此，对于未满十八周岁的借款人发放校园贷的相关债权效力则存在一定的不确定性。

（三）校园贷的主体限定

根据法律法规规定，并不是所有的金融机构均不得发放校园贷。对于网络借贷信息中介机构及网络小额贷款公司，目前我国法律法规是明确禁止其继续向在校学生发放校园贷的。《关于进一步加强校园贷规范管理工作的通知》（银监发〔2017〕26号）明确规定，现阶段一律暂停网贷机构开展在校大学生网贷业务，逐步消化存量业务。《小额贷款公司网络小额贷款业务风险专项整治实施方案》（网贷整治办函〔2017〕56号）明确规定要求监管部门排查小额贷款公司是否发放校园贷。而对于商业银行、信托公司、消费金融公司而言，我国法律法规并未明确禁止其向在校学生发放校园贷，《关于进一步加强校园贷规范管理工作的通知》（银监发〔2017〕26号）甚至明确规定，为满足大学生在消费、创业、培训等方面合理的信贷资金和金融服务需求，净化校园金融市场环境，使校园贷回归良性发展，商业银行和政策性银行应在风险可控的前提下，有针对性地开发高校助学、培训、消费、创业等金融产品，向大学生提供定制化、规范化的金融服务，合理设置信贷额度和利率，提高大学生校园贷服务质效，畅通正规、阳光的校园信贷服务渠道。《中国银监会关于进一步规范信用卡业务的通知》（银监发〔2009〕60号）要求银行业金融机构遵循审慎原则向已满18周岁的学生发放信用卡，当然对于没有收入来源等风险较大的在校学生还需要落实第二还款来源等风控措施。对于互联网助贷而言，若金融机构开发校园贷产品的，一般需要提前跟当地监管部门进行沟通或报备。

（四）校园贷资产投资的限定

我国法律法规对于金融机构投资校园贷具有明确的限定，《关于规范整顿“现金贷”业务的通知》（整治办函〔2017〕141 号）明确规定，银行业金融机构及其发行、管理的资产管理产品不得直接投资或变相投资以“现金贷”“校园贷”“首付贷”等为基础资产发售的（类）证券化产品或其他产品。对于商业银行、信托公司、消费金融公司及其发行及管理的资产管理产品而言，不得直接或变相投资以校园贷为基础资产发售的（类）证券化产品或其他产品。上述规定限定的仅仅是投资行为，而不包含直接发放贷款的行为。例如，持有校园贷债权的金融机构以校园贷债权作为基础资产在交易所发行资产支持专项计划，商业银行、信托公司、消费金融公司及其发行及管理的资产管理产品（例如银行理财产品、信托计划产品等）若认购该资产支持专项计划项下资产支持证券份额则属于投资行为，违反上述规定。而对于信托公司设立信托计划产品并以信托资金用于直接合法发放校园贷的交易结构，则不构成投资行为而是直接发放贷款的行为，不违反上述规定。

十一、贷款流程相关法律法规及具体分析

在互联网助贷业务中，法律法规明确规定了金融机构贷款流程，这也是进行反欺诈等风险控制的主要方式，也是金融机构履行审慎管理职责的主要程序要求。具体法律法规主要包括：《商业银行法》、《中华人民共和国银行业监督管理法》、《贷款通则》、《流动资金贷款管理暂行办法》（中国银行业监督管理委员会令 2010 年第 1 号）、《个人贷款管理暂行办法》（中国银行业监督管理委员会令 2010 年第 2 号）、《关于规范整顿“现金贷”业务的通知》（整治办函〔2017〕141 号）、《商业银行互联网贷款管理暂行办法》（中国银行保险监督管理委员会令 2020 年第 9 号）。

我国法律法规对于金融机构发放贷款需遵守的流程具有明确的规定，金融机构在参与互联网助贷业务中仍需遵守相关流程规定并以风险控制为目的而制定相应的操作流程。

（一）贷款申请

根据法律法规规定，无论是个人还是法人在借款前均需向金融机构提交书面借款申请，借款申请内容包括借款金额、借款用途、偿还能力及还款方式等主要借款内容。《贷款通则》明确规定，借款人需要贷款，应当向主办银行或者其他

银行的经办机构直接申请。借款人应当填写包括借款金额、借款用途、偿还能力及还款方式等主要内容的《借款申请书》并提供相关资料。《流动资金贷款管理暂行办法》(中国银行业监督管理委员会令 2010 年第 1 号)明确规定，贷款人应对流动资金贷款申请材料的方式和具体内容提出要求，并要求借款人恪守诚实守信原则，承诺所提供材料真实、完整、有效。《个人贷款管理暂行办法》(中国银行业监督管理委员会令 2010 年第 2 号)明确规定，贷款人应要求借款人以书面形式提出个人贷款申请，并要求借款人提供能够证明其符合贷款条件的相关资料。

(二)贷前调查

借款人提出借款申请后，金融机构应根据规定对借款人进行贷前调查。《贷款通则》明确规定，贷款人受理贷款人申请后，应当对借款人的信用等级以及借款的合法性、安全性、营利性等情况进行调查，核实抵押物、质物、保证人情况，测定贷款的风险度。《个人贷款管理暂行办法》(中国银行业监督管理委员会令 2010 年第 2 号)明确规定，贷款人受理借款人贷款申请后，应履行尽职调查职责，对个人贷款申请内容和相关情况的真实性、准确性、完整性进行调查核实，形成调查评价意见。

对于互联网助贷业务而言，金融机构应在获得借款人授权后通过收集借款人征信信息、税务、社保等信息及其他个人信息的方式履行尽职调查职责。《商业银行互联网贷款管理暂行办法》(中国银行保险监督管理委员会令 2020 年第 9 号)明确规定，商业银行应当在获得授权后查询借款人的征信信息，通过合法渠道和手段线上收集、查询和验证借款人相关定性和定量信息，可以包括但不限于税务、社会保险基金、住房公积金等信息，全面了解借款人信用状况。

(三)贷中审查

贷款调查完成后，金融机构应审查贷款调查内容的合法性、合理性、准确性，重点关注尽职调查的尽职情况和借款人的偿还能力、风险程度等。《商业银行法》明确规定，商业银行贷款，应当对借款人的借款用途、偿还能力、还款方式等情况进行严格审查。商业银行贷款，应当实行审贷分离、分级审批的制度。《贷款通则》明确规定，贷款人应当建立审贷分离、分级审批的贷款管理制度。审查人员应当对调查人员提供的资料进行核实、评定，复测贷款风险度，提出意见，按规定权限报批。《个人贷款管理暂行办法》（中国银行业监督管理委员会令 2010 年第 2 号）明确规定，贷款审查应对贷款调查内容的合法性、合理性、准确性进行全面审查，重点关注调查人的尽职情况和借款人的偿还能力、诚信状况、担保情况、抵（质）押比率、风险程度等。

对于互联网助贷而言，金融机构还应当构建有效的风控模型并以人工操作作为必要补充。《商业银行互联网贷款管理暂行办法》（中国银行保险监督管理委员会令 2020 年第 9 号）明确规定，商业银行应当构建有效的风险评估、授信审批和风险定价模型，加强统一授信管理，运用风险数据，结合借款人已有债务情况，审慎评估借款人还款能力，确定借款人信用等级和授信方案。商业银行应当建立人工复核验证机制，作为对风险模型自动审批的必要补充。商业银行应当明确人工复核验证的触发条件，合理设置人工复核验证的操作规程。

（四）合同签订

贷款审查通过后，金融机构应与借款人签署借款合同，明确约定贷款的金额、期限、利率、用途、支付、还款方式等贷款要素条款。《贷款通则》明确规定，所有贷款应当由贷款人与借款人签订借款合同。借款合同应当约定借款种类，借款用途、金额、利率，借款期限，还款方式，借、贷双方的权利、义务，违约责任和双方认为需要约定的其他事项。保证贷款应当由保证人与贷款人签订保证合同，或保证人在借款合同上载明与贷款人协商一致的保证条款，加盖保证人的法人公章，并由保证人的法定代表人或其授权代理人签署姓名。抵押贷款、质押贷款应当由抵押人、出质人与贷款人签订抵押合同、质押合同，需要办理登记的，应依法办理登记。《流动资金贷款管理暂行办法》（中国银行业监督管理委员会令 2010 年第 1 号）明确规定，贷款人应和借款人及其他相关当事人签订书面借款合同及其他相关协议，需担保的应同时签订担保合同。贷款人应在借款合同中与借款人明确约定流动资金贷款的金额、期限、利率、用途、支付、还款方式等条款。《个人贷款管理暂行办法》（中国银行业监督管理委员会令 2010 年第 2 号）明确规定，贷款人应与借款人签订书面借款合同，需担保的应同时签订担保合同。贷款人应要求借款人当面签订借款合同及其他相关文件，但电子银行渠道办理的贷款除外。

对于互联网助贷而言，金融机构应与借款人签署电子合同，电子合同应符合我国电子签名法的相关规定。《商业银行互联网贷款管理暂行办法》（中国银行保险监督管理委员会令 2020 年第 9 号）明确规定，商业银行应当与借款人及其他当事人采用数据电文形式签订借款合同及其他文书。借款合同及其他文书应当符合《合同法》《电子签名法》等法律法规的规定。

（五）贷款发放

借款合同签署后，金融机构按借款合同约定向借款人发放贷款。金融机构发放贷款的方式包括自主支付和受托支付。自主支付是指金融机构将贷款资金直接发放给借款人。受托支付是指金融机构将贷款资金代为支付给借款人的交易对手。

对于企业流动资金贷款而言，金融机构可根据借款人信用状况及具体交易情况等因素自主判断采用受托支付或自主支付。《流动资金贷款管理暂行办法》（中国银行业监督管理委员会令 2010 年第 1 号）明确规定，贷款人在发放贷款前应确认借款人满足合同约定的提款条件，并按照合同约定通过贷款人受托支付或借款人自主支付的方式对贷款资金的支付进行管理与控制，监督贷款资金按约定用途使用。贷款人受托支付是指贷款人根据借款人的提款申请和支付委托，将贷款通过借款人账户支付给符合合同约定用途的借款人交易对象。借款人自主支付是指贷款人根据借款人的提款申请将贷款资金发放至借款人账户后，由借款人自主支付给符合合同约定用途的借款人交易对象。采用贷款人受托支付的，贷款人应根据约定的贷款用途，审核借款人提供的支付申请所列支付对象、支付金额等信息是否与相应的商务合同等证明材料相符。审核同意后，贷款人应将贷款资金通过借款人账户支付给借款人交易对象。采用借款人自主支付的，贷款人应按借款合同约定要求借款人定期汇总报告贷款资金支付情况，并通过账户分析、凭证查验或现场调查等方式核查贷款支付是否符合约定用途。

而对于个人借款而言，相关规定则更明确。《个人贷款管理暂行办法》（中国银行业监督管理委员会令 2010 年第 2 号）明确规定，贷款人受托支付是指贷款人根据借款人的提款申请和支付委托，将贷款资金支付给符合合同约定用途的借款人交易对象。借款人自主支付是指贷款人根据借款人的提款申请将贷款资金直接发放至借款人账户，并由借款人自主支付给符合合同约定用途的借款人交易对象。有下列情形之一的个人贷款，经贷款人同意可以采取借款人自主支付方式：（1）借款人无法事先确定具体交易对象且金额不超过三十万元人民币的；（2）借款人交易对象不具备条件有效使用非现金结算方式的；（3）贷款资金用于生产经营且金额不超过五十万元人民币的；（4）法律法规规定的其他情形的。

而对于适用《商业银行互联网贷款管理暂行办法》的金融机构，其对单户用于消费的个人信用贷款授信额度应当不超过人民币20万元，其贷款支付方式可以根据具体情况确认自主支付或受托支付。

（六）贷后管理

贷款发放后，金融机构应对借款人的信用情况、偿还能力等进行跟踪检查，履行贷后管理职责。《贷款通则》明确规定，贷款发放后，贷款人应当对借款人执行借款合同情况及借款人的经营情况进行追踪调查和检查。《流动资金贷款管理暂行办法》（中国银行业监督管理委员会令2010年第1号）明确规定，贷款人应加强贷款资金发放后的管理，针对借款人所属行业及经营特点，通过定期与不定期现场检查与非现场监测，分析借款人经营、财务、信用、支付、担保及融资数量和渠道变化等状况，掌握各种影响借款人偿债能力的风险因素。《个人贷款管理暂行办法》（中国银行业监督管理委员会令2010年第2号）明确规定，采用借款人自主支付的，贷款人应与借款人在借款合同中事先约定，要求借款人定期报告或告知贷款人贷款资金支付情况。贷款人应当通过账户分析、凭证查验或现场调查等方式，核查贷款支付是否符合约定用途。个人贷款支付后，贷款人应采取有效方式对贷款资金使用、借款人的信用及担保情况变化等进行跟踪检查和监控分析，确保贷款资产安全。《商业银行互联网贷款管理暂行办法》（中国银行保险监督管理委员会令2020年第9号）明确规定，商业银行应当采取适当方式对贷款用途进行监测，发现借款人违反法律法规或未按照约定用途使用贷款资金的，应当按照合同约定提前收回贷款，并追究借款人相应责任。

（七）逾期资产催收

对于借款人未按约定偿还的借款，金融机构应以合法合规的方式对借款人进行催收，而不可采用暴力催收等违法违规的方式进行催收。金融机构将催收业务外包给其他机构的，应注意关注外包机构的催收行为是否合法合规。《关于规范整顿“现金贷”业务的通知》（整治办函〔2017〕141号）明确规定，各类机构或委托第三方机构均不得通过暴力、恐吓、侮辱、诽谤、骚扰等方式催收贷款。

（八）不良贷款核销

对于采取措施无法收回的不良贷款，金融机构可根据法律法规规定对贷款资产进行核销处理。贷款资产的核销并不代表贷款债权的消灭，而仅是金融机构基于出表等内部核算目的而采取的措施，金融机构仍有权利及责任向借款人进行追偿。《流动资金贷款管理暂行办法》（中国银行业监督管理委员会令 2010 年第 1 号）明确规定，对确实无法收回的不良贷款，贷款人按照相关规定对贷款进行核销后，应继续向债务人追索或进行市场化处置。

十二、个人信息相关法律法规及具体分析[①]

个人信息在互联网助贷业务中是进行风险控制的主要基础，我国法律、部门规章、地方性法规及其他规定对于个人信息的收集、使用及共享具有明确规定。具体法律法规主要包括：《刑法》、《最高人民法院、最高人民检察院、公安部关于依法惩处侵害公民个人信息犯罪活动的通知》（公通字〔2013〕12 号）、《最高人民法院、最高人民检察院关于办理侵犯公民个人信息刑事案件适用法律若干问题的解释》（法释〔2017〕10 号）、《民法典》、《最高人民法院关于审理利用信息网络侵害人身权益民事纠纷案件适用法律若干问题的规定》（法释〔2014〕11 号）、《网络安全法》、《电信和互联网用户个人信息保护规定》（工业和信息化部令第 24 号）、《中国人民银行关于银行业金融机构做好个人金融信息保护工作的通知》（银发〔2011〕17 号）、《中国人民银行关于金融机构进一步做好客户个人金融信息保护工作的通知》（银发〔2012〕80 号）、《关于规范整顿“现金贷”业务的通知》（整治办函〔2017〕141 号）、《商业银行互联网贷款管理暂行办法》（中国银行保险监督管理委员会令 2020 年第 9 号）、《北京市互联网金融行业协会关于助贷机构加强业务规范和风险防控的提示》（互金协发〔2019〕039 号）、《北京银保监局关于进一步规范信托公司个人信托贷款业务的通知》（京银保监发〔2020〕391 号）、《浙江银保监局关于加强互联网助贷和联合贷款风险防控监管提示的函（2019 年 1 月 9 日）》、《上海银监局关于规范在沪银行业金融机构与第三方机构合作贷款业务的通知》（沪银监通〔2018〕19 号）、《宁波银保监局关于加强商业银行外部合作风险管理的通知》（甬银保监发〔2019〕141 号）、《厦门市地方金融协会

① 林先海：《三重授权：消费金融中个人信息共享的原则》，载《公司法律评论》2019 年卷总第 10 卷。

关于厦门市小额贷款公司与合作机构开展贷款业务的工作指引（试行）》。

根据我国现行法律法规，个人信息保护是我国较为重视的问题，甚至出现刑法先行的状况。在互联网助贷业务中，个人信息收集、使用、共享应遵守三重授权原则：金融机构向助贷机构提供个人信息应获得个人的授权；助贷机构向金融机构收集个人信息并使用应获得个人的授权；金融机构与助贷机构共享个人信息应获得信息持有方的授权。

（一）金融机构向助贷机构提供个人信息应获得个人的授权

金融机构有权查询并保存个人征信报告等个人信息，这些信息不仅属于个人信息而且属于个人金融信息，金融机构对外提供个人信息时需注意不仅遵守个人信息的一般规定，还要遵守个人金融信息的特别规定。

根据法律法规规定，对外提供个人信息应征得用户同意，例如，《民法典》明确规定，不得非法买卖、提供或者公开他人个人信息。《网络安全法》明确规定，未经被收集者同意，不得向他人提供个人信息。《关于规范整顿"现金贷"业务的通知》（整治办函〔2017〕141号）明确规定，各类机构应当加强客户信息安全保护，不得以"大数据"为名窃取、滥用客户隐私信息，不得非法买卖或泄露客户信息。《商业银行互联网贷款管理暂行办法》（中国银行保险监督管理委员会令2020年第9号）明确规定，不得向第三方提供借款人风险数据。《刑法》明确规定，违反国家有关规定，向他人出售或者提供公民个人信息，情节严重的，处三年以下有期徒刑或者拘役，并处或者单处罚金；情节特别严重的，处三年以上七年以下有期徒刑，并处罚金。

根据个人金融信息相关规定，金融机构对外提供个人金融信息应以个人同意及用于办理相关业务需要为前提，金融机构不得出售个人金融信息。例如，《中国人民银行关于银行业金融机构做好个人金融信息保护工作的通知》（银发〔2011〕17号）明确规定，银行业金融机构在对外提供个人金融信息时，应当严格遵守法律规定，采取有效措施加强对个人金融信息保护，确保信息安全，防止信息泄露和滥用。使用个人金融信息时，应当符合收集该信息的目的，并不得出售个人金融信息及向本金融机构以外的其他机构和个人提供个人金融信息，但为个人办理相关业务所必需并经个人书面授权或同意的，以及法律法规和中国人民银行另有规定的除外。《中国人民银行关于金融机构进一步做好客户个人金融信息保护工作的通知》(银发〔2012〕80号)明确规定，不得向任何单位和个人出售客户个人金融信息，不得违规对外提供客户个人金融信息。

因此，在互联网助贷业务中，金融机构对外提供个人征信报告等信息时应确保以下要点：①金融机构取得用户明确同意；②以办理当前互联网助贷业务需要为限，筛选必需的个人征信报告等内容进行提供，无关的个人信息不可提供；③对外提供个人征信报告信息的目的限于当前互联网助贷业务，不可用于其他无关用途。

（二）助贷机构向金融机构收集个人信息并使用应获得个人的授权

根据法律法规规定，收集并使用个人信息应征得用户同意，同时，根据个人信息相关规定，收集、使用个人信息，应当遵循合法、正当、必要的原则。《民法典》明确规定，不得非法收集、使用、加工、传输他人个人信息。《网络安全法》明确规定，网络运营者收集、使用个人信息，应当遵循合法、正当、必要的原则，公开收集、使用规则，明示收集、使用信息的目的、方式和范围，并经被收集者同意。网络运营者不得收集与其提供的服务无关的个人信息，不得违反法律、行政法规的规定和双方的约定收集、使用个人信息，并应当依照法律、行政法规的规定和与用户的约定，处理其保存的个人信息。《电信和互联网用户个人信息保护规定》(工业和信息化部令第24号)明确规定，电信业务经营者、互联网信息服务提供者在提供服务的过程中收集、使用用户个人信息，应当遵循合法、正当、必要的原则。《中国人民银行关于金融机构进一步做好客户个人金融信息保护工作的通知》(银发〔2012〕80号)明确规定，各银行业金融机构必须严格遵守《商业银行法》、《个人存款账户实名制规定》、《个人信用信息基础数据库管理暂行办法》(中国人民银行令〔2005〕第3号发布)、《中国人民银行关于银行业金融机构做好个人金融信息保护工作的通知》(银发〔2011〕17号)等法律、法规、规章和规范性文件的规定，依法合规收集、保存、使用个人金融信息。《商业银行互联网贷款管理暂行办法》(中国银行保险监督管理委员会令2020年第9号)明确规定，商业银行收集、使用借款人风险数据应当遵循合法、必要、有效的原则，不得违反法律法规和借贷双方约定，不得将风险数据用于从事与贷款业务无关或有损借款人合法权益的活动。

因此，在互联网助贷业务中，对于助贷机构向金融机构收集个人征信报告等信息，助贷机构应确保以下要点：①助贷机构取得用户明确同意；②以办理当前互联网助贷业务需要为限，不可收集个人征信报告等信息中无关的个人信息；③收集个人征信报告等信息的目的限于当前互联网助贷业务，不可用于其他无关用途。

（三）金融机构与助贷机构共享个人信息应获得信息持有方的授权

根据法律法规规定，信息收集方收集信息提供方保存的个人信息应征得信息提供方同意，信息提供方可通过协议约定的形式限制信息收集方对个人信息的合法合规的收集与使用。

《刑法》规定，违反国家规定，侵入国家事务、国防建设、尖端科学技术领域的计算机信息系统以外的计算机信息系统或者采用其他技术手段，获取该计算机信息系统中存储、处理或者传输的数据，可能构成非法获取计算机信息系统数据罪。若信息收集方以非法手段获取信息持有方计算机信息系统存储的个人信息数据的，则可能触犯该等刑法规定。

《民法典》规定，法律对数据、网络虚拟财产的保护有规定的，依照其规定。学界对于此条规定的理解存在不同观点，有些学者认为，该条规定明确了信息收集方对其收集的个人信息数据的权益保护，而有些学者则认为该条规定并不能做出这样的解读。我们认为，在民事法律上，目前尚未有明确的法律规定可以当然性的作为信息持有方持有个人信息数据的相关权益的法律依据，但是若信息收集方与信息持有方为合作关系，则依据《合同法》项下的合同关系而言，信息收集方收集相关信息时应当遵守合同约定。

在互联网助贷业务中，对于金融机构及助贷机构收集个人信息的情况，应注意取得信息持有方的同意，实践中存在利用爬虫等技术手段擅自爬取个人信息的情况可能会导致违反法律法规规定。

十三、综合资金成本相关法律法规及具体分析

互联网助贷业务中，借款人承担的综合资金成本是各参与方报酬的现金流来源，对于借款人承担的综合资金成本，我国法律法规做出了相应规定。具体法律法规主要包括：《刑法》、《关于办理非法放贷刑事案件若干问题的意见》、《民法典》、《商业银行法》、《最高人民法院关于审理民间借贷案件适用法律若干问题的规定》

（法释〔2015〕18号）（2020年修订）[①]、《关于进一步加强金融审判工作的若干意见》（法发〔2017〕22号）、《最高人民法院关于充分发挥审判职能作用为企业家创新创业营造良好法治环境的通知法》（〔2018〕1号）、《最高人民法院关于印发〈全国法院民商事审判工作会议纪要〉的通知》（法〔2019〕254号）、《中国人民银行关于调整金融机构存、贷款利率的通知》（银发〔2004〕251号）、《中国人民银行关于调整商业银行住房信贷政策和超额准备金存款利率的通知》（银发〔2005〕61号）、《中国人民银行关于进一步推进利率市场化改革的通知》（2013）、《关于规范整顿“现金贷”业务的通知》（整治办函〔2017〕141号）、《中国银行业监督管理委员会中国人民银行关于小额贷款公司试点的指导意见》（银监发〔2008〕23号）、《宁波银保监局关于加强商业银行外部合作风险管理的通知》（甬银保监发〔2019〕141号）、《无锡市规范整顿“现金贷”业务工作实施方案》（锡互金整办发〔2018〕2号）。

关于互联网助贷业务中借款人综合资金成本的问题，重点需要关注的问题是金融机构是否有可能构成刑事责任、金融机构收取的利息是否有上下限的限制以及借款人综合资金成本的具体范围如何认定。

（一）金融机构是否有可能构成刑事责任

我们这里讨论的刑事责任仅限于非法经营罪。我国最高人民法院、最高人民检察院、公安部、司法部于2019年下发《关于办理非法放贷刑事案件若干问题的意见》的司法解释，明确将以高利贷等形式非法发放贷款的经营行为纳入非法经营罪进行规制。《关于办理非法放贷刑事案件若干问题的意见》明确规定，违反国家规定，未经监管部门批准，或者超越经营范围，以营利为目的，经常性地向社会不特定对象发放贷款，扰乱金融市场秩序，情节严重的，依照刑法第二百二十五条第（四）项的规定，以非法经营罪定罪处罚。

非法经营罪在刑法学界又被称之为口袋罪名，很多违法经营的严重违法行为均可以纳入该项罪名进行规制。其实，在此文件发布之前，也存在将非法发放贷款的行为纳入非法经营罪进行打击的司法案例。例如，在《陈思宜、梁锦声非法

---

① 《最高人民法院关于修改〈关于审理民间借贷案件适用法律若干问题的规定〉的决定》（法释〔2020〕6号）于2020年8月20日起实施。

经营罪、非法吸收公众存款罪、抽逃出资罪、非法拘禁罪案》（审理法院：广东省梅州市中级人民法院；案号：〔2013〕梅中法刑终字第59号；裁判日期：2013年5月9日）中，广东省梅州市中级人民法院认为被告人发放贷款的经营行为，违反国家法律、法规规定，未经国家有关主管部门的批准，属于非法经营金融业务，扰乱市场秩序，情节严重，已构成非法经营罪。

案例1：陈思宜、梁锦声非法经营罪、非法吸收公众存款罪、抽逃出资罪、非法拘禁罪案

法院查明非法经营事实：

2009年7月20日，上诉人吴伟雄、彭愉出资100万元注册成立梅州市富泰信用担保有限公司，该公司后变更为梅州市富泰投资有限公司。2010年11月10日，上诉人吴伟雄、彭愉出资100万元注册成立梅州市富泰房地产开发有限公司。以上两公司股东为上诉人吴伟雄、彭愉，两人分别以80%、20%的出资额认缴出资，均由上诉人吴伟雄任法定代表人，聘请上诉人陈海锋为公司经理，原审被告人陈思宜为公司员工。上诉人吴伟雄、彭愉为牟取利益，违反国家法律、法规规定，未经国家有关主管部门的批准，非法经营金融业务，聘请上诉人陈海锋、原审被告人陈思宜为公司经理及员工，通过在公司门口悬挂“当”字招牌及在梅州电视台向社会宣传梅州市富泰信用担保有限公司能为中小型企业快速办理贷款的宣传，以高额利息分别向蔡庆福、谢汉权、李健欧、陈明慧等多人多次发放巨额贷款。在经营过程中，上诉人吴伟雄、彭愉负责财务管理外，上诉人吴伟雄还负责借款给他人，向借款人收回借款和利息，上诉人彭愉还负责去各银行及网上银行转账给借款人。上诉人陈海锋负责贷款业务，向借款人开具借条及借款到期后负责催收借款和办理续借手续。原审被告人陈思宜在公司做文员工作，有时协助上诉人吴伟雄、彭愉、陈海锋到各银行对账，开具公司的现金收据和办理存款业务。

法院认定意见：

本院认为，上诉人吴伟雄、彭愉投资设立梅州市富泰投资有限公司、梅州市富泰房地产开发有限公司，聘请上诉人陈海锋、原审被告人陈思宜为公司经理及员工，违反国家法律、法规规定，未经国家有关主管部门的批准，非法经营金融业务，扰乱市场秩序，情节严重，吴伟雄、彭愉、陈海锋、陈思宜的行为均已构成非法经营罪。在共同犯罪中，上诉人吴伟雄、陈海锋直接并主要实施非法经营

犯罪活动，起主要作用，是主犯。上诉人彭愉从事非法经营的部分活动，作用较小，是从犯。原审被告人陈思宜是上诉人吴伟雄聘请的员工，较少从事非法经营业务，作用较小，是从犯。

当然，大部分法院对于非法经营罪的认定相对较为谨慎，例如，在《张丽芬、黄汉民、黄添本非法吸收公众存款罪案》（审理法院：福建省惠安县人民法院；案号：〔2017〕闽0521刑初632号）一案中，福建省惠安县人民法院认为，被告人从事放贷金融业务，在一定程度上冲击金融市场秩序，具有一定的社会危害性，但该行为是否属于刑法第二百二十五条规定的"其他严重扰乱市场秩序的非法经营行为"，相关立法解释和司法解释尚无明确规定，故对放贷行为不宜以非法经营罪定罪处罚。

案例2：张丽芬、黄汉民、黄添本非法吸收公众存款罪案

法院查明事实：

从2013年年底开始，被告人张丽芬、黄汉民、黄添本等人在没有取得金融业务主管部门批准的情况下，超越经营范围，利用惠泰投资公司销售上述理财产品非法吸收的社会公众资金，通过朋友介绍、雇佣业务员发宣传广告等方式宣传公司的贷款业务，吸收客户向惠泰投资公司借贷，通过与贷款客户签订《信用标协议》等合同，从事车易贷、房易贷等贷款业务，借款人除支付利息外，还需支付惠泰投资公司平台费、风险保证金、贷后管理费等费用。2014年11月27日，张丽芬、黄汉民与李亚坤经共同预谋策划，注册成立半边天公司用于发放贷款。从2014年12月起至2016年6月间，张丽芬、黄汉民、黄添本等人在没有取得金融业务主管部门批准的情况下，超越经营范围，利用惠泰公司销售上述理财产品非法吸收的社会公众资金，通过朋友介绍、雇佣业务员分发宣传单和插车卡、发微信朋友圈等方式宣传公司的贷款业务，吸收客户向半边天公司借贷，通过与贷款客户签订《信用标协议》《车易贷协议》等合同，从事信用标信贷贷款和易车贷汽车抵押贷款等贷款业务，借款人除支付利息外，还需支付半边天公司平台费、风险保证金、贷后管理费等费用。经惠安县永信会计师事务所有限公司审计，2013年7月1日至2014年8月31日间，张丽芬、黄汉民等人发放贷款数额为6万元，共非法获利3407元；2014年9月1日起至2016年6月18日，张丽芬、

黄汉民、黄添本等人发放贷款数额达 3721.89 万元，共非法获利 4357528 元。期间，黄添本非法所得共计 83612 元（工资加抽成）。案发后，以惠泰投资公司为平台开展放贷业务未回收的金额共计 31.4 万元，以半边天公司为平台开展放贷业务未回收的金额共计 628.7 万元。

法院认定意见：

关于三被告人的行为是否构成非法经营罪的问题。《中华人民共和国刑法》第二百二十五条规定："违反国家规定，有下列非法经营行为之一，扰乱市场秩序，情节严重的，处五年以下有期徒刑或者拘役，并处或者单处违法所得一倍以上五倍以下罚金；情节特别严重的，处五年以上有期徒刑，并处违法所得一倍以上五倍以下罚金或者没收财产：（一）未经许可经营法律、行政法规规定的专营、专卖物品或者其他限制买卖的物品的；（二）买卖进出口许可证、进出口原产地证明以及其他法律、行政法规规定的经营许可证或者批准文件的；（三）未经国家有关主管部门批准非法经营证券、期货、保险业务的，或者非法从事资金支付结算业务的；（四）其他严重扰乱市场秩序的非法经营行为。"《中华人民共和国刑法》第九十六条规定："本法所称违反国家规定，是指违反全国人民代表大会及其常务委员会制定的法律和决定，国务院制定的行政法规、规定的行政措施，发布的决定和命令。"从我国法律与行政法规的相关规定看，并未对放贷行为做出禁止性规定，也无任何单行法规中的附属刑法规范对放贷行为应追究刑事责任做出规定。本案中被告人张丽芬、黄汉民、黄添本等人在没有取得贷款金融业务主管部门批准的情况下，超越经营范围，利用惠泰投资公司、惠泰公司销售理财产品非法吸收的社会公众资金，从事放贷金融业务，在一定程度上冲击金融市场秩序，具有一定的社会危害性，但该行为是否属于刑法第二百二十五条规定的"其他严重扰乱市场秩序的非法经营行为"，相关立法解释和司法解释尚无明确规定，故对张丽芬、黄汉民、黄添本等人的放贷行为不宜以非法经营罪定罪处罚，公诉机关指控三被告人的这一行为构成非法经营罪，不予支持。

《关于办理非法放贷刑事案件若干问题的意见》对于非法发放贷款行为构成非法经营罪的构成要件做出了明确的规定，结束了司法实践中对于非法发放贷款行为处理结果不一的局面，既避免了滥用非法经营罪又达到了有效打击非法发放贷款行为的目的。根据规定，非法发放贷款行为构成非法经营罪至少需具备两个必要条件（非充分条件）:（1）未经监管部门批准，或者超越经营范围；（2）以超过36%的实际年利率实施符合非法放贷行为。对于互联网助贷业务中的金融机构而言，商业银行、信托公司、消费金融公司、小额贷款公司均是经监管部门批准从事发放贷款业务的（具体法律法规依据参照“发放贷款资质相关法律法规”部分），因此，对于该等金融机构发放贷款的行为，一般情况下不会满足“未经监管部门批准，或者超越经营范围”这一必要条件，即不会构成非法经营罪。但是，对于商业保理公司而言，则不能得出上述结论。

（二）金融机构收取的利息是否有上下限的限制

首先，根据我国法律、行政法规、司法指导性文件的明确规定，金融机构收取的利息没有明确的上下限限制规定。

根据我国法律法规规定，目前除了个人房贷有最低下限限制外，一般情况下金融机构发放贷款没有明确的上下限限制。2004年发布的《中国人民银行关于调整金融机构存、贷款利率的通知》明确规定，金融机构（城乡信用社除外）贷款利率不再设定上限。商业银行贷款和政策性银行按商业化管理的贷款，其利率不再实行上限管理，贷款利率下浮幅度不变。2005年发布的《中国人民银行关于调整商业银行住房信贷政策和超额准备金存款利率的通知》明确规定，取消商业银行自营性个人住房贷款优惠利率，自营性个人住房贷款利率改按商业性贷款利率执行，上限放开，实行下限管理，下限利率水平为相应期限档次贷款基准利率的0.9倍。2013年发布的《中国人民银行关于进一步推进利率市场化改革的通知》明确规定，全面放开金融机构贷款利率管制：取消金融机构贷款利率0.7倍的下限，由金融机构根据商业原则自主确定贷款利率水平。个人住房贷款利率浮动区间不作调整，仍保持原区间不变，继续严格执行差别化的住房信贷政策。取消票据贴现利率管制，改变贴现利率在再贴现利率基础上加点确定的方式，由金融机构自主确定。取消农村信用社贷款利率2.3倍的上限，由农村信用社根据商业原则自主确定对客户的贷款利率。

《最高人民法院关于审理民间借贷案件适用法律若干问题的规定》（法释〔2015〕18号）（以下简称“《旧民间借贷司法解释》”）对民间借贷利率做出了“两线三区”的规定，其中，“两线”是指“年利率24%”及“年利率36%”，“三区”是指不超过“年利率24%”的部分利息为一区，超过“年利率24%”但不超过“年利率36%”的部分利息为二区，超过“年利率36%”的部分利息为三区，一区利息能获得人民法院支持，二区利息借款人偿还后不得要求返还，借款人未偿还的，贷款人的主张不能获得人民法院支持，三区利息主张不能获得法院支持并且借款人有权要求贷款人予以返还。而《最高人民法院关于修改〈关于审理民间借贷案件适用法律若干问题的规定〉的决定》（法释〔2020〕6号）（以下简称“《新民间借贷司法解释》”）将民间借贷利率的司法保护上限大幅降低为“合同成立时一年期贷款市场报价利率四倍”（以下简称“4倍LPR”）（以2020年7月发布的一年期贷款市场报价利率（LPR）计算，其四倍为15.4%），《新民间借贷司法解释》未明确规定是否返还事宜。但是，民间借贷司法解释明确规定金融机构发放贷款不适用民间借贷司法解释。并且，《最高人民法院关于印发〈全国法院民商事审判工作会议纪要〉的通知》（法〔2019〕254号）亦规定应区别对待金融借款与民间借贷。

《关于进一步加强金融审判工作的若干意见》（法发〔2017〕22号）明确规定，金融借款合同的借款人以贷款人同时主张的利息、复利、罚息、违约金和其他费用过高，显著背离实际损失为由，请求对总计超过年利率24%的部分予以调减的，应予支持。这个法规赋予了人民法院调减超过年利率24%部分利息的权利。

《最高人民法院关于充分发挥审判职能作用为企业家创新创业营造良好法治环境的通知法》（〔2018〕1号）则规定为了保护企业家自主经营权，金融机构发放贷款参照民间借贷标准。至于该规定是否仅适用于借款人为企业家以及企业家如何判断，法律法规未明确规定。

综上，在互联网助贷业务中，商业银行、信托公司、消费金融公司的贷款利率没有明确的上下限限制规定（小额贷款公司一般在司法实践中需适用民间借贷规定），但是超过年利率24%的部分利息有可能被人民法院予以调减。至于《新民间借贷司法解释》生效后，除小额贷款公司外的其他金融机构是否需适用“4倍LPR”的贷款利率上限，目前尚无明确规定需要适用，而在司法实践中存在被司法部门要求适用的可能。

其次，我国部门规章对于互联网助贷业务贷款利率有限制性规定。

根据《关于规范整顿“现金贷”业务的通知》（整治办函〔2017〕141号）的规定，各类机构以利率和各种费用形式对借款人收取的综合资金成本应符合最高人民法院关于民间借贷利率的规定，禁止发放或撮合违反法律有关利率规定的贷款。这个规定相当于在2013年完全放开金融机构贷款利率上下限限制之后再次对金融机构发放贷款提出了上限的要求，要求金融机构需遵守民间借贷司法解释的规定。在适用《旧民间借贷司法解释》时，对于该规定上限的理解，一般认为是不得超过36%的年化利率。而对于《新民间借贷司法解释》生效后如何适用的问题，目前监管部门尚无官方回复，不同金融机构的操作标准不一。

最后，在司法实践中人民法院对金融机构发放贷款利率是否受限有不同的判决结果。

在司法实践中，有的人民法院认为金融机构发放贷款利率不受限制。例如，在《高岚与北银消费金融有限公司等金融借款合同纠纷案》（审理法院：北京市第一中级人民法院；案号：〔2018〕京01民终5511号；裁判日期：2018年7月18日）中，北京市第一中级人民法院认为，北银消费金融有限公司系经银行业监督管理机构批准设立的金融机构，北银消费金融有限公司在核准范围内向高岚发放的金融借款，不属于民间借贷，不适用《民间借贷司法解释》对于利率的限制。

案例3：高岚与北银消费金融有限公司等金融借款合同纠纷案

法院查明事实：

2014年10月11日，高岚因旅游用途向北银消费金融有限公司（简称“北银公司”）申请贷款，并与北银公司签订了《轻松贷个人消费贷款合约书》及《轻松贷个人消费贷款条款》，双方约定：高岚向北银公司借款100 000元，借款期限12个月，利率为13.2%，按月付息、半年还本；本贷款将一次性全额发放至高岚指定的放款账户（×××）内，北银公司一旦付至高岚的放款账户，即视为贷款已被高岚提取，当日即为该笔贷款的提款日并开始按合约书确定的贷款利率计算利息，贷款期限自放款日起算。高岚未能按期足额偿还任何到期应付的贷款本息、费用或及其他应付款项时，应就欠付款项按照同期适用的合同利率上浮50%加付自款项到期日起至实际偿还日止以实际天数计算的罚息，同时，应按照逾期次数加付逾期滞纳费，每次逾期滞纳费为欠付款项（不含罚息）的3%且不少于人民币30元；高岚应每月按借款本金的0.29%支付账户管理费；若高岚未能完全适当地履行其在本合同项下的任何承诺、保证、义务或责任，则视为高岚违约，此时，北银公司有权要求高岚承担支付罚息及复利、支付逾期滞纳费、支付违约金、支付补偿金以及赔偿损失等其他责任，同时，北银公司有权采取包括但不限于下述措施：（1）随时宣布本合同项下的全部或部分债务立即到期，要求高岚立即清偿；（2）采取公告、委托代理机构清收、提起诉讼等方式进行清收；（3）要求高岚偿还债务并承担北银公司为实现债权和担保权益而实际发生的费用（包括但不限于诉讼 / 仲裁费用、律师费用、调查取证费用、差旅费及其他合理费用）等。双方还对其他权利义务进行了约定。2014 年 10 月 16 日，北银公司向高岚指定的贷款账户中发放了 100000 元贷款，贷款到期日为 2015 年 10 月 16 日。

法院认定意见：

高岚虽主张上述合同中约定的利息、逾期罚息、逾期滞纳金、账户管理费等合计超过年利率 24% 的标准违反《最高人民法院关于审理民间借贷案件适用法律若干问题的规定》的相关规定，但北银公司系经银行业监督管理机构批准设立的金融机构，本案诉争借款系其在核准范围内向高岚发放的金融借款，不属于民间借贷，高岚以民间借贷利率上限规范金融借款依据不足，其主张于法无据，本院不予采信。

在司法实践中，亦存在人民法院认为金融机构发放贷款利率受限制的相关案例，其主要裁判理由有以下四类：

（1）当然解释

在《上海爱建信托有限责任公司诉苏州金本地产有限公司金融借款合同纠纷案》（审理法院：上海市第一中级人民法院；案号：〔2017〕沪 01 民初 561 号；裁判日期：2018 年 8 月 24 日）中，人民法院认为，金融机构的贷款收益不应高于民间借贷。

案例 4：上海爱建信托有限责任公司诉苏州金本地产有限公司金融借款合同纠纷案

法院查明事实：

2016 年 6 月 1 日，原告（贷款人上海爱建信托有限责任公司）与被告（借款人苏州金本地产有限公司）签订《信托贷款合同》一份（合同编号 SZJB-DK-1602），约定“信托月度：指自信托成立日起每满 1 个月的期间，……第四条贷款金额 1. 本合同项下的贷款总金额预计不高于 50000 万元，以贷款人实际发放的贷款金额为准。2. 本合同项下的贷款可分笔发放。……第五条贷款期限 1. 本合同项下贷款期限预计为 24 个月，自第一笔贷款放款日起算；其后各笔贷款期限为自该笔贷款放款日起算，至第一笔贷款放款日起满 24 个信托月度之日止。2. 根据本合同约定的条件，贷款人宣布贷款提前到期的，宣布提前到期通知确定的日期，为贷款期限届满日。……第六条贷款利率及利息 1. 本合同项下的贷款利率为年利率 16%，……付息日为信托成立日起每满 1 个信托月度之日……第十四条违约责任……2. 借款人未按期足额偿还本合同项下任何贷款本金或利息的，贷款人有权宣布全部贷款提前到期，并提前要求其限期清偿部分乃至全部贷款，并对逾期本金及利息按照逾期罚息利率按日计收利息，逾期罚息利率按照逾期之日所执行的贷款利率水平上加收 50%……第十八条费用的承担本合同当事人双方在订立和履行本合同和 / 或进行与履行本合同有关的活动的过程中发生的一切合理费用包括但不限于诉讼费用等，除非另有约定，均由借款人承担，但法院另有裁决的根据裁决执行。”

法院认定意见：

关于争议焦点二，原告主张，本案系金融借款合同纠纷，其系金融机构，不适用民间借贷关于利率上限的规定，亦无相关监管规定对金融机构利率进行限定，故依据双方合同约定利率主张利息、罚息并无不当。被告则主张原告诉请利息、罚息金额超过民间借贷利率上限 24% 的规定。

本院认为，《最高人民法院关于审理民间借贷案件适用法律若干问题的规定》第二十六条、第二十九条对民间借贷的借款利率、逾期利率作出限定，约定年利率超出 24% 的，人民法院不予支持。虽然金融机构发放贷款并不适用上述规定，然而，相较于民间借贷，金融机构的贷款利率应受到更为严格的限制。首先，虽然中国人民银行已全面放开金融机构贷款利率管制，并不规定金融机构贷款利率的上下限，交由金融机构自主确定，但此举旨在推进利率市场化改革，通过市场竞争提高金融机构的经营能力和服务水平，促进金融资源的优化配置。也即，放开金融机构贷款利率上限的目的绝非放任金融机构牟取高利。其次，法律之所以介入到民事主体之间的合同约定，限制民间借贷的利率，一方面是出于资金优化配置的考量，防止资金脱离实体经济，另一方面则是为了限制高利行为，防范社会危机。通常意义上，借款年利率 24% 以上即为高利。金融机构与从事民间借贷行为的自然人、法人和其他组织同为平等的民事主体，其从事借款等民事活动亦应当遵循公平原则，不得损害社会公共利益、扰乱社会经济秩序。再次，金融机构贷款风险低于民间借贷，从资金来源上看，金融机构是法律认可的吸收公众存款的机构，其用于贷款的资金来源较为稳定；从风险管控上看，金融机构除了收取高额利息，尚有其他措施保障借款人履行还款义务，例如事前严格审查借款人资质，事后将违约信息上报至征信系统等。贷款利率的定价与其风险密切相关，就此而言，金融机构的贷款收益不应高于民间借贷。

（2）指导意见

在《捷信消费金融有限公司、深圳捷信信驰咨询有限公司金融借款合同纠纷案》（审理法院：河南省郑州市中级人民法院；案号：〔2018〕豫01民终2982号；裁判日期：2018年4月24日）中，人民法院认为，根据《最高人民法院关于进一步加强金融审判工作的若干意见》（法发〔2017〕22号）第2条规定，金融借款合同的借款人以贷款人同时主张的利息、复利、罚息、违约金和其他费用过高，显著背离实际损失为由，请求对总计超过年利率24%的部分予以调减的，应予支持。

案例5：捷信消费金融有限公司、深圳捷信信驰咨询有限公司金融借款合同纠纷案

法院查明事实：

2017年4月17日，深圳捷信金融服务有限公司经深圳市市场监督管理局核准企业名称变更为深圳捷信信驰咨询有限公司。

捷信消费金融有限公司、深圳捷信信驰咨询有限公司向该院提交《个人贷款申请表（现金贷）》及《消费信贷合同条款》各一份。个人贷款申请表载明：客户姓名卞亚博，贷款本金35000元，月贷款利率1.750%，不参加保险，分期期数60期，每月还款1348元，首次还款日为2016年3月25日，月客户服务费率为0.221%等。卞亚博在个人贷款申请表客户签名处签名并载明“本人已仔细阅读并完全了解《消费信贷合同条款》，自愿遵守及履行”。消费信贷合同条款主要约定：贷款人向借款人提供有关服务并收取相关费用（贷款管理费），如参加保险收取保险金，对延期还款、变更还款日期等收取灵活还款服务费，就贷款事宜客户服务供应商

向借款人提供服务并收取客户服务费，逾期还款应支付违约金，违约金按逾期天数计算，逾期天数是指最早一笔未全额支付的期款已逾期的天数，逾期第10天，产生违约金30元，逾期第30天，在已产生的违约金基础上再产生违约金80元，逾期第60天，再额外产生违约金130元，逾期第90天，再额外产生违约金130元等等，如借款人违约，贷款人有权要求借款人一次性偿还本合同项下的全部款项等等。合同签订后，捷信消费金融有限公司向卞亚博转账支付35000元，后卞亚博未依约按时足额偿还贷款本息，捷信消费金融有限公司、深圳捷信信驰咨询有限公司提交的金额表载明：截至起诉之日，卞亚博尚欠捷信消费金融有限公司贷款本金33929.24元、利息2341.13元、违约金240元，欠深圳捷信信驰咨询有限公司客户服务费2946.17元、保险手续费0元。

法院认定意见：

本院认为，《最高人民法院关于进一步加强金融审判工作的若干意见》（法发〔2017〕22号）第2条规定，严格依法规制高利贷，有效降低实体经济的融资成本。金融借款合同的借款人以贷款人同时主张的利息、复利、罚息、违约金和其他费用过高，显著背离实际损失为由，请求对总计超过年利率24%的部分予以调减的，应予支持，以有效降低实体经济的融资成本。本案中，捷信消费金融有限公司、深圳捷信信驰咨询有限公司与卞亚博基于真实意思表示签订《个人贷款申请表（现金贷）》及《消费信贷合同条款》，但该合同约定的利息、违约金、贷款管理费、月灵活还款服务包费等总计超过年利率24%，故一审判决认定卞亚博向捷信消费金融有限公司、深圳捷信信驰咨询有限公司支付利息及违约金足以弥补其违约行为给捷信消费金融有限公司、深圳捷信信驰咨询有限公司造成的损失，对捷信消费金融有限公司请求的贷款管理费、月灵活还款服务包费不予支持有事实和法律依据。

（3）保护企业家意见

在《浙江柯桥联合村镇银行股份有限公司与宁青龙、田润金融借款合同纠纷案》（审理法院：浙江省绍兴市柯桥区人民法院（原浙江省绍兴县人民法院）；案号：〔2019〕浙0603民初11381号；裁判日期：2019年11月27日）中，人民法院认为，根据最高人民法院《关于充分发挥审判职能作用为企业家创新创业营造良好法治环境的通知》第五条规定，对商业银行、典当公司、小额贷款公司等金融机构以不合理收费变相收取高息的，参照民间借贷利率标准处理，减低企业融资成本。

案例6：浙江柯桥联合村镇银行股份有限公司与宁青龙、田润金融借款合同纠纷案

法院查明事实：

2018年4月23日，原告与被告宁青龙、宁香奎签订一份《保证借款合同》，合同约定由原告借款给被告宁青龙人民币10万元，借款期限24个月，自2018年4月23日至2020年4月22日，月利率8.233333‰，还款方式为按月等额本金每月还本4166.67元，利息随本金逐期递减并逐期结清，还款日为每月20日，逾期视为违约；借款人未按期偿还借款本金或未按期支付利息的，贷款人有权提前收回未到期借款；未按期归还借款本金，从逾期之日起在当笔借款实际执行利率基础上加收50%后作为逾期的罚息利率计收罚息，遇利率调整，罚息参照合同第三条约定调整；未按期支付借款利息，未付利息自合同约定应付日起按逾期罚息利率计收复息等；被告宁香奎在该保证借款合同上作为保证人签名捺印确认，自愿为本合同贷款人的债权提供连带责任保证。

同日，被告田润、杨新梅向原告出具《保证函》载明：被告田润、杨新梅同意为被告宁青龙提供上述债权的连带责任保证；保证期间根据各笔融资分别确定，即各笔融资的保证期间自该笔融资债务清偿期限届满之日起二年；保证范围包括但不限于所有融资债权、利息、罚息、复息、违约金、损害赔偿金和实现债权的费用；另对其他事项作了约定。

2018年4月23日，原告根据上述合同发放给被告宁青龙贷款10万元。自2019年6月起，被告宁青龙未按约还本付息，其中欠付借款本金45833.29元，利息自2019年5月21日起计算，扣除已收息70.69元；被告田润、宁香奎、杨新梅也未履行担保责任。

法院认定意见：

原告与被告宁青龙签订的《借款合同》，系双方当事人的真实意思表示，内容未违反国家法律、法规的禁止性规定，应确认有效。

关于原告请求的逾期还款利息（罚息、复息）问题，最高人民法院《关于充分发挥审判职能作用为企业家创新创业营造良好法治环境的通知》第五条规

定，对商业银行、典当公司、小额贷款公司等金融机构以不合理收费变相收取高息的，参照民间借贷利率标准处理，减低企业融资成本。根据《最高人民法院关于审理民间借贷案件若干问题的规定》第二十六条规定，民间借贷保护的最高年利率上限为24%，故原告请求的逾期还款利息（含罚息、复息）不得超过上述利率标准。被告宁青龙、田润、宁香奎、杨新梅经本院合法传唤无正当理由拒不到庭，应视为其对于原告主张的事实放弃抗辩并自行承担相应的不利法律后果。

（4）无理由适用

《新民间借贷司法解释》生效后，在《浙江省温州市瓯海区人民法院民事判决书》（案号:〔2020〕浙0304民初3808号）[①]中，人民法院直接适用民间借贷司法解释对银行发放的贷款进行裁判。

原告与被告签订的《个人信用贷款合同》系双方真实意思表示，内容符合法律规定，应受法律保护。现合同已到期，原告主张按约定月利率2%计算2018年3月3日至2020年7月3日期间的期内利息，本金罚息、复利，其总和已超过一年期贷款市场报价利率四倍保护限度，本院参照原告起诉时一年期贷款市场报价利率四倍进行计算，计52744.27元。关于逾期利息，现原告主张按月利率21%计算已超过原告起诉时一年期贷款市场报价利率四倍的保护限度，本院酌情调整为原告起诉时一年期贷款市场报价利率的四倍计算。

（三）借款人综合资金成本的具体范围如何认定

在互联网助贷业务中，借款人承担的综合资金成本主要包括贷款人收取的贷款利息、罚息、违约金等，融资担保机构收取的担保费，保险公司收取的保险费。对于贷款人收取的相关费用，罚息、违约金等应与贷款利息合并计算计入综合资金成本，这一点在法律法规和司法实践中的观点比较一致。而对于融资担保机构收取的担保费及保险公司收取的保险费是否计入综合资金成本以及是否据此认定其法律效力，这一点在法律法规规定上并不清晰，在司法实践中亦存在不同的裁判结果。

① 该判决书为网传一审判决书，可能尚未生效。

首先，我国法律、行政法规并未明确规定融资担保机构收取的担保费及保险公司收取的保险费应计入综合资金成本判断其法律效力。

其次，根据我国现行监管部门规定，融资担保机构收取的担保费及保险公司收取的保险费可能应计入综合资金成本并按照《民间借贷司法解释》的规定判断其是否存在违规行为。

根据《关于规范整顿“现金贷”业务的通知》（整治办函〔2017〕141号，以下简称“141号文”）规定，各类机构以利率和各种费用形式对借款人收取的综合资金成本应符合最高人民法院关于民间借贷利率的规定，禁止发放或撮合违反法律有关利率规定的贷款。这里的“各类机构”可以理解为包含金融机构及与金融机构合作的贷款服务机构、第三方融资担保机构、第三方保险公司等机构，融资担保机构收取的担保费及保险公司收取的保险费均应计入“综合资金成本”判断其是否合规。当然也可以理解为仅指金融机构，因该文并未考虑保险公司、融资担保公司收费相关事宜，并且在最新发布的《商业银行互联网贷款管理暂行办法》中已明确认可融资担保公司及保险公司可以向借款人收费。

根据《无锡市规范整顿“现金贷”业务工作实施方案》（以下简称“无锡现金贷实施方案”）规定，P2P网络借贷信息中介机构与第三方机构合作提供增信服务，向借款人收取担保费、保证保险等增信类险种保费等，统一纳入借款人综合资金成本计算。该地方性法规明确规定了融资担保机构收取的担保费及保险公司收取的保险费均应计入“综合资金成本”判断其是否合规，不过该规定限定了P2P网络借贷信息中介机构，而未明确对互联网助贷业务进行限定，该规定在一定程度上说明了监管部门的相关态度倾向。

尽管“141号文”及“无锡现金贷实施方案”不属于法律、行政法规，在发生纠纷时不能直接作为裁判依据，但是仍不排除人民法院将其作为说理依据予以引用。根据《最高人民法院关于裁判文书引用法律、法规等规范性法律文件的规定》（法释〔2009〕14号）规定，“民事裁判文书应当引用法律、法律解释或者司法解释。对于应当适用的行政法规、地方性法规或者自治条例和单行条例，可以直接引用”，对于法律、法律解释、司法解释、行政法规、地方性法规、自治条例和单行条例之外的规范性文件，“根据审理案件的需要，经审查认定为合法有效的，可以作为裁判说理的依据”。“141号文”属于部委规章、“无锡现金贷实施方案”属于地方性规章，均不属于法院可以直接引用的法律文件，但是，法院有权引用其作为说理依据并据此进行当然解释进而裁判“担保机构收取的担保费用”应计入“综合资金成本”。例如，在《中银消费金融有限公司与崔枝跃金融借款合同纠纷案》（审理法院：湖北省恩施市人民法院；案号：〔2020〕鄂2801民初795号；裁判日期：2020年5月14日）中，人民法院在如下说理部分便引用了该规定：“各类机构以利率和各种费用形式对借款人收取的综合资金成本应符合最高人民法院关于民间借贷利率的规定，双方所签《信用贷款额度申请和使用合约》中除收取贷款动用费的约定与规定不符、原告所收取此项费用应作为本金扣减外，其他约定不违反法律和行政法规的强制性规定，对双方均具有约束力。”

最后，在司法实践中，对于综合资金成本范围的认定存在不同的案例。

在我们检索的相关司法案例中，因是否应计入“综合资金成本”而发生争议的案例较为少见，在该问题不是争议焦点的案例中，存在法院支持贷款利息之外另行支持“融资担保机构收取的担保费用”的裁判结果。例如，在《维仕担保有限公司与冯翠翠追偿权纠纷案》（审理法院：山东省淄博市张店区人民法院：案号：〔2019〕鲁0303民初1175号；裁判日期：2019年5月8日）中，山东省淄博市张店区人民法院对于月利率0.90%的贷款利息及月费率的1.50%担保机构担保费均予以支持。

案例7：维仕担保有限公司与冯翠翠追偿权纠纷案

法院查明事实：

2015年9月6日，被告冯翠翠作为借款人与贷款人中国对外经济贸易信托有限公司及杭州维仕金融服务有限公司（服务方）、原告维仕担保有限公司（担保方）签订个人消费信托贷款及服务合同，约定被告冯翠翠向贷款人中国对外经济贸易信托有限公司申请贷款，维仕金融公司与原告提供相关服务并担保，贷款金额40000元，贷款期限24个月，贷款用途为装修/家居，月利率0.90%，贷款手续费800元，借款人（被告冯翠翠）授权贷款人在发放贷款时直接自放款金额中一次性扣除该费用；借款人同意向杭州维仕金融服务有限公司、原告按每月贷款金额的1.50%（即每月600元）支付服务费及担保费，直至贷款期限届满。合同还约定，被告应在本合同项下贷款发放的次月起开始按月等额偿还贷款本金、利息、服务费及担保费，每一个月为一个还款期，共分24期偿还，每月还款额为2626.67元（其中：本息2026.67元，服务费及担保费600元)。还约定，若原告为被告承担了连带保证责任，则被告承诺无条件足额归还原告为其支付的全部款项及承担原告在承担连带保证责任时及承担连带责任后向被告追偿过程中发生的包括但不限于律师费、交通费、通信费、调查费、鉴定费、法院案件受理费等一切费用；若本合同被宣布提前到期或提前解除，致使原告被贷款人追究连带保证责任的，则被告除必须按本合同约定清偿贷款本金、利息、罚息和其他所有应付服务方和担保方的款项外，还应支付给原告12000元的违约金；若被告不能按本合同约定如期向服务方支付服务费及担保费，则担保方和服务方有权向法院提起诉讼要求被告立即将本合同约定的全部服务费及担保费（扣除被告已支付部分）支付给担保方和服务方，同时被告应支付给担保方和服务方3000元的违约金。合同签订后，中国对外经济贸易信托有限公司向被告冯翠翠发放了贷款。在合同履行过程中被告冯翠翠未按合同约定按时足额归还借款及支付担保费，2017年3月10日，原告履行担保责任代偿了23130.05元（包括：拖欠本金21666.63元、拖欠利息1080元、罚息383.42元）。

法院认定意见：

本院认为，被告与中国对外经济贸易信托有限公司、杭州维仕金融服务有限公司、原告维仕担保有限公司签订的个人消费信托贷款及服务合同系各方当事人真实意思表示，应为有效合同，各方当事人应按照合同约定全面履行各自的义务。本案中，因被告冯翠翠未按合同约定及时足额偿还贷款，导致原告履行担保义务为其代偿了23130.05元，根据《中华人民共和国担保法》第三十一条之规定，“保证人承担保证责任后，有权向债务人追偿。”故原告有权向被告冯翠翠追偿其代偿款项。根据合同约定，被告应每月向原告支付600元担保费，被告欠款后未再支付担保费，原告主张剩余13期担保费7800元，本院予以支持。

而在《维仕担保有限公司与闫晶追偿权纠纷案》（审理法院：吉林省长春市朝阳区人民法院：案号：〔2019〕吉0104民初1900号；裁判日期：2019年5月22日）等吉林省长春市朝阳区人民法院判决的案例中，吉林省长春市朝阳区人民法院则认为，关于罚息、利息、服务费、担保费的利率合计已超过法律和相关司法解释的规定，不予支持。

案例8：维仕担保有限公司与闫晶追偿权纠纷案

法院查明事实：

2015年3月25日，借款人闫晶、贷款人对外经贸信托公司、服务方维仕金融公司、担保方维仕担保有限公司四方签订了《个人消费信托贷款及服务合同》，合同约定闫晶的贷款本金为3.1万元、期限24个月，贷款按月计息，贷款月利率1.1%。手续费按贷款金额2%计算，闫晶授权对外经贸信托公司在发放贷款时直接自贷款金额中一次性扣除该费用。闫晶同意向维仕金融公司、维仕担保公司支付服务费及担保费，费用为每月按贷款金额1.3%计算至全部贷款本息还清之日止。贷款到期或每一还款期，闫晶未偿还或未全部偿还贷款本金、利息的，对外经贸信托公司或其委托机构有权对逾期未还的贷款本息按日计收罚息，直至全部的本金、利息、罚息及全部款项付清为止。闫晶与对外经贸信托公司确认罚息利率为每日0.1%。若闫晶违约且不能及时承担违约责任，造成本合同宣布贷款提前到期或被提前解除，致使维仕担保有限公司被对外经贸信托公司追究连带保证责任的，则闫晶还应支付给维仕担保公司9300.00元违约金。

法院认定意见：

因借款人对外经贸信托公司扣除了贷款手续费620.00元，按法律规定应当以实际支付款项确认借款本金，所以本案被告闫晶实际借款本金应为30380.00元，应按扣除贷款手续费620.00元后确认维仕担保有限公司代偿本金为18754.97元。关于违约金，虽然双方约定违约金为9300.00元，但是法律规定违约金不能超过损失的30%，维仕担保公司代偿本金18754.97元的30%计算为5626.49元，所以维仕担保有限公司应得违约金为5626.49元。关于利息1023.00元，符合法律规定，应予支持；关于罚息、利息、服务费、担保费的利率合计，已超过法律和相关司法解释的规定，本院不予支持。律师代理费1200.00元，属于合理维权支出，本院予以支持。

十四、电子合同相关法律法规及具体分析

互联网助贷中的借款合同和担保协议、保险合同等一般均采用电子合同形式进行签署，电子合同在形式上要符合我国法律法规规定。具体法律法规主要包括：《民法典》、《电子签名法》、《电子认证服务管理办法》、《电子认证服务密码管理办法》、《商业银行互联网贷款管理暂行办法》（中国银行保险监督管理委员会令

2020年第9号)。

根据法律法规规定，电子合同包括数据电文和电子签名，符合法律法规规定的“数据电文”属于法律法规规定的书面形式,符合法律法规规定的“电子签名”与手写签名或者盖章具有同等的法律效力。

(一)数据电文

《电子签名法》规定,数据电文是指以电子、光学、磁或者类似手段生成、发送、接收或者储存的信息。数据电文的本质是电子数据信息，其在电子合同中的地位相当于我们纸质合同中的手写文字或打印文字。电子合同相关签署方发生争议时需要提交原件形式合同文件作为证据向法院等争议解决机构提交以作为争议解决的依据。数据电文需要满足法律规定的条件才能被认定为原件形式,主要条件为:(1)能够有效地表现所载内容并可供随时调取查用;(2)能够可靠地保证自最终形成时起,内容保持完整、未被更改。上述条件中第(1)点的意思即为“可视化”,即可以随时通过手机、电脑等工具调取到相关数据信息并以可视化的形式供查阅者阅读查看。上述条件中第(2)点的意思是指信息未被篡改，类似于纸质合同没有发现篡改痕迹，这一条件的满足则需要借助相应的技术保障，例如时间戳、数据摘要等技术，这些技术也是电子签名的基础技术。

(二)电子签名

《电子签名法》规定，电子签名是指数据电文中以电子形式所含、所附用于识别签名人身份并表明签名人认可其中内容的数据。电子签名与签名、盖章具有相同的理论基础，但是其本质不同，数字签名是目前普遍认可的可靠电子签名形式。

1.电子签名的理论基础及本质

我国自古以来便将签名、盖章作为一种重要的取信方式，电子签名与传统签名、盖章具有相同的理论基础，却有不同的本质。

①电子签名是与传统签署方式具有相同的理论基础:取信制度

取信制度[①]是民商事交易中的重要制度，包括:①确定取信方式;②认可取

① 杨德桥:《书面契约取信制度研究——以签字、私章的取信能力为考查重点》，载《北京邮电大学学报》(社会科学版)2012年第14期。

信效果。取信方式多种多样，例如古代的签字、画押、官印，现代的签字、盖章、摁手印；取信效果包括两方面：①识别签署主体身份；②表明签署主体认可相关内容。取信方式的确定需要以获得取信效果为宗旨，取信效果的获得需要取信方式的保障，同时在法治社会还需要法律的保障和认可。因此，以国家强制力保证实施的法律确定取信方式、认可取信效果并保障取信效果实现便是现代取信制度的核心理论。

传统签字、盖章自古以来便是我国重要的取信方式，20 世纪末 21 世纪初随着计算机技术对传统交易的影响，我国逐步确定了电子签名作为取信方式。无论是传统签字、盖章还是电子签名均是以取信制度作为理论基础。我国古代以各种制度确定传统签字、盖章的取信效力，以印章为例，例如，《尔雅·释书契》规定："玺，徙也，封物使可转徙，而不可废也。印，信也，所以封物为信验也。"《周礼·掌节》规定："玺节，古代所以持信之物也。"[①] 目前我国依靠《合同法》等法律法规确定传统签字、盖章作为取信方式（确定取信方式）、认可使用传统签字、盖章的取信效果（认可取信效果）并约束传统签字、盖章不可随意伪造（保障取信效果）。20 世纪末 21 世纪初，我国各个省市相继出台地方性法规以确定电子签名的效力，例如，广东省人民政府第八届 107 次常务会议于 1996 年 10 月 3 日通过《广东省对外贸易实施电子数据交换（EDI）暂行规定》，海南省人民政府于 2001 年 4 月 9 日发布《海南省数字证书认证管理试行办法》，上海市信息化办公室于 2002 年 11 月 18 日发布《上海市数字认证管理办法》。2004 年 8 月 28 日，我国《电子签名法》问世，目前我国电子签名则依靠《电子签名法》等法律法规确定电子签名作为取信方式（确定取信方式）、认可电子签名的取信效果（认可取信效果）并约束电子签名技术以保障电子签名的安全可靠（保障取信效果）。

②电子签名与传统签字、盖章有着本质区别：电子签名是电子数据

传统签字一般是指自然人签署名字的字迹。传统盖章一般具有两层含义：①图章（即使用金属、木头、石头、玉石等材料制作的印章实物）；②图章印出的痕迹（即实物印章沾上印尼等颜料后印在文件上的痕迹）。在日常交易过程中，

① 杨德桥：《书面契约取信制度研究——以签字、私章的取信能力为考查重点》，载《北京邮电大学学报》（社会科学版）2012 年第 14 期。

企业使用的电子签名一般会附载与图章印出痕迹类似的图片文件，人们会将该类电子签名等同于上述第②层含义的传统盖章，我们认为人们对电子签名的这种看法是不准确的。

根据我国《电子签名法》，电子签名“是指数据电文中以电子形式所含、所附用于识别签名人身份并表明签名人认可其中内容的数据”，电子签名视为可靠的电子签名需要满足的条件包括电子签名人专有、控制电子签名数据及电子签名与数据电文的变动均能被发现。可见，电子签名的本质是电子数据，且这种电子数据需具备①识别签名人身份和②表明签名人认可相关内容的取信效果。

以盖章为例，因传统盖章的取信方式历史悠久，为契合人们加盖传统盖章的传统交易习惯和视觉体验，在制作使用电子签名时便使用技术手段模拟了传统盖章痕迹（例如，将传统盖章痕迹扫描件图片与电子签名绑定，在每次使用电子签名后会在相应位置自动附着已绑定的盖章痕迹扫描件图片），而这种符合视觉体验的加盖痕迹并不单独构成可靠电子签名，不具备取信效果，电子签名的取信效果还需要依靠计算机技术产生的其他电子数据予以保障。

③电子签名的效力依据：技术依据和法律依据

电子签名的效力依据主要包括技术依据和法律依据，法律依据包括效力认可依据和效力保障依据；以技术依据确定取信方式，以效力认可依据认可取信效果，以效力保障依据保障取信效果。下文将以数字签名为例对此详细分析。

2. 电子签名效力的技术依据：数字签名技术

根据我国《电子签名法》，“可靠的电子签名与手写签名或者盖章具有同等的法律效力。”同时，我国《电子签名法》规定了可靠的电子签名是指同时规定条件（以下统称“四要素”）的电子签名。四要素包括：（1）电子签名制作数据用于电子签名时，属于电子签名人专有；（2）签署时电子签名制作数据仅由电子签名人控制；（3）签署后对电子签名的任何改动能够被发现；（4）签署后对数据电文内容和形式的任何改动能够被发现。当事人也可以选择使用符合其约定的可靠条件的电子签名。数字签名是目前普遍认可的可靠电子签名形式。

①数字签名技术原理：数据摘要技术与非对称密钥技术

根据我国数字签名技术相关规范（以下简称“《技术规范》”）及实践操作，数字签名电子数据形成的基本过程如图 6 所示（以企业 A 加盖电子签名为例）：

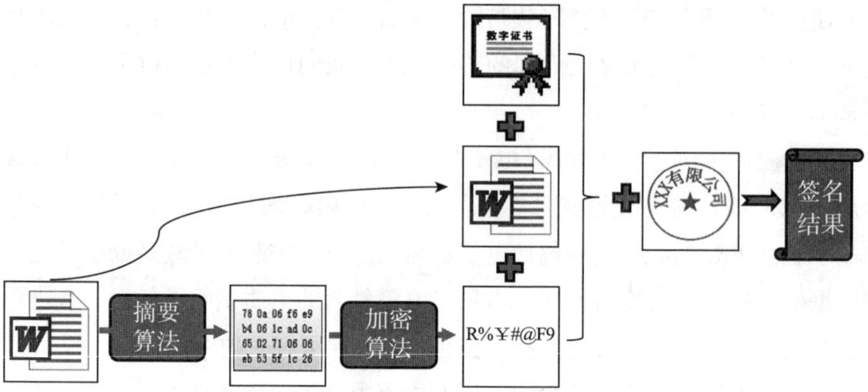

图释:(1)电子文档: ;(2)数字证书: ;(3)摘要值: ;(4)密文:"R%¥#@F9"

图 6　企业将其审阅认可的电子文档加盖电子签名形成签名结果的基本过程

上图是企业 A 将其审阅认可的电子文档加盖电子签名形成签名结果的基本过程，具体步骤如下：

（1）在使用数字签名前，企业 A 需向电子认证服务机构申请数字证书，电子认证服务机构核实确认企业 A 的身份后向其颁发数字证书，数字证书包含企业 A 的身份信息及数字签名密钥对中的公钥，该数字证书即代表企业 A，通过该数字证书做出的一切动作均代表企业 A 做出的动作。

（2）企业 A 将经过其审阅认可的电子文档进行一次信息摘要算法，得到电子文档的摘要值。

（3）企业 A 使用自己的私钥（一般存放在 U 盾中），对该摘要值进行加密，得到信息摘要的密文，该密文仅可使用数字证书中企业 A 的公钥进行解密。

（4）摘要密文与数字证书一起打包附在电子文档中并在电子文档中添加实体印章形状图片，便形成了最终的签名结果，签名结果一般为 pdf 格式电子文档（目前 word 文件亦可实现电子签名）。

目前电子签名在企业登记等电子政务以及招投标、电子发票、电子病例、电子合同等民事交易中已有普遍应用，其基本原理均与上图类似。例如，国家税务总局于 2015 年 11 月 26 日发布了《国家税务总局关于推行通过增值税电子发票系统开具的增值税电子普通发票有关问题的公告》，并规定了如图 7 电子发票票样：

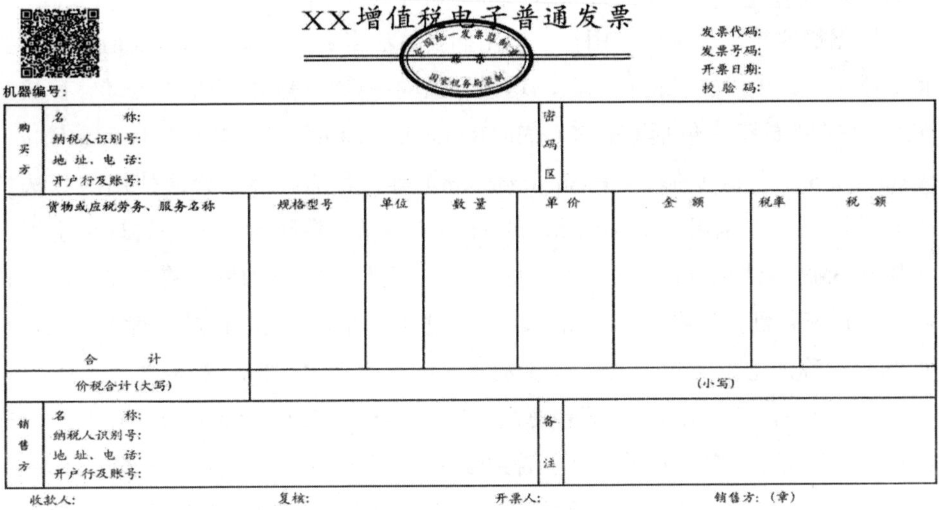
XX增值税电子普通发票

发票代码:
发票号码:
开票日期:
校验码:
机器编号:

购买方	名称: 纳税人识别号: 地址、电话: 开户行及账号:			密码区			
货物或应税劳务、服务名称	规格型号	单位	数量	单价	金额	税率	税额
合计							
价税合计(大写)					(小写)		
销售方	名称: 纳税人识别号: 地址、电话: 开户行及账号:			备注			

收款人: 复核: 开票人: 销售方:(章)

图 7　电子发票票样

电子签名用到的关键技术是:(1)数据摘要技术;(2)非对称密钥技术。

数据摘要技术又称安全 HASH 编码法(SHA:Secure Hash Algorithm, SHA),“数据摘要技术用于对所要传输的数据进行运算生成信息摘要,它并不是一种加密机制,但却能产生信息的数字‘指纹’”①。数据摘要技术具有以下特征:(1)可以将任意信息量的数据运算生成固定大小的数据摘要;(2)将相同的信息采用相同的算法进行数据摘要运算后得到的数据摘要一定是相同的;(3)信息被修改前后采用相同的算法进行数据摘要运算后得到的数据摘要一定是不同的;(4)算法运算是不可逆的,通过数据摘要运算结果无法运算得到进行数据摘要运算前的数据信息。

非对称密钥技术是数据加密技术的一种,与对称加密技术相对应。非对称密钥技术又称公开密钥加密技术,“在加密和解密时使用不同的密钥,加密时使用的密钥和解密时使用的密钥形成一个密钥对,使用其中一个密钥加密的密文只能用另一个密钥解密,而不能使用其他密钥解密。密钥对中可以对外公布的密钥为

① 《数字摘要技术与数字签名》,载 https://wenku.baidu.com/view/1cad8707bed5b9f3f90f1cbb.html?from=search.2018,最后访问日期:2020 年 9 月 19 日。

‘公钥’，密钥持有人自己保管的密钥为‘私钥’”[①]。

数据摘要技术的主要作用在于运用摘要算法得到电子文档的摘要值且该摘要值是唯一的，电子文档的任何改动均会导致同一算法得到摘要值的变动，比较常见的数据摘要算法包括 CRC（Cyclic Redundancy Check）、MD5（Message-Digest Algorithm 5）、SHA（Secure Hash Algorithm）等，目前国际上普遍使用的算法类型是美国国家安全局（NSA）设计的 SHA-1 算法，我国国家密码管理局也提出了国产 SM3 算法标准。非对称密钥技术的主要作用在于加密者将摘要值用其私钥进行加密得到摘要密文，该密文仅可通过加密者提供的公钥进行解密，比较常见的非对称加密算法包括 RSA（以发明者的名字命名：Ron Rivest、Adi Shamir、Leonard Adleman）、Elgamal、背包算法（Merkle-Hellman）、Rabin、D-H、ECC（椭圆曲线加密算法）等，目前国际上普遍使用的算法类型是美国国家安全局（NSA）设计的 RSA 算法，我国国家密码管理局也提出了国产 SM2 算法标准。

技术的可靠性不是永恒的，随着计算机技术的发展，确保可靠电子签名的技术也要不断升级。

②数字签名技术效果：满足四要素并实现取信效果

接收企业签名结果文件的交易主体可以通过专业软件或电子认证服务机构网站对企业签名结果文件进行验证，以判断其是否真实，数字签名技术可以保障电子签名为可靠电子签名并达到取信效果。

A 形式效果：满足可靠电子签名四要素

a 企业向电子认证服务机构申请电子签名数字证书时，电子认证服务机构应要求企业提供必要的身份认证信息以核实企业的真实身份，电子认证服务机构核实身份后会向企业颁发包含企业信息的数字证书，该数字证书为企业专有，可以识别企业身份，符合我国《电子签名法》规定的“电子签名制作数据用于电子签名时，属于电子签名人专有”的要素；

b 电子认证服务机构一般将数字证书等电子签名制作数据存储在不可进行数据复制的 U 盾中颁发给企业，并对 U 盾设置使用密码，U 盾里的电子签名制作数据为企业控制，U 盾使用密码由企业控制，符合我国《电子签名法》规定的“签

① 《非对称密钥加密技术》，载 https://wenku.baidu.com/view/7d638732eefdc8d376ee324b.html?from=search.2018，最后访问日期：2020 年 9 月 19 日。

署时电子签名制作数据仅由电子签名人控制”的要素；

c 企业使用 U 盾对其认可的电子文档加盖电子签名时使用了非对称密钥技术，如已被加密的数据摘要密文被第三人解密修改后重新加密，则数字证书中的公钥无法对此解密，如数字证书被更换，则企业身份信息变化可被识别，符合我国《电子签名法》规定的“签署后对电子签名的任何改动能够被发现”的要素；

d 企业使用 U 盾对其认可的电子文档加盖电子签名时使用了数据摘要技术，如电子文档数据信息被修改任何内容，则对该电子文档进行计算得到的数据摘要与电子签名数据中企业加密的数据摘要不一致，由此可以判断电子文档数据信息被修改，符合我国《电子签名法》规定的“签署后对数据电文内容和形式的任何改动能够被发现”的要素。

综上，数字签名技术可以保障电子签名在形式上符合我国《电子签名法》规定的可靠电子签名四要素。

B 实质效果：实现取信效果

数字签名技术在实质上可以实现①识别签名人身份和②表明签名人认可相关内容的取信效果。

a 非对称密钥技术实现了以可以解密的公钥确定主体身份，以达到识别签名人身份取信效果。签名人通过电子认证服务机构获得数字签名证书时需要经历身份认证的过程，公钥数据里包含经认证的签名人身份信息，通过含有某签名人身份信息的公钥解密其对应的私钥加密数据，则证明该数据信息的签名人信息已被识别。

b 数据摘要技术以摘要值的未变动确定主体认可电子文档内容，以达到表明签名人认可相关内容的取信效果。鉴于相同数据信息的数据摘要值具有唯一性，通过计算签名人传输文档的摘要值与签名人传输的摘要值进行对比可以发现电子文档自签名人签名后是否被修改，若摘要值一致则表明该电子文档为签名人认可的电子文档。

十五、知识产权相关法律法规及具体分析

在互联网助贷业务中，计算机软件的作用无可替代，商标对于获客亦具有重要价值，计算机软件的著作权、商标权等知识产权应受到重视，我国法律法规对此有明确规定。具体法律法规主要包括：《著作权法》《商标法》《计算机软件保

护条例》。

《著作权法》规定，中国公民、法人或者其他组织的作品，不论是否发表，依照规定享有著作权。《计算机软件保护条例》规定，中国公民、法人或者其他组织对其所开发的软件，不论是否发表，依照规定享有著作权。根据我国法律法规规定，计算机软件著作权人享有软件著作权，未经著作权人许可，不得侵犯软件著作权。软件著作权人享有下列各项权利：（1）发表权，即决定软件是否公之于众的权利；（2）署名权，即表明开发者身份，在软件上署名的权利；（3）修改权，即对软件进行增补、删节，或者改变指令、语句顺序的权利；（4）复制权，即将软件制作一份或者多份的权利；（5）发行权，即以出售或者赠与方式向公众提供软件的原件或者复制件的权利；（6）出租权，即有偿许可他人临时使用软件的权利，但是软件不是出租的主要标的的除外；（7）信息网络传播权，即以有线或者无线方式向公众提供软件，使公众可以在其个人选定的时间和地点获得软件的权利；（8）翻译权，即将原软件从一种自然语言文字转换成另一种自然语言文字的权利；（9）应当由软件著作权人享有的其他权利。软件著作权人可以许可他人行使其软件著作权，并有权获得报酬。软件著作权人可以全部或者部分转让其软件著作权，并有权获得报酬。

《商标法》规定，经商标局核准注册的商标为注册商标，包括商品商标、服务商标和集体商标、证明商标；商标注册人享有商标专用权，受法律保护。商标注册人可以通过签订商标使用许可合同，许可他人使用其注册商标。许可人应当监督被许可人使用其注册商标的商品质量。被许可人应当保证使用该注册商标的商品质量。经许可使用他人注册商标的，必须在使用该注册商标的商品上标明被许可人的名称和商品产地。许可他人使用其注册商标的，许可人应当将其商标使用许可报商标局备案，由商标局公告。商标使用许可未经备案不得对抗善意第三人。有下列行为之一的，均属侵犯注册商标专用权：（1）未经商标注册人的许可，在同一种商品上使用与其注册商标相同的商标的；（2）未经商标注册人的许可，在同一种商品上使用与其注册商标近似的商标，或者在类似商品上使用与其注册商标相同或者近似的商标，容易导致混淆的；（3）销售侵犯注册商标专用权的商品的；（4）伪造、擅自制造他人注册商标标识或者销售伪造、擅自制造的注册商标标识的；（5）未经商标注册人同意，更换其注册商标并将该更换商标的商品又投入市场的；（6）故意为侵犯他人商标专用权行为提供便利条件，帮助他人实施侵犯商标专用权行为的；（7）给他人的注册商标专用权造成其他损害的。

金融机构或助贷机构等机构若使用他人转件著作权或商标专用权的，应注意获得相应的许可。此外，软件著作权的初始期限为50年，商标专用权的初始期限为10年，在开展业务中应注意关注相应的期限是否影响业务开展。

十六、金融支持举措相关法律法规及具体分析

在新冠肺炎疫情等特殊情况下，贷款业务项下往往会采取一些金融支持举措，金融支持举措涉及的法律关系在我国法律法规中也有规定。具体法律法规主要包括：《民法典》、《最高人民法院关于适用〈中华人民共和国合同法〉若干问题的解释（二）》（法释〔2009〕5号）、《关于进一步强化金融支持防控新型冠状病毒感染肺炎疫情的通知》（银发〔2020〕29号）、《最高人民法院印发〈关于依法妥善审理涉新冠肺炎疫情民事案件若干问题的指导意见（一）〉的通知》（法发〔2020〕12号）、《上海市高级人民法院关于充分发挥审判职能作用为依法防控疫情提供司法服务和保障的指导意见》、《吉林省高级人民法院关于审理涉新冠肺炎疫情民商事案件的工作指引》、《征信业管理条例》（国务院令第631号）、《个人信用信息基础数据库管理暂行办法》（中国人民银行令〔2005〕第3号）。

互联网助贷业务项下金融机构根据部门规章制度作出的金融支持举措需要根据法律法规的具体规定判断其法律性质。

（一）互联网助贷业务项下金融机构、助贷机构对受疫情等影响的借款人采取的金融支持举措，应当区分是否适用不可抗力、情势变更相关规定以判断其法律性质

1. 疫情可能构成不可抗力

《民法典》规定，所谓不可抗力，是指不能预见、不能避免且不能克服的客观情况。不可抗力包括自然灾害、社会异常事件及政府突发行为等。自然灾害包括地震、海啸、台风、海浪、洪水、蝗灾、风暴、冰雹、沙尘暴、火山爆发、山体滑坡、雪崩、泥石流等；社会异常事件包括战争、武装冲突、罢工、劳动力缺乏、骚乱、暴动等；政府突发行为包括政府、司法机构发布的命令，例如反倾销措施等。当然，发生上述事件并不一定必然构成不可抗力，“不能预见、不能避免”且构成因果关系是其必要条件，例如，在上述事件发生后实施的交易则不满足“不

能预见”的必要条件，不能适用“不可抗力”，不是由于该等事件导致的后果亦不能适用“不可抗力”。

新冠肺炎疫情系突发公共卫生事件，在一定条件下不能预见、不能避免且不能克服，可能构成《民法典》规定的“不可抗力”。最高人民法院及各地司法机关已出台通知文件对此予以指导，例如，《最高人民法院印发〈关于依法妥善审理涉新冠肺炎疫情民事案件若干问题的指导意见（一）〉的通知》（法发〔2020〕12 号）规定，对于受疫情或者疫情防控措施直接影响而产生的民事纠纷，符合不可抗力法定要件的，适用法律规定妥善处理。当事人主张适用不可抗力部分或者全部免责的，应当就不可抗力直接导致民事义务部分或者全部不能履行的事实承担举证责任。《上海市高级人民法院关于充分发挥审判职能作用为依法防控疫情提供司法服务和保障的指导意见》规定，“对因疫情影响，当事人不能履约或履约对当事人权益造成重大影响的，应依照公平、诚实信用等原则，综合考量当事人之间的约定、疫情的发展阶段、疫情与履约不能或履约困难之间的因果关系以及疫情影响的程度等因素，根据不可抗力或情势变更等相关规定，并结合案件具体情况，妥善处理。”吉林省高级人民法院发布《关于审理涉新冠肺炎疫情民商事案件的工作指引》，对于疫情下不可抗力和情势变更原则的适用做出了明确规定，“对因疫情影响，当事人不能履行合同或继续履行合同对当事人权益造成重大影响的，应依照公平、诚实信用等原则，综合考量当事人之间的约定、疫情发展阶段和影响程度以及因果关系等因素，根据不可抗力或情势变更等相关规定，并结合案件具体情况，妥善处理”。

传染性疾病爆发作为不可抗力在我国司法实践中也有大量的案例可供参考。早在 2003 年非典型肺炎（SARS）爆发时即已经产生了大量将非典型肺炎（SARS）疫情认定为构成不可抗力的案例。截至目前，也已经有司法判例将新冠肺炎疫情认定为不可抗力，例如，在《拉风传媒股份有限公司、河南广播电视台合同纠纷案》（审理法院：河南省郑州市中级人民法院；案号：〔2020〕豫 01 执 274 号；裁判日期：2020 年 4 月 10 日）中，拉风传媒股份有限公司与河南广播电视台因迟延付款产生纠纷，河南省郑州市中级人民法院认为付款义务人河南广播电视台由于新冠肺炎疫情的不可抗力因素影响导致付款延期不构成根本违约。

案例9：拉风传媒股份有限公司、河南广播电视台合同纠纷案

法院查明事实：

拉风传媒股份有限公司与河南广播电视台合同纠纷一案中，我院〔2019〕豫01知民初698号民事调解书已发生法律效力，依据该生效法律文书，被执行人应当于2019年11月30日之前向申请人支付100万元；2020年2月29日之前向申请人支付535万元；2020年5月31日之前向申请人支付534万元；2020年8月31日之前向申请人支付534万元。如被执行人未按期支付任何一期前述款项，申请人有权就上述款项和其它相关费用申请强制执行。经查，调解书生效后，被执行人分别于2019年11月25日、2019年12月16日、2020年3月13日向申请人支付100万、200万、335万，申请人对此予以认可并接收了上述款项。

又查明，调解书约定的第二笔款项履行期间正赶上新冠××疫情肆虐期间，全国人民的工作生活秩序都产生了不可抗拒的影响。河南广播电视台作为国有事业单位在此期间还承担一定的抗击疫情任务，尚未恢复正常的工作秩序，导致付款延期。但在恢复正常的工作秩序后及时支付了第二笔剩余款项。

法院认定意见：

被申请人由于不可抗力的影响导致付款延期不构成根本违约，申请人申请执行的条件并不具备。申请人在接收了该笔款项后向法院申请强制执行，有违诚实信用原则。

在互联网助贷业务项下，若新冠肺炎疫情构成不可抗力，则借款人有权就其逾期还款等违约行为主张法律规定的免除责任等权利。

2. 疫情可能构成情势变更

根据法律规定，所谓情势变更，是指合同成立以后客观情况发生了当事人在订立合同时无法预见的、非不可抗力造成的不属于商业风险的重大变化，继续履行合同对于一方当事人明显不公平或者不能实现合同目的，当事人请求人民法院变更或者解除合同的，人民法院应当根据公平原则，并结合案件的实际情况确定是否变更或者解除。情势变更应该算是对不可抗力制度的补充，对于不构成不可抗力而又可能导致显失公平的客观变化情况导致的法律后果进行明确规定。适用情势变更的具体情况包括政府政策变更等，例如，在《常州新东化工发展有限公

司、江苏正通宏泰股份有限公司与常州新东化工发展有限公司、江苏正通宏泰股份有限公司建设工程施工合同纠纷、技术委托开发合同纠纷案》（审理法院：最高人民法院；案号：〔2015〕民提字第39号；裁判日期：2015年10月21日）中，最高人民法院认为，虽然合同法及有关司法解释并未明确规定政府政策调整属于情势变更情形，但是如果确实因政府政策的调整，导致不能继续履行合同或者不能实现合同目的，当然属于合同当事人意志之外的客观情况发生重大变化的情形，因此，应该认定本案政府政策调整的情形属于情势变更情形。

案例10：常州新东化工发展有限公司、江苏正通宏泰股份有限公司与常州新东化工发展有限公司、江苏正通宏泰股份有限公司建设工程施工合同纠纷、技术委托开发合同纠纷案

法院查明事实：

新东公司一审提交的证据2为2012年1月6日常州市人民政府办公室文件[常政办发〔2012〕4号]《关于转发市环保局<常州市2012年度主要大气污染物减排工作方案>的通知》，通知称：为确保完成2012年度大气污染物减排目标，根据《常州市十二五主要污染物总量控制规划》、市政府《关于进一步加强减排工作的意见》[常政发〔2011〕137号]，市环保局编制了《常州市2012年度主要大气污染物减排工作方案》，已经市政府同意，现予转发，请常州市各有关部门及常州市所辖各市、区人民政府认真贯彻执行。该文件所转发的《常州市2012年度主要大气污染物减排工作方案》提出：要改善能源结构，严格控制社会用煤量，要加快推进“禁燃区”建设工作，进一步扩大“禁燃区”范围，淘汰“禁燃区”内的燃煤锅炉，实施煤改气、煤改电等清洁能源替代；根据省政府《关于进一步加强污染物减排工作的意见》的要求，加快热电行业整合，明确要求新东公司自备电厂在2012年6月底前拆除燃煤锅炉。

法院认定意见：

本案涉案合同在履行过程中，常州市政府根据省政府《关于进一步加强污染物减排工作的意见》的要求，调整了节能减排的政策，明确要求新东公司自备电厂在2012年6月底前拆除燃煤锅炉，客观情况发生了重大变化，导致新东公司原定的对燃煤锅炉进行脱硫工程改造项目继续进行已经没有意义，无法实现合同目的，该变化是当事人无法预见的，这种合同风险显然也不属于普通的商业风险。

虽然合同法及有关司法解释并未明确规定政府政策调整属于情势变更情形，但是如果确实因政府政策的调整，导致不能继续履行合同或者不能实现合同目的，当然属于合同当事人意志之外的客观情况发生重大变化的情形。因此，应该认定本案的情形属于合同法司法解释（二）第二十六条规定的情势变更情形。新东公司主张本案的情形属于情势变更，其解除合同不属于违约行为，有充分的事实和法律依据，本院予以支持。正通公司关于新东公司签订涉案合同有严重过失、本案情形不属于情势变更的主张，没有事实和法律依据，本院不予支持。

基于疫情的不可预见性，可能触发法律规定的“情势变更”。若构成“情势变更”，则相关主体有权主张法律规定的变更合同等权利，例如借款人有权主张变更关于贷款利率及期限的约定。

3. 互联网助贷业务项下疫情是否可能构成不可抗力、情势变更需要具体情况具体分析

疫情对于不同交易主体是否构成不可抗力或情势变更不能一概而论，相关义务履行主体能否以疫情为由主张免除责任或变更合同等法定权利，需要具体问题具体分析，综合考虑合同签署情况（包括但不限于签署时间等）、疫情对其履行义务是否构成直接影响及因果关系等事项进行判断。

在司法实践中存在较多不认可疫情构成“不可抗力”“情势变更”的案例，例如，在《徐洁、朱伟借款合同纠纷执行案》（审理法院：浙江省海宁市人民法院；案号：〔2020〕浙 0481 执异 17 号；裁判日期：2020 年 4 月 14 日）中，浙江省海宁市人民法院认为，新冠肺炎疫情的突发公共卫生事件是事实，该事件确实导致有的合同无法履行，但并不导致所有应履行的义务都无法履行。

案例 11：徐洁、朱伟借款合同纠纷执行案

法院查明事实：

申请执行人朱伟与被执行人汤捷、徐洁民间借贷纠纷一案，本院于 2019 年 11 月 22 日作出〔2019〕浙 0481 民初 6433 号民事调解书，该调解书的主要内容为：汤捷、徐洁应归还朱伟借款本金 50000 元，此款于 2019 年 11 月 30 日前支付 10000 元，于 2020 年 1 月底前付清余款 40000 元。若未按上述约定期限履行任何一笔付款义务，汤捷、徐洁除需继续履行上述付款义务外，还需支付朱伟违

约金10000元。调解书生效后，被执行人徐洁于2019年11月27日通过委托诉讼代理人俞国雄支付申请执行人朱伟（通过微信支付给朱伟的诉讼委托代理人张振），2020年2月4日、2月5日、2月18日、2月19日，以同样的方式，每次各支付10000元，至2020年2月19日，调解书约定的本金全部付清。2020年3月25日，申请执行人向本院申请执行，要求两被执行人支付违约金10000元。

法院认定意见：

2020年1月下旬开始，突发公共卫生事件（新冠××疫情）是事实，该事件确实导致有的合同无法履行，但并不导致所有应履行的义务都无法履行。本案中履行生效法律文书的义务是归还借款，即使银行停止营业，无法从银行领取现金，但线上支付始终没有停止，事实上，异议人履行50000元的义务也是通过线上支付。突发公共卫生事件并不必然导致无法履行调解书规定的义务，故异议人这一理由也不成立。

再例如，在《肖三礼、雷晚玉等与呙勇志租赁合同纠纷案》（审理法院：湖南省洞口县人民法院；案号：〔2020〕湘0525民初127号；裁判日期：2020年3月27日）中，湖南省洞口县人民法院认为，只有在合同履行期限之内才能构成不可抗力或情势变更。

案例12：肖三礼、雷晚玉等与呙勇志租赁合同纠纷案

法院查明事实：

2009年，肖三礼、雷晚玉在中围墙对面、协和医院（现祥和医院）对面交叉路口处修建房屋一座。2009年7月8日，肖三礼（甲方）、呙勇志（乙方）签订《租赁合同书》一份，约定肖三礼将该整栋房屋（现为呙勇志经营的168酒店）租赁给呙勇志用于商业经营，总建筑面积2100㎡。双方约定，乙方合同期满后，乙方若不再租赁，在整楼内的装修及设备，能搬走的可以搬走，不能搬动的，不可以任何理由人为破坏，否则甲方有权向乙方索赔。双方约定由肖三礼完成水电落户、外墙干挂大理石等简单装修标准后交付呙勇志进场搞装修。关于租赁期限的约定，该租赁合同第三条载明：“1. 乙方自租赁合同生效之日起，计租赁期壹拾周年整（即自二〇一〇年元月一日起至二〇二〇年十二月三十一日止）。2. 乙方在租赁期间内，原则上不能任意转让或挪作他用，特殊情况下必须征得甲方

同意方可转租。3. 合同期满后，随行就市优先租赁给乙方。”该租赁合同第四条约定年租赁费及付款办法载明为“1. 本栋楼年租金为：贰拾肆万零捌佰捌拾元整（¥240880.00 元）。2. 伍年后（即自乙方租赁期第六年起）其租金按每年 6% 递增，依此累计。（例：第 6 年租金为 240880.00 × 1.06 ＝ 255332.00 元；第 7 年租金为 255332.00 × 1.06 ＝ 270652.00 元；第 8 年租金为 270652.00 × 1.06 ＝ 286891.00 元；第 9 年租金为 286891.00 × 1.06 ＝ 304104.00 元；第 10 年租金为 304104.00 × 1.06 ＝ 322350.00 元）3. ……”。双方还约定，肖三礼将本栋楼主体完工及办好消防验收手续合格后，于 2009 年 9 月 15 日前交付呙勇志使用，进入室内装修。如肖三礼因报建消防手续未办好，造成呙勇志损失，由肖三礼负责处理赔偿。且定于 2010 年元月 1 日起正式计租赁时间。

合同签订后，肖三礼依约将房屋出租给呙勇志，呙勇志接受房屋后，对租赁房屋进行了装修，开业经营 168 酒店至今，并依约按时向肖三礼交了 2010 年度至 2019 年度的租金。肖三礼认为租赁期限为十年，应于 2019 年 12 月 31 日期满，遂于 2019 年 10 月 9 日向呙勇志邮寄送达了《〈租赁合同书〉期满不再续租》律师函，并于 2019 年 11 月 1 日在租赁房屋 168 酒店张贴了《腾房通知》，2019 年 12 月 29 日又向呙勇志邮寄送达了《腾房、停水、停电通知》律师函，并张贴了《腾房、停水、停电通知》。2019 年 12 月 30 日，呙勇志回复肖三礼称租赁房屋尚有一年未到期，拒不腾空租赁房屋。期间，双方经多次协商，均未能达成一致意见。肖三礼、雷晚玉遂具状起诉，请求判准其诉讼请求。

法院认定意见：

肖三礼请求判令呙勇志赔偿因逾期返还租赁房屋的经济损失［损失参照同地段房屋租赁价格按每月 28 元／平方米计算（2100 ㎡）至被告返还租赁房屋时止］，呙勇志抗辩受新冠疫情影响，经营状况受到巨大影响，目前疫情还未结束，应按情势变更或不可抗力处理双方之间的租赁合同法律关系。本院认为，只有在合同履行期限之内才能构成不可抗力或情势变更。现双方间的租赁合同已履行完毕，自动终止，因此，新冠 ×× 疫情对双方之间租赁合同法律关系既不构成不可抗力，也不构成情势变更。

在互联网助贷业务项下，对受疫情影响的借款人采取的减免利息等措施，部分情形可以认定为适用不可抗力、情势变更相关法律规定的当然法律后果，部分情形则不能归为适用不可抗力、情势变更相关法律规定的当然法律后果，不同情形的措施具有不同的法律性质。

在实践中，助贷业务基本均为线上业务，借款人一般通过互联网进行线上借款和还款，基于该特性，助贷业务中借款人还款义务的履行适用不可抗力的条件一般是比较严格的。对于助贷业务项下借款人未按约定进行还款的违约行为而言，认定疫情属于“不可抗力”“情势变更”免责事由的必要条件之一是疫情与借款人违约行为之间的因果关系。对于存在因果关系的情形，可以按照法律规定免责，例如，对重症确诊患者而言，因其病情严重而导致无法操作还款进而导致其违约，可以认定疫情与其违约行为之间存在因果关系，免除其受疫情影响期间的违约责任；对被隔离人员而言，若借款需要进行线下还款的，则因其行动受到限制而无法外出还款进而导致其违约，可以认定疫情与其违约行为之间存在因果关系，免除其受疫情影响期间的违约责任。对于不存在因果关系的情形，则不可以按照法律规定免责，例如，对于非患者、非被隔离人员而言，疫情一般不会对其按时还款造成障碍，若其未按约定进行还款，则很难认定疫情与其违约行为之间存在因果关系，不能根据“不可抗力”“情势变更”相关规定当然免除其违约责任；对确诊患者而言，在其未确诊且未被隔离时应还款而未按约定时间还款的违约行为，亦不能冒然认定疫情与其违约行为之间存在因果关系，不能根据法律规定当然免除其违约责任。对于疫情与违约行为之间是否存在因果关系的判断，需要考虑多种因素，单纯的以确诊等人群范围进行划分而不考虑违约时点也是不准确的。此外，对于疫情发生后产生的借款行为而言，因其不满足“不可预见”的条件，不能认定为“不可抗力”及“情势变更”。例如，在疫情发生后，借款人发生了借款行为，此时疫情已经发生并且借款人可以预见自己有可能会被感染，若此后借款人被确认为重症患者，因此导致借款人的违约行为不能适用“不可抗力”及“情势变更”免责。

因此，助贷业务项下对借款人采取的减免利息等措施，部分情形可以认定为因不可抗力、情势变更的影响而当然采取的法律规定的措施，部分情形则不然。对于因不可抗力、情势变更的影响而当然采取的法律规定的措施，可以认定为金融机构、助贷机构根据法律法规规定采取的措施；对于不能归为因不可抗力、情势变更的影响而当然采取的法律规定的措施，其法律性质应为金融机构、助贷机构与借款人另行协商一致对合同进行变更或金融机构、助贷机构单方放弃部分或全部债权。

（二）金融机构与助贷机构之间构成代理关系，金融机构可能需要对助贷机构单方做出的金融支持举措承担责任

在助贷业务项下，金融机构一般不与借款人直接进行对接，对于借款人的咨询、回复以及合同签署、信息披露等事宜一般是由助贷机构根据金融机构的委托进行处理，甚至有些借款人天然地认为助贷机构便是贷款人，此时，金融机构与助贷机构之间构成代理关系。

对于实施金融支持举措而言，金融机构亦通过委托助贷机构代为处理，一般而言，对于贷款利息、还款期限等金融机构享有的权利相关举措而言，应取得金融机构同意后方可由助贷机构代为向借款人表示同意，但若助贷机构在未取得金融机构同意的情况下擅自采取同意借款人减少利息等措施的，则该行为在金融机构和借款人之间仍然可能是有效的，因为金融机构与助贷机构之间构成表见代理的关系，但是金融机构可向助贷机构主张赔偿责任。

《民法典》规定，行为人没有代理权、超越代理权或者代理权终止后，仍然实施代理行为，相对人有理由相信行为人有代理权的，代理行为有效。在助贷业务项下，即便助贷机构没有代理权、超越代理权而同意借款人延期还款或减免利息，或因此与借款人签署借款协议补充约定相关金融支持举措事项，借款人基于此前业务的代理关系仍有理由相信助贷机构有代理权，因此，金融机构与助贷机构之间构成表见代理关系，金融机构需按照助贷机构与借款人协商一致的内容履行约定事项。但是，对于助贷机构的无权代理行为而导致的金融机构贷款利息等损失，金融机构有权根据法律规定向助贷机构进行追偿。

当然，在不涉及金融机构对借款人享有权利的情形下，助贷机构有权自主做出决策，例如，助贷机构同时是融资担保公司或保险公司时，助贷机构有权单方决定减少借款人承担的担保费或保险费，而不因此导致金融机构贷款债权受到影响，无需征得金融机构的同意。

此外，基于特殊的项目结构安排，也可能存在助贷机构与金融机构协商由助贷机构单方决定对借款人实施的金融支持举措，减免借款人利息或向借款方发放优惠券等，然后助贷机构就因此减少的金融机构债权对金融机构实时补偿。我们认为，在这种结构项下，助贷机构与金融机构之间的法律关系为债务承担，即金

融机构对于借款人享有贷款债权，助贷机构自愿代为偿还借款人对于金融机构负有的部分债务。

（三）金融机构对监管认可的借款人缓报、删除违约征信信息属于符合监管规定做出的举措，对监管认可范围外的相关借款人缓报、删除违约征信信息则违反监管规定

根据《征信业管理条例》（国务院令第 631 号）："从事信贷业务的机构应当按照规定向金融信用信息基础数据库提供信贷信息。"《个人信用信息基础数据库管理暂行办法》（中国人民银行令〔2005〕第 3 号）："商业银行应当遵守中国人民银行发布的个人信用数据库标准及其有关要求，准确、完整、及时地向个人信用数据库报送个人信用信息"，"商业银行，是指在中华人民共和国境内设立的商业银行、城市信用合作社、农村信用合作社以及经国务院银行业监督管理机构批准的专门从事信贷业务的其他金融机构"。金融机构负有按照规定准确、完整、及时地报送个人及企业信用信息的义务。

疫情发生后，根据《关于进一步强化金融支持防控新型冠状病毒感染肺炎疫情的通知》（银发〔2020〕29 号）等银保监会等监管部门规定，在疫情下要求金融机构合理调整逾期信用记录报送，相关借款人范围限于以下范围：①因感染新型肺炎住院治疗或隔离人员；②疫情防控需要隔离观察人员；③参加疫情防控工作人员；④受疫情影响暂时失去收入来源的个人和企业。该等规定属于监管部门在疫情情况下的特殊规定。

在疫情下，金融机构对于监管认可范围内的借款人缓报、删除违约征信信息符合监管规定，例如，金融机构对新冠肺炎确诊借款人删除逾期征信的措施是符合监管规定的。金融机构对于监管认可范围外的借款人缓报、删除违约征信信息则可能不符合监管规定，例如，对于未受疫情影响被确诊或被隔离的借款人，若金融机构对其违约行为缓报违约征信信息则可能不符合监管规定，违反了监管规定的其上报征信的义务，可能需要承担法规规定的责任。但是，鉴于监管部门要求金融机构"合理调整逾期信用记录报送"，可以在一定程度上认定金融机构有一定的裁量权，并且疫情为特殊情形，尽管金融机构对监管认可范围外的借款人采取相应征信措施，在具备合理解释的情况下金融机构因此受到监管部门处罚的风险不大。

而对于类似芝麻信用积分暂缓调整的情形，并不属于法律规定的征信范畴，芝麻信用并不是法定的征信机构，而仅是民营企业对于借款人的评分，只不过其评分在目前的助贷业务中对借款人的信用评价的影响分量很大，甚至会超过金融信用信息基础数据库对于借款人的影响，其分数调整不受监管的严格约束，可由企业在不违反法律法规的前提下自行确定。

第三章 金融机构参与互联网助贷的主要模式

互联网助贷是由金融机构与各方参与主体之间相互合作的金融产品。一项金融产品的业务主线便是现金流，互联网助贷业务亦是如此。互联网助贷业务的现金流主线为金融机构获得资金并以其获得的资金向借款人发放贷款，最后由借款人按约定偿还贷款本息及其他款项等回收款，金融机构获得该等回收款后将回收款部分留作自己的报酬，部分用于支付其获得资金成本的对价，部分用于向其他各方参与主体支付服务报酬。

互联网助贷参与主体包括金融机构、助贷机构、获客推广机构、担保机构、技术服务机构、数据服务机构、支付服务机构、借款人、借款人交易对手等。其中，金融机构与借款人、借款人交易对手之间的关系为互联网助贷业务的主线，其他参与主体均是为了配合金融机构与借款人、借款人交易对手之间完成相关交易，并因此获得相应的报酬作为对价。

不同类型的金融机构参与互联网助贷的具体模式会根据其牌照类别及业务范围的不同而有比较细微的差别，例如商业银行的资金来源多为自有资金及吸收存款资金，而信托公司的资金来源则为其通过设立信托产品募集的资金。不同类型的助贷机构参与互联网助贷的具体模式亦会根据其机构类型和业务范围的不同而有所差别，例如持有贷款资质的金融机构可参与联合贷款、保险公司作为助贷机构时可以向借款人另行收取保险费等。互联网助贷还可以根据借款用途、担保方式等场景的不同进一步分类，例如蚂蚁花呗属于小额的日常消费用途类型产品、以房屋所有权作抵押的产品为大额房抵贷产品、以购车为用途的产品为车分期产品、以小微企业经营为用途的产品为小微企业融资产品。此外，金融机构参与互联网助贷业务后持有的贷款债权还可以进一步为降低融资成本提高利润而发行资产证券化产品。

总之，金融机构参与互联网助贷的模式基于不同的商业逻辑需求可以设计成多种多样的交易模式。

第一节 互联网助贷参与主体

互联网助贷业务中参与主体多样，主要包括金融机构、助贷机构、获客推广机构、担保机构、技术服务机构、数据服务机构、支付服务机构、借款人、借款人交易对手，各参与主体又进一步细分为不同类型的机构，例如金融机构包括银行、信托公司、消费金融公司、小额贷款公司、保理公司；借款人又进一步细分为自然人和小微企业。

一、金融机构

互联网助贷业务中金融机构主要承担发放贷款的贷款人角色，根据我国法律规定，发放贷款业务属于行政许可事项，未经银行业监督管理机构批准，任何机构不得从事发放贷款业务。当然，商业保理公司的参与方式比较特殊，并不属于贷款。

（一）金融机构的类型

在互联网助贷业务中，具备发放贷款资质的金融机构参与方包括商业银行、信托公司、消费金融公司、小额贷款公司。商业保理公司则以应收账款保理的方式参与互联网助贷业务。

1. 商业银行

商业银行是指根据法律规定经批准设立的主要从事吸收公众存款、发放贷款、办理结算等业务的金融机构。经国务院银行业监督管理机构批准后，商业银行可以经营的业务范围主要包括吸收公众存款、发放短期、中期和长期贷款、办理国内外结算、发行金融债券、从事银行卡业务等。

商业银行是服务对象和业务范围最为广泛的金融机构，几乎可以经营一切金融零售业务、金融批发业务，可以提供全方位金融服务，也因此被称为金融百货公司。基于商业银行的上述特性，商业银行与社会经济生活密切联系，并在社会经济中发挥信用中介作用、支付中介作用及调节经济发展的作用。信用中介作用是指商业银行通过吸收公众存款等业务聚集社会闲散资金，然后通过发放贷款等业务将社会闲散资金充分利用进行再生产，这对优化社会资源配置、提高闲散资金使用效率起到了重要作用。支付中介作用是指商业银行在社会经济发展过程中交易各方资金往来过程中提供代理收付、资金保管等服务。调节经济发展作用是指国家可以通过商业银行利率政策、存贷政策等相关政策的变化有倾向的引导商业银行对重点领域发展提供金融支持，例如国家近年来一直鼓励商业银行支持中小微企业融资等。[①]

根据中国银行保险监督管理委员会于 2020 年 3 月 24 日公布的统计数据，截至 2019 年 12 月底，我国银行业金融机构数量为 4607 家，其中商业银行几乎占据一半的比例。其中，国有大型商业银行有 6 家，分别为中国工商银行股份有限公司、中国建设银行股份有限公司、中国农业银行股份有限公司、中国银行股份有限公司、交通银行股份有限公司、中国邮政储蓄银行股份有限公司。股份制商业银行有 12 家，分别为中信银行股份有限公司、中国光大银行股份有限公司、招商银行股份有限公司、上海浦东发展银行股份有限公司、中国民生银行股份有限公司、华夏银行股份有限公司、平安银行股份有限公司、兴业银行股份有限公司、广发银行股份有限公司、渤海银行部分有限公司、浙商银行股份有限公司、恒丰银行股份有限公司。城市商业银行有 134 家，例如北京银行股份有限公司等。农村商业银行有 1478 家，例如天津农村商业银行股份有限公司等。民营银行有 18 家，包括天津金城银行股份有限公司、上海华瑞银行股份有限公司、浙江网商银行股份有限公司、温州民商银行股份有限公司、深圳前海微众银行股份有限公司、

---

① 王文利：《对商业银行在现代经济中的作用的再认识》，载《甘肃经济管理干部学院学报》1999 年第 4 期（总第 46 期），第 48~49 页。

湖南三湘银行股份有限公司、重庆富民银行股份有限公司、四川新网银行股份有限公司、北京中关村银行股份有限公司、吉林亿联银行股份有限公司、武汉众邦银行股份有限公司、福建华通银行股份有限公司、威海蓝海银行股份有限公司、江苏苏宁银行股份有限公司、梅州客商银行股份有限公司、安徽新安银行股份有限公司、辽宁振兴银行股份有限公司、江西裕民银行股份有限公司。村镇银行有1630家。

近年来随着互联网金融的崛起，P2P、余额宝、手机支付等创新业务借助金融科技不断发展壮大，这对于商业银行的吸收公众存款以及发放贷款业务规模造成了巨大冲击，例如，2017年7月1日，天弘基金发布公告显示，其旗下余额宝在2017年6月底规模已达到1.43万亿元，这个规模几乎与中国银行2016年全年的个人平均存款余额相当①。商业银行为了跟随趋势也在不断注重金融科技业务布局，其中，互联网贷款业务就是商业银行重要布局方向之一。

商业银行中的国有大型商业银行具有雄厚的资金实力、获客能力及技术能力，一般都是通过自有平台自行开展互联网贷款业务。而城市商业银行、农村商业银行、民营银行则没有国有大型商业银行的优势，一般需要通过与其他机构合作开展互联网助贷业务参与互联网贷款。因此，参与互联网助贷业务的商业银行主要是城市商业银行、农村商业银行、民营银行等中小型银行，当然也不能排除个别国有大型商业银行分行的参与需求。互联网助贷同时也为城市商业银行、农村商业银行、民营银行、村镇银行等中小型银行提供了业务发展的契机，借助金融科技的合作，这些中小型银行的发展状况会较之前有所改善。

城市商业银行、农村商业银行及民营银行、村镇银行在发展互联网助贷业务方面有一个比较大的劣势，即其经营区域可能受到地域限制②。这与互联网助贷的业务逻辑是相冲突的，互联网并没有地域限制，通过互联网发放贷款一般均会导致其突破地域限制。

2. 信托公司

信托公司是指根据法律法规规定设立的主要经营以营业和收取报酬为目的，以受托人身份承诺信托和处理信托事务的信托业务的非银行金融机构。经中国银

① 《余额宝规模达1.43万亿元直追四大行存款规模》，载https://www.sohu.com/a/153650565_211160，最后访问日期：2020年9月19日。

② 具体见本书第二章第三节“发放贷款资质相关法律法规”部分内容。

行保险监督管理委员会批准后，信托公司可以经营的业务范围主要包括资金信托、动产信托、不动产信托、有价证券信托、其他财产或财产权信托等。信托公司管理运用或处分信托财产时，可以根据信托文件的约定，采取投资、出售、存放同业、买入返售、租赁、贷款等方式进行。

金融机构分为银行金融机构和非银行金融机构，信托公司是目前在我国经济发展中起到重要作用的非银行金融机构。信托公司经营信托业务的基本法律关系是信托关系，即委托人基于对受托人（即信托公司）的信任，将其财产权委托给受托人，由受托人按委托人的意愿以自己的名义，为受益人的利益或者特定目的，进行管理或者处分的行为。信托业务项下受托人保管的信托财产不仅独立于委托人未设立信托的其他财产，而且独立于受托人的固有财产，信托业务能实现将受托人管理的信托财产进行风险隔离的效果，即当受益人出现破产、负债等情形时，信托财产不属于其破产财产，债权人一般无法强制执行信托财产。此外，信托业务结构设计较为灵活，可以在信托端安排结构化、独立核算、分期等多种复杂的资金募集结构，亦可以在交易端安排贷款、应收账款转让、担保、差额补足等多种交易结构，这可以满足不同的信托端投资者需求及不同的交易端交易对手需求，对于创新性金融工具的发展起到了重要的典范作用。

根据中国银行保险监督管理委员会于2020年3月24日公布的统计数据，截至2019年12月底，我国信托公司数量为68家。近年来，随着房地产投资信托业务的收紧、证券投资信托业务的萎靡、政信投资信托业务的受限，信托公司的传统信托业务规模不断降低，消费金融、小微企业融资逐渐成为各家信托公司竞相追逐的热门业务。根据中国信托业协会统计发布的《中国信托业发展报告（2018—2019）》，“截至2018年年末，68家信托公司中已有近40家信托公司开展消费金融信托业务，占据信托业近六成比例，仅2018年新入局者就有12家信托公司。2018年信托公司合计开展消费金融信托余额近3000亿元，虽增速略有收窄，但业务结构有所优化，主动管理能力有所提升。随着大数据与金融科技研究的深入和实践运用的扩大，消费金融信托业务不断发展出新的外延，覆盖的消费领域逐步扩大。”“根据协会调研数据，2018年，共有38家信托公司实际开展了消费金融信托业务合计消费金融信托余额约为2977亿元，较2017年略有下降。截至2018年年末，消费金融信托业务余额超过100亿元的信托公司包括外贸信托、中航信托、云南信托、华能信托、渤海信托、五矿信托、天津信托7家，从消费金融业务累计规模来看，信托公司开展消费金融信托业务的累计规模已突破8000亿元。”[①]

目前，信托公司在处理小额贷款业务方面基本没有什么经验，并且其不具备相应的技术背景和获客能力，因此信托公司直接以贷款人的角色参与消费金融及小微企业融资业务的主要方式就是与其他机构合作互联网助贷业务。信托公司参与互联网助贷业务具有明显的优势。首先，信托公司的经营范围不受地域限制，可以在全国开展贷款业务，这是相较于城市商业银行、农村商业银行的优势；其次，信托公司的业务结构更为灵活，信托公司参与互联网助贷业务存在信托端和交易端两层结构，可以根据具体情况将相关商务条件在不同的结构间协调安排，例如增信措施既可以安排在贷款端提供担保也可以在信托端做出结构化的信托结构安排，这对于信托公司参与互联网助贷业务是很大的优势；最后，信托公司持有的贷款资产及资金形式信托财产具有风险隔离的效果，这也是其他金融机构参与互联网助贷业务不具备的优势。

当然，相较于商业银行而言，信托公司也有资金成本过高的劣势。信托公司不能经营吸收公众存款的业务，其资金来源主要依靠信托产品对外募集，信托产品的投资门槛较高，其资金成本一般也较高。

3. 消费金融公司

消费金融公司是指经中国银行保险监督管理委员会批准设立的，不吸收公众存款，以小额、分散为原则，为中国境内居民个人提供以消费为目的的贷款的非银行金融机构。经国务院银行业监督管理机构批准后，消费金融公司可以经营的业务范围主要包括发放个人消费贷款、接受股东境内子公司及境内股东的存款、向境内金融机构借款、经批准发行金融债券等。

在2008年美国次贷危机导致的全球经济危机背景下，我国急需从投资拉动经济增长向消费拉动经济增长的经济发展方式进行转型。党中央、国务院提出“保增长、调结构、促改革、惠民生”的宏观经济政策，屡次出台相关政策加大金融对扩大内需以促进消费的支持力度，以促进经济平稳较快增长和可持续发展，消费金融公司试点便是其中一项重要工作。2009年我国中国银行保险监督管理委

① 《【发展报告】消费金融信托（一）》，载：https：//mp.weixin.qq.com/s/b6xm8nHZ_l2rd7 fTztntVw，最后访问日期：2020年9月19日。

员会（当时名称为“中国银行业监督管理委员会”）发布《消费金融公司试点管理办法》，试点审批消费金融公司。监管部门最初在北京、天津、上海、成都4个城市试点消费金融公司，后来逐步扩大增加沈阳、南京、杭州、合肥、泉州、武汉、广州、重庆、西安、青岛10个城市至16个试点城市，最终在2015年扩大试点至全国范围。消费金融公司的设立目的明确，即为拉动消费，因此消费金融公司的经营范围更加具有针对性，这主要体现在以下几个方面：首先，其发放贷款的对象只能是境内的个人，而不能是小微企业，亦不能是境外的个人；其次，其发放贷款的用途仅限于以消费（不包括购买房屋和汽车）为目的，而不能用于经营等非消费目的；最后，其发放贷款的金额应以小额为主，不能超过20万元。

根据中国银行保险监督管理委员会于2020年3月24日公布的统计数据，截至2019年12月底，我国消费金融公司数量为24家，具体为北银消费金融有限公司、四川锦程消费金融有限责任公司、中银消费金融有限公司、捷信消费金融有限公司、兴业消费金融股份公司、海尔消费金融有限公司、招联消费金融有限公司、湖北消费金融股份有限公司、苏宁消费金融有限公司、马上消费金融股份有限公司、中邮消费金融有限公司、杭银消费金融股份有限公司、华融消费金融股份有限公司、晋商消费金融股份有限公司、盛银消费金融有限公司、陕西长银消费金融有限公司、包头市包银消费金融股份有限公司、河南中原消费金融股份有限公司、湖南长银五八消费金融股份有限公司、哈尔滨哈银消费金融有限责任公司、河北幸福消费金融股份有限公司、上海尚诚消费金融股份有限公司、厦门金美信消费金融有限责任公司、中信消费金融有限公司。截至目前，在2020年已相继有北京阳光消费金融股份有限公司、重庆小米消费金融有限公司、重庆蚂蚁消费金融有限公司等获批成立，消费金融公司的数量仍在不断增加。

自2017年以来，随着监管部门对于网络小额贷款业务的收紧，头部互联网平台开始青睐消费金融公司牌照，并在近年来以直接或间接控股、参股或申请设立等方式获得消费金融牌照，例如，2019年，微梦创科网络科技（中国）有限公司参股包头市包银消费金融股份有限公司，微梦创科网络科技（中国）有限公司为微博网络（香港）有限公司的全资子公司，微博网络（香港）有限公司为上市公司微博（WB.O）的全资子公司，阿里巴巴（ALIBABA GROUP HOLDING LTD）

持有微博股权，即阿里巴巴间接参股获得了消费金融牌照；[①]2019年，百度旗下金融科技公司度小满（重庆）科技有限公司增资持有哈尔滨哈银消费金融有限责任公司30%的股权，即百度通过直接参股获得了消费金融牌照；2020年5月29日，重庆银保监局发布《关于重庆小米消费金融有限公司开业的批复》（渝银保监复〔2020〕80号），批准重庆小米消费金融有限公司开业，小米通讯技术有限公司出资占股50%，即小米通过直接申请设立获得了消费金融牌照；2020年9月17日，千方科技发布公告称其收到蚂蚁集团转交的《中国银保监会关于筹建重庆蚂蚁消费金融有限公司的批复》（银保监复〔2020〕602号），同意蚂蚁集团在重庆市筹建重庆蚂蚁消费金融有限公司[②]。

虽然消费金融公司的主营业务是小额消费贷款，但是有些消费金融公司一般获客能力较差，而且没有技术优势，甚至在资金来源方面也没有银行及信托公司更容易获得资金，因此，部分消费金融公司开展贷款业务特别是互联网贷款业务也会选择互联网助贷模式。与小额贷款公司相比，消费金融公司更具有优势，例如消费金融公司是参照商业银行进行监管的，其获得融资的杠杆比例最高可以达到10倍，这是远远高于小额贷款公司的；与银行及信托公司相比，消费金融公司的资金来源处于劣势并且其交易结构没有信托公司更加灵活。

4. 小额贷款公司

小额贷款公司是指根据法律法规规定设立的，不吸收公众存款，经营小额贷款业务，主要经营放贷业务的地方金融机构。小额贷款公司可以在坚持为农民、农业和农村经济发展服务的原则下自主选择贷款对象。小额贷款公司应坚持“小额、分散”的原则发放贷款，我国法律法规鼓励小额贷款公司面向农户和微型企业提供贷款服务，着力扩大客户数量和服务覆盖面。

目前，小额贷款公司由地方金融监督管理部门管理，其经营地域一般限定在本省范围内。2010年开始，随着互联网金融业务的发展，各地地方金融监督管理部门纷纷批设网络小额贷款牌照，允许小额贷款公司开展互联网贷款业务，并且不受地域限制。据网贷天眼的相关统计数据，截至2017年11月21日，各地

---

① 《突发！阿里间接持股的公司拿下消费金融牌照》，载http：//www.01caijing.com/finds/details/41401.htm，最后访问日期：2020年9月19日。

② 《千方科技：筹建重庆蚂蚁消费金融有限公司申请获中国银保监会批准》，载http：//finance.sina.com.cn/stock/s/2020-09-17/doc-iivhvpwy7273870.shtml，最后访问日期：2020年9月19日。

已批设网络小额贷款牌照 249 张，其中已完成工商注册登记的牌照数量为 229 张，已过公示期但尚未完成工商注册登记的牌照数量为 20 张[①]。像百度、阿里、腾讯、京东、小米这些头部互联网平台，几乎每家平台都持有网络小额贷款牌照。网络小额贷款公司发放互联网贷款的模式基本都是通过自有或关联方平台进行，较少有与其他平台合作互联网助贷业务的模式。

国家监管部门认为网络小额贷款牌照引发了现金贷等一系列社会问题，于是在 2017 年开始全面整顿网络小额贷款公司，不仅暂停地方金融监督管理部门新增批设网络小额贷款牌照，而且对于小额贷款公司的融资杠杆、业务范围等均进行了严格的限定。2020 年，监管部门发布《网络小额贷款业务管理暂行办法（征求意见稿）》，拟对网络小额贷款牌照，特别是跨省开展业务的网络小额贷款牌照，纳入中央监管部门的统一监管范畴。

网络小额贷款业务的限制导致的结果就是头部互联网平台的互联网贷款业务受到影响，部分头部平台逐步开始以网络小额贷款牌照作为助贷机构与其他金融机构合作开展互联网助贷业务。

5. 商业保理公司

商业保理公司是指根据法律法规规定设立的为中小商贸企业提供保理服务的非银行金融机构。商业保理的主要经营业务模式为，供应商将其基于真实交易的应收账款转让给商业保理公司，由商业保理公司向其提供保理融资、销售分户（分类）账管理、应收账款催收、非商业性坏账担保等服务。商业保理公司不得吸收或变相吸收公众存款，不得发放贷款或受托发放贷款。

商业保理公司在开始试点时由商务部管理，2018 年 5 月 8 日，商务部办公厅发布《关于融资租赁公司、商业保理公司和典当行管理职责调整有关事宜的通知》（商办流通函〔2018〕165 号），通知各地商务主管部门，商务部已将制定商业保理公司业务经营和监管规则职责划给中国银行保险监督管理委员会，自 2018 年 4 月 20 日起，有关职责由中国银行保险监督管理委员会履行，目前商业保理公司由地方金融监督管理部门负责管理。

商业保理公司不具备发放贷款的资质，这是其参与互联网助贷业务的主要劣

① 郑墨：《独家：全国已核准 249 张网络小贷牌照（附名单）》，载 https：//news.p2peye.com/article-504083-1.html，最后访问日期：2020 年 9 月 19 日。

势，其参与互联网助贷的方式主要为应收账款转让方式，其参与互联网助贷的业务类型主要为场景类消费金融业务，例如花呗等业务模式。

因商业保理公司的业务模式较为特殊且规模较小，除特别说明外，我们在本书中主要探讨其他金融机构的相关情况。

（二）金融机构的参与职责

在互联网助贷业务中，金融机构的参与职责是其他合作机构职责的主线，其他参与机构的职责均是为了配合金融机构完成贷款发放及回收的交易，金融机构的参与职责主要包括尽职调查及交易结构安排、提供资金、贷款营销、贷款申请、贷前调查、贷中审查、合同签署、发放贷款、贷款管理、贷款回收、贷后催收、分配报酬等。

1. 尽职调查及交易结构安排

在互联网助贷业务开展的前期，金融机构一般需负责对合作机构及产品模式进行尽职调查并统筹考虑风险因素进行项目交易结构设计。

（1）对合作机构的尽职调查

金融机构首先需要对助贷机构进行尽职调查，尽职调查内容主要包括助贷机构基本情况、经营情况、财务情况（包括但不限于财务实力、融资情况及担保情况）、管理能力、风控水平、技术实力、服务质量、业务合规和机构声誉、客户信息保护能力、对银行业的熟悉程度、与其他金融机构合作情况、涉诉情况等方面。对于共同出资发放贷款的合作机构，还包括其贷款资质、资本充足水平、杠杆率、流动性水平、不良贷款率、贷款集中度及其变化等。对于数据服务机构、技术服务机构等其他合作机构，则需要根据其具体参与程度考虑参照上述范围进行尽职调查。此外，合作机构还需对合作机构进行名单制管理。这些职责在《商业银行互联网贷款管理暂行办法》《银行业金融机构信息科技外包风险监管指引》等法律法规中均有所规定，并且个别地方性法规对于选择助贷机构的相关规定更为严格，例如《厦门市地方金融协会关于厦门市小额贷款公司与合作机构开展贷款业务的工作指引（试行）》规定，厦门市地方金融协会对厦门市小额贷款公司的合作机构进行备案制管理。必要时，金融机构应聘请律师事务所、会计师事务所等第三方中介机构进场进行尽职调查并出具尽职调查报告。

合作机构在互联网助贷业务中的作用重大，各大头部平台的助贷业务规模及合作机构数量也在不断提升，根据上市助贷机构360金融披露的2019年第二季度季报显示，360金融第二季度促成贷款总额为483.78亿元，金融机构资金占比为85%；拍拍贷第二季度促成贷款总额为216.11亿元，金融机构资金占比为44.8%；小赢科技第二季度促成贷款总额为101.7亿元，金融机构资金占比为26.7%。[①] 根据趣店财报显示，截至2018年年底，趣店与持牌金融机构合作资金余额从2017年第四季度的112亿元大幅增长至190亿元，共与99家持牌金融机构具有合作关系。[②] 随着各大头部平台的技术实力及业务规模的提升，其在金融机构面前的话语权亦逐渐提升，金融机构在某些头部平台面前甚至失去主导地位，该等合作机构在该等局面项下对于经济发展及稳定具有重要的影响，对合作机构进行名单制管理及备案制管理，是防范发生系统性风险的重要措施，将来应该会成为监管部门的重要举措。

（2）对产品模式的尽职调查

助贷机构一般会将其不同模式的项目结构界定为不同的产品，同一产品项下与不同金融机构合作的模式基本固定。例如，阿里旗下有“蚂蚁花呗”“蚂蚁借呗”两类产品，“蚂蚁花呗”是金融机构在循环额度项下发放的受托支付模式贷款产品，“蚂蚁借呗”是金融机构发放的自主支付模式贷款产品；腾讯旗下“微业贷”是金融机构向小微企业发放经营贷的贷款产品。

金融机构应对其拟参与合作的产品模式进行详细尽职调查，尽职调查内容主要包括产品各合作方情况、产品现金流入流出情况、产品成本情况、产品系统情况、产品知识产权情况、产品历史表现情况等，并对其合法合规性及风险情况进行评估。必要时，金融机构应聘请律师事务所、会计师事务所等第三方中介机构进行尽职调查并出具尽职调查报告，尽职调查的形式主要包括与高管进行现场访谈，对产品资产进行抽样，系统演示等。

---

① 《互金平台纷纷发力助贷市场二季报显示部分平台的助贷成绩不俗》，载 http：//finance.sina.com.cn/stock/relnews/us/2019-08-30/doc-iicezzrq2156147.shtml，最后访问日期：2020年9月19日。

② 《360金融、趣店、乐信、拍拍贷利润狂飙助贷业务成营收重点》，载 https：//finance.sina.com.cn/stock/relnews/us/2019-03-21/doc-ihsxncvh4429270.shtml?source=cj&dv=2，最后访问日期：2020年9月19日。

（3）交易结构设计

在进行充分尽职调查后，金融机构应综合评估合作机构情况及风险情况设计互联网助贷的交易结构，例如根据资金成本确定资金来源方式、根据资产表现确定是否需要额外担保、根据自身实力确定是否需要技术外包等。此外，不同的金融机构还应根据自身业务资质考虑特殊的结构安排，例如，信托公司以信托产品募集资金参与合作时应考虑信托产品分配频率与贷款发放及回收频率的匹配等等，假设信托产品按季分配信托收益及支付费用、信托期限为1年，则在产品端应相应安排按季预留足够收益及费用等额的资金，贷款期限一般不能超过信托期限。

2. 提供资金

互联网助贷业务中贷款资金来源于金融机构，不同的金融机构资金来源不同。商业银行的资金来源是吸收公众存款资金及自有资金；信托公司的资金来源主要是信托产品募集资金，当然也可以是其固有资金；消费金融公司的资金来源主要是其自有资金及对外融资资金，例如银行或信托公司向其发放流动资金贷款；小额贷款公司及商业保理公司的资金来源与消费金融公司类似。

信托公司提供资金需要考虑的因素较多，例如以信托产品募集资金时，需要考虑是单一资金信托[①]还是集合资金信托计划[②]，信托产品是主动管理类信托产品[③]还是被动管理类信托产品[④]，集合资金信托计划是平层信托产品[⑤]还是结构化

---

① 单一资金信托是指单一投资者以其合法所有的资金委托给信托公司进行管理运用的信托产品。

② 集合资金信托计划是指两个及两个以上投资者以其合法所有的资金委托给信托公司进行管理运用的信托产品。

③ 主动管理类信托产品是指信托公司在信托财产管理运用过程中承担主动管理职责的信托产品。向社会投资者募集资金的信托产品一般为主动管理类信托产品。

④ 被动管理类信托产品，又称通道类信托产品，是指信托公司在信托财产管理运用过程中不承担主动管理职责，而仅根据委托人及受益人的指令进行管理运用的信托产品。有些银行为了出表需求会选择信托公司作为通道设立被动管理类信托产品参与互联网助贷业务，也有些助贷机构或其他机构自身不具备贷款资质的，也会选择选择信托公司作为通道设立被动管理类信托产品参与互联网助贷业务。不过被动管理类信托产品在互联网助贷业务中可能会逐步受到限制。

⑤ 平层信托产品是指信托产品项下受益人享有的信托利益等权利平等，主要表现为信托利益分配顺序的相同，在信托财产不足以分配全部信托利益时，各受益人按比例平等分配，风险与收益均等。

信托产品[①]等。

3. 贷款营销

贷款营销是指获客推广，即向潜在借款人推荐贷款产品吸引借款人向金融机构申请借款，贷款营销的工作在互联网助贷业务中一般是由获客推广机构负责。

4. 贷款申请

借款人通过手机APP等客户端平台向金融机构提出授信及借款申请，该项工作一般由助贷机构负责。

5. 贷前调查

在贷款发放前，金融机构应对借款人进行贷前调查。贷前调查主要包括资料收集和身份验证。资料收集工作是指对借款人身份信息、征信信息等资料信息的收集。金融机构一般会自行查询借款人征信信息，借款人其他资料收集的工作一般会由金融机构委托给助贷机构或由金融机构直接向数据服务机构收集，助贷机构一般也会对接数据服务机构。在收集借款人信息前一定要获得借款人的明确授权，并且遵守“最少、够用”等法律法规规定原则进行收集。身份验证工作是指核验借款人身份的真实性，该项工作一般是委托给助贷机构完成。

6. 贷中审查

贷中审查是指金融机构对借款人的借款申请进行反欺诈审核、授信审查、风险控制。这是整个贷款业务流程中的核心工作，该项工作的效果将决定着贷款资产的质量。在传统贷款业务中，该项工作一般是由人工审核完成，而在互联网助贷业务中则主要由计算机信息系统完成。金融机构应当构建反欺诈模型、风险评估、授信审批和风险定价等模型系统，必要时还应设置人工复核验证机制作为系统流程的必要补充。科技能力及主动管理能力较强的金融机构一般有能力构建上述系统模型，而大部分参与互联网助贷的金融机构一般不具备构建上述系统模型的能力，而会委托助贷机构按照既定的标准进行初步审核，金融机构在助贷机构审核后再根据自行确定的标准或规则进行筛选审查，有些金融机构会构建自己的黑名单筛查规则或其他较为简单的筛查规则。在早期的互联网助贷业务中，有些

① 结构化信托产品是指信托产品项下受益人享有的信托利益等权利做出不平等的分层安排，可以区分为两层甚至多层，主要表现为信托利益分配顺序的不同，在信托财产不足以分配全部信托利益时，各层受益人按先后顺序获得分配，分配顺位在前的受益人风险较低且其收益较低，分配顺位在后的受益人风险较高且其收益较高。

金融机构甚至将筛查规则简单部署在助贷机构的系统中。不过，目前金融机构的风控能力也在随着业务数据的积累而不断提升。该环节工作也是法律法规和监管部门关注的重点，其对金融机构自主审核的能力会要求越来越高，金融机构也应自行注重自主审核能力的提升。

7. 合同签署

借款合同是金融机构主张贷款债权的法律依据，因此，借款合同的有效签署在贷款流程中起到至关重要的作用。互联网助贷业务均采用“数据电文 + 电子签名”的形式签署借款合同，其操作有一定的特殊性。合同是双方达成合意的证明，在法律上构成要约与承诺的法律关系，而在互联网助贷业务中，为了操作的方便和贷款发放效率的考虑，一般不会安排双方均有合同签署的动作。借款人一般需要在贷款申请阶段完成借款合同的签署，该项操作主要是委托助贷机构协助完成，而金融机构作为贷款人认可合同内容的方式有多种，具体包括以下方式：

（1）以在客户端平台发布合同版本视为对合同内容的认可及要约。

有些互联网助贷产品的借款合同未明确约定贷款人认可合同内容的方式，这种情况下可以将金融机构在客户端平台发布合同版本视为对合同内容的认可及要约，借款人的签署视为承诺。例如，微粒贷产品中的借款额度合同便采用这种模式，具体条款如下：“您的使用、登录行为即视为您已阅读并同意接受本合同的约束，本合同即时生效。”

上述条款中即将贷款人发布合同版本视为要约，借款人的确认行为视为承诺。在司法实践中存在人民法院按照该标准进行认定的案例，例如，在《浙江阿里巴巴小额贷款股份有限公司与郑国华小额借款合同纠纷案》（审理法院：杭州市滨江区人民法院；文书类型：民事判决书；案号：〔2011〕杭滨商初字第 178 号；裁判日期：2011 年 4 月 28 日）中，杭州市滨江区人民法院便认为，在线签订借款合同过程中，经过贷款人审查，使客户端上的授信贷款处于可点击状态，视为贷款人向借款人发出要约。

案例 13：浙江阿里巴巴小额贷款股份有限公司与郑国华小额借款合同纠纷案

法院查明事实：

经审理查明，2010 年 6 月 29 日，原、被告通过网络在线订立一份《贷款合同》，合同编号为：**********9000002S。合同约定：授信额度为人民币 350000 元；授信期限自 2010 年 6 月 29 日至 2010 年 12 月 29 日；日利率为 0.047%，罚息利率为贷款利率上浮 50%；借款人同意浙江阿里巴巴小额贷款股份有限公司将每次申请的贷款划入支付宝公司的结算账户，再由支付宝公司将贷款的 20% 划入指定支付宝账号，80% 划入指定银行账号；借款人指定支付宝账号：15×××63，指定中国农业银行卡号 62×××19；使用支付宝账号和密码登陆阿里贷款网站的所有行为均视为借款人本人行为，包括但不限于订立本合同、申请贷款、归还贷款等；还款方式为按月付息，到期还本，即每月偿付当月实际产生的利息，到期归还全部贷款本金；借款人连续或累计三期未能按本合同约定还本付息的，浙江阿里巴巴小额贷款股份有限公司有权提前终止合同，浙江阿里巴巴小额贷款股份有限公司发出还款通知的第三日即贷款到期日；双方同意本合同使用互联网信息技术以数据电文形式订立并认同其效力。

法院认定意见：

原、被告同意使用互联网信息技术以数据电文形式订立合同，根据《中华人民共和国电子签名法》第三条的规定，应当确认电子合同及其他文件在本案中具有法律效力。通过公证提取的《贷款合同》，由第三方出具的电子回单、还款记录等，其所含的数据电文，在功能上已经具有原件的证据效力。该数据电文，随时可以提取，且被告也未表明存在更改迹象，已符合证据的真实性要求。据此，本院对《贷款合同》以及付款记录等内容，予以确认。

原告通过支付宝的实名认证，可以确认其户主身份为本案的被告。在线签订《贷款合同》过程中，经过原告审查，使支付宝账号上的授信贷款处于可点击状态，视为原告向被告发出要约；通过输入被告的支付宝账号及密码，即可确认合同的签约人为被告本人或其授权的代理人，并表明认可合同相关内容，通过上述电子签名，视为被告对上述要约作出的承诺。

原、被告所签订的《贷款合同》，系双方真实意思表示，且合法有效，本院予以确认。根据被告的支用申请，原告已通过支付宝将贷款发放至被告支付宝及银行卡账户，视为原告已经履行放贷义务。被告支取的 9 笔中，截至 2011 年 3 月 9 日，已经有 7 笔贷款逾期归还。为此，原告要求剩余 2 笔贷款于 3 日内还款，否则宣布提前到期，其符合合同事先约定，且该约定未违反法律禁止性规定，本院予以确认。

（2）以确认行为视为对合同内容的认可及承诺。

在互联网助贷业务中，在客户端向借款人展示借款合同供借款人签署的操作流程一般是由助贷机构完成，金融机构为避免合同条款的不可控，一般不会选择将其视为要约，而会安排为要约邀请，并将借款人的签署行为视为要约，金融机构在借款人签署后进行确认视为承诺。例如，蚂蚁借呗产品中的借款合同便是采用这种模式，具体条款如下："本合同自贷款人确认后视为其与您就合同约定达成一致，本合同生效，但需要在贷款人审核通过后方可使用借呗贷款。"该条款表明该产品项下贷款人的确认行为是发生在审核通过之前，为避免合同生效但审核未通过的情况发生，特别约定了借款人仅在审核通过后方可进行贷款。

（3）以审核同意后发放贷款且贷款资金划付至借款人账户视为对合同内容的认可及承诺。

有些互联网助贷产品中金融机构会对借款合同生效条件约定的更为严格，金融机构不仅需审核同意而且需将贷款资金划付至借款人账户方可产生借款合同生效的效果，这种模式主要是考虑到避免金融机构放款失败导致的合同责任。例如，360借条产品项下个人消费贷款合同中便有这样的安排，具体条款如下："借款人在线上服务平台勾选'同意'、'确定'或'借款'即表示借款人已阅读并无条件接受本合同项下全部条款。借款人在贷款平台确认本合同后并不导致本合同立即生效，仅在经过贷款人审核通过并将贷款资金划入借款人收款账户时，本合同始在借款人和贷款人之间生效。"该模式项下需注意借款合同在金融机构审核后生效是否会影响金融机构的审核，因金融机构审核前需获得借款人的授权收集信息，若相关授权条款未生效则会影响到相关授权的效力，因此，该模式项下需注意安排借款人另行签署立即生效的征信及个人信息查询、使用授权文件。

（4）以审核同意后发放贷款的划款行为视为对合同内容的认可及承诺。

有些互联网助贷产品中的借款合同生效条款会安排的对借款人更加不利，将金融机构审核同意并将贷款资金划离金融机构账户即视为金融机构认可合同内容并且视为贷款已经发放，这种模式下若因为支付机构等原因导致放款失败或划款滞后的，借款人仍需按金融机构的划款日期承担还款责任，对借款人而言是更加不利的条款，在实际操作中若发生该等情况则可能会导致借款人的投诉及纠纷。

8. 发放贷款

互联网助贷业务中，借款人一般会先申请获得授信额度，然后在授信额度项下具体申请某笔借款。授信额度一般分为一次性授信额度和循环授信额度两种类型。

一次性授信额度是指借款人获得一定的授信额度后仅可在最高授信额度范围内一次性申请借款，无论申请借款是否达到该授信额度，该次授信在借款人申请借款后均失效，借款人若再次产生借款需求则需要重新申请授信额度。例如，百度有钱花尊享贷产品项下授信额度即为一次性授信额度。

循环授信额度是指借款人获得一定的授信额度后可在最高授信额度范围内循环多次申请借款，在额度有效期内其贷款余额不超过该授信额度即可。例如，腾讯旗下微粒贷产品即为循环额度。

无论是一次性授信额度还是循环授信额度，一般均不是金融机构对于发放贷款的承诺，借款人具体每次申请借款时，金融机构仍有权利对其进行审核以确定是否同意发放该笔借款。一般借款合同中均会对此做出明确约定，例如，微粒贷产品项下借款额度合同中明确约定了相关条款："贷款人核定您的信用额度并不构成贷款人对您的授信承诺，信用额度项下具体提款业务，您应逐笔在授信额度有效期内及可使用授信额度内向贷款人申请提款，贷款人有权根据您的当期信用及贷款当期可贷款资金规模自主决定是否向您发放额度项下单笔贷款以及具体贷款金额。"

对于单笔贷款的发放而言，因每笔借款金额一般较小且业务频率较高，因此需要借助支付服务机构相关业务系统的支持，由金融机构向支付服务机构划款及发送放款指令，支付服务机构根据金融机构的放款指令发放贷款，有些金融机构会将贷款发放指令的操作委托给助贷机构完成。

具体放款支付形式包括自主支付和受托支付。受托支付类型的产品一般称为强场景模式，例如蚂蚁花呗产品，在借款人刷二维码消费时，贷款资金支付至商家账户。自主支付类型的产品一般称为弱场景模式，例如蚂蚁借呗，借款人申请借款后，金融机构将贷款资金直接发放至借款人账户，由借款人自主支配。

9. 贷款管理

贷款发放后，金融机构需要跟踪分析贷款资产表现，统计分析静态逾期率、动态逾期率等数据，并根据贷款资产表现判断是否触发担保措施或停止循环放款。

此外，在自主支付模式项下，金融机构还需跟踪检查借款人借款资金使用情况。该项工作一般会委托给助贷机构完成。

10. 贷款回收

在互联网助贷业务中，贷款回收方式包括自动扣款、主动还款及线下还款。自动扣款是比较主流的还款方式，借款人需事先授权金融机构及其委托的支付服务机构有权在还款日主动从借款人账户内扣款用于还款，即《中国人民银行关于规范代收业务的通知》（银发〔2020〕248号）项下规范的代收业务；主动还款是指借款人在还款日主动在线上发起还款，即指令支付机构将还款资金支付至金融机构账户；为避免线上系统不稳定导致无法进行线上还款，一般会安排线下还款作为必要补充，即借款人可以选择银行转账等方式进行还款，该等还款方式一般会安排由助贷机构代收还款资金后再向金融机构转付，部分情况亦会安排由借款人直接还款至金融机构账户。

在循环贷款模式下，金融机构收回贷款资产回收款后可以继续将回收款用于循环放款。

11. 贷后催收

互联网助贷业务一般均是金额较小的贷款，金融机构一般不具备催收能力，贷后催收工作一般会委托给助贷机构或催收机构，若委托给助贷机构的，一般助贷机构也会再次委托给催收机构。

12. 分配报酬

互联网助贷业务中金融机构的合作机构数量较多，各合作机构的合作目的一般均是获得相应的服务报酬作为对价。金融机构需要在收取贷款资产回收款后将其中一部分资金作为各合作机构的服务报酬向各合作机构分配。在信托公司以信托产品参与的模式项下还涉及信托产品受益人信托利益的分配。

13. 系统建设

金融机构需要运用人工智能、大数据、云计算、区块链等金融科技协助完成其在互联网助贷业务中的职责，包括但不限于建设完善反欺诈模型、风控模式、贷款分析模型等，其金融科技运用的直接体现就是计算机信息系统的开发、建设。

在早期的互联网助贷业务中，有些金融机构不具备自己的计算机系统开发建设能力，仅仅使用助贷机构的系统由助贷机构提供用于设置贷款标准规则等权限的账户，金融机构借此部署风控规则等操作。这种模式比较容易被监管认为金融机构没有进行主动管理，甚至是将授信审查、风险控制等核心业务外包。随着合规需求的不断增大，金融机构逐渐投入成本进行自主开发、建设计算机系统，以此证明其在互联网助贷业务中的主动管理地位及未将授信审查、风险控制等核心业务外包。目前参与互联网助贷业务的金融机构，其首要工作便是开发建设计算机系统，当然该项工作一般会外包给技术服务机构完成。而金融机构自建系统是否就意味着其未将授信审查、风险控制等核心业务外包，这一点在实践中也需要根据具体情况具体分析。

（三）金融机构的综合比较分析

在互联网助贷业务中，不同的金融机构有不同的优势和劣势，具体汇总如表1：

表1　互联网助贷业务中，不同的金融机构有不同的优势和劣势

金融机构类型	优势	劣势
商业银行	1. 可以通过吸收公众存款方式获得低成本资金； 2. 在小额贷款领域具有丰富经验； 3. 借款人征信等正规金融数据丰富	1. 城市商业银行、农村商业银行的经营范围可能会受到地域限制； 2. 交易结构设计没有信托公司灵活
信托公司	1. 交易结构设计比较灵活； 2. 除商业银行外，提供资金的能力强于其他金融机构	1. 获取资金成本高于商业银行； 2. 没有小额贷款领域的参与经验； 3. 借款人信息收集能力较差
消费金融公司	1. 具有丰富的消费金融业务经验； 2. 借款人征信等正规金融数据丰富	1. 业务模式仅限于消费金融； 2. 提供资金能力相较于商业银行及信托公司较弱
网络小额贷款公司	1. 具有丰富的小额贷款业务经验； 2. 借款人征信等正规金融数据丰富； 3. 相较大部分商业银行、信托公司等其他金融机构而言，可能具有更大的金融科技优势	1. 提供资金能力受到限制，融资杠杆比例较低； 2. 贷款性质在司法实践中可能被认定为民间借贷； 3. 业务模式等受到监管比较严厉的控制
民营银行	网上开展业务的民营银行在金融科技方面具有更大的优势	吸收公众存款能力较弱

续表

金融机构类型	优势	劣势
商业保理公司	与其他金融机构相比，几乎没有优势	1. 没有发放贷款资质； 2. 提供资金能力较弱； 3. 仅限于强场景的业务模式； 4. 收集、查询借款人金融信息能力较弱

二、助贷机构

在互联网助贷业务中，助贷机构承担重要的角色，助贷机构可以借助金融科技为金融机构开展小额信贷业务提供精准获客、风险控制及贷后管理等服务，对于目前的大部分信托公司及部分银行等不具备相应技术实力的金融机构而言，在其开展的小额信贷业务中选择与助贷机构合作便是合理的和必要的。

（一）助贷机构的类型

在互联网助贷业务中担任助贷机构的主体类型主要包括持牌金融机构和非持牌公司。持牌金融机构主要包括消费金融公司、网络小额贷款公司、商业银行和第三方支付机构、保险公司、融资担保公司、融资租赁公司等。非持牌公司主要是指具备金融科技等优势的企业，例如360、小米、京东旗下的科技型企业等。目前助贷业务尚不处于监管部门许可或备案的业务范围，有些地方金融监督管理部门曾发文对此予以说明，例如，广州市地方金融监督管理局于2020年5月13日发布《关于在我市注册及从业的小额贷款公司、网络借贷信息中介机构及助贷机构金融许可及备案信息公告》，特别说明了“法律法规未授权我局对助贷机构实施许可或备案管理，凡在我市注册及从业的任何机构均不具有我局发放的助贷业务许可或备案文件”。但监管部门有意将其统一纳入监管，国务院新闻办公室于2020年11月6日举行国务院政策例行吹风会，中国银行保险监督管理委员会首席律师刘福寿表示，在金融科技方面，将按照金融科技的金融属性，把所有的金融活动纳入统一的监管范围。

1. 持牌金融机构

承担助贷机构角色的持牌金融机构进一步分为持有放贷牌照的金融机构及持

有其他牌照的金融机构。

（1）持有放贷牌照的金融机构

消费金融公司、网络小额贷款公司、商业银行属于持有放贷牌照的金融机构，该等机构自身具备放贷资质，但基于不同的原因选择参与互联网助贷业务作为助贷机构。消费金融公司作为助贷机构的原因是其提供资金能力较差，与其他金融机构合作协助其他金融机构发放贷款，则既可以不承担资金来源的压力又可以充分利用自身消费金融业务经验获取收益。网络小额贷款公司一般是非持牌金融科技公司旗下关联方，一般是作为金融科技公司发放贷款的壳，随着2017年监管部门对网络小额贷款公司的整顿，其融资能力及业务模式受到较大限制，因此开始转型作为助贷机构，不过目前融资政策稍有放松，监管部门拟对其纳入统一监管。商业银行作为助贷机构的原因是因为其具有强大的获客能力，其可以将日常经营获取的客户进行分层，优质客户由其以信用卡等传统业务形式提供服务，稍次级及次级客户则可以充分利用，将该等客户推送给其他金融机构提供服务，当然有些商业银行也会因为提供资金能力不足等因素而选择作为助贷机构，例如网商银行、微众银行等民营银行。

持有放贷牌照的金融机构作为助贷机构参与互联网助贷业务的形式分为联合贷款模式和单方贷款模式。其作为助贷机构与合作金融机构共同出资发放贷款的模式为联合贷款模式，例如微众银行与其他金融机构合作的微粒贷产品就是联合贷款模式。其单纯作为助贷机构不与合作金融机构共同出资发放贷款的模式为单方贷款模式。持有放贷牌照的金融机构作为助贷机构参与联合贷款模式时，一般都是出资很小的比例，例如出资1%，其在这种模式项下的主要参与目的并不是享有相应份额的贷款债权，而是可以以少量资金获得贷款人身份，以便于在查询借款人征信、收集借款人征信信息、发放贷款、贷款回收方面提供更多的助贷服务，进而获取较为可观的收益。相较于联合贷款模式，单方出资模式项下助贷机构提供服务的范围相对少一点，没有联合贷款模式的明显优势。这在法律法规规定上亦有所体现，联合贷款模式中法律法规允许金融机构外包的业务范围比单方出资模式中法律法规允许金融机构外包的业务范围更加广泛，即联合贷款模式在业务外包方面更加具有制度优势。不过，对于网络小额贷款公司参与联合贷款模式的情况，监管部门可能会进一步规定网络小额贷款公司的最低出资比例要求。

（2）持有其他牌照的金融机构

持有其他牌照的金融机构主要是指持有第三方支付牌照的机构、持有融资担保牌照的机构及持有信用保证保险牌照的机构、持有融资租赁牌照的机构等等。该等持牌金融机构虽不具有发放贷款资质，但其日常经营过程中能够获取优质客户及优质风控数据，这是非持牌公司没法获取的资源，同时还可以利用其持牌经营业务能力提供更多的助贷服务。例如，最近两年发展较快的保险助贷业务，便是保险公司利用其保险业务能力在全国各地开设门店进行获客，并同时利用其保险资质提供信用保证保险增信。再例如，类似弹个车的车分期业务项下，便是融资租赁公司利用其融资租赁牌照开展融资租赁过程中进行获客并利用其主营业务优势提供贷款后续服务。

2. 非持牌公司

作为助贷机构的非持牌公司一般都是在互联网助贷业务中具有相应优势的机构，根据其优势的不同可以进一步分为科技型非持牌机构和其他型非持牌机构。

（1）科技型非持牌机构

科技型非持牌机构在金融科技能力方面具有较强的优势，这些优势一般来源于其日常经营业务的积累，可以用于互联网助贷业务项下获客及风控等服务。例如，美团依赖其旗下外卖等日常经营业务积累了强大的获客资源及客户端服务能力以及大数据分析能力，这使得其在进行贷款营销、大数据风控方面服务的质量远远高于其他不具备相应资源的助贷机构。

网络借贷信息中介机构（又称“P2P平台”）也是助贷机构的重要来源。根据统计数据，自2013年开始至2017年，网络借贷信息中介机构数量呈现几何倍数上升的状态，2013年当年的网络借贷信息中介机构数量为800家左右，2014年正常运营的网络借贷信息中介机构数量达到1575家，2015年正常运营的网络借贷信息中介机构数量达到了2595家。[①] 网络借贷信息中介机构数量暴增的过程中存在很多不规范甚至违法违规的问题，2016年开始，随着《网络借贷信息中介机构业务活动管理暂行办法》等法律法规的出台，监管部门加大对其规范整顿力度，面对监管的合规要求及市场等多重压力，出现了很多平台暴雷跑路的现象，

① 《P2P未来发展趋势》，载http：//m.chinabgao.com/k/p2p/30352.html，最后访问日期：2020年9月19日。

大量平台逐渐消亡。根据统计数据，2017 年 7 月到 2018 年 6 月一年间，消亡的网络借贷信息中介机构数量为 1407 家,网络借贷信息中介机构开始进入淘汰期。[①]网络借贷信息中介机构的合规备案期限也被监管部门一再延期，最终全国各地开始进行清理整顿并引导其转型退出。互联网金融风险专项整治工作领导小组办公室、P2P 网贷借贷风险专项整治工作领导小组办公室于 2018 年 12 月 19 日下发《关于做好网贷机构分类处置和风险防范工作的意见》(整治办函〔2018〕175 号)规定，“积极引导部分机构转型为网络小货公司、助贷机构或为持牌资产管理机构导流等”，助贷机构是网络借贷信息中介机构转型的重要方向之一。网络借贷信息中介机构在其主营业务过程中积累了一定的科技能力，这也为其担任助贷机构奠定了基础。

(2)其他型非持牌机构

除了具备突出金融科技能力的机构可以作为助贷机构之外，具备其他优势的机构也会将其主营业务优势进行充分利用，担任助贷机构为金融机构提供相关服务。例如，在小微企业融资相关互联网助贷业务中，小微企业的大数据不太容易收集，掌握这方面大数据的机构便具有先天的优势，像百望、金蝶、用友、平安金融壹账通等为小微企业提供财税服务的机构也在与金融机构合作小微企业领域的互联网助贷业务。[②]

(二)助贷机构的参与职责

在互联网助贷业务中，助贷机构是金融机构的重要合作机构，助贷机构的参与职责主要包括获客推荐、客户端服务、信息收集、初步审核分析、安排增信措施、合同签署、联合贷款、贷款管理、贷款回收、贷款催收等。

1. 获客推荐

获客推荐包含贷款营销但其内涵大于贷款营销。获客推荐是指助贷机构向借款人营销贷款产品并根据金融机构需求的标准向金融机构推荐借款人。

贷款营销是互联网助贷业务的重要环节，助贷机构进行贷款营销的方式包括

---

① 《P2P 爆雷地图：浙江上海问题平台数量多》，载 https：//baijiahao.baidu.com/s?id=1606566727744441604&wfr=spider&for=pc，最后访问日期：2020 年 9 月 19 日。

② 《助贷机构如何“别处逢生”：小微企业贷款全流程解析》，载 https：//www.sohu.com/a/316962513_115173，最后访问日期：2020 年 9 月 19 日。

线上营销和线下营销。

（1）线上营销

线上营销是指助贷机构自行或委托其他合作机构通过计算机网络、手机网络、电话、短信等方式宣传贷款产品。线上营销的具体方式进一步分为自营平台引流、合作方平台引流及广告引流。

①自营平台引流

自营平台引流是指助贷机构通过其自营 APP 等平台或其关联方经营的 APP 等平台嵌入贷款产品客户端链接供借款人点击申请借款的营销方式。例如，蚂蚁借呗及蚂蚁花呗客户端嵌入在支付宝 APP 平台的应用中向支付宝用户进行营销；微粒贷产品嵌入在微信 APP 平台的服务中向微信用户进行营销；携程旗下拿去花产品及借现金产品嵌入在携程旅行 APP 平台中向携程旅行用户进行营销。这种贷款营销方式是助贷机构首选的方式，其获客成本最低且后续对借款人的服务可控。

②合作方平台引流

合作方平台引流是指助贷机构通过与其他有能力获客的机构进行合作，在合作方 APP 等平台嵌入贷款产品客户端链接供借款人点击申请借款的营销方式。其中，贷款产品客户端链接包括直接跳转链接和 API 对接两种形式。直接跳转链接是指借款人点击合作方平台中相关链接后直接跳转至打开助贷机构的相关贷款产品客户端 APP 或网页，跳转后的流程不受合作方控制。API 对接是指借款人点击合作方平台中相关链接后在合作方平台中完成相关操作流程，合作方将相关信息通过 API 接口对接的形式推送给助贷机构，助贷机构无法控制合作方平台中借款人的相关操作流程。合作方平台引流方式的获客成本相对较高，一般不是助贷机构首选的贷款营销方式。

③广告引流

广告引流是指助贷机构委托广告机构通过网页、短视频、电话、短信、手机 APP 应用市场等渠道发布贷款产品广告的形式进行贷款营销。广告引流方式一般仅向借款人介绍相关贷款产品而不提供相关具体产品链接供借款人直接点击。例如，抖音短视频、微信朋友圈中经常会出现消费金融贷款产品的广告推送。不过随着法律法规的不断完善，将来通过短信、电话进行广告的形式可能会受到一定限制。

（2）线下营销

线下营销是指助贷机构自行或委托其他合作机构通过线下门店等方式宣传推广贷款产品。线下营销的具体方式进一步分为专门营销和辅助营销。

①专门营销

专门营销是指助贷机构在线下开设专门的贷款产品经营店铺，向借款人宣传贷款产品。例如，保险公司在线下开设门店专门经营助贷业务。

②辅助营销

辅助营销是指助贷机构委托其他合作方在主营业务线下门店经营过程中向借款人宣传贷款产品。例如，手机销售门店在经营过程中向顾客推荐贷款产品，顾客可直接贷款用于购买手机。

2. 客户端服务

互联网助贷业务中，助贷机构是金融机构和借款人之间的连接桥梁，借款人申请借款需要通过助贷机构进行操作，金融机构向借款人披露借款信息也需要通过助贷机构完成。助贷机构一般通过 APP 软件、微信小程序等客户端软件工具提供相应服务，借款人申请借款前均需注册并登陆相应客户端，并通过客户端申请借款及获取借款信息，助贷机构需提供客户端软件维护及信息传输、信息披露等服务。

客户端服务在互联网助贷业务中的作用至关重要，其不仅涉及借款人合法权益是否得到维护也涉及金融机构的合法权利是否有所保障。例如，客户端平台向借款人披露的贷款利率、还款方式等是否准确会影响借款人是否决定申请借款；客户端平台是否具有有效性、稳定性、可靠性则决定着金融机构向借款人主张债权时能否提供合法有效的证据。因此，助贷机构在提供客户端服务时应按照法律法规规定向借款人披露贷款主体、贷款条件、实际年利率、年化综合资金成本、还本付息安排、逾期清收、咨询投诉渠道和违约责任等基本信息，不能采取默认勾选、强制捆绑销售等方式剥夺消费者意思表示的权利，并且应设置合理的强制阅读借款合同的时间。

借款人在注册客户端平台时一般需与助贷机构签署相应的服务协议，但助贷机构不得因客户端服务而向借款人另行收取服务费用，助贷机构同时作为融资担保机构或保险公司提供增信的情形除外。

有些互联网助贷业务中的客户端平台不是由助贷机构直接控制，例如，客户端平台为助贷机构关联方或其通过 API 对接方式合作的机构控制，该等情形下，助贷机构需要通过其关联方或通过 API 对接的合作方提供客户端服务。

3. 信息收集

传统贷款业务中，金融机构主要依赖中国人民银行提供的征信报告数据，而在互联网助贷业务中，因借款服务客群下沉等原因导致部分借款人没有征信报告数据或征信报告数据很少以致于无法完全依据该等数据做出贷款决策，因此征信报告以外的其他替代数据信息对于互联网助贷业务至关重要。例如借款人的支付数据、消费数据等，这些数据又称为大数据，能够帮助金融机构进行精准风控，是金融机构的授信审查、风险控制的重要依据。

对借款人进行大数据信息的收集是助贷机构的一项重要工作，其数据来源主要包括自有数据及外部数据。自有数据又称内生数据，是指助贷机构及其关联方在日常经营过程中积累的用户数据，例如支付宝收集存储的用户支付数据、转账数据等。外部数据是指助贷机构向外部数据服务机构收集的数据，例如向同盾、百融、白骑士等数据服务商收集的数据。

助贷机构需要收集的大数据信息范围较为广泛，主要包括借款人姓名、身份证号等身份信息、联系电话、银行账户、多头借贷数据以及其他必要信息。一般而言，助贷机构会尽可能多的收集较为广泛的借款人信息以便进行更精准的风控，而近年来随着监管部门对于个人信息保护的重视，助贷机构在收集借款人信息时需要遵守“最少、够用”的原则。但是，该原则的具体边界并不清晰，在实践中标准难以把握，助贷机构认为其收集的任何一条信息都是必要的、不可缺少的，而监管部门不一定予以认可。

4. 初步审核分析

助贷机构收集完毕关于借款人的大数据信息后需要对人数据信息进行初步审核分析，具体包括对借款人进行身份核验、反欺诈筛查、风控模型筛查，最终综合各项筛查结果判断是否将其推荐给金融机构，若筛查不通过的，助贷机构会直接向借款人反馈拒绝其申请借款的信息。

助贷机构一般需要建立有效的身份认证模式进行身份验证，具体验证内容主要包括四要素（姓名、身份证号码、银行卡号、预留手机号）一致性验证、人脸识别验证、手机电信运营商验证等。

欺诈风险是互联网助贷业务乃至所有贷款业务中最大的风险，因此，助贷机构需要单独建立有效的反欺诈模型，对借款人大数据进行反欺诈筛查分析，防范借款人冒充他人身份、恶意骗取银行贷款的行为，保障信贷资金安全。

风控模型则是助贷机构的核心商业机密，每个助贷机构都会根据其大数据信息并结合贷款产品特点、客户特征、风险数据和风险管理策略等因素，构建特定的风控模型，并根据贷款资产质量的表现进行不断调整，以确保足以协助金融机构进行精准风控。目前主流的风控模型类型是评分卡模型，该模型起源于美国信用管理局使用的个人信用评分系统（即 FICO），其原理是通过对借款人大数据信息进行分析后对借款人进行评分，分数越高代表其信用程度越高，例如，阿里旗下的芝麻分以及腾讯旗下微信支付分都是采用评分卡模型进行的评分。

5. 安排增信措施

在互联网助贷业务模式发展早期，助贷机构一般需要通过交付保证金、承担保证、差额补足责任等形式向金融机构发放贷款进行增信。随着监管要求的趋严，没有担保资质的助贷机构不得提供增信，助贷机构一般会安排其他合规形式的担保措施，例如安排具有融资担保资质的关联方提供担保或在信托公司参与模式项下认购劣后级信托单位份额等。

6. 合同签署

在互联网助贷业务中，助贷机构需负责借款合同等电子合同签署方案的制定，以确保借款人合法有效地签署了相关协议。目前，助贷机构采用的电子合同签署方案主要有数字证书方案、用户名 + 密码 + 点击确认方案、第三方存证方案、公证书方案等。第三方存证方案和公证书方案一般不采用数字证书。

（1）数字证书方案

数字证书方案是指借款人采用数字证书形式电子签名签署电子合同的方案。在数字证书方案中，借款人需向电子认证服务机构申请数字证书，并由电子认证服务机构提供电子签名服务，在借款人完成合同确认后将其数字证书加盖在电子合同中以保证其签署效力。互联网助贷业务中借款人众多，电子认证服务机构与每个借款人逐一对接的成本较高，因此一般是由助贷机构在其中过桥牵线，主要方式是由借款人在客户端授权助贷机构代为向电子认证服务机构申请数字证书并将数字证书存储在助贷机构系统服务器中，在借款人确认合同后助贷机构系统自动调用借款人数字证书完成电子签名。例如，360 借条产品中借款人与助贷机构签署的服务协议便约定了相关授权条款，具体内容为："您知晓并同意，为不断优化用户身份认证体系，我公司将根据实际需要选择具备合法资质的电子认证服务提供者针对重要协议及法律文件提供电子签名相关的技术和服务。用户同意并授权我公司以及与其合作的电子认证服务提供者基于电子签名方面的需要（包括但不限于身份认证、数字证书制作等需要）使用、共享用户的个人信息”。

（2）用户名＋密码＋点击确认方案

用户名＋密码＋点击确认方案是指借款人采用贷款产品平台用户名＋密码登录并点击确认的方式签署电子合同的方案。在该方案中，借款人需实名认证申请注册贷款产品平台账号，使用该账号用户名及密码登录后的所有行为即视为其本人的行为。例如，蚂蚁花呗产品项下借款协议约定了如下条款：“一旦您通过点击或其他方式确认本合同，即意味着您同意以数据电文形式订立本合同。”

（3）第三方存证方案

第三方存证方案是指借款人在客户端平台通过“用户名＋密码＋点击确认”确认借款合同内容后，助贷机构通过系统对接的方式直接将借款人确认的借款合同传输至提供存证服务的第三方机构，由第三方机构对借款人确认后的合同进行数据摘要运算及加盖时间戳，以确保借款人签署的效力。例如，微粒贷产品项下借款合同中对第三方存证进行了约定，具体条款内容为：“本合同及本合同项下电子补充协议、电子借款借据或附件（如有）已经经过第三方存证机构进行电子证据固化并保存，可以作为争议解决中的证据使用”。

（4）公证书方案

公证书方案是指助贷机构委托公证机构对初始借款合同版本及后续每次变更的借款合同版本及借款合同签署流程进行公证，以此证明借款人获得贷款前均需通过“用户名＋密码＋点击确认”签署相应版本的借款合同。例如，在《严志俊与重庆市阿里巴巴小额贷款有限公司小额借款合同纠纷案》（审理法院：浙江省杭州市中级人民法院；案号：〔2016〕浙01民终6465号；裁判日期：2017年4月11日）中，重庆市阿里巴巴小额贷款有限公司提交了相关公证书，以证明“案涉贷款需要申请人使用淘宝会员账户登录贷款平台，通过输入借款人姓名、身份证号、支付宝账号、淘宝账号、绑定手机号及手机号接收的验证码申请贷款；在贷款合同生成之后，借款人输入支付宝支付密码确认合同并完成签约；贷款审核通过后发放至借款人本人名下支付宝账户中”。

7. 联合贷款

具备发放贷款资质的助贷机构若与其他金融机构联合向借款人发放贷款的，

则助贷机构还需承担征信查询、联合出资、贷款划付、结算等其他助贷机构无法提供的服务。

8. 贷款管理

在贷款管理过程中，助贷机构还需要根据金融机构的需求对贷款资产质量进行跟踪分析，对借款人的还款能力、资金使用情况进行跟踪调查。助贷机构进行跟踪调查的手段主要是科技手段，必要时可能会收集借款人的位置信息、支付信息等等以便发现异常情况。对于自主支付的贷款发放方式而言，借款人进行贷款用途检查的方式主要包括以下几种：①对借款人进行电话回访了解资金具体用途并进行录音；②在客户端设置资金用途凭证上传入口并以发放优惠券等形式鼓励借款人主动上传资金用途凭证；③利用借款人支付信息等进行判断分析。

9. 贷款回收

在互联网助贷业务中，为了借款人的客户体验考虑，若借款人选择线下方式还款的，一般会安排借款人将还款资金支付至助贷机构账户然后再由助贷机构进行转付。

10. 贷款催收

互联网助贷业务中一般会安排由助贷机构负责贷款催收工作，有些助贷机构会自行设立催收部门专门负责催收，有些助贷机构则会将催收工作部分或全部委托给其他催收机构进行催收。

（三）助贷机构的综合比较分析

在互联网助贷业务中，不同的助贷机构有不同的优势和劣势，具体汇总如表2：

表2　互联网助贷业务中，不同的助贷机构有不同的优势和劣势

助贷机构类型	优势	劣势
商业银行	1. 小额贷款业务经验丰富； 2. 可发放联合发贷款并承担放款、结算等更多的贷款服务内容； 3. 借款人征信等正规金融数据丰富	1. 多数商业银行不具有金融科技优势； 2. 除正规金融数据外的其他替代数据收集能力较弱； 3. 风控模型有效性可能不如科技型企业

续表

助贷机构类型	优势	劣势
消费金融公司	1. 消费金融贷款业务经验丰富； 2. 可发放联合发贷款并承担更多的贷款服务内容； 3. 金融科技能力强于商业银行	金融科技能力弱于有互联网背景的其他助贷机构
网络小额贷款公司	1. 小额贷款业务经验丰富； 2. 可发放联合发贷款并承担更多的贷款服务内容； 3. 相较大部分银行、信托公司等其他金融机构而言，可能依赖互联网平台集团背景具有更大的金融科技优势	金融科技优势可能强于多数商业银行及信托公司，但弱于科技型企业。 多数网络小额贷款公司本质上一般是依赖于科技型集团企业项下的金融科技优势，不具备独立的金融科技能力
第三方支付机构	1. 相较非持牌公司而言，在支付清算业务上具有较强的优势； 2. 部分强场景的支付服务在获客和除征信外的替代数据上具有较强的优势	正规金融数据弱于商业银行
非持牌公司	1. 借助日常经营业务范围具有更强的获客能力和借款人服务能力； 2. 非持牌科技公司金融科技实力更强，具有较强的大数据、区块链、云计算、人工智能等金融科技优势，助贷服务相关软件著作权、商标权等一般注册在科技公司名下； 3. 部分科技公司为金融机构提供助贷服务经验丰富，在小额信贷领域的优势甚至不亚于银行，风控模型有效性经过长期的业务验证	多数非持牌公司不具备金融领域经验，在正规金融数据方面不具备优势

（四）助贷机构报酬

助贷机构提供助贷服务均会收取助贷服务费作为其服务报酬，服务报酬收取方式包括固定报酬和浮动报酬、分润模式三种形式。固定报酬是指助贷机构按照资产存续规模和约定的费率并按固定频率收取当期固定服务费，例如每自然季度计算收取一次。浮动报酬是指金融机构按照其提供资金的规模收取固定的收益(亦可能不收取固定收益)，超额收益在期末均归助贷机构作为其浮动报酬。分润模式是指助贷机构与金融机构按照贷款利息回收款的金额按比例分配，例如每个借款人每次还款中利息金额的百分之三十属于助贷机构的服务费，若借款人未偿还则不收取服务费。在互联网助贷业务发展早期，固定报酬 + 浮动报酬的模式比较常见，随着监管部门对于互联网助贷业务的要求趋严，分润模式逐渐成为各助贷机构合规收费的主要形式。

三、获客推广机构

获客推广机构是指向借款人营销贷款产品的机构。助贷机构一般会自行承担一部分贷款营销的工作，有些助贷机构则需要委托其他机构进行贷款营销。除助贷机构之外的获客推广机构一般不会直接出现在互联网助贷业务中，其与金融机构之间一般不会产生直接的交易关系，而是由助贷机构聘请。贷款营销方式详见“助贷机构”相关章节。

获客推广机构提供贷款营销服务的需要收取一定的费用，若获客推广机构为助贷机构的，则助贷机构一般将相关费用涵括在助贷机构服务费中而不另行收取获客服务费；若获客推广机构为助贷机构另行委托提供服务的，则一般由助贷机构另行向获客推广机构支付相关费用，具体费用标准会根据获客推广机构服务内容的不同有所区别，例如，通过 API 对接形式提供服务的机构收费标准一般较高，可能会根据资产规模和利息率而进行调整，通过广告形式提供服务的机构一般收费则按广告费用标准进行收取。

四、担保机构

担保机构对互联网助贷业务支持小微企业融资及消费金融均起到了重要作用，目前互联网助贷业务中主要常见的担保机构有融资担保公司和保险公司。

（一）融资担保公司

融资担保公司是指根据法律法规规定设立、经营为被担保人借款、发行债券等债务融资提供担保的融资担保业务的有限责任公司或者股份有限公司。融资担保公司一般由地方金融监督管理部门监督管理，其设立宗旨是为了支持普惠金融发展、促进资金融通。

融资担保公司参与互联网助贷的形式主要包括保证担保和保证金担保、差额补足、受让贷款资产四种形式。

1. 保证担保

保证担保是指融资担保公司作为保证人为借款人对金融机构负有的债务承担保证担保责任，在借款人未按约定履行还款义务时，金融机构可以要求融资担保公司承担偿还义务。融资担保公司会收取担保费作为其承担担保责任的对价。有些互联网助贷业务中还安排由借款人向融资担保公司提供反担保。融资担保公司提供保证担保的形式也包括逐笔保证及最高额保证两种形式。

（1）担保费

融资担保公司收取担保费的方式包括借款人承担模式和金融机构承担模式两种。

①借款人承担模式

借款人承担模式是指融资担保公司与借款人签署委托担保合同等协议，约定借款人向融资担保公司支付担保费。担保费支付方式包含一次性支付和按期支付两种形式。一次性支付的支付时间一般为贷款发放前或贷款发放后一定的时间（例如第一个付息日）。按期支付的支付时间一般为每次付息时按约定的费率进行支付。

例如，在《平安普惠融资担保有限公司与周树荣、周美华委托担保合同纠纷、担保追偿权纠纷案》（审理法院：江苏省苏州工业园区人民法院；案号：〔2018〕苏0591民初1300号；裁判日期：2018年4月27日）中，法院查明以下事实：

“原告平安普惠（乙方）与被告周树荣（甲方）签订最高额委托担保合同，约定甲方委托乙方为其在前述授信期间内发生的借款在最高本金金额903000元范围内向出借人提供连带责任保证担保，保证范围包括主债权本金及借款合同中约定的利息、罚息、违约金、服务费以及债权人实现债权的费用，保证期间为两年，自借款合同最后一个还款日起计算。甲方同意乙方有权收取担保费，从每一笔借款实际发放日起按月计费，还款期限为36个月的，月担保费率为0.4%，不足一个月的，按实际天数计收担保费，从乙方承担担保责任起，以代偿金额按

0.1%收取代偿滞纳金。甲方未按时足额支付担保费、追偿款或支付代偿滞纳金的，甲方应承担乙方为追偿所支付的一切费用，包括但不限于催收费、诉讼费、律师费等。”

上述案件项下，融资担保机构便是采用按期收费的模式向借款人收取担保费。

②金融机构承担模式

金融机构承担模式是指融资担保公司与金融机构签署担保合同，约定金融机构向融资担保公司支付担保费。担保费支付方式一般是按照固定频率及费率以贷款产品或相关资产管理产品规模为基数进行计算支付。

（2）反担保

为了保障自身利益，融资担保公司也会安排借款人对其向融资担保公司承担的还款义务提供抵押等物的担保，这种担保方式被称为反担保。反担保一般不会安排在小额借款业务中，而是安排在贷款金额为数十万元以上的大额贷款业务中。担保物主要包括房产、车辆等财产。例如，在《平安普惠融资担保有限公司、王涛追偿权纠纷案》（审理法院：天津市和平区人民法院；案号：〔2020〕津0101执异78号；裁判日期：2020年6月3日）中，借款人与融资担保公司签署最高额反担保抵押合同，以其房产为其还款义务提供最高额抵押反担保。

（3）保证担保的形式

融资担保公司提供保证担保的形式包括逐笔保证及最高额保证两种形式。

①逐笔保证

逐笔保证是指融资担保公司对金融机构在互联网助贷业务产品项下发生的每一笔借款分别提供保证担保，具体合同签署形式可以是金融机构与融资担保公司就某一贷款产品签署一份框架性质的纸质担保协议，也可以是金融机构与融资担保公司及借款人三方在每笔借款发生时，各方签署借款合同的同时签署一份电子合同形式保证合同。

②最高额保证

最高额保证是指融资担保公司对金融机构在互联网助贷业务产品项下一定期限内发生的借款在最高额限度内承担保证担保责任，具体合同签署形式一般是金融机构与融资担保公司直接签署纸质担保协议。有些融资担保公司选择最高额担保的原因主要是控制其担保责任限额。

2. 保证金担保

保证金担保模式是指融资担保公司按约定在指定账户存入约定金额的保证金，在触发逾期率指标等约定标准时，金融机构有权直接划付保证金用于代为偿还借款人逾期债务。用于保存保证金的指定账户可以是以金融机构名义开设的，也可以是以融资担保公司名义开设的，但均需明确约定金融机构有单方划款的权利。有些业务结构项下还会安排监管银行对保存保证金的指定账户进行资金监管。

3. 差额补足

差额补足模式是指融资担保公司按约定向金融机构补足资金，以确保金融机构的贷款回收款满足一定的标准。例如，在信托公司参与的互联网助贷业务中，信托公司与融资担保公司约定，融资担保公司在信托公司设立的信托产品项下信托财产专户的贷款回收款资金不足以分配信托产品受益人信托利益及支付信托产品项下信托费用时，融资担保公司应按约定向信托财产专户补足资金。

4. 受让贷款资产

受让贷款资产模式是指融资担保公司按约定在触发一定条件时向金融机构受让逾期贷款债权。例如，就某一笔借款而言，借款人任一期还款义务逾期超过一定期限的，则融资担保公司应受让该笔债权；就整个贷款产品而言，其逾期率等指标超过一定标准时，融资担保公司应受让逾期贷款债权，直至相关指标符合约定标准。

（二）保险公司

互联网助贷业务中的保险公司是指根据法律法规规定经批准设立的经营为借贷提供信用保险和保证保险业务的财产保险公司或专营性保险公司。保险公司参与助贷的业务模式源于中国平安财产保险股份有限公司，2005 年 8 月，中国平安财产保险股份有限公司成立信用保证保险事业部，首创与银行合作开展“保证保险 + 银行贷款”的业务模式，通过为个人贷款和小微企业贷款提供保证保险的方式帮助个人及小微企业从银行获得贷款[①]。其后，随着互联网助贷业务的兴起及财险公司盈利能力较弱等多方因素的影响，多家财产保险公司逐步参与互联网助

① 《助贷险大败局：人保财险吞下苦果保险业“触礁”助贷险》，载 http：//finance.sina.com.cn/money/insurance/bxdt/2020-05-19/doc-iircuyvi3833894.shtml，最后访问日期：2020 年 9 月 19 日。

贷业务。有些保险公司会在提供保险的同时另外承担助贷机构的工作，有些保险公司还会要求借款人提供反担保。

①助贷机构

同时担任助贷机构的保险公司需要承担获客等助贷机构的职责。有些保险公司会通过线上方式进行获客，有些保险公司则通过线下门店等方式进行获客。

②保险方式

保险公司在互联网助贷业务中提供保险的方式主要包括信用保险和保证保险。信用保险是由金融机构作为投保人向保险公司进行投保，保险费由金融机构承担。保证保险是由借款人作为投保人向保险公司投保，保险费由借款人承担。保险合同签署方式包括线下签署和线上签署，保险合同一般需要在借款人申请借款前完成签署，但是保险单一般是在金融机构审核同意发放贷款后方由保险公司正式出具。保险费的收取方式与融资担保公司收取担保费的形式类似，分为一次性收取和按期收取。

例如，在《中国平安财产保险股份有限公司与姚一波保证保险合同纠纷案》（审理法院：浙江省余姚市人民法院；案号：〔2020〕浙0281民初2366号；裁判日期：2020年6月4日）中，法院查明如下事实：

"2012年12月28日，被告与宁波鄞州农村合作银行月湖支行（以下简称'宁波月湖支行'）签署合同编号为鄞银（月湖支行）个借字第20120246118号《个人借款合同》，被告向宁波月湖支行借款50000元，借款期限为36个月（2012年12月28日至2015年12月27日），还款方式为按月等额还本付息。同时，被告（投保人）就该笔借款向原告投保信用保证保险，以宁波月湖支行为被保险人，与原告签订保单号为12994012600000533849的《平安个人消费信贷保证保险保险单》（以下简称"保险合同"），每月保费率为1.9%，即950元。"

该案中由借款人向保险公司投保保证保险，并按月承担保险费。

③反担保

与融资担保公司的适用情形类似，保险公司也会选择要求借款人另行提供反担保。例如，在《中国平安财产保险股份有限公司、曹宝军、杨红梅合同纠纷案》（审理法院：河北省承德市双桥区人民法院；案号：〔2019〕冀0802民初5495号；裁判日期：2019年12月10日）中，借款人与保险公司签署最高额反担保抵押合同，以其房产为其还款义务提供最高额抵押反担保。

五、技术服务机构

技术服务机构是指在互联网助贷业务中为金融机构提供计算机系统技术开发与维护等服务的具备金融科技能力的机构。

随着互联网金融的发展，互联网平台、第三方支付等主营小额分散业务的机构科技能力不断提升，有些机构成立了专门从事金融科技服务的公司，一方面可以将自己的技术能力对外输出获取收益，另一方面可以利用大量的服务业务积累提升自己的科技能力以巩固自身业务的地位。例如，飞贷在其手机助贷业务飞速发展的同时也着力发展移动信贷技术输出服务。

技术服务机构在互联网助贷业务中主要为金融机构提供风控系统开发建设、贷款管理系统开发建设并根据金融机构需求开发调试相应的特殊功能。例如，助贷机构将借款人相关借款申请数据推送给金融机构，金融机构需要具备相应的系统接收数据并对相关数据进行分析以进行风险控制，技术服务机构即需要配合相关业务需要开发相关系统；金融机构审核通过借款人的相关借款申请后，金融机构需要向助贷机构即时反馈审核结果，并即时向支付服务机构发送贷款发放指令，技术服务机构需配合开发相应的系统功能以实现相关业务流程的自动化；贷款发放后，金融机构需要接收助贷机构及系统服务机构每日反馈的贷款资产数据信息，并对相关贷款资产是否按时还款、是否存在逾期等状态进行实时跟踪分析，技术服务机构需要开发相应系统功能。

技术服务机构提供技术服务时需要收取一定的服务费，有些技术服务机构按服务工作量收取固定金额的服务费，有些技术服务机构则按照资产规模收取服务费，例如根据存续贷款资产本金余额和约定的固定费率计算服务费，固定费率可以根据资产逾期率等表现进行对赌调整。

六、数据服务机构

数据服务机构是指在互联网助贷业务中为金融机构及助贷机构提供借款人信息的服务机构。随着互联网金融的发展，除官方征信报告之外的替代数据对于互联网金融的风控而言其作用不言而喻。数据服务机构便是除了在日常经营中可以积累大量借款人数据的助贷机构之外，可以提供风险数据的主要机构。例如，同盾、百融、白骑士等知名的数据服务机构。随着数据服务机构提供服务的机构不断增多，其风险数据不断积累，数据精准度不断提升。例如，头部数据服务机构因接入金融机构数量的庞大，对于借款人的多头借贷数据精准度远超央行，而且其几乎可以做到实时更新。

数据服务机构在互联网助贷业务中主要为金融机构及助贷机构提供服务，助贷机构在初步审核借款人时一般会接入数据服务机构，有些助贷机构自身掌握的借款人数据较为丰富，则其会选择性的接入较少维度的数据，有些助贷机构自身掌握的数据可用性不高，则会选择接入多家数据服务机构多个维度的数据。在金融机构最终进行授信审查时，也有越来越多的金融机构接入数据服务机构，并采用数据服务机构的相关数据进行风险控制。

数据服务机构提供数据服务的形式在不断利用科技能力改进以使其更加合规。例如，同盾提出数据“可用不可见”的数据服务方案，解决了数据安全与发展之间的平衡点。数据“可用不可见”是指利用科技手段脱敏数据关键信息，充分保护数据和隐私安全，同时保证脱敏后的数据利用价值不受到影响。这对于解决广受争议的数据服务机构业务合规性以及个人信息保护问题具有重要意义。

数据服务机构获取报酬的收费模式一般是按照查询流量收费，即按金融机构或助贷机构向数据服务机构系统查询借款人数量及数据范围确定一定的收费标准。

七、支付服务机构

支付服务机构在互联网助贷业务中承担小额贷款资金发放及还款回收的重要服务角色，支付服务业务属于行政许可事项，未经银行业监督管理机构批准，任何机构不得从事支付服务业务。

（一）支付服务机构的类型

在互联网助贷业务中提供支付服务的机构主要包括商业银行和第三方支付机构。

1. 商业银行

经银行业监督管理部门批准后，商业银行可以从事代理收付款项的业务。在第三方支付机构诞生之前，传统业务的代理收付服务均是由商业银行提供的。例如，企业甲与企业乙进行商品买卖交易，企业甲应向企业乙支付买卖价款，其具体支付方式可以采用以下方案：企业甲在A银行开立银行账户，企业乙在B银行开设银行账户，企业甲将现金买卖价款存入其在A银行开设的银行账户并指令A银行代为支付至企业乙在B银行开设的银行账户；在上述交易流程中，企业甲与A银行之间存在代付的关系，A银行为企业甲提供代付服务将资金代付至B银行，企业乙与B银行之间存在代收关系，B银行为企业乙提供代收服务将资金代收并计入企业乙在B银行开设的银行账户。

在互联网助贷业务发展早期，商业银行并未以支付服务机构的角色参与互联网助贷业务，主要原因是其既不具备相应的小额贷款资金代收代付业务处理系统，又认为小额代收代付业务的营利空间较小。不过，随着支付宝等第三方支付机构借助互联网技术不断拓展业务空间，这对于商业银行传统业务造成了很大冲击，商业银行也被迫转型，逐渐利用互联网技术改善业务模式，互联网助贷业务中也逐渐有商业银行参与服务。

2. 第三方支付机构

第三方支付机构又称非银行支付机构，是指经监管部门批准在收付款人之间作为中介机构提供货币资金转移服务的非银行机构。

随着20世纪淘宝网等电商平台的发展，为解决网络交易双方信用问题而经营资金中介业务的支付宝等机构不断发展，监管部门综合多方因素考虑将其纳入监管。中国人民银行于2010年发布了《非金融机构支付服务管理办法》并于2011年开始发放第三方支付牌照（即《支付业务许可证》），支付宝是第一批获得牌照的机构之一，截至2019年年末累计发放272张第三方支付牌照，目前新牌照发放基本停滞，存量有效牌照为237张。阿里旗下支付宝和腾讯旗下财付通属于头部第三方支付机构，2019第四季度我国第三方移动支付交易规模约为59.8万亿元，其中，支付宝占据了55.1%的市场份额，财付通占据了38.9%的市场份额。①

第三方支付机构在发展早期便从事小额支付中介业务，例如买卖双方通过淘宝网进行交易时，买方将交易价款支付至支付宝委托支付宝代为支付给卖方，卖方委托支付宝收取交易价款，但为解决双方的信任问题，该价款的支付是附条件的，卖方在买方将资金支付至支付宝后发货，买方在收到货物并验收确认后再指令支付宝将资金支付给卖方。随着网络交易量的不断扩大，第三方支付机构在相关业务处理上积累了丰富的经验，这便是其在互联网助贷业务中提供支付服务的技术基础。

---

① 《2019年中国第三方移动支付行业交易规模、牌照数量及市场结构分析：支付宝、财付通分别占据了55.1%和38.9%的市场份额》，载http：//www.chyxx.com/industry/202004/850660.html，最后访问日期：2020年9月19日。

（二）支付服务机构的参与职责

支付服务机构在互联网助贷业务中的参与职责是为金融机构发放贷款的行为及借款人偿还借款资金的行为提供代收代付服务。互联网助贷业务发展早期，提供支付服务的机构主要是第三方支付机构，随着商业银行金融科技能力的进步，不断有商业银行参与提供支付服务，但商业银行服务内容一般限于贷款发放，还款代扣的服务一般还是由第三方支付机构提供。

支付服务机构提供代收代付服务的类型主要包括内部记账型、外部划款型、理财产品赎回型。

1. 内部记账型

内部记账型代收代付服务是指金融机构与借款人均在同一支付服务机构开设账户，在贷款发放时支付服务机构根据金融机构的指令将贷款资金由金融机构账户划付至借款人账户（即减少金融机构账户余额，增加借款人账户余额），在还款时支付服务机构根据借款人的指令将还款资金由借款人账户划付至金融机构账户（即减少借款人账户余额，增加金融机构账户余额）。例如，某银行作为支付服务机构的助贷业务中，金融机构及借款人均需在该银行开设银行账户，金融机构应将发放贷款资金提前存入其在该银行开设的账户，贷款发放时计入借款人在该银行开设的账户，借款人还款时需提前将还款资金存入其在该银行开设的账户，在还款时计入金融机构在该银行开设的账户。

内部记账型代收代付服务均发生在同一支付服务机构内部，不存在资金的外部结算，因此其具有快速的特性，但是同时也有一定的局限性，例如借款人必须在该机构开设账户可能导致借款人体验较差等。

2. 外部划款型

外部划款型代收代付服务是指金融机构在支付服务机构开设账户，而借款人可在其他任何支付机构开设账户，在贷款发放时支付服务机构根据金融机构的指令将贷款资金由金融机构账户划付至借款人在其他机构开设的账户，在还款时支付服务机构根据借款人的指令扣划借款人在其他机构开设账户中的还款资金至金融机构账户。例如，在蚂蚁借呗产品中，借款人可以绑定任一合作银行项下开设的银行账户作为收款账户。有些项目还会要求借款人授权贷款人指令其他机构自借款人开设的账户中扣划款项用于偿还借款。例如，在微粒贷产品借款协议中约定了借款人不可撤销的授权贷款人根据借款人在贷款人处的还款信息，向借款人其他账户开户机构发送指令自借款人在其他银行及支付机构开设的账户划扣款项用于还款。不过,《中国人民银行关于规范代收业务的通知》(银发〔2020〕248号)生效后，直接代扣的业务模式会受到一定的影响。

外部划款型代收代付服务涉及不同支付机构账户之间资金的结算，其涉及不同支付机构之间的合作，资金路径相比内部记账型代收代付服务较长，但其对借款人开户机构限制一般较少，借款人可以已开户银行账户用于接收贷款资金及还款。

3. 理财产品赎回型

理财产品赎回型代收代付服务主要是指在借款人还款时授权支付服务机构赎回其持有的理财产品份额并以赎回款项用于偿还借款资金。例如，在蚂蚁借呗产品中约定了借款人授权余额宝的基金销售机构根据贷款人的指令于还款日将借款人持有的余额宝全部或部分份额快速赎回并支付给贷款人用于还款。根据支付宝公布的《余额宝销售及服务协议》，余额宝的基金销售机构为阿里旗下的浙江网商银行股份有限公司。

（三）支付服务机构服务现金流

支付服务机构提供代收代付服务的现金流包括放款现金流和还款现金流。

1. 放款现金流如图8所示

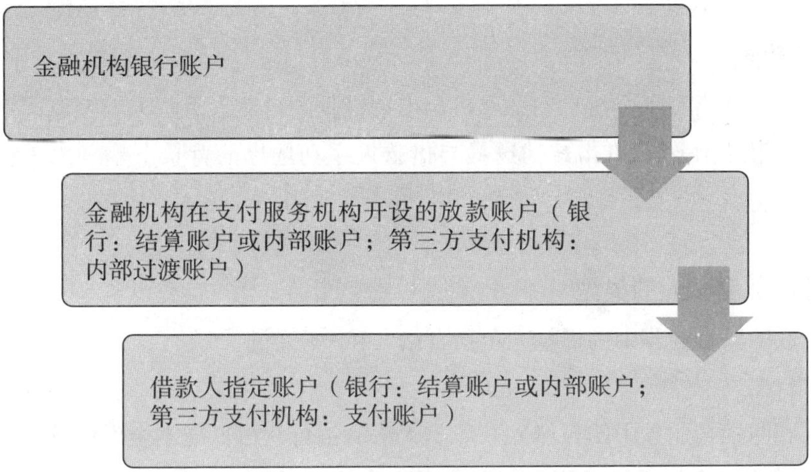

图8　放款现金流

2. 还款现金流如图 9 所示

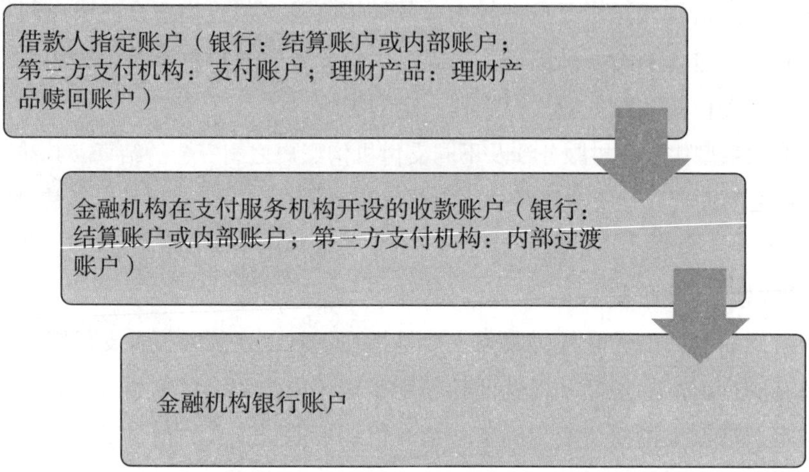

图 9　还款现金流

（四）支付服务机构收费模式

支付服务机构提供支付服务时会收取一定的服务报酬，其服务报酬计算方式一般是按每笔划款固定金额或按划款金融固定比例等方式，收取方式包括金融机构按固定时间结算或支付服务机构直接自划款资金中扣取等方式。

八、借款人

借款人是指有资金需求向金融机构申请借款的自然人及法人。互联网助贷业务中的借款人在金融机构被动选择与借款人主动选择的背景下呈现出其特有的特点。

（一）借款人的类型

互联网助贷业务中的借款人包括自然人和小微企业。

1. 自然人

互联网助贷业务中的自然人一般是无法从银行获得低成本金融借款服务的个人。其借款用途包括日常消费和生产经营两种。其中，日常消费是指日常购物、教育、医疗支出等，不包括投资、买房等用途，例如，微粒贷产品项下借款合同约定，“本信用额度项下单笔贷款不能用于个人购买住房、进行证券投资或用于股本权益性投资、不得用于期货等投机经营或从事其他违法、违规交易”。生产经营用途是指借款人控制的个体工商户等小微企业的日常生产经营，例如购买原材料等。借款用于生产经营的结构项下，安排自然人（小微企业主）作为借款人而非小微企业作为借款人，其主要原因是，金融机构更加看重小微企业主的信用，而对个体工商户等小微企业的还款能力不够信任，若以小微企业作为借款主体可能会产生破产等风险事件，因企业破产具有对小微企业主风险隔离的效果，金融机构可能因此造成较大坏账损失。

自然人的年龄一般会限定在 18 周岁以上，有些项目会限定在 22 周岁以上。年龄限定的主要原因是确保借款人为完全民事行为能力人，并且不是在校学生，避免贷款产品被认定为校园贷，一般而言，18 周岁为成年人且已高中毕业，22 周岁已大学毕业。

部分业务对于自然人的户籍地址及所在地会有所限制，一般不接受偏远地区自然人的借款申请。其主要原因是偏远地区的风险数据较少，存在欺诈的可能性较大，并且贷后催收会存在较大障碍，例如语言不通等。

2. 小微企业

互联网助贷业务中的小微企业一般是指个人控制的经营规模较小且无法提供抵押、质押等担保措施的合伙企业、个体工商户、有限责任公司等。目前互联网助贷业务中借款人为小微企业的贷款产品数量很少，其主要原因是小微企业的网络交易等替代数据并不像自然人一样丰富，金融机构及助贷机构在没有日常经营数据可以对小微企业进行风险评价的情况下，几乎没有办法开发相关风控模型进行风险控制，相关贷款产品发生欺诈及违约等风险的可能性较大。

目前互联网助贷业务中借款人为小微企业的贷款产品一般均是建立在助贷机构日常经营可以掌握小微企业丰富替代数据的基础上的或者是建立在小微企业主个人信用基础上的。例如，为小微企业提供财务服务的用友、金蝶等机构可以利用其主营业务数据为金融机构提供助贷服务；腾讯企业微业贷则要求小微企业主必须以个人身份提供无限连带责任保证担保。

（二）借款人的参与职责

借款人在互联网助贷业务中的主要参与职责主要包括申请授信、申请借款、签署合同、接收借款、配合贷款调查、偿还借款等。

1. 申请授信

借款人一般通过广告、线下推广等助贷机构及其委托的获客推广机构采取的贷款营销措施接触到互联网助贷产品。有需求的借款人会通过互联网助贷产品APP等平台申请获得授信额度。

授信额度包括一次性授信和循环额度授信。在申请授信环节，借款人需提供身份证照片及手机号等个人信息并授权助贷机构及金融机构收集、共享其个人信息及查询其个人征信报告。有些贷款产品会要求借款人提供更为详细的个人信息，例如提供手机号码及运营商平台登录密码并授权助贷机构登录获取其通讯信息等。

在授信环节一般不需要签署借款协议，有些贷款产品在授信环节对接具体金融机构的，则可能会安排由借款人签署借款额度合同，就授信额度及其有效期内提款的相关权利义务作出明确约定。

2. 申请借款

在授信额度有效期内，借款人可以随时提取不超过授信额度的借款资金。每次借款时，借款人需要提交相应的申请。若为自主支付的借款申请，则借款人需通过平台填写具体借款金额等要素，若为受托支付的借款申请，则在消费贷款项下一般由相应的消费平台自动对接提交对应消费金额的借款申请。一般情况下，对于授信额度范围内的每笔借款申请，助贷机构及金融机构均有权另行审核并有权根据风险状况予以拒绝。有些贷款产品则仅按固定时间段对借款人进行重新审核，例如借款人借款申请距上次审核时间超过一定期间的，则会重新进行审核。

3. 签署合同

借款人在申请授信或申请借款时需对借款合同等协议进行签署确认。借款人签署协议的形式为电子签名，协议范围包括借款合同、个人信息授权书、委托扣款授权书、委托担保协议、保险合同等。

（1）电子签名形式

借款人的电子签名形式包括数字证书形式和点击确认形式。但是数字证书形式的使用前提也是点击确认形式。一般情况下，数字证书形式电子签名使用时，借款人需以点击确认的形式书面授权助贷机构以其名义代为向电子认证服务机构申请其名下数字证书，授权助贷机构在借款人签署借款合同等协议时调用其数字证书绑定在相应的协议数据电文中，以达到其有效签署的效果。有些贷款产品基于业务特点及降低成本考虑，并不会使用数字证书形式电子签名，而是仅由借款人以其用户名、密码登录贷款产品平台并点击确认即视为其签署相应的协议。

（2）借款合同

借款合同包括授信额度合同、单笔借款协议、借款借据等形式，主要约定借款金额、期限、利率、违约责任等借款具体要素。

（3）个人信息授权书

个人信息授权书主要由自然人借款人单方签署授权金融机构、助贷机构、担保机构等主体有权查询借款人征信报告、通过其他途径收集借款人信息以及共享、对外提供借款人信息。有些贷款产品项目结构中会将个人信息授权的相关内容约定在借款合同中，而不再另行签署个人信息授权书。若借款人为法人的，则需要签署征信查询授权书授权金融机构查询其征信信息。

（4）委托扣款授权书

委托扣款授权书主要由借款人单方签署授权银行、第三方支付机构等支付服务机构及发卡银行等机构在借款人还款日自动扣收借款人还款资金至金融机构账户用于还款。例如，微粒贷产品项下《委托扣款协议书》约定了以下内容："您同意并授权微众银行根据您在本行的借款还款信息，向发卡银行或其他支付、清算机构发送划款指令，从您提供的绑定银行卡或曾经使用的银行卡、在第三方支付机构开立的支付账户及绑定银行卡中扣款用于归还借款本息。"《中国人民银行关于规范代收业务的通知》（银发〔2020〕248 号）生效后，借款人相应授权流程会有一定的调整。

（5）委托担保协议

委托担保协议主要约定担保机构接受借款人委托为其该笔债务提供担保，并由借款人按照约定的标准向担保机构支付担保费。其主要目的是明确借款人支付担保费的义务，若借款人无须承担担保费，则该协议一般没有必要安排签署。

（6）保险合同

保险合同主要约定保险公司接受借款人投保为其该笔债务提供保证保险，并由借款人按照约定的标准向保险公司支付保险费。有些保险合同的签署时点不会安排与借款合同同一时间，而会前置在借款协议之前。其主要原因是金融机构要求将提供保险作为发放贷款的审核前提，而保险合同一般需要保险公司审核认可后方可签署，将保险合同部署在助贷机构贷款产品平台上仅由借款人签署则不能达到保险公司的要求，而需预留保险公司的审核和签署时间。有些保险合同甚至是线下签署的纸质合同，而非电子合同。

4. 接收借款

在自主支付的贷款产品中，借款人在申请借款前需在贷款产品平台绑定有效银行卡，并在申请借款后以绑定的银行卡用于接收借款，在实践中，存在部分借款人银行卡无法接收借款而导致放款失败的情况。

5. 配合贷款调查

金融机构具有贷款调查的职责，而该项职责的履行需要借款人的配合，借款合同中一般会明确约定借款人配合进行贷款调查的义务。

6. 偿还借款

按约定的时间和金额偿还借款是借款人的核心义务，这关系到金融机构的贷款债权及各参与合作机构的服务费用是否可以实现以及实现的多寡，甚至关系到金融机构背后的投资者的资金安全，几乎所有的风控措施、合作机构职责均是为了确保借款人按时足额履行还款义务。

（三）付费模式

借款人需承担的还款义务主要包括偿还贷款本金、利息、罚息、复利、违约金、损害赔偿金、担保费、保险费以及服务费等。

1. 贷款本金、利息等

贷款本金、利息、罚息、复利、违约金、损害赔偿金属于借款人应当向作为贷款人的金融机构偿还的款项，支付该等款项属于借款人需履行的主要义务。

2. 担保费

担保费为借款人应向融资担保公司支付的担保费用。有些融资担保公司会基于合规性等考虑而将其拆分为担保费及担保服务费或其他名义。

3. 保险费

保险费为借款人应向保险公司支付的保险费用。

4. 服务费

有些金融机构会向借款人收取其他名义的服务费。例如，有些消费金融公司引入“会员制”体系，借款人可以选择购买会员权益，具体权益包括免息券、抵扣券、折扣券等[①]。

5. 还款方式

借款人对贷款本息的还款方式主要包括到期一次性还款、随借随还、等额本息、等额本金、等本等息、先息后本等。借款人对担保费等费用的还款方式主要包括一次性偿还和分期偿还。

（1）到期一次性还款

到期一次性还款是指借款人在约定借款期限届满时一次性偿还全部贷款本金及对应利息等费用，贷款利息等费用按照实际借款天数及约定费率进行计算。该种还款方式的现金流不确定，一般安排较少。

（2）随借随还

随借随还是指在金融机构发放贷款后，借款人有权随时偿还全部贷款本金及对应利息等费用，贷款利息等费用按照实际借款天数及约定费率进行计算。该种借款方式是到期一次性还款的具体形式，一般仅限定在短期内由借款人自主选择，例如，360 借条产品项下借款合同约定的随借随还方式为，借款期限最长为 30 天，在 30 天内借款人可以选择提前偿还全部贷款本金及利息，若借款人未主动选择提前还款，则有义务在借款期限届满 30 天时偿还全部贷款本金及利息。

（3）等额本息

等额本息是指借款人按约定期数进行还款，一般每个自然月为一期，每期偿还的贷款本金及利息的金额总和均相同，而贷款利息均按实际借款天数及约定费率进行计算。等额本息的计算公式较为复杂，每月还款额 = 贷款本金 ×[月利率 ×（1+ 月利率）^ 还款月数] ÷ {[（1+ 月利率）^ 还款月数]–1}[②]。

贷款产品借款合同中一般不会直接约定计算公式，而仅约定还款方式以及具体的还款金额以还款计划为准，例如，蚂蚁借呗产品借款合同对等额本息还款方式约定如下：按贷款人的要求，每月以固定金额偿还贷款本息，贷款到期日归还剩余本金和利息。

---

① 《消金公司用户运营新玩法？海尔、招联等两家公司推出“会员制”》，载 https：//www.sohu.com/a/350142168_481750，最后访问日期：2020 年 9 月 19 日。

② 百度百科：《等额本息还款法》，载 https：//baike.baidu.com/item/%E7%AD%89%E9%A2%9D%E6%9C%AC%E6%81%AF%E8%BF%98%E6%AC%BE%E6%B3%95/8040344?fr=aladdin，最后访问日期：2020 年 9 月 19 日。

（4）等额本金

等额本金是指借款人按约定期数进行还款，一般每个自然月为一期，每期偿还的贷款本金的金额均相同，而贷款利息按剩余本金实际借款天数及约定费率进行计算。例如，微粒贷产品项下约定的等额本金还款方式如下：

每月以固定金额偿还贷款本金，并偿付当月实际产生的利息，每月还款金额计算公式为：每期还款金额 = 贷款本金 / 贷款期数 +（贷款本金 − 累计已还本金）× 贷款日利率 × 当期实际天数

（5）等本等息

等本等息是指借款人按约定期数进行还款，一般每个自然月为一期，每期偿还的贷款本金的金额均相同，每期偿还的贷款利息的金额亦相同，而贷款利息并不是按实际借款天数及约定费率进行计算，而是按照当期偿还的本金金额与约定月费率的乘积进行计算。例如，某借条产品项下约定的等本等息还款方式如下：

借款人分期还款，每期还款金额 = 贷款本金 / 分期期数 + 贷款本金 × 分期手续费率

（6）先息后本

先息后本是指借款人在贷款期限内按约定期数偿还借款利息，到期时一次性偿还贷款本金。微粒贷产品项下约定的先息后本还款方式如下：

每月偿付当月实际产生的利息，到期一次性归还借款本金，每月还款利息计算公式为：每期还款利息 = 贷款本金 × 贷款日利率 × 当期实际天数

（7）不同费用的还款方式安排

借款人支付担保费及保险费的方式包括一次性支付和分期支付两种形式。

一次性支付是指借款人在贷款发放时或贷款发放后首个还款日支付全部的担保费及保险费。

分期支付是指借款人按照固定的费率在每个还款日偿还当期担保费及保险费。分期支付又包括单独计算和兜底计算两种模式。

单独计算是指担保费、保险费按固定的费率单独计算相应的费用，担保费、保险费按照贷款本金总额及固定的月费率进行计算，也可按贷款本金余额及存续天数计算。例如，360 借条产品项下如下担保费约定方式即为按贷款本金余额计算：借款人应支付的担保费计算公式为每期应支付担保费 = 剩余借款本金 × 年化担保费率 /365 × 剩余借款本金当期占用天数

兜底计算是指担保费、保险费与贷款利息按固定的费率计算，而担保费则按照综合费用扣除贷款利息后的金额进行计算，例如借款人承担的担保费及贷款利息综合成本按等本等息方式进行计算，但是其中贷款利息按照借款天数与固定的利率进行计算，当期还款总和扣除贷款利息金额后全部为融资担保机构的担保费。

九、借款人交易对手

在受托支付模式的贷款产品中，借款人的交易对手也是重要的参与方，借款人的交易对手包括一般消费的商户和大额经营交易的商品/服务提供方。

一般消费的商户是指借款人日常消费时为其提供消费产品或服务的商家。例如吃饭消费时提供服务的餐馆、购买手机消费时提供手机商品的商场等。大额交易的商品/服务提供方是指借款人或其控制的企业日常经营业务中的交易对手。例如，企业购买设备时向其提供生成设备的设备生产商、企业购买软件服务时向其提供服务的科技公司等。

借款人交易对手在受托支付业务模式中需承担的责任也比较重要，主要包括接收借款、交易失败时返还资金、提供商品服务的瑕疵纠纷解决等。

1. 接收借款

借款人交易对手接收借款的方式包括收单模式和直接收款模式。收单模式是指借款人交易对手通过与收单机构合作收取借款资金，例如，使用花呗二维码付款时，商家与支付宝或银行、其他支付服务机构合作，使用该等机构提供的扫码枪等设备扫描借款人出示的二维码，支付宝系统收到指令向金融机构传输借款需求，金融机构审核放款至收单机构后清分给相应的商户。直接收款模式是指借款人直接指定交易对手的收款账户，由金融机构直接将贷款资金支付至交易对手的账户。

此外，在保理模式项下，借款人交易对手还需与保理公司之间进行应收账款债权转让的交易，一般情况下是由交易对手委托助贷机构自动对每笔交易产生的应收账款进行买卖，保理公司与商户之间并不会直接签署相关协议。

2. 返还资金

金融机构向交易对手发放贷款后，因交易全部或部分被撤销等任何原因导致交易对手需要返还交易对价时，一般会要求商户将贷款资金直接退还金融机构用于提前偿还借款人的借款，商户不得将借款资金直接退还给借款人，以避免借款资金用途不明，这与信用卡支付后退款的资金路径比较类似。例如，蚂蚁花呗产品项下借款协议便有实现上述目的的如下约定："请您知晓，若您使用花呗付款成功后发生争议需要退款，则退款资金将原路退回，用于恢复您已使用的花呗额度及息费（如有）；为了防范套现行为，未经服务商许可，您无法通过商户返现的方式要求退款。如退款资金进入您的支付宝账户，支付宝将根据服务商的指令将资金划付给服务商用以清偿您的应付款项，如有剩余则留存在您指定支付宝账户。"

3. 纠纷解决

贷款发放后，借款人与交易对手之间因商品买卖服务而发生争议的，该争议与金融机构无关，相关借款协议一般会对此进行明确约定。例如，携程拿去花产品项下服务协议约定了如下内容："服务方对商户销售的商品或提供的服务不承担瑕疵担保责任。如用户与商户就商品或服务质量问题出现纠纷，服务方不对此承担任何责任，用户不得以此为由拒绝向服务方偿还债务。"

第二节 互联网助贷基本模式：非标模式

根据《关于规范金融机构资产管理业务的指导意见》规定，债权类资产分为标准化债权类资产和非标准化债权类资产。符合以下条件的债权类资产属于标准化债权类资产：（1）等分化，可交易；（2）信息披露充分；（3）集中登记，独立托管；（4）公允定价，流动性机制完善；（5）在银行间市场、证券交易所市场等经国务院同意设立的交易市场交易。标准化债权类资产之外的债权类资产均为非标准化债权类资产。

互联网助贷业务中金融机构享有的贷款债权在一般情况下属于非标准化债权类资产，而其经过一定的包装可以成为标准化债权类资产，例如将其作为基础资产设立资产证券化产品在交易所、交易商协会等场所挂牌等。

互联网助贷业务的非标准化债权类资产模式（简称"非标模式"）是其基本模式，也是将其包装成标准化债权类资产的基础，又称为 Pre-ABS 模式。

互联网助贷业务发展的起源模式便是非标模式，目前，互联网助贷业务的非标模式基本交易结构如图10所示：

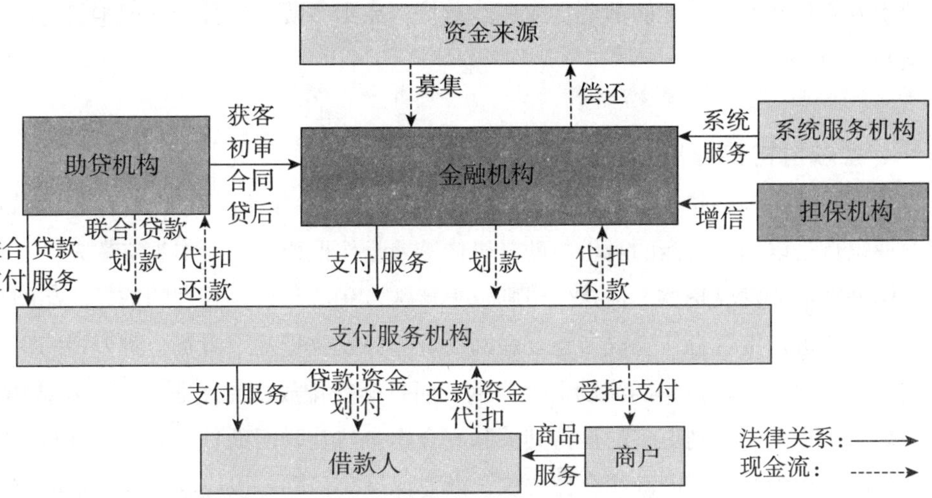

图10 互联网助贷业务的非标模式基本交易结构

图10所示互联网助贷业务基本结构可以分为三部分：资金端交易结构、B端交易结构、C端交易结构。

资金端交易结构，是指以金融机构为中心，金融机构获取发放贷款资金来源的交易结构。不同金融机构的资金端交易结构差别较大，也决定着不同的B端交易结构和C端交易结构安排。例如，在信托公司以信托计划募集资金参与互联网助贷时，资金端交易结构为信托产品，B端担保措施安排及C端循环放贷安排均需根据信托计划投资者的信托利益分配频率等需求做出相应的配套结构安排。

B（即“Business”的首字母）端交易结构，是指助贷机构、担保机构、技术服务机构、支付服务机构等机构为辅助金融机构发放贷款及回收等而安排的交易结构。助贷机构的不同需求往往决定着B端交易结构的不同安排。例如，助贷机构参与联合贷款业务时的交易结构与其作为纯助贷机构的交易结构会有很大差别，联合贷款业务项下助贷机构可能会同时提供贷款发放及还款扣款相关代收代付及清算服务，而纯助贷模式项下一般不会做出该等结构安排。

C（即“Consumer”的首字母）端交易结构，是指与借款人相关的贷款业务结构安排。不同的C端借款场景会因借款用途、借款金额的特殊性而产生不同的交易结构安排。例如，小额消费贷款与大额房抵贷业务结构安排会有较大差异，类似蚂蚁花呗产品的小额消费贷款可以安排为纯信用贷款交易结构，而贷款金额数十万元甚至上百万元的消费贷或者经营贷产品则一般会安排含抵押担保增信的交易结构。

一、金融机构参与核心业务模式

不同类型金融机构参与的互联网助贷业务模式具有各自不同的特点，例如，商业银行是以固有财产的身份与助贷机构签署合作框架协议，作为贷款人参与互联网助贷业务发放贷款；信托公司则较为特殊，一般是以其管理的信托产品的身份与助贷机构签署合作协议参与互联网助贷业务发放贷款；消费金融公司的资金端更多来源于金融机构的流动资金贷款，而且会安排放款专用账户等特殊结构；网络小额贷款公司则更多的是与其关联方合作参与互联网助贷业务，而其与关联方之间往往没有签署明确的合作协议；商业保理公司则是以应收账款转让的模式参与互联网助贷业务。

（一）商业银行模式

1. 模式特点

商业银行是最早开始与助贷机构合作互联网助贷业务的金融机构。其模式特点主要体现为资金端交易结构和B端交易结构。

（1）资金端交易结构不体现在具体的互联网助贷业务中。

商业银行资金端交易结构主要包括吸收存款、自有资金及同业拆借资金等，该等交易结构与互联网助贷并不一一对应，这也是由商业银行的法定经营范围决定的。

（2）B端交易结构中以固有财产的身份而非理财产品的身份与助贷机构等签署合作协议。

资金端交易结构的特点决定着商业银行在B端交易结构中以固有财产的身份与助贷机构等机构合作，并按一定的期限及确定的贷款产品签署合作框架协议。例如，就阿里旗下的蚂蚁借呗产品及蚂蚁花呗产品而言，商业银行可以分别与阿里旗下相关助贷机构签署合作框架协议，就具体某一贷款产品的合作放款期限及放款规模等事项进行约定。

（3）B端交易结构中更加倾向于保证金质押等强增信。

在早期的互联网助贷业务中，商业银行比较倾向于要求助贷机构向其指定账户交付一定金额的保证金，在出现贷款资产质量低于一定的标准等约定情形时，商业银行有权直接划付保证金用于代偿借款人未偿款项，以确保商业银行的贷款资产收益。随着《关于规范整顿“现金贷”业务的通知》的出台，没有担保资质的助贷机构不得以任何方式提供增信，该模式逐渐演变成助贷机构安排具备担保资质的融资担保公司提供保证金担保。

2. 实操案例

商业银行参与互联网助贷的具体业务模式一般不会公开，但从一些法院公开发布的裁判文书中可以找到一些实操案例，助贷机构的一些公告中也可能出现相关交易结构介绍内容。

（1）从裁判文书看实操案例

案例14：厦门友盾科技有限公司、王永廷仲裁程序中的财产保全督促民事令案

案例事实：

申请人厦门友盾科技有限公司（以下简称“友盾公司”）于2020年1月2日向本院申请支付令。申请人友盾公司称，2018年6月1日，厦门银行股份有限公司（以下简称“厦门银行”）、厦门趣店科技有限公司、趣分期（赣州）信息技术有限公司签订了一份协议编号为XMQD2018-1《趣店－厦门银行消费贷款合作协议》，就个人消费贷款业务进行合作。厦门银行与陕西天乙融资担保有限公司（以下简称“天乙公司”）签订编号为XMTY20181106质《保证金质押合同》，为担保“趣店－厦门银行项目”项下债务人与厦门银行签订的借款合同的履行，保障厦门银行债权的实现，天乙公司自愿为债务人与厦门银行依据借款合同约定所形成的债务提供保证金质押担保。2018年10月19日，被申请人王永廷通过来分期平台系统与厦门银行在线签订了《个人借款合同》，借款金额为2400元（人民币，下同），借款期限自2018年10月19日起至2019年10月18日止，借款利率为年利率12.1%，还款方式为每月等额本息。

厦门银行在合同生效后向被申请人王永廷发放了借款2400元，被申请人王永廷分12期还款，每月应还款213.35元。2018年10月19日，被申请人王永廷

通过来分期平台系统与天乙公司签订了《委托保证合同》，约定天乙公司为被申请人王永廷向厦门银行申请的上述借款以连带责任保证的方式提供担保。天乙公司履行保证责任代被申请人王永廷向贷款人清偿债务后，对被申请人王永廷拥有追偿权，有权要求被申请人王永廷归还天乙公司为履行本合同项下连带保证担保责任而代为向贷款人垫付的全部款项和自垫付之日起以每日千分之一的费率计算的上述款项产生的资金占用成本以及由此给天乙公司造成的一切损失和其他费用支出（包括但不限于调查费、诉讼费、仲裁费、公证费、财产保全费、律师费、差旅费、执行费、评估费、拍卖费等款项）；本合同发生争议或纠纷，双方当事人可以通过协商解决，协商不成的，任何一方均可向合同履行地法院诉讼（含申请支付令、电子支付令），如天乙公司债权转让的，债权受让方所在地即为合同履行地。因被申请人王永廷未依约还款，厦门银行依据《保证金质押合同》约定，于 2019 年 5 月 29 日从天乙公司质押保证金扣划了被申请人王永廷尚欠的借款本息 1680.98 元，即天乙公司代被申请人王永廷向厦门银行清偿欠款本息 1680.98 元，其中代偿借款本金 1631.88 元。

被申请人王永廷在申请人代偿之日后，已还代偿借款本金 0 元，未还代偿借款本金 1631.88 元。2019 年 3 月 13 日，天乙公司与厦门趣催催科技有限公司签署了《债权转让协议》，将其对被申请人王永廷的追偿权以及资金占用成本等追索权一并转让给了趣催催公司，趣催催公司合法获得了天乙公司的上述债权。

2019 年 3 月 21 日，厦门市海沧区市场监督管理局准予趣催催公司名称变更登记，更名为厦门友盾科技有限公司。故申请人友盾公司要求被申请人王永廷给付申请人剩余未还代偿借款本金 1631.88 元及资金占用费（资金占用费以剩余未还代偿借款本金 1631.88 元为基数，按年利率 24% 的标准，自 2019 年 5 月 29 日起计算至实际还款之日止）。

上述案例中，商业银行（厦门银行股份有限公司）参与互联网助贷的交易结构如图 11 所示：

上述交易结构中，体现了商业银行模式的以下特点：

①合作框架协议特点：厦门银行股份有限公司作为金融机构贷款人与厦门趣店科技有限公司、趣分期（赣州）信息技术有限公司作为助贷机构签订了一份协议编号为 XMQD2018-1《趣店－厦门银行消费贷款合作协议》，就个人消费贷款

业务进行合作。

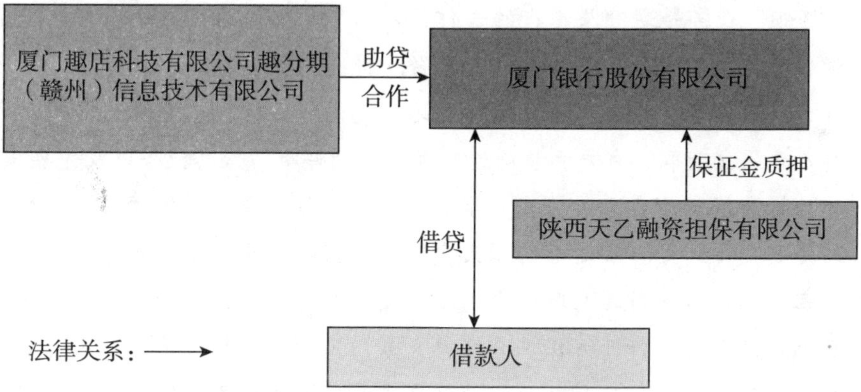

图 11　商业银行（厦门银行股份有限公司）参与互联网助贷的交易结构

②保证金质押特点：厦门银行股份有限公司与陕西天乙融资担保有限公司签订编号为 XMTY20181106 质《保证金质押合同》，陕西天乙融资担保有限公司作为担保机构为担保“趣店－厦门银行项目”项下借款人对厦门银行股份有限公司的债务提供保证金质押担保，在借款人违约时，厦门银行股份有限公司直接划付保证金用于清偿借款人债务。

（2）从上市公司公告看实操案例

2020 年 5 月 18 日，中小板公司管理部向分众传媒信息技术股份有限公司发出《关于对分众传媒信息技术股份有限公司 2019 年年报的问询函》（中小板年报问询函【2020】第 79 号），要求分众传媒信息技术股份有限公司对关于其 2019 年年报中相关事项进行说明解释。

2020 年 5 月 25 日，分众传媒信息技术股份有限公司发布《关于深交所中小板公司管理部对公司 2019 年年报问询函回复的公告》（公告编号：2020-022），对中小板公司管理部的问询进行说明，其中有关于助贷业务的相关结构说明，具体内容摘录如下[①]：

对联营企业上海数禾信息科技有限公司（以下简称“数禾信息”）拆借款 5.43 亿元，2019 年确认资金占用费 2376.86 万元，应收资金占用费 1174.92 万元。

数禾信息的初期注册资本为 1000 万元人民币，2016 年 3 月，公司共出资

① 注：该公告发出后，数禾科技曾对媒体说明公告内容与事实不符。

10000 万元取得数禾信息 70% 的股权并将其纳入公司合并范围。数禾信息主要经营的“还呗”业务是通过与银行的合作，以助贷的形式为广大个人客户提供更加灵活、便捷、高性价比的信贷产品服务。该模式下涉及三个业务主体：个人用户作为资金需求方在线提交申请；数禾信息的“还呗”APP 作为居间服务平台主要负责用户获取、客户初步筛选、风险控制评审、信息撮合以及逾期催收；银行作为资金提供方负责最终客户审核与贷款发放。在上述模式下，当用户无法在约定日期（到期日及之后的三天宽限期）偿还其应还银行本息时，数禾信息会代客户向银行支付其应收的本息，并向客户进行催收。与银行合作的过程中，数禾信息会在银行开立保证金账户，专门用于“还呗”平台个人贷款项下所产生的逾期贷款或不良贷款的代偿资金本息及相关费用，银行对于保证金账户内资金享有优先受偿权。保证金账户需要存入资金一般为在“还呗”业务下银行贷款余额的 5%~10%。保证金不足以代偿时，数禾信息需要追加保证金用于风险代偿。这部分保证金的资金需求随着“还呗”平台的贷款余额的增长迅速增加。

根据上述公告披露的内容，“还呗”产品项下商业银行参与互联网助贷的交易结构如图 12 所示：

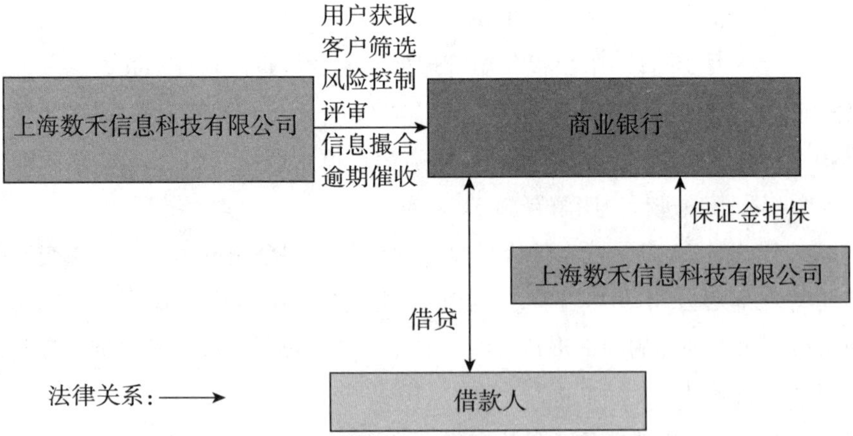

图 12 “还呗”产品项下商业银行参与互联网助贷的交易结构

上述交易结构中，体现了商业银行模式的保证金担保特点：

根据公告内容，在还呗产品项下商业银行与上海数禾信息科技有限公司合作模式中，上海数禾信息科技有限公司既作为助贷机构提供助贷服务，又作为担保机构提供保证金担保。上海数禾信息科技有限公司在银行开立保证金账户[①]，专门用于代偿贷款资产本息及相关费用，商业银行对于保证金账户内资金享有优先受偿权。保证金账户存入资金标准为商业银行贷款余额的5%~10%，这是按贷款规模进行确定的。保证金不足代偿时，上海数禾信息科技有限公司还有追加资金代偿的义务。

（二）信托公司模式

1. 模式特点

信托公司参与互联网助贷业务模式特点主要体现为，资金端交易结构和B端交易结构一般会与信托公司管理的信托产品结构匹配。

（1）资金端交易结构设计模式较为丰富

信托公司参与的互联网助贷业务中，信托公司一般是以设立信托产品募集资金参与发放贷款，当然，信托公司亦可以固有资金参与发放贷款。

信托产品的交易结构主要分为以下几类：

①单一资金信托模式

单一资金信托模式，是指信托产品的委托人为单一主体，委托人交付的信托财产为其合法持有的资金。单一资金信托模式项下的委托人包括不具备发放贷款资质的主体和具备发放贷款资质的主体。不具备发放贷款资质的主体参与单一资金信托模式的主要原因，是借助信托公司的管理能力和牌照进行投资获取收益。具备发放贷款资质的主体参与单一资金信托模式的主要原因，一般是为了非标资产的出表，例如商业银行有相应的出表需求。单一资金信托模式项下委托人作为受益人一般会享有信托产品投资收益扣除信托公司报酬等固定费用后的最终超额收益。

②集合资金信托计划模式

集合资金信托计划模式，是指信托产品的委托人是两个以上的主体，委托人交付的信托财产为其合法持有的资金。集合资金信托计划的委托人一般是较为分散的社会投资者，集合资金信托计划模式项下受益人一般仅享有固定的投资收益，

① 根据相关报道，上海数禾信息科技有限公司曾对该公告内容做出过澄清，目前该等保证金业务模式已经有所调整，我们不对相关信息进行评价。

而不享有超额收益。

③结构化资金信托模式

结构化资金信托模式属于集合资金信托计划模式的一种类别，是指对受益人的信托利益进行不同类别优先级分层的集合资金信托计划模式。一般情况下至少分为优先级和次级两层，优先级信托利益优先于次级信托利益获得分配。有些项目中会分为三层甚至更多层。最低一层信托利益一般会安排助贷机构或其关联方持有，这在一定程度上会起到增信的效果。

④财产权信托模式

财产权信托模式，是指信托产品的委托人交付的信托财产为其合法持有的贷款资产，而非资金，由信托公司对外发售信托受益权或由委托人对外转让信托受益权。财产权信托模式一般是具备发放贷款资质且持有并持续持有贷款资产的机构为了融资的目的而参与的重要模式。例如，小额贷款公司将其发放小额贷款持有的债权委托信托公司设立财产权信托，并由信托公司在信托存续期间以贷款资产回收款持续购买同类贷款资产或持续放款。

（2）B 端交易结构中信托公司一般代表信托产品参与交易

B 端交易结构中相关交易会体现出与信托产品相匹配的特点。

①信托公司以各信托产品的名义分别与助贷机构等机构签署合作协议

信托公司对于不同的信托产品需承担单独管理的义务，因此，在一般情况下，信托公司会代表各信托产品分别与助贷机构等机构签署合作协议，就不同的信托产品单独约定放款账户、准入标准、逾期率等贷款资产质量监控标准。

当然，有的项目也会安排由信托公司以固有身份签署相关合作协议，这种情况下信托公司可能会附有相应的募集资金设立信托产品以匹配 B 端交易结构合作的责任。

②信托公司发放贷款的前提是信托产品有足额的信托资金

信托公司代表信托产品参与互联网助贷时，一般会将信托产品项下有足额可用信托资金作为发放贷款的前提，若信托产品项下信托资金已发放完毕或需预留资金用于信托利益分配等用途，则信托公司有权拒绝向助贷机构推送的借款人发放信托贷款。当然，助贷机构为了避免借款人被拒绝放款的较差体验，一般会提前判断信托产品的放款能力后再推送相应的借款人。

③信托产品与助贷机构合作的循环放款期间应与信托产品期限及贷款资产期

限匹配

信托产品不能以期限错配的方式管理运用信托财产，为避免该问题，在循环放款的B端交易结构中一般会安排循环放款期间，循环放款期间届满后信托公司有权停止循环发放贷款，而信托产品的到期日一般不得早于循环放款期间届满后最后一笔贷款资产的约定到期日。

④信托产品存续期间需要按各项费用及信托利益分配频率预留信托资金

在循环放款的B端交易结构中，借款人偿还的贷款利息、贷款本金等回收款均需继续用于循环发放贷款，若在循环放款期间信托产品安排了信托利益及信托费用核算及分配，则信托公司需根据提前测算的贷款资产回收款表现在信托利益及信托费用核算、分配前部分或全部暂停循环放款并预留相应资金，直至预留资金金额足以支付当期信托利益及信托费用。

（3）C端交易结构中可以安排体现信托产品名称

在C端交易结构中，部分信托公司会在与借款人签署借款协议时，明确约定信托公司代表信托产品向借款人发放贷款，这与信托公司代表信托产品与单一交易对手进行交易时的交易安排较为类似。

但是，基于灵活性的考虑，大部分互联网助贷产品中的借款协议并不会直接明确该笔贷款所对应的信托产品名称。

（4）增信模式安排较为灵活

信托公司代表信托产品参与互联网助贷时，增信措施可以灵活安排在C端交易结构、B端交易结构甚至是资金端交易结构。在C端交易结构可以安排常规的保证担保、保证保险等；在B端交易结构可以安排信托产品终止时全部收益与助贷机构推荐资产表现的对赌等；在C端交易结构可以安排结构化设置及担保机构对信托利益及费用的差额补足以及担保机构对信托产品投资者的直接担保增信，例如，在信托产品投资者未在约定时间足额获得信托利益分配时，担保机构直接向投资者进行差额补足。

2. 实操案例

信托公司管理的信托产品为私募资产管理产品，其参与互联网助贷的具体业务模式一般不会公开，但从一些法院公开发布的裁判文书中可以找到一些实操案例，从代销机构利用互联网进行销售的一些渠道亦可以看到一些实操案例。

（1）从裁判文书看实操案例

案例15：维仕融资担保有限公司（原维仕担保有限公司）与黎达强追偿权纠纷案

案例事实：

2016年4月12日，原、被告与案外人杭州维仕金融服务有限公司（以下简称金融公司）共同签订了《个人贷款服务与咨询合同》，约定由金融公司为被告提供贷款咨询、协助寻找贷款来源、协助办理相应贷款申请手续以及提供贷后相关服务。合同约定，经金融公司推荐并提供服务，被告与案外人中国对外经济贸易信托有限公司（以下简称信托公司）签订《贷款合同》，双方约定由被告贷款30000元，贷款期限为24个月，手续费为600元，服务费率为18%，服务费总额为5400元，每月应付服务费为225元。

2016年4月12日，被告（甲方）与信托公司（乙方）签订一份《贷款合同》，约定由被告向信托公司贷款30000元，贷款期限为24个月，贷款利率为0.9‰，每期偿还本息数额1520元。

2016年5月26日，被告（甲方）与原告（乙方）签订《个人贷款委托担保合同》，约定甲方向贷款人信托公司申请人民币贷款，贷款人同意向甲方发放贷款并与甲方签署了《贷款合同》，为保证主合同的履行，甲方特委托乙方为本次贷款提供担保，乙方亦同意提供担保。

上述案例中，信托公司（中国对外经济贸易信托有限公司）参与互联网助贷的交易结构如图13所示：

上述交易结构中，体现了信托公司模式灵活安排增信措施的特点：

维仕融资担保有限公司与借款人签署《个人贷款委托担保合同》，约定借款人委托维仕融资担保有限公司为其对信托公司负有的贷款偿还债务承担保证担保责任。

因裁判文书对于信托产品的相关结构未予披露，故上述案例无法更多体现信托公司模式的其他特点。

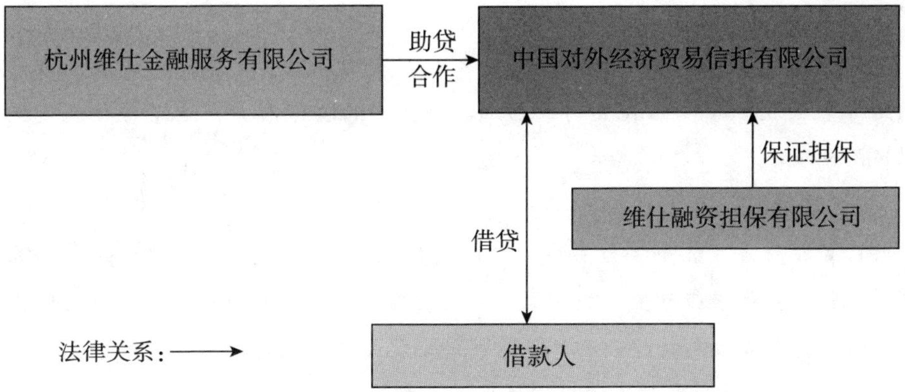

图13　信托公司（中国对外经济贸易信托有限公司）参与互联网助贷的交易结构

（2）从信托产品销售宣传看实操案例

信托产品销售宣传内容：[①]

• 资金用途

用于向北京焕然咨询有限公司（简称“焕然咨询”）推荐的经过焕然咨询及××信托公司双方风控审核通过的合格自然人借款人发放线上消费贷款（仅筛选A类客户）

• 产品优势

1. 超高安全垫：截至2019年2月底，“洋钱罐”小额消费贷累计放款550亿，目前存续贷款余额约35亿，经测算，本信托计划自身回款覆盖优先级本息最高可承受的不良率为46.6%，远远高于历史平均数据【6%】，安全边际极高。

2. 监控指标：底层资产不良率高于10%，信托计划停止发放贷款，由北京锋泰科技有限公司（以下简称“锋泰科技”）对不良资产进行回购至坏账率低于6%，北京瓴岳信息技术有限公司（以下简称“瓴岳科技”）对信托计划优先级本息偿付提供差额补足义务。

3. 结构化设计：本信托计划设置30%劣后安全垫，高于同类型消金项目，底层贷款利率约32%/年~36%/年，循环投放产生的超额利息在信托期限内不分配，将形成更高的劣后安全垫。

4. 小额分散：平均每笔贷款不超过5000元，其中以6~12月为主，借款人按

① 参见http://www.wealthsalon.com/products_v.asp?id=1155，最后访问日期：2020年9月19日。

月归还等额本金和利息，风险可控。

5. 联合风控：借款人需要通过 ×× 信托公司以及资产服务方的共同风控审核后才能放款，×× 信托公司仅筛选数据库内的 A 级客户，逐笔审核，实施主动风险管理。

• 风险控制

1. 超额覆盖：优先级与劣后级的比例为 70∶30，高于同类型消费金融产品，劣后级资金对优先级资金形成较高的安全覆盖；入池资产的综合年化收益率不超过 36%，将形成较高的超额利息，信托计划优先级本金覆盖可承受的最大不良率为 46.6%，远高于交易对手的平均历史不良率（6%）。

2. 贷款服务费过程中不分配：交易对手焕然咨询收取的贷款服务费在信托存期间不进行分配，在信托到期时，优先级单位完成本金和收益分配后，再进行进行分配，为优先级信托单位提供劣后安全垫。

3. 不良基础资产回购：信托存续期间，若监控指标到 10% 警戒线，由回购承诺方锋泰科技按照信托合同的约定对违约基础资产进行回购至 6% 以下；若锋泰科技未履行回购业务，可由差补方钒岳科技按照信托合同的约定对违约基础资产进行回购至 6% 以下。

4. 付息日及兑付日差额补足：钒岳科技签署《差额支付承诺函》（协议名称暂定），如任一个分配日信托专户内可供分配的资金不足以分配信托单位的预期收益和本金，由钒岳科技承担差额补足义务。

5. 退出方案：信托计划接收基础资产产生的现金回流款并向受益人兑付信托利益，优先级现金分配退出、次级分配剩余现金和债权。

上述信托产品中，信托公司参与互联网助贷的交易结构如图 14 所示：

上述交易结构中，体现了信托公司模式的以下特点：

①资金端结构化安排：

信托产品资金端委托人分为优先级委托人和劣后级委托人，优先级委托人与劣后级委托人的认购资金比例为 7∶3，优先级委托人的信托利益优先于劣后级委托人的信托利益获得分配。

② B 端交易结构与资金端交易结构相匹配：

在资金端信托产品的付息日或兑付日，若信托资金不足以分配信托利益的，则钒岳科技承担差额补足义务，以确保受益人信托利益按时兑付。

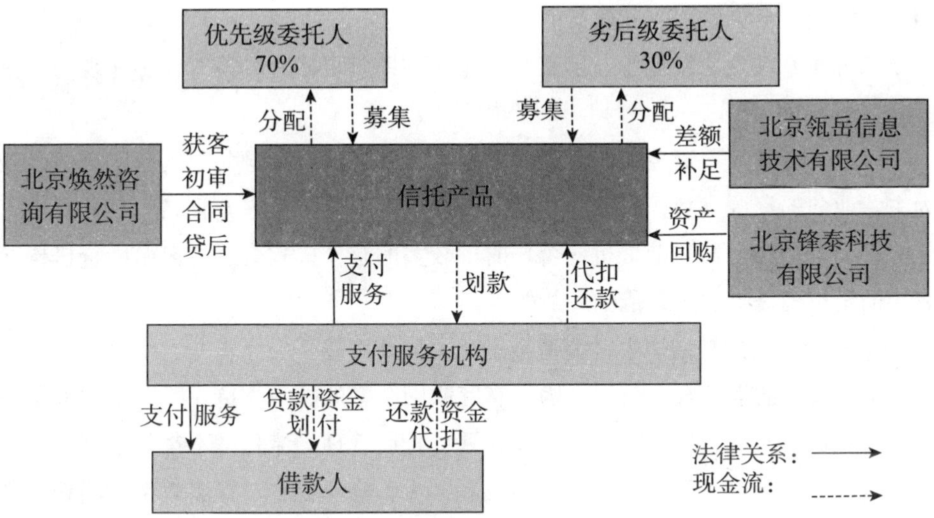

图 14　信托公司参与互联网助贷的交易结构

③增信措施灵活安排①：

B 端交易结构中安排了差额补足和资产回购两种增信措施，以确保信托利益不受损失，并且资金端交易结构的结构化安排也是一种增信措施，助贷机构在信托存续期间不收取服务费，服务费资金也为受益人信托利益提供了安全垫增信。

（三）消费金融公司模式

1. 模式特点

消费金融公司参与互联网助贷业务模式特点主要体现为资金端交易结构和 B 端交易结构、C 端交易结构。

（1）资金方对消费金融公司在资金端交易结构中有一定的资金监管要求

消费金融公司在参与互联网助贷业务中的资金来源较多体现为银行、信托公司向其发放流动资金贷款。在该资金来源结构中，银行、信托公司一般会基于风险控制考虑而要求消费金融公司开设专门用于发放贷款的放款专户，并要求消费金融公司按比例存入其固有资金与贷款资金共同用于向借款人发放消费贷款。部分结构中还需要要求消费金融公司将贷款资产全部质押给银行、信托公司，用于

① 鉴于我们对于各增信主体提供方的相关资质并不了解，我们对各种增信措施的合法合规性不予评价。

担保其流动资金贷款项下还款义务的履行。

（2）在B端交易结构中，消费金融公司与助贷机构合作模式较多体现为导流模式

因消费金融公司资金端的融资成本较高，并且消费金融公司具备以消费金融为主营业务的资源优势，所以，从控制资金成本的角度考虑并且结合其自身经营优势，消费金融公司与助贷机构合作时，较多的合作模式会选择仅由助贷机构导流，助贷机构提供的服务范围一般较少。

（3）在C端交易结构中，消费金融公司逐渐由线下展业转变为线上展业

早期设立的消费金融公司，因没有互联网金融的技术支持，所以基本都是进行线下展业，从获客到风控以及协议签署、贷后管理等流程基本都是依赖人工线下开展工作。随着互联网金融技术的发展，为了降低成本、提高效率，消费金融公司逐渐将传统线下业务向线上业务转移。

2. 实操案例

头部消费金融公司的融资需求较大，除了从银行获得一些融资资金外，信托公司管理的信托产品也是其融资资金重要来源。从代销机构利用互联网销售资产管理产品的一些渠道可以看到一些消费金融公司参与互联网助贷业务在资金端的实操案例。

信托产品销售宣传内容：

融资主体：消费金融公司

资金用途：信托资金全部用于向消费金融公司发放信托贷款

还款来源：

1. 消费金融公司的经营收入；

2. 消费金融公司发放消费金融贷款的回收款；

风控措施：

1. 应收账款质押：消费金融公司以其合法持有的应收账款全部质押给信托公司

2. 结构化设计：消费金融公司开设放款专户，用于接收信托公司向其发放的信托贷款，并应与信托公司按照1∶8的比例将其自有资金划付至放款专户，放款专户资金用于向自然人发放个人消费贷款。

上述信托产品中，消费金融公司获取融资的交易结构如图 15 所示：

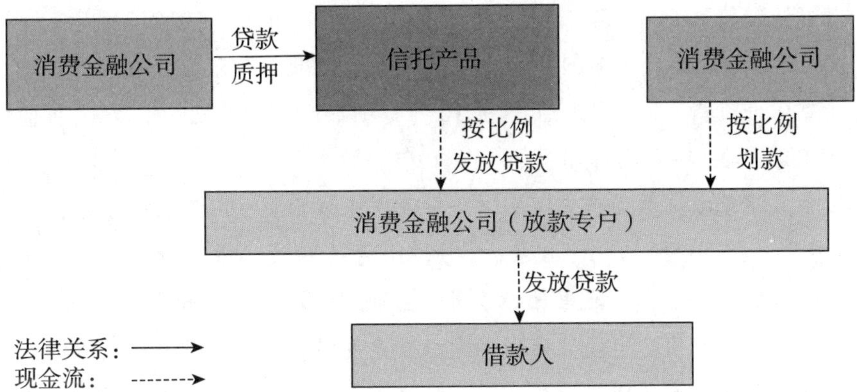

图 15　消费金融公司获取融资的交易结构

上述交易结构主要体现了消费金融公司模式资金端交易结构的特殊性。

（1）结构化设计：消费金融公司应与信托公司实质按比例发放消费金融贷款，以达到为信托公司向其提供的融资进行增信的目的。

（2）应收账款质押：消费金融公司需按约定将其发放的消费金融贷款资产质押给信托公司，以此为其融资提供质押担保。

（四）网络小额贷款公司模式

1. 模式特点

网络小额贷款公司参与互联网助贷业务模式的主要特点表现为，网络小额贷款公司一般均是与其具备科技能力的关联方合作，而且相关合作往往没有合作协议。例如，阿里旗下的蚂蚁小贷均是利用阿里的获客渠道及技术支持，百度旗下的百度小贷也是利用百度的获客渠道及技术支持。

当然，在特定类型业务项下，网络小额贷款公司开展业务也会与其他机构合作，例如百度旗下教育类贷款一般会与教育机构合作。

2. 实操案例

网络小额贷款牌照是之前较为容易获得的一类贷款资质牌照，头部互联网平台一般会利用其旗下网络小额贷款牌照发放贷款及进行融资，资产证券化便是其重要融资途径，从一些资产证券化产品资料中可以看到网络小额贷款业务的交易结构。同样，从一些诉讼裁判文书中也能看到一些网络小额贷款业务的交易结构。

（1）从公募ABS看实操案例

2013年6月25日，中国证监会发布《关于核准上海东方证券资产管理有限公司设立东证资管—阿里巴巴1号至10号专项资产管理计划的批复》（证监许可〔2013〕842号），主要内容如下：

核准上海东方证券资产管理有限公司设立东证资管—阿里巴巴1号、2号、3号、4号、5号、6号、7号、8号、9号、10号专项资产管理计划（以下简称计划），并发售东证资管—阿里巴巴1号、2号、3号、4号、5号、6号、7号、8号、9号、10号专项资产管理计划优先级资产支持证券、次优先级资产支持证券和次级资产支持证券（以下简称资产支持证券）的申请。对《东证资管—阿里巴巴×号专项资产管理计划说明书》、《东证资管—阿里巴巴×号专项资产管理计划资产支持证券认购协议》、《东证资管—阿里巴巴1号至10号专项资产管理计划托管框架协议》，以及计划的信用增级安排无异议。

每只计划存续期限1至2年，存续期间募集资金规模为2亿元至5亿元。优先级资产支持证券和次优先级资产支持证券应当全部面向机构投资者销售，次级资产支持证券须全部售予重庆市阿里巴巴小额贷款有限公司和浙江阿里巴巴小额贷款股份有限公司。每只计划资产支持证券的投资者合计不得超过200人。

而在上述产品的相关专项计划说明书中，对于基础资产描述如下：

阿里小贷以数据和网络为核心基础，充分利用其天然优势即阿里巴巴B2B、淘宝、支付宝等电子商务平台上客户积累的信用数据及行为数据，引入网络数据模型和在线视频资信调查模式，通过交叉检验技术辅以第三方验证确认客户信息的真实性，将客户在电子商务网络平台上的行为数据映射为企业和个人的信用评价，向这些通常无法在传统金融渠道获得贷款的弱势群体批量发放“金额小、期限短、随借随还”的小额贷款。

上述文件涉及的是重庆市阿里巴巴小额贷款有限公司或浙江阿里巴巴小额贷款股份有限公司（即阿里小贷）作为原始权益人以储架形式申报的资产证券化产品，从相关介绍文件中可以看出阿里小贷的互联网助贷业务结构如图16：

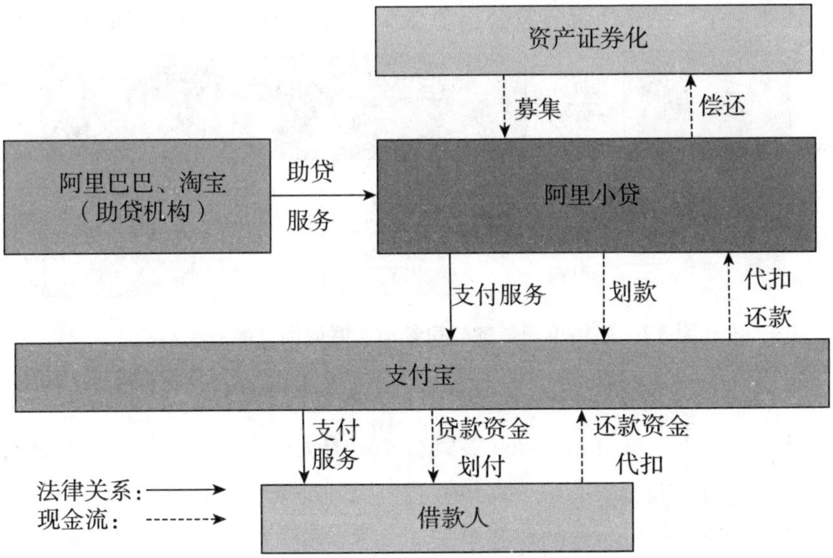

图 16　阿里小贷的互联网助贷业务结构

上述结构主要体现了网络小额贷款公司参与互联网助贷的以下特点：

①通过资产证券化形式融资：阿里小贷通过大量发行资产证券化产品以募集低成本的资金，这可能是其从事互联网助贷业务的主要资金来源。

②助贷机构为关联方：阿里小贷与阿里旗下淘宝、支付宝等关联方合作从事互联网助贷业务，不过基于其关联关系，相关助贷服务可能并没有相关协议支持。

（2）从裁判文书看实操案例

案例 16：重庆度小满小额贷款有限公司等与方琴兰合同纠纷案

案例事实：

2017 年 9 月 20 日，二原告（甲方）与秒艺公司（乙方）签订《百度教育信贷业务合作协议》，约定：乙方应作为百度信贷产品的指定合作商户之一，利用自身渠道向用户宣传、介绍百度信贷产品，鼓励用户通过使用百度信贷产品购买乙方服务；用户申请使用百度信贷产品购买乙方服务，该贷款申请经甲方审核同意发放后，甲方根据借款人的授权并按照与借款人的借款协议及本协议规定的时间及方式，将借款人的贷款款项直接支付给乙方；乙方同意按照每日甲方放款金额的 5% 缴存保证金，保证金由甲方从受托支付给乙方的待放款金额中扣除；前述乙方同意支付的款项，甲方有权直接从保证金中扣除。

上述案例中，网络小额贷款公司参与互联网助贷的交易结构如图 17 所示：

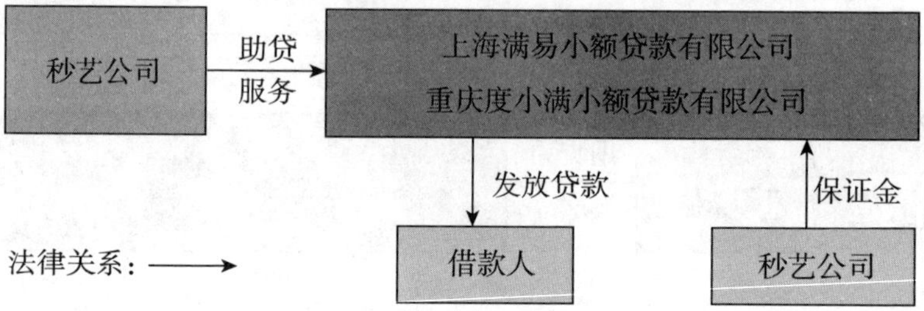

图 17　网络小额贷款公司参与互联网助贷的交易结构

上述结构主要体现了网络小额贷款公司与特定领域助贷机构开展合作的特点，秒艺公司对于教育贷款领域获客具有一定的优势，上海满易小额贷款有限公司、重庆度小满小额贷款有限公司与秒艺公司开展助贷合作，由秒艺公司提供获客等服务并按约定支付一定的保证金。

（五）商业保理公司模式

1. 模式特点

商业保理公司参与互联网助贷模式的主要特点便是其在 C 端交易结构中以受让应收账款的形式参与互联网助贷，而非以发放贷款的形式参与。

2. 实操案例

从阿里公告的花呗服务合同可以看出蚂蚁花呗产品项下商业保理公司参与互联网助贷业务的模式。

案例 17：《花呗用户服务合同》[①] 摘要：

本合同缔约方除您之外，还包括：重庆市蚂蚁小微小额贷款有限公司（以下简称“蚂蚁小微小贷”）、商融（上海）商业保理有限公司（以下简称“商融保理”）以及与蚂蚁小微小贷合作为您提供花呗授信付款服务的其他金融机构（以下简称“合作金融机构”，您可通过“合作金融机构详情”查询对应的机构及相关变更情况）（合作金融机构与蚂蚁小微小贷、商融保理统称“服务商”）。

花呗保理付款服务：指您向交易对手购买商品或服务时，由商融保理依据您

① 参见 https://render.alipay.com/p/f/fd-jcq2gt95/index.html，最后访问日期：2020 年 9 月 19 日。

的花呗额度和交易金额，购买交易对手对您的应收账款债权，从而使您获得分期清偿前述应收账款的服务。

服务资金：指您在花呗授信付款服务和花呗保理付款服务中所获得的资金。

订单：指您与单一商户在同一时间就单款或多款商品进行交易的记录。订单中针对任一款商品的交易内容构成独立的合约。

交易对手：指向您提供商品或服务并接入本服务的商户。

根据商融保理与您的交易对手达成的约定，商融保理可在您交易时向您提供保理付款服务，即当您在交易付款时选择分期还款的，商融保理将从您的交易对手处受让您与交易对手达成的每笔订单项下的应收账款。前述应收账款自您“下单成功”时从您的交易对手处转让至商融保理，您已清楚知晓转让安排，故交易对手或商融保理将不再另行向您通知。

应收账款自您的交易对手转让至商融保理时，商融保理即对您享有债权，您应向商融保理偿付应付款项。您选择该分期服务后，就前述服务所对应的交易，您向您的交易对手支付的款项都将不再视作您已履行对应的还款义务。

商融保理将基于向您提供的服务而向您收取分期手续费，除商融保理存在过错外，您已支付的手续费将不再退还。关于前述分期手续费的具体规则，请您关注本服务页面。若您逾期，就逾期未偿款项应按每日万分之五向商融保理支付相应的逾期利息。

上述合同条款中，商融保理参与互联网助贷的交易结构如图18所示：

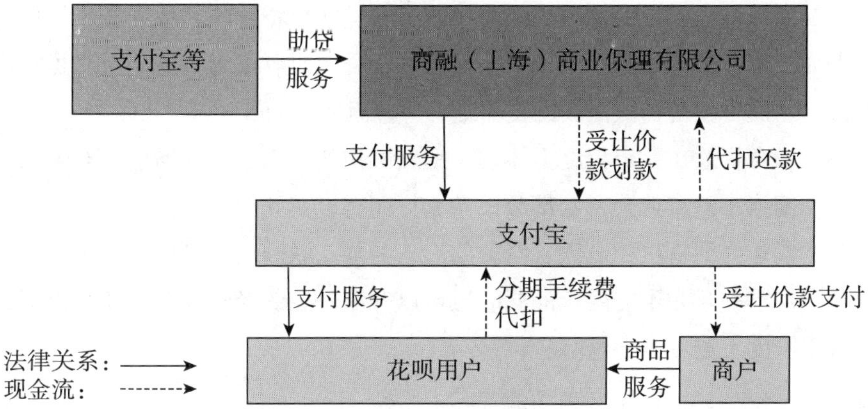

图18　商融保理参与互联网助贷的交易结构

上述交易结构体现了商融保理参与互联网助贷的如下特点：

（1）应收账款转让：商融保理向花呗用户的交易对手受让其对于花呗用户提供服务而享有的应收账款债权，并将转让对价支付给交易对手。

（2）手续费：花呗用户对商融保理负有偿还应收账款的义务，若花呗用户分期还款的，花呗用户还需根据约定承担一定的手续费。

二、助贷机构参与核心业务模式

助贷机构参与互联网助贷的具体业务模式主要由其自营业务特点决定。例如，具备发放贷款资质的助贷机构可以同时参与按比例发放联合贷款；保险公司可以同时提供保证保险担保；融资担保公司可以同时提供保证担保；P2P 平台可以利用其平台业务进行导流；助贷服务能力较强的助贷机构还可以选择以分润模式获取相应服务报酬，而不提供任何增信。

（一）联合贷款模式

1. 模式特点

以联合贷款模式参与互联网助贷的助贷机构主要包括商业银行、网络小额贷款公司、消费金融公司。该模式主要有以下特点：

（1）助贷机构与其他金融机构按比例出资向借款人发放贷款，但助贷机构的出资比例一般较低。例如，助贷机构与其他金融机构的出资比例设定为 1 ∶ 99。

（2）助贷机构提供助贷服务的内容较不参与联合贷款的其他助贷机构更为广泛。例如，商业银行作为助贷机构并发放联合贷款时可以为其他金融机构提供开设账户、发放贷款及贷款回收的支付结算等金融服务。

（3）联合贷款在一定程度上体现了助贷机构的特殊形式的增信。对于消费金融公司、网络小额贷款公司及部分民营银行而言，其获取发放贷款的资金来源较为有限，以作为助贷机构及联合贷款的形式参与互联网助贷可以在一定程度上减轻其融资需求并且在不需融资的同时还可以获取一定的经营收益，联合出资还可以在一定程度上避免道德风险。

2. 实操案例

案例 18：四川新网银行股份有限公司与潘甜金融借款合同纠纷案

案件事实：

潘甜（借款人）通过新网银行的微信公众号在线“好人贷”项目，向新网银行（贷款人）、天津农村商业银行股份有限公司（贷款人，以下简称天津农商行）申请贷款。案涉借款基本情况如下：

合同编号、名称：XW2019XJZ0001168115 号的《个人借款合同》。

合同签订时间：2019 年 4 月 28 日。

借款金额：118888.88 元。

借款期限：12 个月，自贷款发放之日至 2020 年 5 月 1 日。

借款利率：年利率为 14.4%。

还款方式：等额本息，每月以固定金额偿还贷款本息，贷款到期日归还剩余本金和利息，每月 1 日（如遇节假日，不顺延）。

合同主要条款：1. 利息、罚息及复利计算方式：第 7.2 条约定本合同项下贷款逾期的，逾期罚息利率为贷款实际利率水平上加收 50%。第 7.3.1 条约定贷款利息自贷款发放日起（含发放日）开始计算，按日计息。计算公式为：贷款利息 = 当前未归还本金 * 日利率 * 资金占用天数，月利率 = 年利率 /12，日利率 = 年利率 /360。第 7.3.2 条约定如未按约定的还款日向贷款人足额偿还已到期款项的（包括贷款人宣布贷款部分或全部提前到期的），贷款人有权从逾期之日起，按实际逾期天数对逾期借款本金按合同约定的逾期罚息利率计收罚息，对借款人未按时支付的利息，按逾期罚息利率计收复利，直至本息清偿为止。

逾期还款扣款顺序：第 9.7 条约定贷款逾期 90 天以内（含 90 天）且支付的款项不足以偿还借款人欠贷款人的到期债务的，则贷款本息及费用的偿还顺序为实现债权的费用、违约金（如有）、复利（如有）、罚息、利息、本金。贷款逾期 90 天以上且借款人支付的款项不足以偿还借款人欠贷款人的到期债务的，则贷款本息及费用的偿还顺序为本金、实现债权的费用、违约金（如有）、复利（如有）、罚息、利息。

联合放贷：第 19.6 条约定如采用联合贷款，各贷款人之间的出资比例由贷款人共同协商确定并按贷款资金比例份额共同享有债权，各贷款人任一方均有权要求借款人归还本合同项下全部贷款本息。第 19.7 条约定：新网银行有权代表全体贷款人签署本合同并行使本合同项下贷款人权利，本合同项下贷款人权利均可由新网银行独立代表全体贷款人行使（包括但不限于以诉讼的方式进行催收）。

宣布贷款提前到期情况：2020 年 3 月 31 日，新网银行向潘甜的户籍地址邮寄《宣布贷款提前到期通知函》。

欠款情况：新网银行结算系统显示，截至 2020 年 4 月 15 日，潘甜尚欠本金 100236.81 元、利息 6733.96 元、罚息 6797.85 元、复利 640.9 元。

另查明，新网银行就客户通过其微信公众号推出的“好人贷”项目申请贷款的流程向四川省成都市成都公证处申请公证，该公证处以〔2018〕川成证经字第 23587 号《公证书》对上述流程进行了公证。

2020 年 5 月 9 日，天津农商行出具《授权委托书》，委托新网银行为合作协议项下逾期贷款诉讼等催收工作的代理人，授权新网银行以新网银行的名义提起诉讼等，委托书长期有效直至书面终止委托或合作协议项下联合贷款全部结清。

上述案例中，新网银行与天津农商行合作联合贷款的交易结构如图 19 所示：

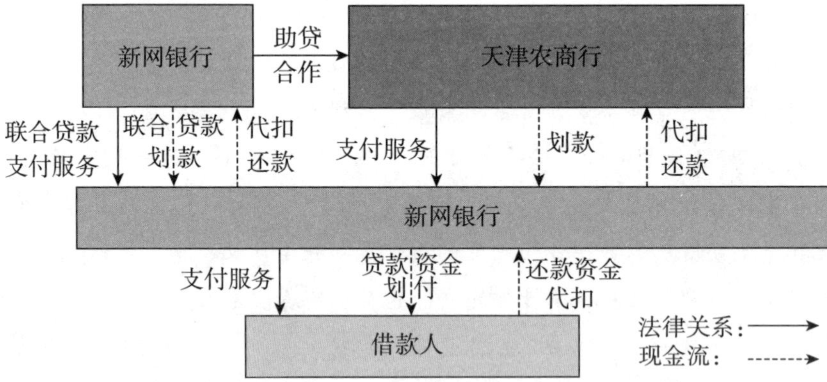

图 19　新网银行与天津农商行合作联合贷款的交易结构

上述案例中体现了新网银行与天津农商行合作联合贷款的以下特点：

（1）联合贷款比例不向借款人披露：联合贷款借款协议中约定各贷款人之间的出资比例由贷款人共同协商确定并按贷款资金比例份额共同享有债权。

（2）金融机构委托助贷机构服务内容较为广泛：借款协议约定新网银行有权代表全体贷款人签署借款协议并行使借款协议项下贷款人权利，借款协议项下贷款人权利均可由新网银行独立代表全体贷款人行使；借款协议约定各贷款人任一方均有权要求借款人归还借款协议项下全部贷款本息，并且本案原告仅为新网银行；可见金融机构对助贷机构在借款协议项下权利的全权委托。

（二）保证保险模式

1. 模式特点

保证保险模式中，保险公司既作为助贷机构提供获客等助贷服务，又作为担保机构对借款人的贷款提供保证保险担保。

（1）保险公司作为助贷机构提供助贷服务

目前主流的保证保险模式中，保险公司一般会在线下开设门店专门用于其合作的助贷业务获客等服务。例如，我们以“人保 + 助贷 + 门店”在 360 搜索引擎进行搜索发现，该搜索引擎前 3 页显示的搜索结果大部分为人保助贷服务门店招聘的内容。[①] 此外，根据 2018 年 11 月 16 日的一篇报道文章《人保助贷险业务开展背景及业务发展模式》，“现阶段中国人保已经在我省的 17 个市州开设了助贷险专营机构 21 家”[②]。

（2）保险公司作为担保机构提供保证保险

在消费金融火热的背景下，保证保险收入成为了保险公司的最新利润来源。根据相关统计，2017 年的信用保证保险业务收入达 593.65 亿元，2018 年的信用保证保险业务收入达 887.47 亿元，2019 年保费规模超过千亿元，不过 2020 年因疫情影响出现部分亏损。[③]

在保险公司作为助贷机构的互联网助贷业务中，若保险公司同时作为担保机构提供保证保险的，则其一般不会另行向与其合作的金融机构收取助贷服务费，而是直接向借款人收取保险费，在该模式项下保险公司与合作金融机构各取所需。

---

① 载 https://www.so.com/s?q=%E4%BA%BA%E4%BF%9D+%E5%8A%A9%E8%B4%B7+%E9%97%A8%E5%BA%97&pn=3&psid=0a47f7d6680fde8d2b0d0e1a9e11a41b&src=srp_paging&fr=hao_360so_a1004_b_cube，最后访问日期：2020 年 7 月 8 日。

② PICC 中国人民保险：《人保助贷险业务开展背景及业务发展模式》，载 http://www.scnjnews.com/news/content/2018-11/16/content_1521054.htm，最后访问日期：2020 年 9 月 19 日。

③ 聂国春：《人保风波后助贷险咋样了》，载 http://www.ccn.com.cn/m/view.php?aid=485405，最后访问日期：2020 年 9 月 19 日。

若出现借款人违约情况的，则保险公司会在理赔期届满后按约定承担保险责任，并于理赔后向借款人追偿。在人民法院公开的裁判文书中我们可以找到大量的保险公司理赔后追偿的司法案例。

2. 实操案例

在保险公司的获客宣传材料中可以看到一些实操案例，例如如下人保的宣传材料（如图 20）①：

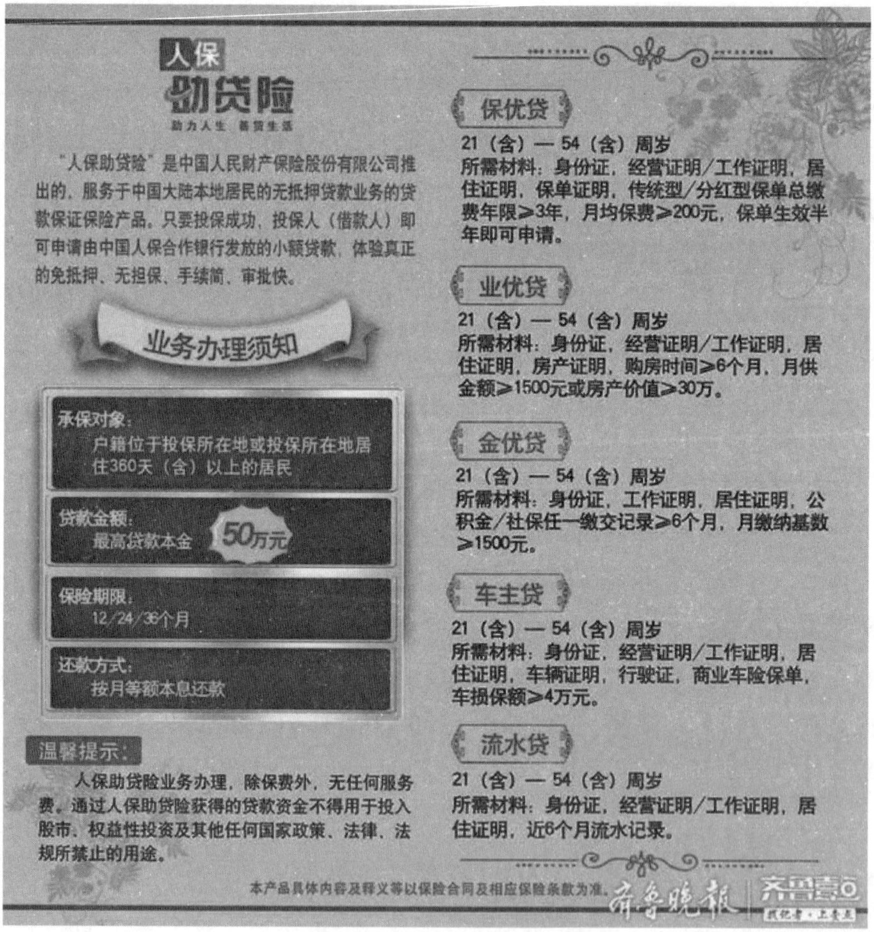

图 20　人保的宣传材料

① 图片来源载：https：//www.360kuai.com/pc/9c0a6d5fd57c3c95e?cota=3&kuai_so=1&sign =360_57c3bbd1&refer_scene=so_1。

上述宣传材料中，人保与银行合作的互联网助贷业务交易结构如图 21 所示：

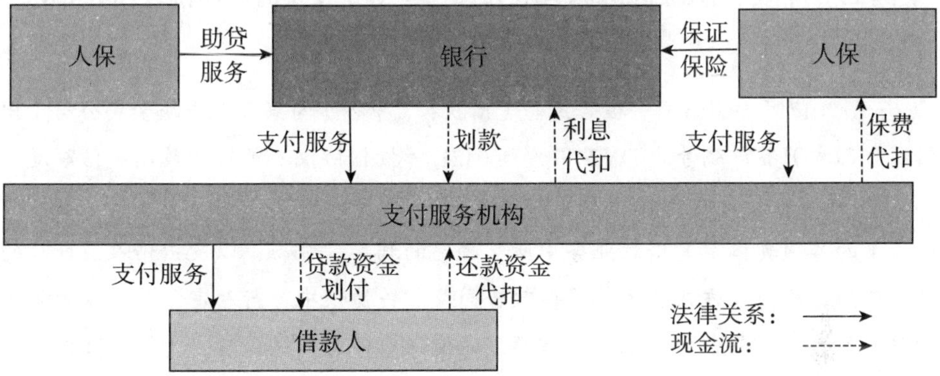

图 21　人保与银行合作的互联网助贷业务交易结构

上述结构体现了人保与银行合作的互联网助贷业务中人保获客及承保的特点，借款人必须先在人保投保成功才能向与人保合作的金融机构申请借款。

（三）融资担保模式

1. 模式特点

融资担保模式的特点主要体现为：

（1）融资担保公司作为助贷机构提供助贷服务

融资担保公司借助其融资担保业务资质优势可以通过多种获客渠道进行获客并与金融机构合作互联网助贷业务，例如，平安旗下融资担保公司与多家金融机构合作互联网助贷业务。

（2）融资担保公司作为担保机构提供保证担保

融资担保公司在互联网助贷业务中为借款人偿还借款的义务提供保证担保，保证担保的形式包括最高额保证担保及逐笔保证担保，有的融资担保公司还会承担受让逾期贷款资产的义务。对于大额贷款而言，融资担保公司会要求借款人以房产等抵押物向其提供反担保。

2. 实操案例

案例19：平安普惠融资担保有限公司与王静、史利小额借款合同纠纷案

案例事实：

一、2017年9月5日，被告王静（借款人、甲方）与第三人重庆金安公司（出借人、乙方）签订编号为DY20170904004212《授信协议》约定：最高授信额度为1381000元；授信额度的使用期限为2017年9月5日至2022年9月4日；授信协议项下的各项具体单笔借款业务中所需确定的利率、费率，以及出借人应计收的各项费用，均由双方在具体单笔借款合同及相关协议中另行约定，并以双方签署的每一笔具体业务合同为准；授信额度的使用条件为本协议确定的最高授信额度并不构成出借人对借款人的单笔借款承诺；借款人应在授信额度使用期限内就本协议项下的具体单笔借款业务向出借人提出单笔借款申请；出借人有权综合借款人的风险状况或信用情况确定单笔借款金额，具体单笔借款金额以双方签署借款合同等相关文件或平安普惠APP上显示的为准；还款日为本协议项下所有单笔借款为固定还数日，即借款均在每月的固定日（含借款发放当月）还款，具体日期以平安普惠APP上显示的为准；每月还款日如遇节假日不顺延，还款当月如无该日，则以该月的最后一日为该月还款日，遇节假日不顺延；还款方式为授信协议项下的各项具体单笔借款业务中所需确定的还款方式，以及出借人应计收的各项费用，均由双方在具体单笔借款合同及相关协议中另行约定，并以双方签署的每一笔具体业务合同为准；本合同双方均应履行本合同所约定的义务；任何一方不履行或不完全履行本合同所约定义务的，应当依法承担违约责任并承担相关费用，包括但不限于登记费、诉讼费、仲裁费、财产保全费、交通费、律师费、执行费、评估费、拍卖费，保管费、过户费等费用；借款人任一期本金或利息逾期满80天，保证人就全部的本金余额及其他借款人的欠付款项向出借人履行担保责任；

二、2017年9月5日，被告王静（甲方、委托人）与原告（乙方、受托人）签订编号为DY20170904004212《最高额委托担保合同》约定：甲方与第三人重庆金安公司签署了编号为DY20170904004212《授信协议》，甲方委托乙方为其在该《授信协议》项下于2017年9月5日至2022年9月4日期间发生的借款在最高本金金额1381000元范围内为其提供连带责任保证担保；针对乙方上述担保，甲方应按乙方要求及时提供及落实相关反担保措施，反担保人应当另行与乙方签

订反担保合同；甲方或第三方保证人应在本合同签订之日起五日内与乙方签订反担保抵押合同，并在本合同签订之日起十五日内完成反担保所必须的登记备案；计费方式为从主合同项下单笔借款实际发放日起（含本日）至借款全部结清日止按月计费；每月担保费金额＝实际借款放款本金金额*担保费率（还款周期不足一个月的按日计息，日担保费率＝月担保费率/30）；缴费日期同主合同还款日；甲方逾期且发生乙方代偿的，自乙方代偿之日起，以代偿金额为基数，按0.1%/日收取代偿违约金，直至借款人偿还全部款项；甲方违反主合同约定，未按期偿还主债务，出借人要求乙方承担担保责任和其他民事责任的，乙方除依法向甲方追偿代偿的本金、利息、复利、罚息、违约金、赔偿金、出借人实现债权的费用及乙方向出借人承担的其他民事责任外，还有权要求甲方承担本合同约定的甲方应当支付的费用、违约金、赔偿金、乙方为实现追偿而产生的费用（包括但不限于诉讼费、仲裁费、与财产保全相关的费用、差旅费、执行费、评估费、拍卖费、公证费、送达费、公告费、律师费）等。同日，在双方签署的《最高额委托担保合同》补充协议中约定：本协议项下的担保费率为0.50%；月担保费为6905元；担保费支付时间为6个月。

三、2017年9月5日，原告（抵押权人、乙方）与被告王静（抵押人、甲方）签订编号为DY 20170904004212《最高额反担保抵押合同》约定：针对乙方为借款人王静的主合同债务提供的保证，甲方自愿以坐落于天津市滨海新区作为抵押物提供反担保抵押；抵押担保范围包括乙方根据委托担保合同接受借款人委托提供连带责任保证担保并与出借人签订的保证合同所承担的连带保证担保责任项下代偿的全部款项（包括但不限于本金、利息、罚息、违约金、实现债权的费用［包括催收费用、律师费用、诉讼费用、公证费用、执行费用等一切费用］以及借款合同项下其他到期应付的款项）；借款人在委托担保合同项下全部义务及债务（包括但不限于担保费、代偿滞纳金以及乙方为追偿、催收上述款项所产生的其他一切费用）；乙方为实现本合同项下担保权而产生的一切费用，包括但不限于催收费用、诉讼费（或仲裁费）、抵押物处置费、过户费、保全费、公告费、保管费、评估费、拍卖费、执行费、律师费、差旅费及其他费用。二被告在合同上签字确认。

四、2017年9月5日，本案原告（甲方、保证人）与第三人重庆金安公司（乙方、出借人）签订编号为DY20170904004212《最高额保证合同》约定：为了担保借款人王静与乙方签订的编号为DY20170904004212《授信协议》及其项下单笔借款合同的履行，甲方愿意向乙方提供最高额连带责任保证担保，以担保借款人按时足额清偿其在主合同项下将产生的全部债务；甲方所担保的主债权借款人与乙方确定《授信协议》项下全部具体单笔借款合同项下发生的全部债权，所担保的主债权最高本金余额为1381000元；保证方式为连带责任保证；保证期间为自主合同项下首笔借款发放之日起至主合同项下最晚还款日（如因法律规定或约定的事件发生而导致具体借款合同提前到期，则为提前到期之日）之后两年；甲方提供保证范围包括主合同项下应向乙方偿还或支付的债务本金、利息（包括但不限于本金、利息、复利、罚息、违约金、赔偿金）等，借款人与甲方在《最高额委托担保合同》及其修订或补充中约定借款人应当支付的费用、违约金、赔偿金等，甲方为代偿主合同项下的债务而产生的费用，包括但不限于诉讼费、仲裁费、与财产保全相关的费用、差旅费、执行费、评估费、拍卖费、公证费、送达费、公告费、律师费等；自借款人在主合同约定的付息日或还本日未按约定向乙方进行清偿或出现乙方要求借款人提前还款条件后提前还款日期届满之日起第八十一日内，甲方无条件地按本合同约定承担担保责任，无需乙方另行通知，但甲方也可在不到第八十一日时提前代偿。

五、2017年9月9日，天津市国土资源和房屋管理局（滨海新区）出具不动产登记证明，该证明中记载：证明权利或事项为抵押权；权利人（申请人）为本案原告；义务人为本案被告王静；不动产坐落于天津市滨海新区。

六、2017年9月20日，第三人重庆金安贷款公司将1339570元（减除手续费2762+38668元）款项汇入被告王静账户。自2017年10月至2018年2月期间，被告王静每月20日偿还借款利息9436.83元；自2017年10月至2018年3月期间，被告王静每月20日支付担保费6905元；2018年4月12日，被告王静偿还40000元；2018年4月19日，被告王静偿还20000元；2018年4月25日，被告王静偿还50000元。

七、因被告王静自2018年3月20日之后就未能按月偿还第三人借款本息，原告于2018年6月11日发起代偿，向第三人转款1388860.72元。2018年6月11日，第三人向原告出具履行保证责任证明书，载明："因借款人未按期还款，贵司已根据《最高额保证合同》于2018年6月11日向我司代偿本息合计人民币1499969.58元，保证责任已全部履行完毕"。庭审中第三人表示，其出具的履行保证责任证明书上面载明的代偿本息金额有笔误，实际代偿本息金额为

1388860.72元。

八、第三人重庆金安公司于2014年12月25日成立，营业执照载明的经营范围为：在全国范围内开展各项贷款、票据贴现、资产转让业务[以上业务仅限于通过互联网方式线上开展（除重庆市主城九区外）]。2015年2月26日，重庆市金融工作办公室作出《重庆市金融工作办公室关于同意重庆金安小额贷款有限公司开业的批复》，其中批复第四条经营范围为：在全国范围内开展各项贷款、票据贴现、资产转让业务。以上业务仅限于通过互联网方式线上开展（除重庆市主城九区外）。

上述案例中，平安普惠融资担保有限公司与重庆金安小额贷款有限公司合作的互联网助贷业务交易结构如图22所示：

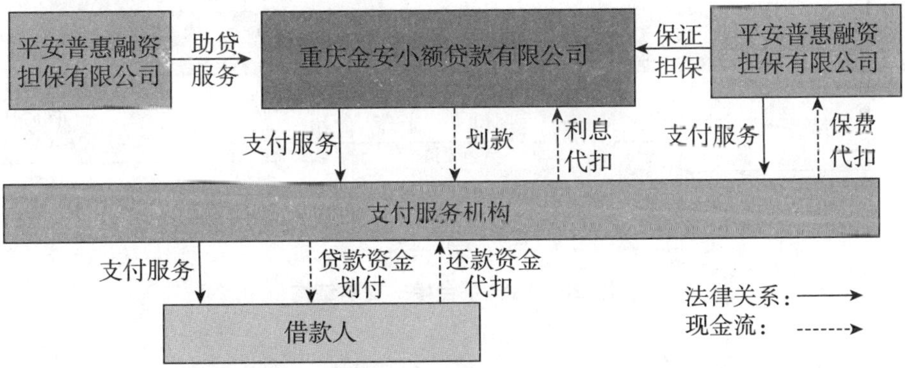

图22 平安普惠融资担保有限公司与重庆金安小额贷款有限公司合作的互联网助贷业务交易结构

上述结构体现了平安普惠融资担保有限公司与重庆金安小额贷款有限公司合作的融资担保模式的以下特点：

（1）平安普惠融资担保有限公司既作为助贷机构又提供保证担保。

（2）借款人需向平安普惠融资担保有限公司支付担保费并且应提供抵押反担保。

（四）P2P平台模式

1. 模式特点

P2P平台模式是指P2P平台在经营网络借贷信息中介业务的同时作为金融机

构的助贷机构与金融机构合作互联网助贷业务。在P2P平台遭遇整顿的前期，部分平台开始转型互联网助贷，而基于其主营业务性质，获客质量较差，有些客户会被金融机构拒贷，为了确保客户体验并保持稳定的获客流量，P2P平台会让客户无感的状态下成功通过P2P平台获得借款。这种模式一般是P2P平台转型助贷机构的过渡阶段。

2. 实操案例

P2P平台模式交易结构如图23所示：

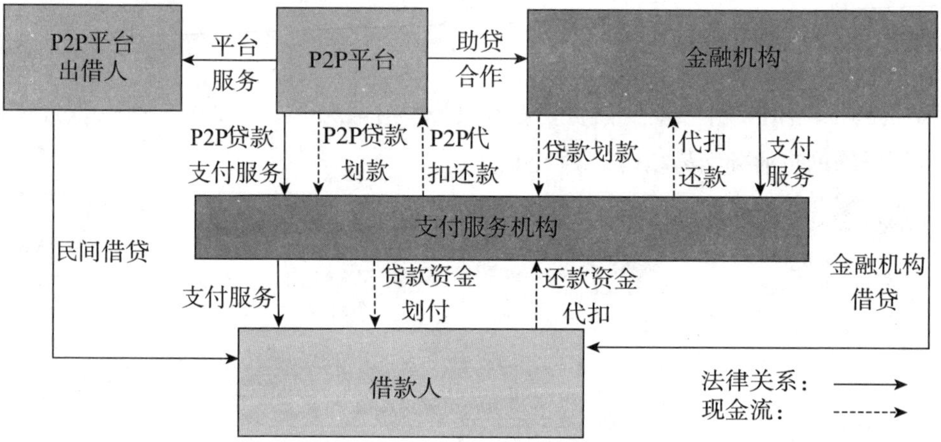

图23 P2P平台模式交易结构

（五）分润模式

1. 模式特点

随着监管部门对于互联网助贷业务的监管趋严，以及金融科技能力对于提高资产质量控制能力的作用越来越重要，助贷机构或其关联方以任何形式提供增信的业务模式逐渐有所改变，分润模式成为监管部门、助贷机构以及金融机构促进的互联网助贷业务发展方向。

在分润模式项下，助贷机构不提供任何形式的增信，包括但不限于融资担保、差额补足、认购次级等，金融机构亦不再收取固定收益，而是由金融机构与助贷机构按照资产表现确定不同情形下各自对贷款利息的分配比例。

2. 实操案例

分润模式交易结构如图24所示：

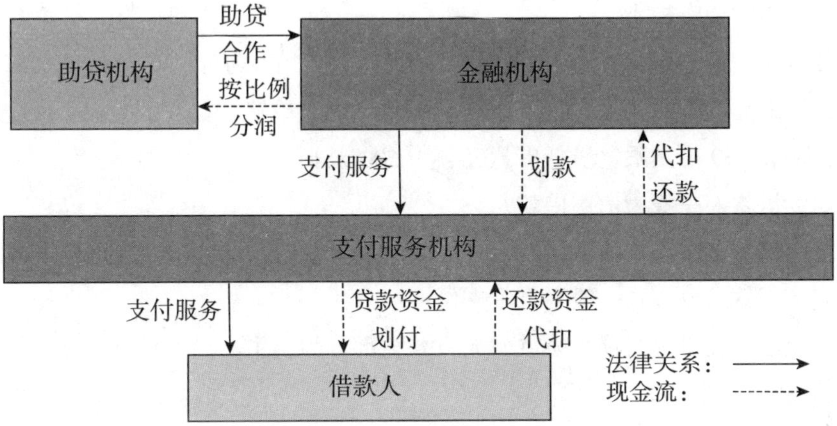

图 24　分润模式交易结构

三、借款人参与核心业务模式

互联网助贷业务会根据借款人参与的具体不同模式而有所区别，例如大部分互联网助贷业务为借款人以日常消费为用途的小额信用借款；大额消费用途及经营用途的互联网助贷业务一般会安排借款人提供抵押物，该种模式被称为房抵贷模式；以购车为目的的互联网助贷业务会形成独特的车分期模式；以小微企业作为借款人的互联网助贷业务构成小微企业模式。

（一）传统消费金融模式

1. 模式特点

传统消费金融模式是互联网助贷业务的主要模式，其具有以下特点：

（1）借款用途为日常消费

传统消费金融模式项下借款用途仅限借款人日常消费，借款人一般可以选择装修、购物、教育支出、医疗支出、旅游支出、其他消费等用途，借款合同中一般也会明确约定借款不得用于购房、投资或其他非消费用途。

（2）借款人均为自然人

传统消费金融模式项下限定为自然人，并且一般会限定在 18 周岁以上 65 周岁以下，这是符合消费的正常年龄段。

（3）借款金额较小

传统消费金融模式项下授信总额一般不会超过 20 万元，单笔借款金额一般限定在数万元甚至数千元，但基于合作成本考虑，单笔借款资金一般会设定最小金额，例如 360 借条限定最低借款金额为 500 元。

（4）借款人一般为信用借款

传统消费金融模式项下借款人一般无须提供任何抵押、质押等担保措施。

（5）贷款发放方式一般为自主支付

传统消费金融模式项下贷款发放方式大部分为自主支付，贷款资金直接发放至借款人账户。

（6）贷后检查难度较大

传统消费金融模式项下对贷款资金使用进行监管的难度较大，不过鉴于其金额较小，一般也没有检查资金使用方向的必要，例如，借款 500 元不可能用于买房。

2. 实操案例

传统消费金融模式的实操案例比较容易找到，根据法律法规规定，各贷款平台均会在贷款平台向借款人展示完整的借款合同。

案例 20：贷款产品：美团生活费

《借款合同》条款：

重庆美团三快小额贷款有限公司（以下简称“美团三快小贷”）将作为本服务的贷款服务顾问，为您和贷款人提供相关顾问服务。

借款用途：个人日常消费

贷款人：××银行、重庆美团三快小额贷款有限公司

未经乙方书面同意，甲方不得改变借款用途。

乙方将在审核批准甲方的借款申请之后，将贷款资金全额发放至甲方收款账户。

甲方理解并同意，如本合同项下有多个贷款人，贷款人之间可自行协商并确定贷款的出资比例，甲方不得以此为由拒绝还款。

甲方无条件不可撤销地同意并授权乙方和/或贷款服务顾问在每个还款日持续向美团旗下北京钱袋宝支付技术有限公司（下称“钱袋宝”）等第三方支付组织机构发送代扣指令，钱袋宝等第三方支付组织机构即可在不验证甲方的支付密

码、短信动态码等信息的情况下直接从甲方的还款账户或钱袋宝余额或与钱袋宝绑定的银行账户中扣划应还款项至乙方指定账户，用于偿还甲方在乙方处的全部到期债务直至清偿完毕，且乙方和/或贷款服务顾问有权将多笔贷款的应还款额合为一笔或分成特定金额，分笔、分批发出交易委托指令。当甲方的账户余额不足时，乙方和/或贷款服务顾问有权降低代扣额度以及多次分笔通过还款账户开户行或第三方支付组织机构发出代扣指令。甲方承诺前述交易委托指令视同其本人做出。代扣时间、金额等指令以乙方和/或贷款服务顾问通知为准，因代扣产生的全部责任由甲方与乙方和/或贷款服务顾问承担。

赋予强制执行效力公证：

1. 为确保按时偿还借款本息，甲方同意就本合同向公证处申请赋予强制执行效力公证并接受人民法院执行强制公证；甲方未履行或未完全履行本合同规定义务，甲方自愿放弃诉讼并接受法院执行。

2. 经双方协商约定，本合同公证费用由乙方承担。

3. 如果双方未就本合同申请赋予强制执行效力公证，本条约定不适用。

上述实操案例的交易结构如图 25 所示：

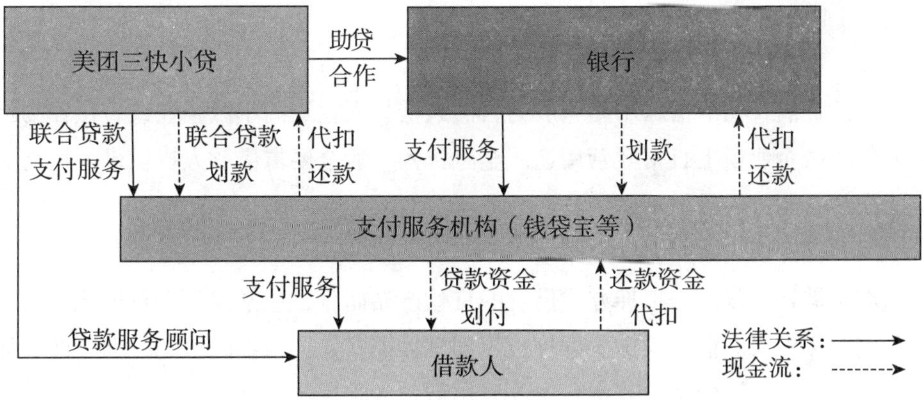

图 25　实操案例的交易结构

上述交易结构主要体现了以下特点：

（1）美团利用其主营业务 APP 进行获客。

（2）美团三快小贷既作为联合贷款人与其他金融机构发放联合贷款，又作为借款人及其他金融机构的贷款服务顾问提供相关服务。

（3）美团旗下第三方支付机构钱袋宝为贷款发放及回收提供支付服务。

（4）借款人借款用途为个人日常消费。

（5）贷款发放方式为自主支付。

（二）房抵贷模式

1. 模式特点

房抵贷模式，是指在大额互联网助贷业务中，借款人提供房产所有权抵押担保的模式。房抵贷模式主要有以下特点：

（1）借款人为自然人或小微企业

房抵贷模式项下借款人可以为自然人或小微企业，自然人一般为小微企业主，小微企业申请借款时贷款人考量的一般仍是小微企业主的信用状况。

（2）贷款金额较大

房抵贷模式项下贷款金额一般会多达上千万元，低至数百万元。对于借款人为自然人的情况，贷款人需要根据法律法规要求以受托支付方式发放贷款。因房抵贷模式目前线下办理抵押的特点，其不构成《商业银行互联网贷款管理暂行办法》中的互联网贷款，故其贷款金额不受《商业银行互联网贷款管理暂行办法》规定的上限限制。

（3）借款用途一般为经营用途

房抵贷模式项下借款用途一般为自然人借款人控制的小微企业或直接作为借款人的小微企业项下日常经营用途。金融机构一般会要求借款人提供借款用途对应的交易合同作为借款用途凭证。

（4）抵押模式主要为反担保

对于借款人以房产抵押方式借款的贷款产品而言，包括线下助贷模式和线上互联网助贷模式。借款人提供抵押担保的具体模式也会因不同模式的助贷业务而有所区别。在线下助贷模式中，主要采用借款人将房产直接抵押给贷款人的抵押模式，贷款人与借款人均通过线下签署相关协议及办理相关手续。在线上互联网助贷模式中，借款人一般采用反担保的方式将房产抵押给其他担保机构，例如为借款人还款义务提供保证担保的融资担保公司或为借款人提供保证保险的保险公司，融资担保公司或保险公司需在金融机构发放贷款前办理完毕相应抵押登记手续。在反担保模式项下，融资担保公司或保险公司需线下办理相关手续（将来亦有可能实现线上办理)，而贷款人与借款人可通过线上完成借款协议的签署及贷款发放。

(5)线下办理抵押登记

因我国绝大部分地区抵押登记相关基础设施尚不支持线上办理业务，并且基于风险控制的考虑，目前房抵贷模式项下抵押登记手续一般需线下办理，并且相关抵押合同及主合同均需线下纸质签署。随着金融科技基础设施的不断完善，线上办理抵押登记应该是可以实现的，届时线下展业将全面转为线上。据相关报道，微众银行、网商银行等纯线上展业的民营银行正在探索纯线上的房抵贷模式，但是，若房抵贷转为纯线上模式的，则其贷款额度可能会受限于《商业银行互联网贷款管理暂行办法》的规定。

2. 实操案例

平安普惠模式应属最为典型的房抵贷模式互联网助贷业务，在裁判文书网上也能找到大量的相关裁判文书案例。

案例21：中国平安财产保险股份有限公司与周寅珀追偿权纠纷案

案例事实：

2017年4月20日，周寅珀与重庆金安小额贷款有限公司(以下简称小贷公司)签订《授信及借款合同》(以下简称借款合同)，约定授信金额53万元，授信期限60个月，自2017年4月20日至2022年4月19日止，周寅珀在授信有效期内可通过向小贷公司提交《额度动用申请表》申请借款。提交《额度动用申请表》时，周寅珀应选定款项的使用方式。小贷公司审核通过后，将借款发放至周寅珀在平安易贷APP所绑定的收款账户。借款期限内，借款使用方式选择长期使用的期限为24或36个月，本息偿还方式为每月等额本息还款。还款期为36个月的借款利息为年利率9.2%。借款人就每笔借款需向出借人按实际放款金额的3%支付借款手续费，在借款发放日一次性支付。借款人如发生于正常还款日止，未缴或未缴足含担保费在内的当期应还款项则视为借款逾期。出借人就逾期款项中的借款本金及利息部分自逾期之日起按0.1%每日向借款人计收逾期罚息，直至清偿完毕之日或代偿之日止。同日，周寅珀申请动用33万元，申请动用期限36期；2017年6月5日，周寅珀申请动用20.7万元，申请动用期限36期；2017年10月13日，周寅珀申请动用5.3万元，申请动用期限24期。小贷公司均向周寅珀作了放款。

2017 年 4 月 20 日，保险公司与周寅珀签订《个人借款保证保险保险单》，约定周寅珀委托保险公司为其在上述借款合同项下借款本金、利息、罚息、违约金、实现债权的费用提供保证保险。周寅珀与保险公司签订《最高额反担保抵押合同》，约定周寅珀以宜兴市官林镇 ××-××× 房屋设定抵押为保险公司提供的连带责任保证担保提供反担保，担保最高本金金额为 53 万元。抵押房屋办理了苏〔2017〕宜兴不动产证明第 ××× 号不动产登记证。

上述案例交易结构如图 26 所示：

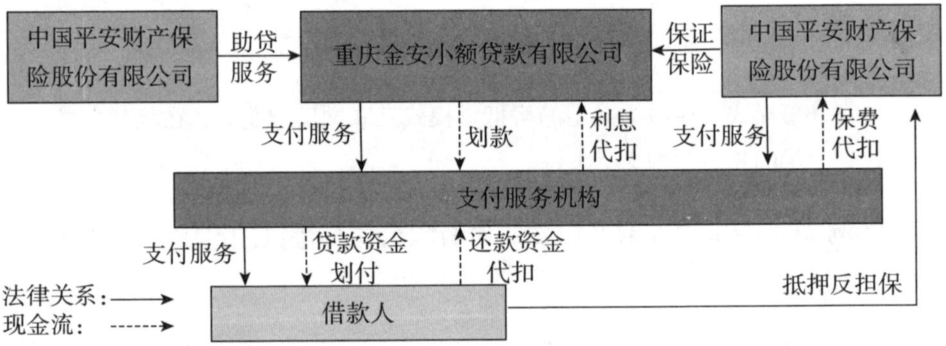

图 26　上述案例交易结构

上述交易结构体现了房抵贷模式项下以下特点：

（1）保险公司双重身份：中国平安财产保险股份有限公司既作为助贷机构提供助贷服务，又作为担保机构提供保证保险。

（2）反担保：借款人以房产作为抵押物，为中国平安财产保险股份有限公司提供保证保险的行为提供抵押反担保，以确保保险公司理赔后权益的实现。

（3）最高额担保：借款人提供反担保的形式是最高额形式，即在一定的授信额度和期间范围内连续发生的借款行为提供最高额抵押担保。

（三）车分期模式

1. 模式特点

车分期是指借款人以购车为目的而申请的借款模式。车分期模式因涉及车辆而具有特有的特点：

（1）分期贷款与融资租赁相结合

车分期模式下的主导机构一般是融资租赁公司，融资租赁公司基于其主营融资租赁业务提供助贷服务。有意向购车的消费者一般是通过融资租赁公司购车，融资租赁公司前期一般会安排消费者采用融资租赁的模式参与购车的前期交易结构，租赁期限届满一定期限后，消费者可选择贷款支付全部尾款以购买车辆所有权，尾款贷款的贷款人一般是融资租赁公司推荐的金融机构。

（2）车辆抵押担保增信

就尾款贷款而言，融资租赁公司一般需向贷款人提供担保增信，借款人需以所购车辆所有权为融资租赁公司提供抵押反担保。

2. 实操案例

案例22：周小平与浙江大搜车融资租赁有限公司惠州分公司、北京搜车网科技有限公司合同纠纷案

案例事实：

2018年1月9日，周小平通过弹个车APP创建编号为74274011211386880的订单，订单详情显示VIN为LFPM4APP7J1A00932、车型为2018款马自达CX-42.0L自动两驱蓝的轿车一辆，先租1年，首付16900元，月供4398元（含购置税、含1年保险），1年后尾款购车149400元（支持分期5179元*36期）还可选择续租或退还车辆。当日，周小平通过弹个车APP电子签署了《融资租赁协议》并支付首付款16900元。

《融资租赁协议》约定：甲方（出租人）：大搜车惠州分公司，乙方（承租人）周小平。鉴于：乙方有机动车驾驶证（以下简称“驾照”）且驾照状态正常，为满足日常代步需求，乙方有意愿向甲方承租机动车一辆，甲方亦同意依据乙方的指令采购指定车型机动车（以下简称“标的车辆”）出租给乙方使用。基于上述，双方达成本协议。并以字体加粗的方式列明“乙方在甲方提供的网络页面上点击确认按钮（例如，按钮上书写如“确认”、“同意协议”、“开通服务”或含义类似文字，且页面上同时列明了本协议的内容或者可以有效展示协议、文件内容的链接），或乙方与甲方以其他合理方式签订本协议时，即表示乙方在已经充分阅读并理解本协议内容的基础上与甲方达成一致，同意接受本协议全部内容的约束，包括与本协议有关的各项规则及甲方提供网络页面所展示的其他与本协议或本协

议项下各项规则的条款和条件有关的各项规定，甲方将以字体加粗方式提示乙方应认真审阅的重点条款”。

同时约定了标的车辆为【2018 款马自达 CX-42.0L 自动两驱蓝天品位版】、车架号与甲方提供的 APP 中业务订单显示为准。租赁期限为 12 个月，租赁期限起算于标的车辆交付日之次日或甲方向乙方发出提车通知之日起第 4 日，二者以孰早者为准。标的车辆由甲方根据乙方指令完成采购，以甲方名义与乙方指定的出卖方签署机动车买卖协议并支付车辆购买价款，乙方在约定范围内享有标的车辆的使用权，乙方确认标的车辆的所有权无争议的归甲方所有。乙方应于本协议签订后向甲方支付首付租金 16900 元，作为乙方为获得标的车辆使用权及相关服务的对价，乙方应每月向甲方支付人民币 4398 元月付租金，此等月付租金不包括乙方使用标的车辆过程中发生的燃油费、通行费、停车费、违章罚款、修理检测、损害赔偿等因使用行为产生的费用。

本协议一经签订，乙方应严格按照协议约定期限及时支付首付及月付租金，未经甲方许可，乙方不得单方通过缩短租赁期限归还甲方车辆方式终止本协议。未经甲方许可，不得在租赁期满前支付尾款购买车辆。乙方应于甲方或第三方发出提车通知之当日起 4 日内，在甲方或第三方的协助下就车辆及附属设备进行验收，乙方签署相关交接文件视为甲方已经合格交付了标的车辆；若乙方未在约定期限届满时接收标的车辆、签署交接文件的，亦视为甲方已经合格的交付了标的车辆，不影响本协议的效力和月付租金的起算，且乙方无条件认可甲方的交付行为，就未能实际使用造成的损失由乙方自行承担。关于租赁期限届满后标的车辆的处理。

租赁期限届满时，乙方在本协议约定的时间内，选择下列任一付款方式支付标的车辆尾款并完成约定的手续后，标的车辆的所有权（不含车牌、下同）即归属于乙方，同时本协议终止。乙方可以以人民币 149400 元整的价格一次性支付标的车辆的尾款。或甲方或甲方委托的第三方为乙方提供分期贷款推荐服务，如乙方通过贷款机构审核，乙方将以向贷款机构申请三年 36 期贷款的方式支付标的车辆购车款，乙方向贷款机构申请贷款的月供标准为人民币 5179 元，贷款额以乙方与贷款机构实际签订的协议为准……甲方双方签署本协议后，本协议于乙方支付首付租金当日生效。本协议将以专业的第三方电子签名服务机构颁发数字证书完成签署，数字证书的调取将通过手机短信（指定手机号码以页首载明为准）

验证的形式完成，双方确认以该形式完成签署的协议享有完整的法律效力，并在明确知悉相关操作要求后同意使用电子签约形式完成文件签署，任何一方均不得以签约形式为由质疑本协议的有效性，并主张权利。双方还就协议的提前终止、违约责任等进行约定。上述协议由杭州天谷信息科技有限公司出具的《e签宝产品服务证明》予以证实。

2019年1月23日，周小平作为借款人、大搜车公司作为推荐人与浙江网商银行股份有限公司电子签署合同编号为201901231126010030000007070234282O6LC的《贷款合同》，贷款金额为149400元，贷款期限自贷款发放之日其2022年1月23日，初始日利费率:0.040972%，第1期至第36期:0.040972%，还款方式:等额本息，还款日:自贷款发放之日起每月23日。收款账户:大搜车公司，账户:88×××96。合同约定借款人与贷款人、推荐人一致同意本合同以数据电文形式订立并认同其效力。本合同经您在贷款平台确认后生效，但贷款资金仅在您经过贷款人审核通过后才会划入本合同第一条约定的收款账户。您同意，贷款人将贷款资金全额发放至本合同第一条约定的您指定的收款账户，若在发放前贷款人发现如您或推荐人有欺诈、造假行为的，收款账户被冻结或止付等不利于贷款人贷款安全的情况，贷款人有权暂停相关贷款的发放，由此产生的损失您自行承担。本合同项下的贷款用于您用于大搜车租后分期业务的租金分期，您、推荐人应保证贷款使用符合监管要求。本合同项下您对贷款人的所有债务由推荐人向贷款人提供连带保证责任，在您出现推荐人与贷款人约定的逾期违约情形时，推荐人将承担连带还款义务。推荐人保证担保的范围为本合同项下您拖欠贷款人之全部款项，如贷款本金、利息、违约金及其他相应费用（如有）……双方还就其他事项进行约定。签约当日，浙江网商银行股份有限公司发放贷款149400元。周小平共已还本金17054.21元、利息8821.99元。

2019年4月10日，涉案标的车辆注册登记人名义由大搜车公司惠州分公司变更为周小平，并于当日办理抵押登记，抵押权人为大搜车公司。

2020年2月17日，浙江网商银行股份有限公司出具《代偿证明》，载明：借款人周小平于2019年1月23日向我司申请贷款149400元，贷款合同编号为201901231126010030000007070234282O6LC，该借款人拖欠下表所列欠款已由大搜车公司代偿，合计138861.26元。

上述案例交易结构如图 27 所示：

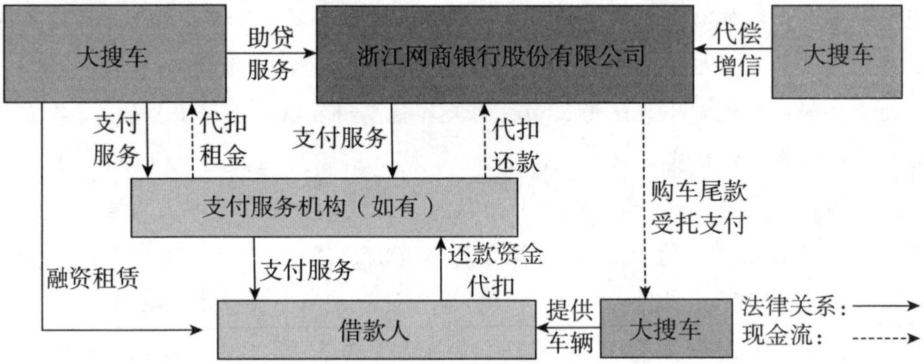

图 27　上述案例交易结构

上述交易结构体现了车分期模式项下以下特点：

（1）融资租赁关系：大搜车与借款人之间存在融资租赁关系。

（2）受托支付：借款人向网商银行申请的购车尾款贷款由贷款人以受托支付的形式支付至大搜车。

（3）代偿增信：大搜车为借款人购车尾款贷款债务提供代偿增信，大搜车承担代偿责任后向借款人追偿。

（四）小微企业模式

1. 模式特点

小微企业模式，是指以小微企业作为借款人申请借款的业务模式。小微企业模式基于借款人的主体信用评估难度较大而表现出一定的特点。

（1）借款人是小微企业

小微企业抗风险能力较弱，一般较难获得融资，互联网助贷业务项下，助贷机构基于其对业务经营过程中掌握的小微企业数据进行风控，可以协助金融机构进行风险防范。

（2）借款用途为日常经营

小微企业模式项下借款用途只能为小微企业日常经营，其本质亦是流动资金贷款。

（3）主体信用依赖小微企业主

小微企业主在小微企业中的作用至关重要，小微企业模式中均会将小微企业主的信用状况作为风险控制的主要依据，同时会要求小微企业主提供抵押、质押、保证等担保措施。

2. 实操案例

案例23：微业贷

官方介绍摘录：

微业贷是微众银行为广大中小微企业提供的线上流动资金贷款服务，该产品为结合大数据分析及互联网技术的一款金融创新产品。客户从申请至提款全部在线完成，无需抵质押，额度立等可见，资金分钟到账，按日计息，随借随还。微众银行将以科技金融为中小微企业提供高效便捷的融资服务。

Q：微业贷如何申请?

A：微业贷目前针对企业一般纳税人开放，以纳税识别码及密码登录、通过法定代表人身份验证后即可申请。

Q：微业贷需要抵押担保吗?

A：申请微业贷无需任何抵质押，若提款需法定代表人提供连带责任保证。

Q：为什么要签订《征信授权协议》与《税银及平台数据授权协议》?

A：企业签订《征信授权协议》将授权微众银行查询企业在人民银行的征信记录；企业签订《税银及平台数据协议》将授权微众银行及合作方查询企业的税务信息。

Q：微业贷最高可获得多少额度?

A：微业贷根据多维度的大数据对企业进行综合评估，额度最高可达300万元。

Q：日利率可以申请调低吗?

A：我们依靠系统自动核额，全程无人工干预，若您对额度及利率有不满意的地方，建议您继续保持良好记录，届时再次申请。

Q：借款时收款银行与对公账户如何填写? 银行列表中没有找到企业开户行怎么办?

A：微业贷支持将贷款发放至您现有的对公结算账户，请选择微业贷系统支持的银行账户进行填写。

上述案例交易结构如图 28 所示：

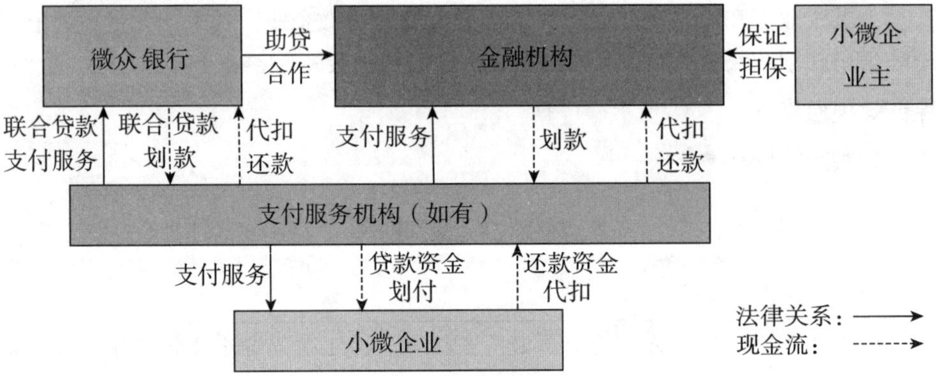

图 28　上述案例交易结构

上述交易结构体现了小微企业模式以下特点：

（1）小微企业风控独特性：贷款人需借助企业一般纳税人纳税识别码及企业税务信息、征信信息对借款人进行风控识别。

（2）小微企业主保证担保：小微企业法定代表人提供连带责任保证是借款人申请借款的必要前提条件。

第三节

互联网助贷延伸模式：资产证券化模式

资产证券化，是指以贷款债权、应收账款债权等符合规定条件的基础资产所产生的现金流为偿付支持，通过结构化等方式进行信用增级，在此基础上发行资产支持证券的业务活动。

资产证券化是企业获得低成本融资的重要形式，资产证券化业务模式会根据发行场所的不同而有所区别。目前常见的发行场所包括证券交易所、中国银行间市场交易商协会、全国银行间债券市场[①]。在证券交易所发行的资产证券化产品为

① 根据相关规定，资产证券化产品还可以在全国中小企业股份转让系统、机构间私募产品报价与服务系统、证券公司柜台市场以及中国证监会认可的其他证券交易场所进行挂牌、转让。

企业资产证券化（ABS），原始权益人限定为企业；在中国银行间市场交易商协会发行的资产证券化产品为非金融企业资产支持票据（ABN），原始权益人限定为非金融企业；在全国银行间债券市场发行的资产证券化产品为信贷资产证券化，原始权益人限定为银行业金融机构。

资产证券化项下基础资产分布越分散，则其风险越分散，因此，小额分散的消费金融等贷款资产是基础资产的最佳选择。在互联网助贷业务项下，金融机构会趋向拿出优质资产用于发行资产证券化产品，以此增加其资金流动性，降低互联网助贷业务的成本。因此，资产证券化几乎成为了互联网助贷业务的最终归宿。尤其在鼓励降低融资成本的监管环境和司法环境下，互联网助贷业务的资产证券化更获追崇。

互联网助贷业务项下的资产证券化业务模式主要包括债权转让模式及信托受益权转让模式。

一、债权转让模式

债权转让模式是指金融机构将其在互联网助贷业务中享有的贷款债权组包作为基础资产对外转让，以实现降低融资成本、增强资金流动性等目的。债权转让模式分为类资产证券化模式和资产证券化模式。

（一）类资产证券化模式

1. 类资产证券化模式简述

除了在交易场所发行的资产证券化产品外，还存在类资产证券化业务模式。所谓类资产证券化，是指不在交易场所发行的资产证券化业务模式，即除了不在交易场所发行外，其他业务结构与资产证券化业务几乎没有区别。类资产证券化发行较为简单，其资金成本相较资产证券化业务偏高，但仍能在一定程度上缓解企业的资金流动性需求。对于不能满足资产证券化业务需求的贷款资产而言，类资产证券化亦是互联网助贷业务的一种归宿。

信托产品是类资产证券化模式的主要载体，在该模式项下，信托公司通过发行信托产品募集资金，并以信托资金向其他互联网助贷业务中的金融机构受让贷款债权。信托产品还可以嵌套其他类别资产管理产品以实现不同机构的投资需求，即其他类别资产管理产品作为委托人以募集资金委托信托公司设立信托产品，信托公司以信托资金参与类资产证券化模式。信托产品及其他资产管理产品还可以根据不同投资者的需求参照资产证券化业务进行分层，例如，将信托受益权区分为优先级信托受益权、次级信托受益权等。

鉴于互联网助贷业务中贷款债权的互联网化特性，其形成及管理对于助贷机构的科技服务依赖性较强，在类资产证券化模式中，信托公司等受让贷款债权的资产管理产品管理人并不具备后续贷款管理能力，因此，原互联网助贷业务中的助贷机构和贷款人一般还需继续提供贷款管理服务。就此角度而言，很多类资产证券化模式项下资产管理产品也是一种互联网助贷业务模式。

2. 类资产证券化模式案例

参与类资产证券化业务模式的相关资产管理产品均不是公开发行的，在市面上较难找到具体的案例，但是，随着网络销售资产管理产品模式的发展，在网络销售平台可以找到部分类资产证券化产品的案例。例如，阿里旗下的蚂蚁财富平台曾销售过类资产证券化模式的信托产品。

案例 24：蚂蚁财富

信托产品内容摘录：

信托产品名称：×× 集合资金信托计划

循环购买：指信托的循环期内，受托人委托技术服务机构将监管账户内的剩余资金用于循环购买符合合格标准的消费金融信贷资产。

消费金融信贷资产 / 信贷资产：指贷款人向借款人实际发放的人民币贷款而合法享有的债权。消费金融信贷资产包括未偿还的本金、利息、逾期利息及其他依据《个人消费贷款合同》（合同名称以最终签订情况为准，此处统称为《消费贷款合同》）应由借款人向贷款人偿还的款项及基于前述债权的全部附属担保权益等从权利（如有）。

贷款人：就各笔标的信贷资产而言，系指根据《消费贷款合同》向借款人发放贷款的主体，为合格转让方或合格转让方受让的消费金融信贷资产对应的贷款人。

借款人：就各笔标的信贷资产而言，系指根据《消费贷款合同》向贷款人承担清偿义务的自然人。

相关责任人：就各笔标的信贷资产而言，系指为标的信贷资产提供保证、共同还款承诺或同意承担其他具有担保性质或同意承担还款责任的相关责任人及/或其承继人。

债务人：指借款人和相关责任人的统称。

标的信贷资产：指信托计划购买的消费金融信贷资产。

合格标准：就每一笔标的信贷资产而言，系指在标的信贷资产转让日：

（1）资产转让方已真实、合法合规、有效拥有消费金酸信贷资产，且该资产上未设定抵押权、质权或任何第三方的其他有效的权利主张；

（2）该标的信贷资产的单一借款人年龄为18~60岁；

（3）该标的信贷资产的单一借款人授信余额不超过30万元；

（4）按中国人民银行制定的贷款五级分类标准，贷款资产归类为正常类的；

（5）该标的信贷资产的借款人在技术服务机构有权查询到的借款人贷款信息中，不存在尚未结清的不良贷款记录及其他违约情形，历史上不存在严重逾期或其他严重违约情形（即逾期90天以上的情形）；

（6）该标的信贷资产对应的还款日不晚于该期信托计划或有终止日；

（7）该标的信贷资产单一借款人的还款方式为每月等额还款或者按期支付利息到期偿还本金；

（8）该标的信贷资产的借款用途限定为个人日常消费、装修、旅游、教育、医疗，禁止用于购房、投资及各种非消费场景；

（9）该标的信贷资产上无限制转让规定。

合格转让方：指合格信托公司作为受托人所管理的发放该类标的消费金融信贷资产的信托产品或拥有标的资产同类型资产的其他机构，委托人授权受托人根据技术服务机构的意见确认该等转让方，无须另行通知委托人/受益人，并由受托人与前述转让方或其对应的受托人签署《信贷资产转让合同》。

信托财产的管理：

信托计划的委托人知悉并认可信托财产将用于受让本合同所提及的消费金融贷款资产或不违反法律法规的其他资产，并愿意依法承担相应的信托投资风险。

受托人委托技术服务机构对标的信贷资产的转让、循环购买、资产池监控、资产清算等相关事宜提供管理服务，具体服务内容以《技术服务协议》的约定为准。

本信托计划受托人按照如下方式管理、运用和处分：

（1）受托人自信托计划成立日起在信托计划循环期内根据《信贷资产转让合

同》向标的信贷资产转让方循环购买符合合格标准的信贷资产。若在信托计划预期终止日或信托计划或有终止日时信托财产（包括但不限于标的信贷资产）未全部变现并向受益人分配完毕信托利益，且未发生本合同约定信托计划终止情形的，则信托计划继续存续。

（2）信托财产专户或监管账户中存在闲余资金的，委托人/受益人授权受托人根据《信托合同》的约定，将该等闲余资金投资于货币基金或同业存款。

（3）信托计划期限内，除根据《信托合同》规定运用信托财产外，受托人不得动用、划转或以任何方式处置相应的任何资金。

（4）受托人与技术服务机构签署《技术服务协议》，约定由技术服务机构为受托人开发资产管理系统并通过该系统进行合格资产筛选及自动的循环购买。

（5）受托人与监管银行签署《监管协议》，约定监管账户用于消费金融信贷资产回收款的归集和循环购买，委托人/受益人知悉并认可监管银行提供相应监管服务的能力和从业道德。

受托人发现不合格信贷资产的，应按照《信贷资产转让合同》的规定通知合格转让方限期纠正或对不合格信贷资产予以赎回。如合格转让方对相关不合格信贷资产进行赎回的，合格转让方应根据《信贷资产转让合同》的约定、于受托人提出或受托人同意合格转让方提出的赎回相应不合格信贷资产要求之日后，合格转让方应于不晚于该期信托计划终止日前择机将不合格信贷资产赎回价格对应价款划入至监管账户。

信托计划终止日前，对于信托计划项下受托人所持有的非现金形式信托财产，受托人可自行或授权技术服务机构决定全部或部分以公允价值转让给任意第三方，同等条件下，技术服务机构及其指定第三方享有优先购买权。具体转让条件以技术服务机构与该第三方签署的资产转让合同或其他双方约定的形式为准，转让所得价款归属于信托财产。

资产池监控：

本信托计划存续期间，受托人授权技术服务机构通过资产管理系统对信托财产项下资产池进行实时监控，并由技术服务机构根据受托人的要求随时提供相关数据。当标的信贷资产不良率超过4%（不含4%）时，技术服务机构应立即通知受托人及合格转让方。

当发生标的信贷资产不良率大于4%的情况，技术服务机构、受托人、对应合格转让方应协商调整标的信贷资产的合格标准及折价率，并根据具体情况进一步对借款产品种类、借款人所处年龄段或地区、借款人在上述平台的信用等级等做出限定。在标的信贷资产不良率超过4%的情形下，技术服务机构还应根据受托人的要求对不良标的信贷资产展开专项值放工作。

资产催收：

受托人授权技术服务机构按不时适用的自有的授信付款催收规则对不良标的信贷资产进行催收。

全体受益人一致同意，技术服务机构有权遵循有利于最大化回收的原则，根据贷款催收准则，在相关条件满足的前提下，减免相关借款人一定数额的《消费贷款合同》约定之逾期利息，且在借款人发生重大疾病、事故、自然灾害等特殊情况下，出于人道主义精神和社会责任需要，资产转让方可减免相关借款人一定数额的《消费贷款合同》项下应付未付的息费，除此之外不得减免借款人在《消费贷款合同》项下应付未付的息费（不包括逾期利息），且减免之后的回收款不得少于执行费用

权利完善：

发生权利完善事件第（1）、（2）项情形后5个工作日内，合格转让方有义务促使技术服务机构就标的信贷资产已经转让予本信托计划的相关事宜，以含电子邮件的一种或多种形式通知每一个借款人和相关责任人（如有）。发生权利完善事件第（3）项情形后5个工作日内，合格转让方有义务遵循最有利于回收标1信贷资产的原则，促使技术服务机构以含电子邮件在内的一种或多种形式仅向未履行义务的借款人和相关责任人（如有）发出通知。在合格转让方不履行前述通知义务时，受托人有权以合格转让方的名义代为履行前述通知义务。发生权利完善事件时，借款人和相关责任人（如有）应在收到合格转让方或受托人发送的权利完善通知后，继续向本信托计划监管账户进行还款。受托人有权指令监管银行将监管账户中收到的标的信贷资产回收款及时转付至信托财产专户。

合格转让方将根据《信贷资产转让合同》约定于信托计划成立日向受托人出具不可撤销的授权书，授权受托人以合格转让方的名义，在发生权利完善事件且合格转让方不履行本款所述通知义务时，代为履行本款所述通知义务。

如果合格转让方在发生权利完善事件后未按照《信贷资产转让合同》约定发送权利完善通知，则受托人应在合格转让方按照《信贷资产转让合同》约定本应

发送权利完善通知之日后的10个工作日内，按照本款约定，促使技术服务机构代表合格转让方向相应的借款人和相关责任人（如有）送达权利完善通知，并抄送给合格转让方。

借款人还款账户变更安排：

在不晚于标的信贷资产转让日后2个工作日内时，受托人应委托技术服务机构通过资产管理系统自动将标的信贷资产还款账户设置为本信托计划的监管账户，以确保自标的信贷资产转让日（含该日）起，标的信贷资产回收款全部进入监管账户。如受托人违反本条关于标的信贷资产还款账户设置的规定致使标的信贷资产回收款未全部进入监管账户而导致本信托计划之信托财产损失的，应承担赔偿责任。如借款人通过付款至监管账户之外的其他方式偿还相关应还款项，受托人或其委托第三方应促使合格转让方在收到还款之日（含）起5个工作日内将该等资金转入监管账户。

如借款人针对还款账户变更向委托人或受托人提出异议，委托人或受托人，或其委托第三方应在收到借款人异议之日后的第2个工作日，以电子邮件等一种或多种形式向借款人及相关责任人（如有）发送通知（向借款人发送的通知以本合同附件所列格式为准），告知借款人及相关责任人（如有）相关信托贷款债权已转让予本信托计划且相关还款账户已变更为监管账户。

税金扣缴安排：

信托计划存续期间内，受托人授权技术服务机构在监管账户中预留应缴税金（如有），由技术服务机构告知受托人信托计划息费收入金额，由受托人根据税法规定核算信托计划实际应缴税金并指令监管银行从监管账户中扣划应缴税金对应的款项至信托财产专户用于缴纳应缴税金。技术服务机构应向受托人开放数据接口或开放相关信息披露页面，允许受托人查看技术服务机构按照核算的信托计划应缴税金和实缴税金计提的税金科目明细信息。如因国家税收体制调整等原因，息费收入所适用的税种变更，本合同有关增值税及其附加税金的约定同样适用于该新税种。

全体受益人一致同意在不影响受益人利益的前提下，资产转让方有权自行或委托适格主体基于审慎经营规则，不时推出合理的各类营销活动或促销优惠，包括但不限于发放可用于抵扣“借款人”应还利息金额或应付费用的网络虚拟红包等；全体受益人一致同意资产转让方及其委托适格主体根据既有运营规则继续实施前述各类营销活动或促销优惠。

上述案例的交易结构如图29所示：

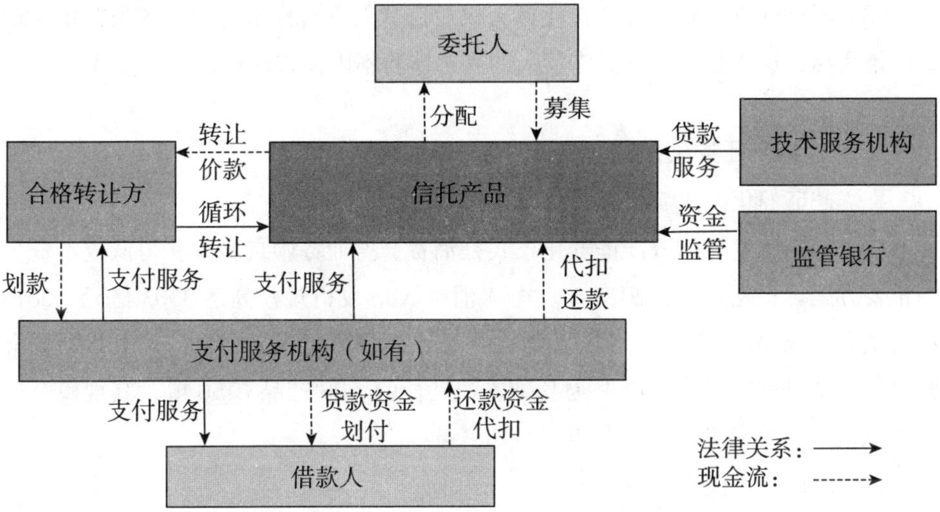

图29　上述案例的交易结构

上述交易结构具有如下特点：

（1）资产确定合格标准：信托产品受让的资产限定为符合一定合格标准的消费贷款资产，将借款人年龄、授信余额、五级分类、到期日、还款方式、借款用途约定为合格标准。

（2）以资产确定转让方：向信托产品转让贷款资产的转让方可以是发放符合合格标准的消费贷款资产的任何机构，包括受托人管理的其他信托产品及其他机构。

（3）循环购买：信托产品设定循环期，在循环期内循环购买贷款资产。这与循环发放贷款的模式几乎没有差别。

（4）权利完善事件：贷款资产转让后并不及时通知债务人，仅在发生约定的权利完善事件时才通知债务人。

（5）不合格资产赎回：转让方转让的资产不符合约定合格标准的，转让方有义务按约定予以赎回。

（6）设置技术服务机构：技术服务机构为贷款资产受让及管理、监控、催收提供服务，并负责非现金资产的变现。

（7）设置监管银行：信托产品开设监管账户，用于循环购买贷款资产及接收回收款等约定用途。

（8）延续优惠措施：资产转让方有权对借款人不时推出合理的各类营销活动或促销优惠，这也是为了确保借款人的客户体验不因债权转让而发生变化。

（二）资产证券化模式

1. 资产证券化模式简述

在交易场所发行的资产证券化模式是消费金融业务中贷款人获得低成本资金的重要方式。根据统计，2018 年度个人消费 ABS 发行规模高达 3303 亿元，2018 年度消费金融 ABS 产品的加权平均优先级票面利率低至 4.65%。其中，蚂蚁金服旗下消费分期产品“花呗”为基础资产发行的 ABS 产品有 50 单，其规模合计 1129 亿元，优先级票面利率最低的仅有 3.68%。[①]

2. 资产证券化模式案例

（1）ABS 模式

案例 25：德邦 × 呗消费贷款资产支持专项计划

专项计划说明书基本条款摘要：

原始权益人：指 ××× 小额贷款有限公司

管理人：指德邦证券股份有限公司

资产服务机构：指原始权益人

× 呗消费贷款资产，系指“原始权益人”在其日常经营活动中通过 × 呗向“借款人”提供消费贷款融资服务，从而向借款人实际发放的人民币贷款而合法享有的债权，以及“原始权益人”通过从其他第三方受让的，该第三方通过 × 呗向“借款人”提供消费贷款融资服务而合法享有的债权。包括该等债权未偿还的本金、利息、罚息、违约金及其他依据“《贷款合同》”应由“借款人”向“原始权益人”偿还的款项及基于前述债权的全部“附属担保权益”等从权利（如有），但不含

① 《2018 年消费金融 ABS 发行规模 3000 亿，阿里系、京东金融 ABS 产品占垄断地位》，载 https：//tech.sina.com.cn/roll/2019-01-20/doc-ihrfqziz9309098.shtml，最后访问日期：2020 年 9 月 19 日。

借款人申请提前还款而支付的提前还款服务费。

基础资产：系指"《资产买卖协议》"项下"管理人"以"认购人"交付的"认购资金"及"循环期"内"管理人"利用"专项计划资金"，自"专项计划设立日"（含该日）起，向"原始权益人"购买的符合"合格标准"的"×呗消费贷款资产"（包含已计提但尚未支付的逾期利息和/或费用，但不含借款人申请提前还款而支付的提前还款服务费），"原始权益人"将在其IT系统中针对"基础资产"加注特定标识予以区分。基础资产明细以"原始权益人"IT系统内标识的资料为准，该等资料至少包括"《资产买卖协议》"附件一中所规定的要素。（如因"原始权益人"系统原因，"管理人"在"专项计划存续期间"内的某一时点可查询的资产明细暂未包含"《资产买卖协议》"附件一中所列全部要素，"原始权益人"可按照"管理人"的要求以电子邮件形式向其发送资产明细并确保所发送信息的真实、准确。）

合格标准：就每一笔"基础资产"而言，系指在"管理人"购买"基础资产"的买卖交割之时：

①"原始权益人"真实、合法、有效拥有"基础资产"，且"基础资产"上未设定抵押权、质权或任何第三方的其他有效的权利主张；

②"基础资产"仅限基于×呗服务发放的人民币贷款；

③按"××小贷"贷款五级分类标准，"原始权益人"将其归类为正常类；

④该"基础资产"的"借款人"在"××小贷"有权通过××集团查询到的"借款人"贷款信息中，不存在尚未结清的不良贷款记录及其他违约情形，历史上不存在严重逾期或其他严重违约情形；

⑤该"基础资产"的借款人为自然人，且单一"借款人"在"原始权益人"项下的借款本金余额（包括该"基础资产"项下的借款本金余额在内）合计不超过100万元；

⑥在"基础资产"进入资产池的时点，该"基础资产"对应的贷款到期日不晚于自"专项计划设立日"起第×个"月"届满之日；

⑦该"基础资产"上无限制转让规定。

根据不同的风险、收益和期限特征，本专项计划的资产支持证券分为优先级资产支持证券、次优先级资产支持证券和次级资产支持证券。

计划管理人应根据《资产买卖协议》的约定，在专项计划设立日向托管银行发出付款指令和相关专项计划文件，指示托管银行将专项计划账户资金划拨至原始权益人指定的账户，用于购买基础资产。

循环期内，根据《资产买卖协议》的约定，管理人同意授权资产服务机构按照约定后续购买基础资产。

资产服务机构可从证券化服务账户中将全部金额所对应的购买相关资产包的价款资金实时划付至原始权益人的指定账户。

上述案例的交易结构如图 30 所示：

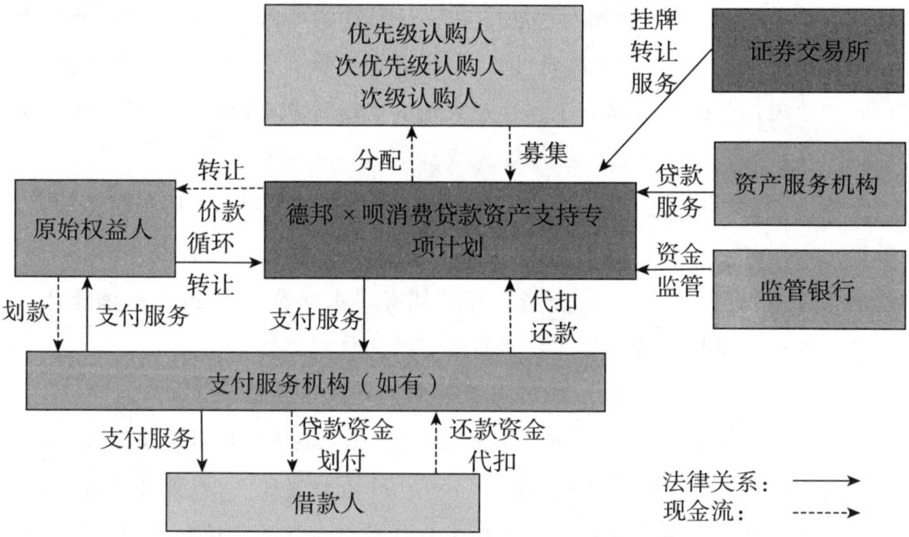

图 30 上述案例的交易结构

上述交易结构体现了以下特点：

①份额分层：资产支持证券份额分为优先级资产支持证券、次优先级资产支持证券和次级资产支持证券共三层，本息获得分配的顺位不同，满足不同投资者的投资需求，分配顺位越靠前则其资金成本越低。

②交易所挂牌：资产支持证券份额可在证券交易所挂牌转让，满足了投资者灵活交易的流动性需求。

③循环购买：基础资产设定一定的合格标准，基础资产回收款在专项计划存在期间继续用于循环购买基础资产。

④资产服务机构：原始权益人同时担任资产服务机构负责循环购买事宜及贷款管理等事宜。

（2）ABN模式

案例26：××普惠2017年度第一期资产支持票据

募集说明书基本条款摘要：

发起机构：系指××小额贷款有限公司

受托机构：系指××信托有限公司，以及任何允许的继任机构

发行载体管理机构：系指××信托有限公司。

资产支持票据持有人：系指任何持有“资产支持票据”的持有人，包括“优先级资产支持票据持有人”和“次级资产支持票据持有人”。

资产服务机构：指发起机构

资产：系指由“委托人”为设立“信托”而根据“《信托合同》”信托予“受托人”的每一笔符合“合格标准”的“小额贷款资产”（包含已计提但尚未支付的利息和/或费用）。每笔“资产”的具体信息见“资产清单”。

合格标准：就每一笔“资产”而言，系指在“初始起算日”和“信托财产交付日”：

①“委托人”真实、合法、有效地拥有“资产”；

② 同一“《额度动用申请表》”项下借款本金金额不超过500万元，各笔贷款已经发放完毕，且同一“《额度动用申请表》”项下贷款的未偿款项（包括但不限于本金、利息、罚息、复利、收费及其他款项）全部入池；

③“资产”均为“委托人”通过“宅E贷”而享有的“小额贷款资产”；

④“资产”全部为“委托人”自始合法享有，而并非受让自其他机构；

⑤“资产”的“借款人”年龄在18周岁至60周岁之间，为持中国居民身份证的具有完全民事行为能力的自然人；

⑥“资产”的“借款人”对“资产”不享有任何主张扣减、减免或抵销应付款项的权利；

⑦“资产”的“借款人”未曾将“小额贷款资产”用于房地产投资、股权投资及国家“法律”禁止的相关用途；

⑧“资产”按“委托人”内部贷款资产的风险分类标准，“委托人”将其归

类为正常类，且该“资产”的“借款人”在“委托人”处未发生不良贷款记录；

⑨“资产”对应的贷款已正常存续，贷款期限为 × 个月，在已存续期内无逾期或展期情况；

⑩“资产”所对应的贷款还款方式为等额本息；

⑪“资产“所对应的贷款到期日不晚于 ×× 年 × 月 × 日；

⑫“资产”对应的贷款的“保险人”的保证保险责任不会因“资产”的转让而被全部或部分免除；

⑬“资产”如附有由“抵押人”提供的抵押担保,则由“抵押人”签署的“抵押合同”合法有效，相关抵押担保物权在完成初始抵押登记后可以进行合法有效的转让，且无需取得“抵押人”或其他主体的同意；

⑭“资产”对应“借款人”已按时足额偿还“贷款合同”项下已到期的本金和其他款项（包括但不限于利息、罚息、复利、收费、违约金、损害赔偿金等），且不存在违约情况；

⑮“资产”对应贷款的资金不得用于“两高一限”行业或国家禁止的其他资金用途；

⑯“资产”对应的“借款人”已投保“保证保险”且“保险人”已出具《××个人借款保证保险保险单》同意提供“保证保险”；

⑰“资产”可以进行合法有效的转让,且无须取得“借款人”或其他主体的同意；

⑱“资产”不涉及未决的诉讼、仲裁或执行，转让行为不会因为任何原因而被禁止或限制；

⑲“资产”不涉及国防、军工或其他国家机密；

就“资产池”而言，系指：

⑳单笔“资产”项下的贷款本金金额超过 400 万元（含）的贷款余额占比不超过 10%；

㉑“资产”对应的贷款的平均贷款余额不超过 100 万元；

㉒“借款人”数不低于 200 人，“资产”项下贷款笔数不低于 200 笔。

小额贷款资产：系指“委托人”在其日常经营活动中向“借款人”提供小额贷款融资服务，向“借款人”实际发放的人民币贷款而合法享有的债权，包括未偿还的本金、利息、罚息、复利、收费、违约金、损害赔偿金及其他依据“贷款合同”应由“借款人”向“委托人”偿还的款项及基于前述债权而享有的全部“保证保险”“抵押权”等从权利。

保证保险：就各笔“资产”而言，系指与“资产”有关的，根据“保险合同”为“委托人”的利益而设定的由“保险人”提供的个人借款保证保险。

抵押合同：系指“委托人”在其日常经营的小额贷款业务中，因向“借款人”出借资金而与“借款人”（同时作为“抵押人”）签署的《最高额抵押合同》及其所有变更或补充协议。

赎回：系指“信托”设立后，“委托人”根据“《信托合同》”的约定回购“不合格资产”。

清仓回购：系指“委托人”根据“《信托合同》”的约定回购届时的“资产池”，是“委托人”的一项选择权。“委托人”进行“清仓回购”应满足“《信托合同》”第【13.1】款约定的条件。

本期资产支持票据采用了多种增信措施，包括：贷款保证保险代偿机制、优先级/次级机构安排、超额利差覆盖和信用触发机制。在极端情况下上述增信措施可以保证资产支持票据本金和利息的正常兑付，保护投资人的利益。

交易结构介绍：

（1）发起机构以自有资金向合格借款人发放“××贷”贷款，该产品是一款面向有房客群市场的房产抵押信贷产品，每一笔借款均由平安财险提供个人借款保证保险。

（2）根据《信托合同》约定，发起机构以相关小贷资产作为信托财产委托给受托人，设立“××普惠2017年度第一期资产支持票据信托”作为发行载体。××信托作为发行载体的管理机构向投资人发行以信托财产为支持的资产支持票据，所得认购金额扣除相关费用支出后的资产支持票据募集资金净额支付给发起机构。

（3）受托机构向投资者发行资产支持票据，并以信托财产所产生的现金为限支付相应税收、费用支出、信托应承担的报酬及本期资产支持票据的本金和收益。本期资产支持票据分为优先级资产支持票据和次级资产支持票据。

（4）根据《服务合同》的约定，受托机构委托发起机构作为资产服务机构对资产的日常回收进行管理和服务，负责包括但不限于基础资产对应的贷款本金，贷款利息等的回收和催收，以及违约资产处置等基础资产管理工作。

（5）根据《服务协议》的约定，在每个回收款转付日将全部基础资产回收款项在扣除执行费用后的余额划转至信托账户，由资金保管机构根据《资金保管合同》对信托计划资产进行保管。

（6）根据《资金保管合同》的约定，受托机构委托资金保管机构对信托财产产生的现金资产提供保管服务。资金保管银行根据分配指令，将相应资金划拨至指定账户用于支付资产支持票据本金和预期收益。

（7）本期资产支持票据将在中国银行间市场上市交易。银行间市场清算所股份有限公司作为本期资产支持票据的登记托管机构，负责对本期资产支持票据进行登记托管，并向投资者转付由资金保管机构划入的到期应付信托利益。

发行方式：本期资产支持票据由主承销商组织承销团，通过集中簿记建档、集中配售的方式在银行间市场公开发行，发起机构以风险自留为目的持有至到期的部分除外。

上述案例的交易结构如图 31 所示：

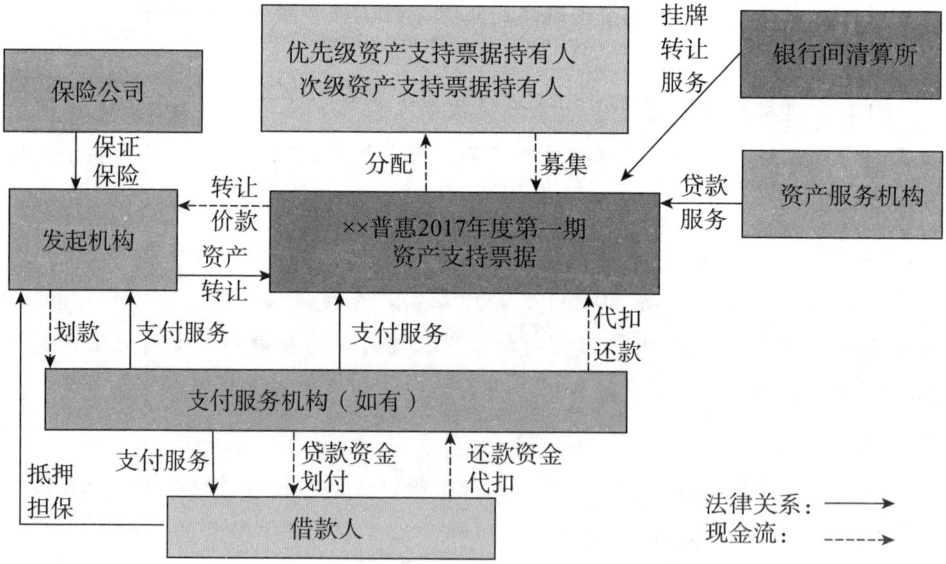

图 31　上述案例的交易结构

上述交易结构体现了以下特点：

①公开发行：资产支持票据可以按照规定采用向不特定对象公开发行的方式发行，上述交易结构对应产品采用的发行方式是公开发行。

②结构化：投资者持有的资产支持票据根据分配顺序不同区分为优先级资产支持票据和次级资产支持票据。

③不循环购买：该项目项下基础资产均为大额贷款债权，贷款期限较长，因此未安排贷款回收款循环购买。

④多重增信：基础资产项下附属抵押担保和保证担保两项担保措施，并且资产支持票据的结构化安排也是一种增信。

二、信托受益权转让模式

1. 模式概述

信托受益权转让模式，又称非标转标模式，是指信托产品受益人将其持有的信托产品项下信托受益权作为基础资产转让给管理人以发行资产证券化，该信托产品项下信托财产为互联网助贷业务项下贷款债权。信托受益权转让模式是双SPV（特殊目的载体）模式，信托产品为载体之一，交易所发行的资产支持专项计划或交易商协会发行的资产支持票据为另一载体。该模式项下信托产品仅为载体之一，最终资产仍为底层贷款资产，因此，监管要求对该模式应穿透到底层核查贷款资产的真实、合法、有效性。

相较于债权转让模式而言，该模式的优点在于：（1）信托财产独立性有利于风险隔离，信托关系是法律明确规定具有风险隔离效果的法律关系，作为信托财产的贷款资产独立于受托人管理的其他财产及受托人自有财产，资产证券化投资者不会因为管理人及受托人的风险而受影响；（2）基础资产交割便利，信托受益权转让模式项下并不涉及债权的交割，即便涉及循环购买也是在信托产品内部运行，管理人不需要因债权转让而与资产服务机构或转让方进行系统对接及实时传输资产数据；（3）基础资产交割法律关系明确，债权转让模式项下可能会因为最高额担保转让受限制或抵押登记无法转移等原因而使其转让效力受到影响，进而影响投资者的利益，而在信托受益权转让模式项下则不涉及贷款债权及其附属担保权益的转移，即便存在最高额担保及抵押担保也不会存在法律瑕疵。

相较于债权转让模式而言，该模式最大的不足在于，资产证券化产品成立前需形成信托受益权作为基础资产，原始权益人需事先找到与资产证券化规模相当的过桥资金设立信托，这对于资金来源匮乏的原始权益人来说有些困难。

2. 案例介绍

案例27：×× 金融信托受益权资产支持专项计划

专项计划说明书摘要：

原始权益人 / 贷款服务机构 / 委托人：指 ×× 科技有限公司。

信托系统服务商：指 ×××× 科技有限公司。

差额支付承诺人：指 ××× 科技有限公司。

计划管理人：指 ×× 证券股份有限公司。

×× 信托 / 受托人 / 贷款人：指 ×× 信托有限公司。

信托受益人 / 受益人：指根据《信托合同》约定享有信托受益权的机构。

资产支持证券持有人：包括优先级资产支持证券持有人和次级资产支持证券持有人。

基础资产：指由原始权益人在专项计划设立日转让给计划管理人的、原始权益人根据《信托合同》合法享有的信托受益权。

《借款协议》：指贷款人与借款人通过数据电文方式在线签订的、关于受托人向借款人发放贷款的《×× 贷款合同》及附件。

《贷款服务协议》：指贷款服务机构与受托人签署的《贷款服务协议》，贷款服务机构根据该协议对受托人提供信托产品项下贷款服务。

信托产品：指委托人基于对受托人的充分信任，将其合法拥有且可全权自由处置的资金信托给受托人合法设立的"×× 单一资金信托"。

合格标准：就每一笔信托贷款而言，指在其贷款发放日符合的标准。

优先级资产支持证券：包括优先A档资产支持证券、优先B档资产支持证券和优先C档资产支持证券。

交易结构：

（1）原始权益人委托 ×× 信托设立单一资金信托并持有全部信托受益权。×× 信托按照信托合同约定的合格标准，向贷款服务机构推荐及初审的借款人发放贷款。原始权益人作为信托产品的贷款服务机构。

（2）×× 证券设立并管理资产支持专项计划，合格投资者与 ×× 证券签订协议并缴付认购资金，成为资产支持证券持有人。

（3）×× 证券运用资产支持专项计划资金购买原始权益人所持有的全部信

托受益权。

（4）在信托产品循环期内，×× 信托取得借款人偿还的贷款本息后，可以在贷款服务机构的服务下，按照信托合同约定的合格标准，以回收的现金循环发放信托贷款。

（5）信托产品存续期为 ×× 个月，其中前 ×× 个月为循环期，循环期内每 ×× 个月向专项计划分配信托利益，不分配信托本金；循环期结束后为信托摊还期，摊还期停止循环发放贷款，按约定过手摊还信托本金。

（6）差额支付承诺人对专项计划资金不足以支付优先级资产支持证券的各期预期收益和未偿本金的差额部分承担补足义务。

以上案例交易结构如图 32 所示：

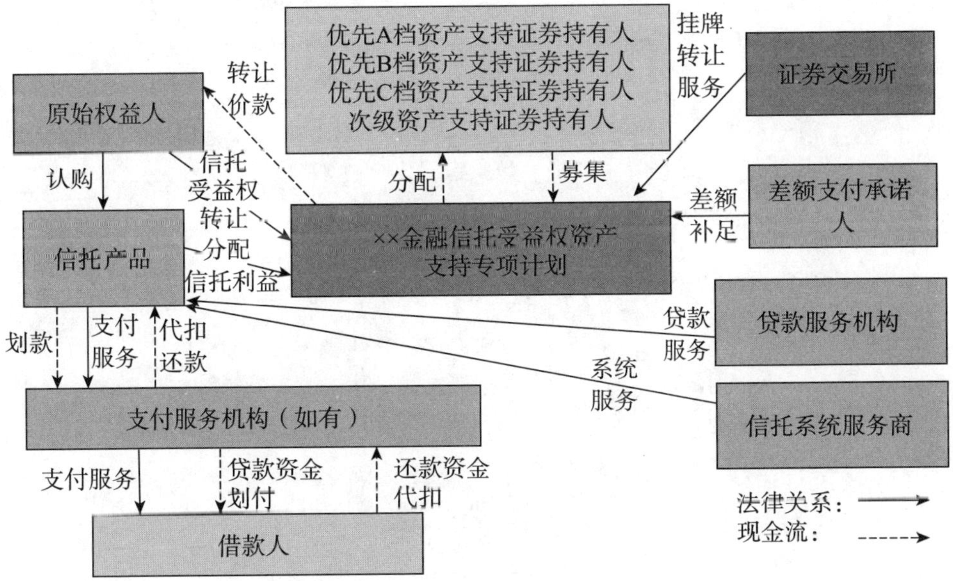

图 32　以上案例交易结构

以上交易结构具备以下特点：

（1）持有人份额分为多档：资产支持证券分为优先级资产支持证券化和次级资产支持证券，优先级资产支持证券进一步区分为优先 A 档、优先 B 档、优先 C 档。

（2）合格标准判断时点特殊：合格标准判断时点以贷款发放日为准，即不按专项计划成立日进行判断，若信托成立时间较早，在专项计划成立时不需要满足合格标准，这也是信托产品内部封闭运作的原因造成的特殊结构。一般而言，专项计划成立时，信托产品需成立运作，否则无法判断基础资产的真实性，而若专项计划成立时间与信托产品时间间隔较长，则可能出现借款人违约等情况，该等资产已成为信托财产，一般无法将其剔除，因此需要专项计划全盘接收，当然，有些项目也会安排在专项计划成立前剔除违约资产等不能满足专项计划成立日符合合格标准的情况，例如将相关资产转让给受托人设立的其他信托产品等。

（3）专项计划端安排差额支付增信：信托产品项下没有抵押、质押、保证等增信措施，在专项计划端安排了差额支付承诺人对专项计划收益提供差额支付增信，这在传统资产证券化项目中也是比较常见的结构。

（4）信托产品项下为互联网助贷业务结构：信托产品项下安排了贷款服务机构、支付服务机构、信托系统服务商为信托产品发放贷款提供助贷服务。

第四章 互联网助贷的法律风险及防范措施

美国法律经济学家弗兰克·伊斯特布鲁克（Frank Easterbrook）于1984年发表过一篇名为《反垄断法的限制（The Limits of Antitrust，1984）》的文章，这篇文章充分运用了统计学里面假阳性错误（又称“第一类错误”）和假阴性错误（又称“第二类错误”）的理论。所谓“假阳性错误”是指抓错了好人，俗话说“宁可错杀一千，不可放过一个”就是典型的“假阳性错误”。所谓“假阴性错误”是指放错了坏人，让坏人成为了漏网之鱼。从法律经济学的角度，学者们更认可“假阴性错误”，犯“假阳性错误”比犯“假阴性错误”对经济发展的危害更大。

经过仔细分析会发现，我国经济发展过程中，特别是互联网金融的发展进程中充满着假阳性错误和假阴性错误理论。在互联网迅速发展的前期，我国监管部门甚至是司法部门更加倾向于犯“假阴性错误”，这也是我国互联网金融快速发展的重要原因之一。例如，在“P2P”网络借贷业务快速发展的初期，几乎所有的平台都存在不合规甚至不合法之处，而面对新生事物，在法律法规不甚明确的情况下，监管部门普遍采取宽容态度，采取犯“假阴性错误”策略促进新事物发展。

犯“假阴性错误”可能只是暂时的，在新事物发展成熟并且法律法规健全的情况下，相关部门便不会让子弹一直飞了。例如，2017年、2018年，监管部门开展综合整治“P2P”网络借贷业务违法违规情况，由此引发“P2P平台”不断爆雷。2019年、2020年，监管部门不断加强互联网助贷业务的监管，防止出现类似“P2P平台”爆雷的负面影响。

综上，在新生事物发展过程中，参与主体会面临监管政策及法律法规不确定的风险，法律风险防范对于新事物参与主体至关重要，“P2P 平台”爆雷便是亲眼可见的案例，另外，根据日本消费金融业的历史教训，法律风险甚至可以导致消费金融巨头瞬间破产。我们将在本章分析金融机构参与互联网助贷的法律风险并提供防范措施，希望互联网助贷的子弹可以软着陆。

第一节 贷款资质风险及防范

在互联网助贷业务中，发放贷款行为是属于需监管部门批准的行政许可事项，未经批准从事发放贷款的经营行为会面临一定的法律风险。

一、法律风险

就互联网助贷业务中各金融机构而言，除商业保理公司外，其他金融机构的贷款资质在理论上无太多疑问，但是在司法实践中却可能基于不同法官等执法主体的不同理解而产生相应的法律风险。司法实践中，贷款资质可能产生的法律风险主要包括四类：①商业保理公司贷款资质不被认可的风险；②小额贷款公司贷款资质不被认可的风险；③信托公司贷款资质不被认可的风险；④助贷模式穿透实质认定的贷款资质风险。

（一）商业保理公司贷款资质不被认可的风险

在互联网助贷业务中，商业保理公司是以应收账款受让的形式参与交易，但其本质上与发放贷款差异不大，若穿透实质进行认定，则不排除人民法院等执法部门将其认定为发放贷款。而商业保理公司并不具备发放贷款资质，并且监管部门明确禁止其发放贷款。若商业保理公司存在实质发放贷款的经营行为，则不排除被认定为非法发放贷款的法律风险，相关债权无法获得支持，并且可能存在监管部门处罚甚至是承担刑事责任的风险。

例如，在以下执行案例中，人民法院认定商业保理公司受让债权的交易结构本质为实施发放贷款的行为，构成非法发放贷款。

案例28：深圳博泽商业保理有限公司、孔丽借款合同纠纷执行实施类执行案

法院查明事实：

申请执行人深圳博泽商业保理有限公司《营业执照》中不包含金融业务活动。中国广州仲裁委员会〔2019〕穗仲网裁字第328号裁决书载明，被申请人通过“达飞云贷”平台与出借人签订《现金循环贷－借款协议》，约定了借款本金、借款期限、利率、还款方式、违约责任维权费承担等。但该裁决书并未载明《现金循环贷－借款协议》中的出借人是哪一个公司或自然人，也没有出借人经营范围的任何信息，也没有载明深圳博泽商业保理有限公司是从哪一个公司或自然人处受让了该债权。

申请执行人深圳博泽商业保理有限公司通过网络平台大规模从事金融业务，并通过中国广州仲裁委员会出具仲裁裁决书，然后向包括本案被执行人在内的众多不特定社会公众追索借款，并收取高额的利息、违约金、实现债权的费用、迟延履行债务利息等。

法院认定意见：

本院认为，正常民间借贷一般是为解决资金困难或生产生活急需偶然为之，不能以此为业。《银行业监督管理法》第十九条规定：“未经国务院银行业监督管理机构批准，任何单位和个人不得设立银行业金融机构或者从事银行业金融机构的业务活动”，该强制性规定直接关系国家金融管理秩序和社会资金安全，事关社会公共利益，属于效力性强制性规定。根据合同法第五十二条关于“有下列情形之一的，合同无效：……（五）违反法律、行政法规的强制性规定”的规定，以及合同法解释二第十四条关于“合同法第五十二条第（五）项规定的‘强制性规定’，是指效力性强制性规定”的规定，应认定案涉《现金循环贷－借款合同》无效。深圳博泽商业保理有限公司的经营范围根本不包含金融业务活动，其以网络贷款、受让债权等名义直接从事或变相从事经常性放贷业务，已经超出其经营范围。《最高人民法院关于适用〈中华人民共和国合同法〉若干问题的解释（一）》第十条规定：“当事人超出经营范围订立合同的，人民法院不因此认定合同无效，但违反国家限制经营、特许经营以及法律、行政法规禁止经营规定的除外”。金

融业务活动系国家特许经营业务，故依照上述规定应当对案涉《现金循环贷－借款合同》的效力作出否定性评价。作为非金融机构，如果以经常放贷为主要业务，或者以此作为主要收入来源，则有可能导致该企业的性质发生变异，质变为未经金融监管部门批准从事专门放贷业务的金融机构，这将严重扰乱我国金融市场，扰乱金融秩序，造成金融监管紊乱。因此，如果企业或自然人从事经常性放贷，依据《银行业监督管理法》《商业银行法》等法律法规，未经国务院银行业监督管理机构批准，任何单位或者个人不得设立银行业金融机构或者从事银行业金融机构业务活动，否则即视为“非法金融业务活动”，这种行为损害社会公共利益，必须对从事经常性放贷业务从效力上作出否定性评价。

最高人民法院在〔2017〕最高法民终 647 号民事判决书中认为，通过向社会不特定对象提供资金以赚取高额利息，出借行为具有反复性、经常性，借款目的也具有营业性，未经批准，擅自从事经常性的贷款业务，属于从事非法金融业务活动，应认定案涉借款合同无效。最高人民法院在《民间借贷司法解释理解与适用》中认为，如果企业从事经常性放贷，即视为非法金融业务活动，损害社会公共利益。公安部、银保监会、国家市场监督管理总局、中国人民银行联合发出的《关于规范民间借贷行为维护经济金融秩序有关事项的通知》（银保监发〔2018〕10 号）中也明确规定：未经有权机关依法批准，任何单位和个人不得设立从事或者主要从事发放贷款业务的机构或以发放贷款为日常业务活动，严厉打击面向在校学生非法发放贷款，发放无指定用途贷款，或以提供服务、销售商品为名，实际收取高额利息（费用）变相发放贷款行为。

《民事诉讼法》第二百三十七条第三款规定“人民法院认定执行该裁决违背社会公共利益的，裁定不予执行”。本案中，深圳博泽商业保理有限公司通过网络平台向不特定的社会公众筹集资金、向不特定的社会公众发放贷款，直接从事或变相从事经常性放贷业务，以赚取高额利息，借贷行为具有反复性、经常性，借款目的具有营业性，且未经国务院银行业监督管理机构批准，属于从事非法金融业务活动。如果此类裁决书得到执行，企业或自然人从事经常性放贷业务和非法金融业务活动的违法放贷行为将不能得到有效制止，这将严重扰乱我国金融市场，破坏金融秩序，造成金融监管紊乱，损害社会公共利益。

（二）小额贷款公司贷款资质不被认可的风险

1. 在司法实践中人民法院一般将小额贷款公司发放贷款产生的纠纷认定为民间借贷纠纷

目前，小额贷款公司的贷款资质一般是由地方金融监督管理部门发放，而非直接获得银行保险监督管理部门批准，在司法实践中，人民法院一般将其发放贷款产生的纠纷认定为民间借贷纠纷。[①] 这在以下案例中人民法院的相关论述较为充分：

案例 29：徐福生等骗取贷款二审刑事判决书

法院认定意见：

现阶段认定小额贷款公司系其他金融机构并无充分依据。具体理由如下：

首先，金融业行政主管机关并未明确小额贷款公司的金融机构地位。根据中国银监会、中国人民银行《关于小额贷款公司试点的指导意见》的规定，小额贷款公司经省级政府批准后设立，其性质是由自然人、企业法人与其他社会组织投资设立，不吸收公众存款，经营小额贷款业务的有限责任公司或股份有限公司。不可否认，小额贷款公司的贷款业务具有金融业务的功能和作用，在 2009 年中国人民银行编制的《金融机构编码规范》为小额贷款公司制定了编码这一金融许可证所必须的要素内容，甚至在中国人民银行关于金融统计工作的有关文件通知中，曾经一度明确将小额贷款公司作为其他金融机构纳入金融统计。但在《中华人民共和国银行业监督管理法》《中国银监会非银行金融机构行政许可事项实施办法》、《中国银监会金融许可证管理办法》等法律、规章的规定中所列举的金融机构均不包含小额贷款公司。客观上小额贷款公司经营区域和融资途径均被严格限制，其成立不经银监会批准，亦未获得金融许可证，不同于我国金融机构特许经营的一般特征。尽管现实中，要求官方正式赋予小额贷款公司金融机构地位的呼声高涨，但至今其金融机构的地位并未得到银监会的确认。正在制定过程中的《非存款类放贷组织条例（征求意见稿）》中，将小额贷款公司与其他非存款类金融机构予以区分，仍未赋予小额贷款公司金融机构地位。故目前小额贷款公司是

---

① 注：《网络小额贷款业务管理暂行办法（征求意见稿）》正式生效后，网络小额贷款公司的金融机构地位可能会获得一定认可，司法实践现状可能会有一定的变化。

否属于金融机构在行政领域并非毫无争议。本案中，北京市金融工作局的函件也仅是明确了“小额贷款公司具有金融机构的功能和作用，监管机构参照金融机构对其监管。”而未明确小额贷款公司即为金融机构。

其次，刑法作为保障法，在没有特殊规定的情况下，所作判决不应当与其他部门法存在明显冲突。合议庭在审理此案的过程中，调取、参阅了多份民事裁判文书，从相关民事审判实践来看，对于小额贷款公司涉及的贷款纠纷多认定为属于民间借贷纠纷，适用了《最高人民法院关于审理民间借贷案件适用法律若干问题的规定》，而该规定第二条明确“经金融监管部门批准设立的从事贷款业务的金融机构及其分支机构，因发放贷款等相关金融业务引发的纠纷，不适用本规定。”故在民事审判实践中，亦未毫无争议地将小额贷款公司视为金融机构。

最后，根据刑法体系解释的原理，如果认定小额贷款公司系金融机构，成为本案的被害单位，必然导致小额贷款公司符合其他金融机构作为犯罪主体的罪名要求。换言之，小额贷款公司若能成为骗取贷款罪的被骗单位，则其亦将符合违法发放贷款罪等罪名的犯罪主体要求。在相关行政法规、部门规章等均未明确其金融机构性质的前提下，根据罪刑法定原则、秉持刑法谦抑，至少现阶段，在刑事审判中不应将小额贷款公司视为金融机构。

2. 就互联网助贷而言，在司法实践中人民法院可能会否认小额贷款公司的贷款资质

根据目前小额贷款公司相关规定，小额贷款公司一般仅能在本地区县等范围内开展业务，如参与互联网助贷业务，则需获得地方金融监督管理部门发放的网络小额贷款牌照[①]，若未获得或无法提供网络小额贷款牌照，则可能被认定为非法发放贷款。例如，在以下执行案例中，人民法院认定小额贷款公司非法发放贷款。

案例30：重庆美团三快小额贷款有限公司、唐苏楠执行实施类执行案

法院查明事实：

重庆三快小额贷款有限公司（现重庆美团三快小额贷款有限公司）与唐苏楠

---

① 注：根据《网络小额贷款业务管理暂行办法（征求意见稿）》规定，网络小额贷款业务牌照审批权限被收归国家监管部门管理。

国内非涉外仲裁裁决一案，保定仲裁委员会于2019年4月19日作出【2019】保裁网字第3603号裁决，重庆美团三快小额贷款有限公司（原重庆三快小额贷款有限公司）向本院申请执行，本院于2019年12月2日立案执行。

本院在执行过程中，依法组成合议庭，并询问申请执行人，申请执行人重庆美团三快小额贷款有限公司未能提交相关证据材料证明其依法具有发放贷款资质。

法院认定意见：

未经有权机关依法批准，任何单位和个人不得设立从事或者主要从事发放贷款业务的机构或以发放贷款为日常业务活动。本案中，重庆三快小额贷款有限公司未经金融监管部门依法批准，利用互联网信息技术，通过融资业务平台，违法从事发放贷款业务，扰乱了金融市场秩序，破坏了金融市场的稳定性，损害了社会公共利益，重庆美团三快小额贷款有限公司的申请依法应予以驳回。

对于重庆美团三快小额贷款有限公司，上述案例也许是个别地方人民法院裁判的个例，经检索，重庆美团三快小额贷款有限公司申请执行的其他案例存在被支持的情况，例如，在《重庆美团三快小额贷款有限公司、工纲借款合同纠纷执行实施类执行裁定书》（审理法院：山东省东平县人民法院；案号：〔2020〕鲁0923执525号之八；裁判日期：2020.06.24），山东省东平县人民法院裁定立即执行。而对于没有网络小额贷款资质的小贷公司而言，其不被认可的风险会相对较大。

（三）信托公司贷款资质不被认可的风险

根据法律法规规定，无论是自有业务还是信托业务，经批准设立的信托公司均具备发放贷款的资质，而部分地方法院可能会基于特殊的背景而对此不予认可。例如，以下执行案例中，人民法院不认可信托公司具备向不特定多数借款人发放贷款的资质。

案例31：××信托有限公司与邹××关于仲裁执行纠纷

法院查明事实：

申请执行人××信托有限公司申请执行被执行人借款合同纠纷一案，中国广州仲裁委员会于2018年5月2日作出的〔2018〕穗仲网案字第××号仲裁裁决已生法律效力，由于被执行人邹 ×× 未履行上述生效裁决所确定的义务，经 ×× 信托有限公司申请，本院于 2018 年 9 月 30 日依法立案执行。

执行过程中，查明 2018 年至今申请执行人在本院有 142 件针对不同对象的民间借贷合同纠纷执行案件，本院于 2020 年 5 月 28 日书面通知申请执行人 ×× 信托有限公司，要求其在收到通知后五日内向本院提交其公司“向社会不特定对象发放贷款”的相关金融许可手续。申请执行人 ×× 信托有限公司向本院提交的金融许可证及中国银行业监督管理委员会批复中未显示有“向社会不特定对象发放贷款”的金融许可。

法院认定意见：

本院认为：申请执行人以盈利为目的经常性的向社会不特定对象发放贷款，其未举证证明其取得了相关都门的金融许可，对于未经依法批准向社会不特定对象发放贷款的金融活动依法不予支持。[①]

该案曾引起社会各界的广泛争议，目前，监管部门允许的贷款资质即为发放贷款，尚未发现就“向社会不特定对象发放贷款”单独发放相关资质的法律依据及许可事项。不过，该案也许与当地一份具体的司法解释有关。根据《广东省高级人民法院关于规范网络借贷仲裁裁决执行的通知》（粤高法〔2019〕148 号）规定，“同一申请执行人在 2 年内，在同一中级法院区域，以不特定多人（包括单位和个人）为被执行人，申请执行网络仲裁裁决案件超过 10 件的，须提交申请人、出借人具备从事相关发放贷款、提供担保、受让债权等相关业务资质的证明材料。”该规定认定民间借贷非法放贷的标准与《关于办理非法放贷刑事案件若干问题的意见》的认定标准相一致，广东省中山市中级人民法院可能是以此仲裁执行相关规定及《关于办理非法放贷刑事案件若干问题的意见》认定“向社会不特定对象发放贷款”的标准及需提供相应的资质。从理论上来说，信托公司发放贷款应当不适用民间借贷的相关规定，但仍不能排除不同地方法官基于不同的地方性规定而产生不同的理解。

---

① 注：该案例来源于网络（网址：https：//www.sohu.com/a/409092897_120053697?_trans_=000014_bdss_dkmgkyhd，最后访问日期：2020 年 9 月 19 日），除特别说明外，本书中引用的相关裁判文书均来源于裁判文书网等公开检索信息。

（四）助贷模式穿透实质认定的贷款资质风险

在互联网助贷业务的早期模式中，助贷机构提供兜底并获取超额收益，而金融机构一般不实质从事贷款发放及管理，该等模式可能会被认定为助贷机构变相从事发放贷款的行为，若助贷机构不具备相应资质则可能产生违法违规的风险。

1. 关于合作机构构成实质发放贷款的认定

根据《贷款通则》等法律法规相关规定及一般理解，“发放贷款”是指贷款人对借款人提供货币资金，并由借款人按约定的利率和期限还本付息的行为。根据《个人贷款管理暂行办法》等法律法规规定，“发放贷款”的整个过程包括以下行为：借款人提出贷款申请；贷款人贷前调查；贷款人贷时审查（包括授信审查、风险评价）；贷款人贷款资金支付；贷款人贷后管理（包括贷款检查等）。上述过程中的部分行为可以合法合规委托第三方代为办理，例如《个人贷款管理暂行办法》明确规定，“贷款人在不损害借款人合法权益和风险可控的前提下，可将贷款调查中的部分特定事项审慎委托第三方代为办理”，“按合同约定办理抵押物登记的，贷款人应当参与。贷款人委托第三方办理的，应对抵押物登记情况予以核实。”同时，法律法规亦明确规定了部分行为不得外包，根据“141 号文”规定，“授信审查、风险控制等核心业务”不得外包。而对于所谓“核心业务”的具体范围，除了明确列明的“授信审查、风险控制”业务外，还包括哪些内容，《商业银行互联网贷款管理暂行办法》做出了明确的规定，例如，“授信审批、合同签订等核心风控环节应当由商业银行独立有效开展”，部分地方性规定亦做出了具体要求，例如上海市适用的《关于规范在沪银行业金融机构与第三方机构合作贷款业务的通知》（沪银监通〔2018〕19 号）明确规定了“客户风险评估、贷款审核、贷款审批、贷款核准发放、贷款档案建档和保管、贷款本息回收以及其他关键环节的信贷管理工作，必须由银行业金融机构自身实施”。综上，我们认为，“发放贷款”在本质上是指贷款人向借款人提供资金，并按约定收取本息，贷款人实施贷前调查、贷中审查、贷后管理等工作，其中，核心业务不得外包给第三方机构，非核心业务可以外包给第三方机构完成。

根据上述分析，若穿透实质进行认定某个主体从事了发放贷款的行为，则其必要条件至少有三点：（1）资金来源：发放贷款的资金来源于该主体；（2）控制贷款流程：该主体控制或从事了发放贷款的核心业务及发放贷款的其他非核心业务；（3）享有最终收益承担最终风险：该主体承担合作成本及贷款风险并享有扣除固定费用后的最终贷款本息。上述三点必要条件是相辅相成、不可分割的，“资金来源”与“享有最终收益承担最终风险”共同决定着该主体需要“控制贷款流程”，“资金来源”与“享有最终收益承担最终风险”是最终动因，而“控制贷款流程”是最终表现形式。其中，“资金来源”包括自有资金及融资资金，有些行为可能会被穿透实质认定为融资，例如，助贷机构虽未直接提供资金用于发放贷款，但其从事发放贷款的核心业务并最终承担资金成本确保资金方的固定收益，该行为本质上可能会被认定为是助贷机构融资后进行转贷；对于“控制贷款流程”而言，其重点是控制核心业务，因为非核心业务是可以依法外包的，而控制核心业务的形式亦可能多种多样，例如，核心业务外包给助贷机构由助贷机构进行实质风控而金融机构不进行实质风控等；“享有最终收益承担最终风险”则是收益与风险对等原则的重要体现，享有的收益越高则需要承担越大的风险，其具体形式亦可能多种多样，例如助贷机构享有超额浮动服务费并对金融机构固定收益提供担保，提供担保的主体可能是助贷机构或其关联方。当然，上述条件是否构成，也涉及实质认定的问题，不同地方监管部门的认定标准有可能也是不同的。

2. 关于合作机构被认定构成实质发放贷款的案例

在实践中，已经发生了合作机构被认定构成实质发放贷款的相关案例，主要体现为人民法院及相关监管部门做出的相关认定。

（1）人民法院的裁判案例：小额贷款公司

案例 32：平安普惠融资担保有限公司与郝梦追偿权纠纷案

法院认定意见：

本院认为，平安普惠融资担保有限公司、重庆金安小额贷款有限公司以收取手续费的方式预先从本金中扣除利息，另采取担保费、罚息等方式抬高实际借款利息远超法定利息标准，同时，平安普惠融资担保有限公司、重庆金安小额贷款有限公司及其投资控股法人股东之间及董事任职之间存在关联性，属关联性公司。上诉人平安普惠融资担保有限公司与重庆金安小额贷款有限公司通过设立关联公司的方式大量放贷，以达到获取不法利益的目的，其行为涉嫌经济犯罪，一审法院裁定驳回上诉人平安普惠融资担保有限公司的起诉，将案件材料移送公安机关处理，并无不当。

上述案例实质是由重庆金安小额贷款有限公司向借款人发放贷款，平安普惠融资担保有限公司提供担保并于担保代偿后向借款人追偿全部贷款本息及罚息等费用，即重庆金安小额贷款有限公司获取固定担保代偿款项，而平安普惠融资担保有限公司最终享有全部贷款债权。人民法院虽未单独将平安普惠融资担保有限公司享有超额收益事宜认定为变相发放贷款，但是将平安普惠融资担保有限公司提供担保的行为认定为大量放贷，这也从另一层面体现了合作机构被认定为变相发放贷款的风险。

（2）人民法院的裁判案例：信托公司

案例 33：周新政与罗剑锋、马天鹏确认合同无效纠纷案

原告诉讼请求：

2016 年 11 月 10 日，原告由于资金周转需要向第三人借款 520000 元，借款期间 60 个月，利息共计 390000 元。原告将自己位于广东省中山市 ×× 大道中 ×× 星 ×× 都缤纷大街 ×× 房（房地产权证编号：粤房地权证中府字第 ××）的房产为该笔借款提供抵押，抵押期限为 5 年（2016 年 11 月 10 日起至 2021 年 11 月 10 日止）。签订抵押合同当日，第三人要求原告与其关系人被告罗 ×× 签订一份委托合同，该合同约定原告授权被告罗 ×× 可对该抵押房屋进行卖房和收款，否则不予原告借款。在此种情形下，原告迫于无奈，只好签订了委托合同，并于 2016 年 12 月 8 日在珠海市横琴公证处对该委托合同进行了公证。但第三人仅实际借款 460000 元。后又因原告延期还息，2017 年 4 月 10 日，被告罗 ×× 在原告不知情的情况下，将抵押房产以 550000 元的价格出售给了被告马 ××。2017 年 4 月 21 日，被告罗 ×× 向原告出具了卖房通知书。2017 年 12 月 28 日，原告到中山房产局查询才知道第三人、被告罗 ×× 已将抵押房产卖给被告马 ××。因第三人、被告罗 ×× 在借款期限未到期之前就将抵押房产变卖，已经违背了当事人的意思真实表示，被告罗 ×× 变卖原告的抵押物的行为是无效的。另外，2017 年 4 月 10 日，原告的房产价值已经达到 1100000 元，被告罗 ×× 仅以 550000 元就取得抵押房产，明显低于市场价值，明显不构成善意取得。

法院认定意见：

本院经审查认为，《最高人民法院关于在审理经济纠纷案件中涉及经济犯罪嫌疑若干问题的规定》第十一条规定：“人民法院作为经济纠纷受理的案件，经

审理认为不属经济纠纷案件而有经济犯罪嫌疑的，应当裁定驳回起诉，将有关材料移送公安机关或检察机关。”就本案而言，被告罗××、第三人信托公司的行为涉嫌以“套路贷”的方式诈骗，应当裁定驳回起诉，并将涉嫌犯罪的线索和材料移送公安机关立案侦查。

在上述案例中，××××信托公司向借款人发放贷款，罗××根据借款人的授权处置抵押物用于偿还借款人的债务，在此业务项下罗××相当于为××××信托公司发放贷款提供抵押物变现的相关服务。人民法院认定罗××、××××信托公司涉嫌套路贷。根据《关于办理“套路贷”刑事案件若干问题的意见》规定，“‘套路贷’，是对以非法占有为目的，假借民间借贷之名，诱使或迫使被害人签订‘借贷’或变相‘借贷’‘抵押’‘担保’等相关协议，通过虚增借贷金额、恶意制造违约、肆意认定违约、毁匿还款证据等方式形成虚假债权债务，并借助诉讼、仲裁、公证或者采用暴力、威胁以及其他手段非法占有被害人财物的相关违法犯罪活动的概括性称谓。”套路贷是以非法占用目的的民间借贷作为认定前提的，而本案项下××××信托公司明显没有非法占用的目的，亦不构成民间借贷，因此，若想得出人民法院认定的“涉嫌套路贷”的结论，则应将罗××认定为行为主体。若按此进行推论，则相当于将罗××认定为实质的套路贷主体，即罗××通过在××××信托公司向借款人发放贷款业务项下提供服务的形式参与民间借贷以达到非法占有的目的，××××信托公司在此业务项下的合法正当性因此受到牵连与质疑。因上述案例中披露的具体信息较少，我们对此不做更多评论，但上述案例在一定程度上反映了互联网助贷业务中合作机构原因导致的放款资质风险。

（3）相关监管部门的监管案例：信托公司

根据网络流传的一份《中国银行保险监督管理委员会云南监管局信访事项处理意见书》（〔2020〕9号）（以下简称“9号文件”），云南国际信托有限公司（以下简称“云南信托”）与无锡源石云科技有限公司（以下简称“源石云”）合作开展消费金融助贷业务，源石云公司作为一般委托人委托云南信托设立“云南信托－云象2号集合资金信托计划”（简称“云象2号”），云象2号作为委托人委托云南信托设立“云南信托－普惠2022号单一资金信托计划”（以下简称“普惠2022号”），源石云作为普惠2022号的资产服务顾问为其提供开发潜在借款人、初步审查、对贷款金额、期限、用途、还款方式等作出初步审核意见，并收集和保管贷款资料。云南信托以普惠2022号项下信托资金用于发放信托贷款。中国银行保险监督管理委员会云南监管局（简称“云南监管局”）认为上述助贷业务结构存在以下问题：（1）云南信托违规将核心业务外包给第三方机构；（2）云南信托作为金融机构发放高利贷；（3）云南信托为无放贷业务资质的机构提供资金发放贷款。云南监管局据此对云南信托采取相应监管措施并责令整改。其中，云南监管局做出云南信托为无放贷业务资质的机构提供资金发放贷款的认定，在本质上体现了合作机构实质放贷行为的认定。云南监管局的相关表述原文如下：

“经我局核查，云南信托在办理该项信托业务过程中，存在违规将部分授信审查、风险控制等核心业务委托外包给第三方机构源石云公司，以及作为金融机构发放‘一浮到顶’的过高利率的信托贷款的违规同题，且源石云公司并无金融业务经营资质、但与借款人签署信托贷款合同的主体以及信托贷款的发放主体均为云南信托，而非由源石云公司直接向借款人发放贷款。因此根据现有证据，我局不能认定信访人所反映的‘云南国际信托有限公司已违反国家法律法规勾结无金融行业资质的第三方平台非法发放贷款’的问题。但根据‘穿透监管’的原则查看云南信托与源石云公司此项信托业务合作的实质，云南信托存在通过与第三方机构的不当业务合作，作为信托通道变相为其发放贷款的问题，违反了《关于规范整顿‘现金贷’业务的通知》中‘银行业金融机构不得以任何形式为无放贷业务资质的机构提供资金发放贷款，不得与无放贷业务资质的机构共同出资发放贷款’的有关规定。”

根据上述案例，云南监管局监管案例中监管部门认定第三方机构既是相关信托产品的委托人提供资金又是助贷机构从事“核心业务”，其作为委托人提供贷款资金的情况满足了“资金来源”的条件，其作为助贷机构从事发放贷款核心业务的情况满足了上述“控制贷款流程”的条件，而相关文件未披露其是否存在“享有最终收益承担最终风险”的情况。

对于助贷机构认购信托单位并从事核心业务的情形，可以认定为信托公司为助贷机构发放贷款提供了通道，但并一定会导致违反“141号文”规定的“银行业金融机构不得以任何形式为无放贷业务资质的机构提供资金发放贷款，不得与无放贷业务资质的机构共同出资发放贷款”。我们认为，若被认定为违反“141号文”该条规定，则信托公司应存在向其提供资金的行为或提供资金与其共同用于发放贷款的行为，而信托公司的资金一般来源于其对外募集的资金，即信托公司除了向助贷机构募集资金外还存在向其他投资者募集资金的行为，信托公司参与该项助贷业务而设立的信托产品投资者除了助贷机构以外应该还有其他投资者。因此，信托公司作为助贷机构以其认购资金发放贷款的通道并且对外募集其他投资者的资金向助贷机构提供用于发放贷款的行为共同决定着可能被认定为信托公司为助贷机构发放贷款提供了通道及违反“141 号文”的规定。

二、防范措施

为防范贷款资质相关法律风险，我们建议在互联网助贷业务中，金融机构确保具备发放贷款资质，并应在合法合规的情况下开展业务，以及谨慎选择争议解决方式及争议解决机构。

1. 确保具备发放贷款资质

在互联网助贷业务中，全国性商业银行及信托公司、消费金融公司的贷款资质应当是毋庸置疑的。而对于展业范围受限的城商行、农商行等银行以及不具备网络小额贷款业务资质的小额贷款公司、不具备贷款资质的商业保理公司，则应确保其参与模式符合法律法规限定的经营范围，并及时关注监管部门对于其参与模式的相关监管态度，在必要时及时调整业务模式。例如，展业范围受限的城商行、农商行可以利用技术手段将互联网助贷业务限定在其有权展业的区域内，或就其跨区域展业行为明确征得监管部门同意。

2. 合法合规开展互联网助贷业务

若金融机构参与互联网助贷业务存在违法违规行为的，则难免会引起人民法院、监管部门等相关机构的注意，在相关执法程序中，其贷款资质可能会受到一定的质疑。我们建议金融机构应确保其业务结构合法合规，例如，不得将核心业务外包、不得发放高利贷、不得进行暴力催收、不得侵犯借款人个人信息等。

3. 确保合作机构合法合规参与互联网助贷业务

合作机构若存在侵犯借款人合法权益等违法违规情形的，则可能会对金融机构开展互联网助贷业务的性质产生一定的影响。因此，在业务开展前，金融机构应对合作机构的业务模式充分尽职调查，确保其开展相关业务过程中不存在侵犯借款人合法权益等违法违规情形，并要求合作机构在相关合作协议中做出相应承诺。在业务开展过程中，金融机构应及时关注及核查合作机构开展业务情况，必要时采取一定的应对措施以减轻对金融机构业务的影响。

4. 谨慎选择争议解决方式及争议解决机构

在我国现行司法、执法环境下，人民法院、地方监督管理部门均具有一定的自由裁量权，各个地方基于其特定的执法环境而可能对于贷款资质等问题而产生不同的理解，最终可能导致对金融机构不利的结果。因此，对于争议解决是选择诉讼还是仲裁，诉讼管辖法院如何约定，仲裁机构如何选择，是否约定网络仲裁等争议解决方式，我们建议金融机构根据项目具体情况以及可选择范围内各地司法执法环境进行综合判断，按最有利的原则设计交易结构，例如，对于已经产生不支持案例的地方司法部门，应尽量避免选择由其进行司法裁决。

第二节 借款利率风险及防范

互联网助贷业务中助贷机构需要为获客及风控支付一定的资金成本，比如通过其他 APP 获取流量客户时，需要向流量提供方支付获客成本；利用外部征信数据进行大数据风控时，需要支付大数据费用；使用数字证书对每个借款人进行电子签名时，需要支付电子签名费用；通过支付服务机构进行资金代收、代付时，需要支付服务费用等等。借款人若未最终借款则相应费用成本亦需由助贷机构等承担，而这些成本最终需要分摊到已实际借款的借款人承担的借款利息中，互联网助贷业务小额、分散，每笔借款金额较小，若按分摊成本确定借款利息则对于借款期限较短、金额较小的借款而言，会产生高利贷的现象。此外，互联网助贷业务中存在贷款人、担保机构共同向借款人收取贷款利息、担保费用、保险费用等多种费用的情况，虽然贷款利息不高，但是贷款利息加上担保费用、保险费用后的综合资金成本可能较高。这便是“高利贷”被视为我国消费金融“四恶之一”的主要原因。“高利贷”可能导致民事上贷款利息的效力风险、行政监管的违规风险甚至刑事责任风险。

一、风险方案

借款利率风险涉及的互联网助贷业务方案主要包括贷款利率过高、综合资金成本过高。

1. 贷款利率过高

互联网助贷业务中存在贷款年利率超过 24% 甚至超过 36% 的情形，该等业务方案可能存在利率相关风险。特别的，目前《新民间借贷司法解释》已将民间借贷利率的司法保护上限大幅降低为“合同成立时一年期贷款市场报价利率四倍”（以下简称“4 倍 LPR”）（以 2020 年 7 月发布的一年期贷款市场报价利率（LPR）计算，其四倍为 15.4%），对于小额贷款公司而言，司法实践中均按民间借贷进行裁判；若商业保理公司的保理业务被认定为变向放贷的，亦应适用民间借贷相关规定；对于其他金融机构而言，虽然目前的法律法规未明确规定需适用，但在司法实践中存在被认定应当适用民间借贷相关规定的可能性。因此，相关利率风险进一步加大。

2. 综合资金成本过高

互联网助贷业务中存在多个合作机构分别向借款人收取费用的交易安排，例如保险公司助贷业务中存在贷款人向借款人收取贷款利息并且保险公司向借款人收取保险费的安排；融资担保公司提供保证担保的互联网助贷业务中存在贷款人向借款人收取贷款利息并且融资担保公司向借款人收取担保费的安排；个别消费金融公司存在向借款人收取超次提款手续费、灵活还款手续费等多种名目费用的情况。若不同主体在互联网助贷业务中分别向借款人收取的费用被综合认定为借款人承担的综合资金成本，则该等业务方案亦存在利率过高的相关风险。

二、法律风险

利率过高及综合资金成本过高均可能导致民事责任、行政责任、刑事责任方面的相关法律风险。

（一）民事效力风险

根据我国法律规定，民间借贷利率由“两线三区”大幅降低为“4 倍 LPR”。在“两线三区”时代，两线分别为年化利率 24% 和 36%，低于 24% 的年化利率受到司法保护，超过 24% 但低于 36% 的年化利率已支付的不得要求返还，超过 36% 的年化利率约定无效并且借款人有权要求返还，而目前司法保护上限仅为“4 倍 LPR”，但《新民间借贷司法解释》未明确规定是否返还事宜，按照一般的法律理论进行判断，则存在被要求返还超额部分的可能，并且《新民间借贷司法解释》存在溯及既往的效力。互联网助贷业务中金融机构作为贷款人亦可能被认定为需遵守相关规定，金融机构可能因此需承担一定的民事效力风险。[①]

1. 年化利率超过司法保护上限[②]被认定不被法院支持的风险

互联网助贷业务中贷款人收取的贷款利息、保险公司收取的保险费、融资担保公司收取的担保费可能被综合认定为借款人承担的借款成本，各债权主体收取的综合成本超过司法保护上限的部分可能被认定为不被法院支持。

若不存在其他主体向借款人收取费用，贷款人向借款人收取的贷款利率超过司法保护上限，则贷款人可能无法获得预期的贷款利息收入。

若存在保险公司收取的保险费或融资担保公司收取的担保费的情形，在司法实践中一般是由保险公司承担保险责任或融资担保公司承担担保责任后向借款人追偿全部成本。保险公司或融资担保公司向借款人追偿时，对于综合费用超过司法保护上限的部分可能无法获得支持。若综合成本无法获得支持，则不被支持部分应由贷款利息、保险费、担保费按比例承担，例如，在适用《旧民间借贷司法解释》及相关金融机构适用的司法解释时，金融机构与融资担保公司合作的互联网助贷业务中，若贷款利率为24%/年，担保费率为12%/年，综合成本36%/年未获支持，则未获支持部分为12%/年，在没有特殊约定的情况下，未获支持部分应由贷款利息和担保费分担，其中贷款利息应按年化12%*24%/36%=8%确认其未获支持部分，担保费应按年化12%*12%/36%=4%确认其未获支持部分。

若金融机构作为贷款人以约定较高的利率测算现金流及成本支出，则可能会对贷款人造成不符合预期的损失。

案例34：中国平安财产保险股份有限公司安徽分公司与汤国香、付祥九保险纠纷案

法院查明事实：

2014年9月2日，汤国香为办理贷款而与平安财保安徽分公司签订平安个人

① 具体法律法规及金融机构适用规定的相关分析参见本书第二章“互联网助贷的法律基础”中“综合资金成本相关法律法规”相关内容。

② 《旧民间借贷司法解释》规定的上限为24%，《新民间借贷司法解释》规定上限为4倍LPR，但金融机构是否适用《新民间借贷司法解释》在司法实践中存在不确定性，按之前的司法判例进行判断，其存在适用的可能性。

贷款保证保险投保单一份，申请投保金额为50000元，保险期限为36个月。同日，平安财保安徽分公司向汤国香出具保单号为12594992600001561066的平安个人贷款保证保险保险单。保险单载明：被保险人为中国农业银行股份有限公司芜湖黄山路支行，投保人为汤国香，保险金额59450元，每月保费率为1.9%，每月保险费金额为950元等。保险单还特别约定：投保人委托被保险人从指定的账户中扣除每月应缴保险费，投保人拖欠任何一期贷款达到80天（不含），保险人依据保险合同约定向被保险人进行理赔。保险人理赔后，投保人需向保险人归还全部理赔款项和未付保费。从保险人理赔当日开始超过30天，投保人仍未向保险人归还上述全部款项的，则视为投保人违约。投保人需以尚欠全部款项为基数，从保险人理赔当日开始计算，按每日千分之一，向保险人缴纳违约金。保险人理赔后，保险人有权要求投保人支付未付保费、理赔款项、违约金、理赔及催收产生的其他费用等。同年9月3日，汤国香从农行黄山路支行获得50000元消费贷款，贷款期限为36个月。根据原告提交的贷款及费率信息表，该消费贷款月利率为0.55%，自2014年10月3日开始还款。

法院认定意见：

因保险公司收取的保证保险保费具有类似银行贷款利息性质，而本案银行贷款的月利率为0.55%，加上每月保费率1.9%，实际每月利率2.45%，折算为年利率标准超过了24%但未超出36%，故逾期未付保费应按现有1.9%保费率减按1.45%（2%−0.55%）计算，超过部分本院不予支持。

2. 年化利率超过司法保护上限[①]被要求返还的风险

贷款利率或综合资金成本超过司法保护上限时，借款人有权要求返还超额部分。这对于金融机构而言可能会造成较大的损失。例如，在适用《旧民间借贷司法解释》及相关金融机构适用的司法解释时，在信托公司以信托产品参与的互联网助贷业务中，若贷款利率约定为40%/年，信托公司据此测算现金流及安排交易结构，将信托产品预期收益率设定为10%/年，信托报酬设定为2%/年，托管费设定为1%/年，技术服务、电子签名等费用测算为3%/年，其余24%/年均为

① 《旧民间借贷司法解释》规定的返还上限为36%，《新民间借贷司法解释》规定上限为4倍LPR，未明确返还事宜，但金融机构是否适用《新民间借贷司法解释》在司法实践中存在不确定性，按之前的司法判例进行判断，其适用的可能性极大，若适用则按新规上限返还的可能性亦存在。

助贷机构服务费，若在信托产品存续期间借款人均按约定利率支付贷款利息，而在信托产品终止后发生信托公司需向借款人返还该等资金情况的，则不排除需由信托公司以固有财产承担返还相应资金的义务，而信托公司已向助贷机构等机构支付的费用可能并无明确依据予以追回，信托公司可能因此遭受重大损失。

该风险对金融机构的影响有可能是不可估量的。例如，日本消费者贷款企业巨头之一武富士公司，曾因被借款人索要超过日本法律保护的利息金额巨大而申请破产保护。[①]2006年日本修改《贷金业法》，明确规定超过法律保护的贷款利息约定无效，应向借款人返还，该规定至2010年彻底实施，日本多数消费金融公司的业务因此受到较大冲击。以武富士公司为例，武富士公司在2002年第一季度的贷款余额曾经高达17666亿日元，居日本业界首位。2006年日本修改《贷金业法》后，支持借款人要求返还超额贷款利息的法院裁判逐渐增多，借款人蜂拥而至要求其返还超额利息，武富士于2009年年底开始停止新增贷款，截至2010年3月底，武富士的贷款金额已萎缩至5894亿日元。武富士公司因无力返还众多借款人的超额利息，于2010年9月决定向法庭申请破产保护，这使其成为日本贷金业整顿的最大牺牲品。[②]

案例35：唐筱晴与中信信托有限责任公司、深圳市佰仟金融服务有限公司借款合同纠纷案

法院查明事实：

2017年3月6日，借款人唐筱晴与佰仟金融公司以及贷款人中信信托公司签订《现金分期贷款三方协议》(以下简称《贷款协议》)，其主要内容为：中信信托公司为依法成立并有效存续的信托公司，根据银监会颁布的《信托公司管理办法》第十九条的规定，可以发放信托贷款。借款人愿意聘请佰仟金融公司向借款人提供与本协议项下贷款有关的财务管理服务和客户服务，其服务内容包括但不限于代借款人接受贷款人发放的贷款。贷款人依据其与佰仟金融公司签署的《消费信贷合作协议》的约定，聘请佰仟金融公司为其提供推荐借款人、代为向借款

① 《日本武富士公司计划于今日申请破产保护》，载https：//finance.qq.com/a/20100928/002656.htm，最后访问日期：2020年9月19日。

② 《日本“现金贷”启示录：从鼎盛到衰败，暴利模式难以持续》，载https：//www.sohu.com/a/200839881_667345，最后访问日期：2020年9月19日。

人划付贷款本金、代为收取贷款本金及利息等款项，根据本协议约定通知还款、催收欠款等。若贷款人同意向借款人发放贷款的，借款人同意并确认如下：⑴授权佰仟金融公司代其接收贷款人发放的贷款本金，借款人应承担偿还贷款的责任；⑵授权佰仟金融用其代为接收的贷款人向借款人发放。借款人同意按期足额支付贷款本金、利息、财务管理费、客户服务费、增值服务费（如有）、逾期违约金（如有）、随心还服务费（如有）及其他应付款项。贷款人授权佰仟金融代为收取借款人支付的贷款本息并向贷款人划付。借款人在此确认知晓上述事宜，并同意按本协议约定向佰仟金融公司指定的账户偿还前述贷款本息等还款项，并委托佰仟金融公司向贷款人支付贷款本息等款项。借款人应向佰仟金融公司支付财务管理费、客户服务费、增值服务费（如有）、随心还服务费（如有）及其他应付款项。贷款人授权佰仟金融公司可依据借款人的申请，在本协议所约定的贷款已发放但未结清之前，调整还款日期或者同意借款人延期还款，并按照新的还款日期或延期后的还款月份向贷款人划付应还本息。

关于现金分期服务内容，约定如下：贷款本金 10000 元，分期期数 12，每月还款额 1198.3 元，是否购买保险（是），保险公司名称（华夏人寿保险股份有限公司深圳分公司），每月还款日 24，月贷款利率 1.75%；首次还款额 1128.3 元，首次还款日 2017 年 3 月 24 日，月客户服务费率 0.79%，月财务管理费率 1.183%，月增值服务费率 0.7%。

华夏人寿保险股份有限公司深圳分公司：本人选择参加保险，即表明本人同意佰仟金融公司为本人投保的“借款人意外伤害保险”，并通过身份证号码在华夏人寿保险股份有限公司深圳分公司网站上查询下载保险合同，认可其为本人所投保的保险金额。本人指定佰仟金融公司为前述“华夏人寿保险股份有限公司深圳分公司”合同项下保险金的受益人或第一受益人，受益金额为 12000 元。本人同意确认已熟知保险合同及相关条款，且具备保险合同所约定的所有参保资格条件。

关于还款账户信息，指定佰仟金融公司名下在招商银行尾号为 6096 的账户作为还款账户，原告名下在中国银行尾号为 1151 账户作为收款、扣款账户，银行代扣还款（是）。

法院认定意见：

根据《最高人民法院关于审理民间借贷案件适用法律若干问题的规定》第

二十六条之规定，借贷双方约定的利率未超过年利率24%，出借人请求借款人按照约定的利率支付利息的，人民法院应予支持。借款双方约定的利率超过年利率36%，超过部分的利息约定无效。借款人请求出借人返还已支付的超过年利率36%部分利息的，人民法院应予支持。

本案贷款人中信信托公司和佰仟金融公司虽均系金融机构，本案并非民间借贷纠纷，但被告作为金融机构，在掌握资金、信息优势的情况下，应向普通客户提供较非金融机构更为优惠的借款利率服务，因此被告佰仟金融公司关于本案不属于民间借贷纠纷、不应适用《最高人民法院关于审理民间借贷案件适用法律若干问题的规定》有关借款利率上限的抗辩意见，本院不予采信。根据《现金分期贷款三方协议》，除约定月贷款利率1.75%外，还约定月客户服务费率0.79%、月财务管理费费率1.183%、月增值服务费率0.7%，合计费率已远超过年利率24%。前述服务管理费等费用，虽未列明为借款利息，但其本质上仍属于变相收取高额利息，以规避利率限额，故本院依法予以调整。对于被告已还利息，按照年利率36%予以核算，超出部分应抵扣本金，对于被告尚未偿还的利息，按照年利率24%予以计算。

至于二被告之间如何分配月贷款利率和服务管理费率，因二被告未提出该项诉请，由其自行协商解决，本院亦不予处理。

（二）行政违规风险

对于金融机构而言，若其发放贷款利率过高亦可能受到行政处罚。

根据《关于规范整顿“现金贷”业务的通知》（整治办函〔2017〕141号）规定，“各类机构以利率和各种费用形式对借款人收取的综合资金成本应符合最高人民法院关于民间借贷利率的规定，禁止发放或撮合违反法律有关利率规定的贷款。”自该文件发布后，实践中各金融机构对于“综合资金成本应符合最高人民法院关于民间借贷利率的规定”如何理解存在疑惑，根据《旧民间借贷司法解释》规定，民间借贷利率存在两线三区的规定，24%和36%两条线如何适用在上述文件规定的情形中不够明确，有些机构从严把握认为不能超过年化24%，有些机构则从宽把握认为不能超过年化36%。而2020年的一则行政处罚案例则在一定程度上对上述问题做出了回应。

根据网络流传的一份《中国银行保险监督管理委员会云南监管局信访事项处

理意见书》(〔2020〕9号)(以下简称“9号文件”),云南国际信托有限公司(以下简称“云南信托”)与无锡源石云科技有限公司(以下简称“源石云”)合作开展消费金融助贷业务,源石云公司作为一般委托人委托云南信托设立“云南信托－云象2号集合资金信托计划”(以下简称“云象2号”),云象2号作为委托人委托云南信托设立“云南信托－普惠2022号单一资金信托计划”(简称“普惠2022号”),源石云作为普惠2022号的资产服务顾问为其提供开发潜在借款人、初步审查、对贷款金额、期限、用途、还款方式等作出初步审核意见,并收集和保管贷款资料。云南信托以普惠2022号项下信托资金用于发放信托贷款。中国银行保险监督管理委员会云南监管局(以下简称“云南监管局”)认为上述助贷业务结构存在以下问题:(1)云南信托违规将核心业务外包给第三方机构;(2)云南信托作为金融机构发放高利贷;(3)云南信托为无放贷业务资质的机构提供资金发放贷款。云南监管局据此对云南信托采取相应监管措施并责令整改。其中,云南监管局认定云南信托构成发放高利贷的违规依据是上述《关于规范整顿“现金贷”业务的通知》(整治办函〔2017〕141号)的相关综合资金成本规定以及《中国银监会关于整治银行业金融机构不规范经营的通知》(银监发〔2012〕3号)中关于贷款利率不得一浮到顶的规定。云南监管局的相关表述原文如下:

“云南信托在此项信托贷款业务中,与借款人签订的信托贷款合同约定的贷款年利率高达36%,根据《最高人民法院关于审理民间借贷案件适用法律若干问题的规定》第二十六条的规定,人民法院仅对‘借贷双方约定的利率未超过年利率24%‘的利息支付请求予以支持,同时根据最高人民法院《关于进一步加强金融审判工作的若干意见》中‘严格依法规制高利贷,有效降低实体经济的融资成本。金融借款合同的借款人以贷款人同时主张的利息、复利、罚息、违约金和其他费用过高,显著背离实际损失为由,请求对总计超过年利率24%的部分予以调减的,应予支持,以有效降低实体经济的融资成本’的司法政策规定,云南信托作为金融机构,在信托贷款中设定36%的年利率明显过高,未有效降低实体经济的融资成本.违反了《关于规范整顿‘现金贷’业务的通知》中‘各类机构以利率和各种费用形式对借款人收取的综合资金成本应符合最高人民法院关于民间借贷利率的规定,禁止发放或撮合违反法律有关利率规定的贷款’的规定,以及《中国银监会关于整治银行业金融机构不规范经营的通知》(银监发〔2012〕3号)中‘不得一浮到顶。银行业金融机构的贷款定价应充分反映资金成本、风险成本和管理成本，不得笼统将贷款利率上浮至最高限额’的规定。”[①]

从以上内容可以看出，云南监管局对于互联网助贷业务中贷款利率的上限的分析是有些矛盾的。“一浮到顶”是指在合规的最高上限内将贷款利率设定为最高限额，若按该规定理解，则年化利率36%是合规的最高上限，将贷款利率设定为年化36%是不违反关于贷款利率上限的规定的。而“禁止发放或撮合违反法律有关利率规定的贷款”则是指贷款利率的设定已经违反了法律法规规定的限额，若按此规定进行理解，则年化利率36%是不符合法律法规规定的。因此，将年化利率设定为36%认定为同时违反上述两个规定的结论似乎是相互矛盾的。

而在实践中，有效降低融资成本已经成为各界呼声最高的话题，特别是在2020年疫情影响下，该话题更受关注。最高人民法院、国家发展和改革委员会于2020年7月20日发布的《关于为新时代加快完善社会主义市场经济体制提供司法服务和保障的意见》（法发〔2020〕25号）便明确提出：“抓紧修改完善关于审理民间借贷案件适用法律问题的司法解释，大幅度降低民间借贷利率的司法保护上限，坚决否定高利转贷行为、违法放贷行为的效力，维护金融市场秩序，服务实体经济发展。”并且部分地方金融监督管理部门明确要求当地消费金融公司或小额贷款公司发放贷款利率不得超过24%/年，例如，在2018年年底有新闻报道称重庆市金融办下发了《关于进一步加强小额贷款公司贷款利率管理有关问题的通知（征求意见稿）》，明确规定小额贷款公司综合费率上限定为不得超过年化24%[②]。2020年11月21日，国务院办公厅督查室联合中国银保监会办公厅在国务院“互联网＋督查”栏目项下曝光台发布了《关于部分银行保险机构助贷机构违规抬升小微企业综合融资成本典型问题的通报》，对搭售保险等变相提高小微企业融资成本的结构进行了通报。

在2020年，《新民间借贷司法解释》将民间借贷司法保护上限大幅降低为“4倍LPR”，目前监管部门尚未明确金融机构如何适用，不排除监管部门要求金融机构适用的可能。例如，2020年11月份，有媒体报道，有东南沿海地区消费金融公司人士表示，监管已窗口指导要求消费金融公司新发放贷款利率不得超过4

---

① 《突发！监管列出云南信托三宗罪，事发小象优品无资质放贷》，载 http：//feng.ifeng.com/c/7vU3d3IzgZn，最后访问日期：2020年9月19日。

② 《重庆出台史上最严新规，小贷生存空间再度压缩》，载 http：//www.yunfatong.com/page/detail?nid=1867，最后访问日期：2020年9月19日。

倍 LPR。[①]

因此，在特定情形下，将贷款利率设定为超过司法保护上限，则存在被相关监管部门处罚的风险。

（三）刑事责任风险

根据《最高人民法院最高人民检察院公安部司法部关于办理非法放贷刑事案件若干问题的意见》的规定，不具备监管部门批准的发放贷款资质的机构以营利为目的，经常性地向社会不特定对象发放贷款，并且以超过 36%[②] 的实际年利率实施非法放贷行为，则可能构成非法经营罪，需承担刑事责任。

对于银行、信托公司、消费金融公司而言，其名下具备发放贷款的资质，不会涉及非法经营罪，而对于小额贷款公司和商业保理公司而言则具有不确定性。对于小额贷款公司而言，如其未获得网络小贷贷款资质，则跨区域发放网络贷款的行为可能会被视为没有获得发放贷款资质。对于商业保理公司而言，如其提供应收账款分期服务的行为被视为发放贷款，则其不具备相应的贷款资质。若不具备资质的主体发放贷款的实际年利率超过 36% 的，则可能构成刑事犯罪。

例如，在下面的执行裁定案例中，人民法院将保理公司受让民间借贷债权的行为认定为非法发放贷款。

案例 36：深圳博泽商业保理有限公司、梁晓晓借款合同纠纷执行案

法院查明事实：

被执行人于 2017 年 12 月 5 日通过达飞云贷科技（北京）有限公司（以下简称“达飞公司”）运营的“达飞云贷”平台居间签订《借款协议》，达飞公司通过金运通支付公司从其金运通账户向被执行人名下银行卡账户发放贷款。此后申请执行人深圳博泽商业保理有限公司通过签订《债权转让协议》受让本案全部债权，并以权利人的身份向北海国际仲裁院申请仲裁。

法院认定意见：

达飞公司以其运营的“达飞云贷”平台吸收公众存款并通过向社会不特定对

① 《监管窗口指导消金公司：新发放贷款利率不得高于 4 倍 LPR》，载 https：//mp.weixin.qq.com/s/q2pfJ-5_Oarz4joU0GKFpw，最后访问日期：2020 年 11 月 17 日。

② 《新民间借贷司法解释》生效后，刑法相关规定尚未更新，目前仍适用该利率标准。

象提供资金以赚取高额利息，出借行为具有反复性、经常性，借款目的也具有营业性。银保监会《关于规范民间借贷行为维护经济金融秩序有关事项的通知》中明确规定未经有权机关依法批准，任何单位和个人不得设立从事或者主要从事发放贷款业务的机构或以发放贷款为日常业务活动。达飞公司《营业执照》中载明的经营范围并不包括从事金融业务范围，其未经批准，擅自从事经常性的贷款业务，属于从事非法金融业务活动。

申请执行人深圳博泽商业保理有限公司在明知达飞公司从事非法金融业务的情况下仍大批量受让债权，并以权利人的身份向仲裁委员会申请仲裁，然后向包括本案被执行人在内的众多不特定社会公众追索借款，属于变相发行贷款。如果此类裁决书得到执行，非法放贷和非法从事金融业务活动将不能得到有效制止，也将严重扰乱我国金融市场，破坏金融秩序，造成金融监管紊乱，损害社会公共利益。

三、防范措施

对于借款利率相关法律风险，我们建议金融机构从综合资金成本控制、贷款利率效力顺位优先以及明确约定合作机构返还费用情形进行风险防范。

1. 综合资金成本控制

金融机构应在互联网助贷业务项下与各合作机构约定不同名目的息费事宜，确保包含贷款利息、保险费、担保费及其他所有费用在内的综合资金成本费率不得超过法律法规明确规定的司法保护上限，若无法满足则至少应确保贷款利率不超过司法保护上限。

2. 贷款利率效力顺位优先

在《新民间借贷司法解释》生效后，若将综合资金成本控制在 4 倍 LPR 范围内，则绝大部分互联网助贷业务将因为无法覆盖成本的问题而无法开展，因此，引入保险公司、融资担保公司提供增信并另外收取一定的费用反而成为更安全的一种方案。在这种情况下，若存在不同主体分别向借款人收取费用的情况，则建议金融机构及相关收费主体及借款人之间明确约定不同费用的偿还顺位和效力顺位，明确约定贷款本息的偿还顺序优先于其他任何费用的偿还顺序，并且贷款本息的效力顺位优先于其他任何费用的效力顺位，即当借款人未足额偿还当期本息及全部费用时，贷款本息应优先获得偿还，当借款人未足额偿还当期本息及全部费用并且各主体主张债权的请求未获法院等裁判机构支持时，贷款本息的效力应首先获得支持。例如，在适用《旧民间借贷司法解释》时，金融机构与保险公司合作的互联网助贷业务项下，假设金融机构贷款利率为 12%/ 年，保险公司保险费率为 24%/ 年，借款人借款金额为 10 万元，借款期限为 12 个月，到期一次性还本，第一个月还款日应还款总额为 3000 元，其中贷款利息为 1000 元，保险费为 2000 元，若借款人仅偿还了 1000 元，则应将该还款视为对贷款利息的偿还，若法院认定借款人仅需按 24%/ 年的综合费率进行偿还，则 12%/ 年的贷款利率约定是有效的，而 24%/ 年的保险费用中仅有 12%/ 年部分是有效的。

3. 明确约定合作机构返还费用情形

对于因任何原因可能导致金融机构向借款人返还已收取的贷款利息等款项的情况，我们建议金融机构与包括投资者及助贷机构等所有自该项互联网助贷业务获取报酬或收益的主体之间明确约定除金融机构外的其他主体的穿透返还义务。即在金融机构向借款人收取的贷款利率超过法律法规限定最高限额的情况下，借款人有权主张要求金融机构向其返还超额收取的贷款利息等费用，而相关款项可能已支付给助贷机构或技术服务机构等机构作为其贷款服务费或已向信托产品投资者分配超额信托利益，金融机构应与相关主体明确约定其在此时有义务向金融机构返还相关款项以用于向借款人返还超额贷款利息。例如，在适用《旧民间借贷司法解释》时，金融机构与助贷机构合作的互联网助贷业务项下，假设金融机构按 40%/ 年的贷款利率向借款人收取了贷款利息，而金融机构仅最终获得了 10% 的贷款利息收入，其余 30% 的贷款利息收入均作为贷款服务费向助贷机构支付，若借款人要求金融机构返还超过 36%/ 年部分（即 4%/ 年部分）的贷款利息，则金融机构应确保其有权要求助贷机构向金融机构返还该等款项以用于履行返还义务。当然，具体最终承担返还义务的主体可根据具体项目结构确定，例如在信托产品参与的互联网助贷业务项下，若最终超额收益均作为信托利益分配给信托产品项下受益人的，则可以在信托合同中与受益人约定其在该等特定情形下的返还义务。

第三节 还款方式风险及防范

互联网助贷业务中普遍采用的还款方式包括：（1）随借随还；（2）等额本息；（3）等额本金；（4）等本等息。以上还款方式可以归为两类：（1）按实际剩余借款本金余额计算借款利息，随借随还、等额本息、等额本金的还款方式均属于该类别；（2）按全部贷款本金金额计算借款利息，等本等息还款方式属于该类别。等本等息还款方式基于其特定的计息方式而可能导致较大的法律风险。

一、风险方案

等本等息还款是一种分期还款方式，本质上是相关机构为了既满足法律法规规定的利率上限要求又达到多收取利息而设计的变种方案。在等本等息还款方式中，无论借款人剩余借款本金是多少，借款人应偿还的利息均按全部借款本金计算，即便借款人分期偿还本金，其偿还的利息仍应按全部借款本金及预期借款期限、约定借款利率进行全额计算。

等本等息还款方式一般采用的费率方案包括年化利（费）率、月利（费）率、每期综合成本费率。

1. 年化利（费）率方案

年化利（费）率方案是指借款合同等约定一种费用的年化利（费）率，还款金额按总借款金额及年化利（费）率进行计算。例如，借款分N期偿还，每期偿还本金金额=借款总金额 ÷N；每期偿还利息金额=（借款总金额 × 年化利率 × 借款预期期限总天数/年天数）÷N；即，每期还款金额=借款总金额 ÷N+（借款总金额 × 年化利率 × 借款预期期限总天数/年天数）÷N。

2. 月利（费）率方案

月利（费）率方案是指借款合同等约定一种费用的每月利（费）率，还款金额按总借款金额及月利（费）率进行计算。例如，在《重庆市中旅安信小额贷款有限公司与墙兴容民间借贷纠纷一审民事判决书》(审理法院:重庆市渝北区人民法院;案号:〔2020〕渝0112民初3214号;裁判日期:2020.06.01)中,人民法院查明"《个人信用贷款合同》主要约定:1.墙兴容向中旅安信小贷公司借款150000元,用于房屋装修。2.借款期限36个月,自贷款实际发放之日起算。3.贷款月利率为1.09%。4.还款方式等本等息。5.借款人按月偿还借款本息,还款日为起息日对应的每月相同日,如无对应日,则以该月最后一个公历日为还款日。6.借款人每月还款本息计算方法为:每月还款额=【(贷款金额 × 月利率 × 还款月数)+贷款本金】÷ 还款月数。"该案例项下借款人每月还款金额即按月利率进行计算。

3.每期综合成本费率方案

每期综合成本费率方案是指借款合同等约定多种费用的每期综合成本费率,还款金额按总借款金额及每期综合成本费率进行计算,不同费用可以在该范围内另行约定计收标准。例如,在《上海淇毓信息科技有限公司与谭晓丽追偿权纠纷一审民事判决书》(审理法院:上海市崇明区人民法院(原上海市崇明县人民法院);案号:〔2020〕沪0151民初4352号;裁判日期:2020.06.30)中,人民法院查明:"2019年2月2日,被告在福州三六零网络小额贷款有限公司的居间下,通过网上平台,与潍坊银行签署了《个人借款合同》,约定:被告向潍坊银行借款34900元用于装修房屋,借期12期,自借款发放日起至2020年2月2日。借款利率8.5/年,每月等额还款。……借款利息自借款发放日起按日计息。每期应还借款本息=截至每期还款日的借款利息+借款本金/期数+逾期罚息(如有)+复利(如有)。截至每期还款日的借款利息=剩余借款本金*年化借款利率/360*剩余借款本金当期占用天数。……同日被告与尧信公司签署了《个人贷款委托担保合同》,由尧信公司为被告与潍坊银行之间的借款提供担保,被告承担相应担保费用。……合同第二条第1项约定借款人向担保人支付担保费,根据还款期数每月向担保人支付,每期(月)应支付的担保费计算公式为每期(月)应还金额-每期(月)应还本息,直至贷款期限届满,每期(月)应还金额=借款本金*期费率1.625%+借款本金/期数。"该案例项下借款人需承担本金、借款利息及担保费的偿还义务,并约定了借款利率和期费率,其中,期费率用于计算借款人每期应偿还的借款利息及担保费的综合成本总和,而借款利率用于计算借款利息金额,每期偿还的借款利息及担保费的综合成本总和扣掉借款利息后便是担保费金额。

二、法律风险

1. 名义利率与实际利率

等本等息还款方式会导致借款人承担的借款名义利率与实际利率不一致。

所谓名义利率，是指借款合同等约定的年化利率或月利率，例如借款合同约定年化利率为15%，则其名义利率为15%/年。

所谓实际利率，又称内部收益率（IRR），是指借款人未来每期还款的金额，如果按一定的利率，折回到现在刚好等于借款本金，这个利率就是借款人实际承担的借款成本，即IRR，IRR计算公式为：①

$$本金=\sum_{i=1}^{nT}\frac{第\,i\,期还款额}{(1+IRR/n)^{i}},n\,为年内还款期数,T\,为还款总年数$$

实际利率是考虑到通货膨胀等因素计算的实际资金成本。

在等本等息还款方式下，借款人每期均偿还本金，但其后续各期资金成本仍按总借款本金进行计算，从而导致借款人实际承担的资金成本高于约定的名义利率。例如，张三用消费分期贷款12000元，采用分12期（月）等本等息的方式还款，月利率0.5%。该案例项下张三承担的名义利率为6%/年，而按照上述公式计算的实际利率则为10.9%/年。

2. 具体法律风险：按实际利率计息

在等本等息还款方式下，实际利率明显高于名义利率，可能存在部分执法部门按实际利率判断贷款利率的相关约定合法有效性的风险。

例如以下案例：

案例37：严效林、中国平安财产保险股份有限公司青岛分公司保险纠纷案

法院查明事实：

2011年2月10日，严效林与平安保险公司签订编号为”P108792248”的《平安个人消费信贷保证保险保险单》，约定，被保险人为中国光大银行股份有限公司青岛分行（以下简称”光大青岛分行”），保证保险金额为34320元，保费缴纳

---

① 《央行图解常见利率“陷阱”解析》，载http://finance.sina.com.cn/money/bank/bank_yhfg/2019-12-26/doc-iihnzahk0142471.shtml，最后访问日期：2020年9月19日。

方式为每月按时缴纳，每月保费率1.8%，每月保险费金额540元。2011年2月11日，严效林与光大青岛分行签订编号为”38011116000605”的《个人贷款合同》，约定光大青岛分行同意向严效林发放个人小额信用贷款，用于日常生活消费；贷款金额为3万元，贷款期限为36个月；严效林选择等额还本付息还款方式偿还贷款，具体还款金额及还款日期以光大青岛分行提供的还款计划表为准。严效林在合同借款人处签名捺印确认。2012年10月9日，严效林与平安保险公司签订编号为”10087001200557l”的《平安个人消费信贷保证保险保险单》，约定，被保险人为光大青岛分行，保证保险金额为27347元，保费缴纳方式为每月按时缴纳，每月保费率1.8%，每月保险费金额414元。同日，严效林与光大青岛分行签订编号为”380112160001577”的《个人贷款合同》，约定，光大青岛分行同意向严效林发放个人小额信用贷款，用于日常消费；贷款期限为36个月，自2012年10月9日至2015年10月9日；贷款利率按照中国人民银行公布的同期基准利率6.15%上浮40%执行，本合同项下首期执行贷款年利率为8.61%；严效林选择等额还本付息还款方式偿还贷款本息，具体还款金额及还款日期以贷款人提供的还款计划表为准。严效林在合同借款人处签名捺印确认。2011年至2013年，严效林在中国光大银行的对私活期帐户对账单显示，严效林每笔贷款项下每月向光大银行还款的金额均为相等、固定的数额，即每月还款的金额为等额本金利息。

法院认定意见：

关于焦点一，上诉人申请保险人退还部分保费是否符合法律规定的问题，本院认为，被上诉人与上诉人订立保险合同，为上诉人在光大银行青岛分行的两笔借款共计5.3万元提供保证担保。上诉人认为被上诉人多收取了上诉人的保险费。被上诉人为上诉人所签发的保险单记载月保费率1.8%，被上诉人按该费率每月分别收取了上诉人的保险费540元、414元，上诉人向被上诉人支付保险费合计22294.2元。因上诉人与光大银行青岛分行所订立的借款合同为等额还本付息的还款方式，上诉人每月向光大银行青岛分行偿还的款项分别包含本金及利息。被上诉人所担保的本金数额每期都在减少，相对被上诉人所承担的风险也在降低，但被上诉人每月按贷款初值及保险单记载月保费率1.8%，收取上诉人的保费是不变的，按每月实际本金余额计算保险费率，将远超过1.8%。被上诉人经中国保监会批准的保证保险条款及费率审批表中并未包含本案等额还本付息的情况下如何收取保险费。被上诉人未按贷款实际本金金额分期来收取上诉人的保费，显失公平。根据双方签订的保险合同约定的费率，加上被保险人向银行支付的利率，综合费率远超过年24%的利率。因中国保监会对平安保险公司的保证保险费率审批的基础费率为年15%，最高上浮30%。本案保险合同中的费率为月1.8%，超出了中国保监会批准的最高限额。由此可见，被上诉人按照保单记载的费率收取上诉人的保险费不符合规定，且贷款利率及保证保险合同的费率两项费用合计的综合费率超过了借贷利率最高年24%的限制，应限定在24%以内。因本案保险合同中关于保险费率的条款，是保险人提前拟制的条款，未与投保人协商，该条款限制了投保人的权利，本院不予确认。故本院认定，本案保险期间的保费应以被保险人每期贷款本金的实际金额，按中国保监会批准的基础费率年15%计算。根据保险条款的约定，保险期间自个人消费信贷合同项下贷款放之日起，至个人消费信贷合同约定的、清偿全部贷款本息之日止。经计算此项间第一笔3万元的贷款保费为7075.27元；第二笔2.3万元贷款的保费为3174.67元，合计为10249.94元。上诉人向被上诉人支付保费为22294.2元，被上诉人多收取保费12044.26元应退还上诉人。

上述案例所涉业务为保险公司与银行合作的助贷业务，银行向借款人收取借款利息，保险公司向借款人收取保险费，保险公司的收费方式实际为等本等息，人民法院认定贷款利息与保险费应计入综合成本判断其效力，并且保险费按等本等息的方式计费应按考虑每期还本的情况计算实际利率并按实际利率判断其效力，该案例项下按实际利率计算的综合资金成本超过当时适用的《旧民间借贷司法解释》规定的24%/年的部分不予支持。

3. 具体法律风险：按未还款的剩余本息计息

等本等息还款方式下，若按每期还款剩余本金及偿还利息计算当期还款借款利率，则每期还款的借款利率不同，并且利率呈逐渐升高的趋势，最后一期利率达到最高值。对于超过法律保护范围的各期借款利率可能无法获得支持。

例如以下案例：

案例38：夏靖与于然强、林爱旭民间借贷纠纷案

法院查明事实：

原告与于然强达成借款协议，约定由原告向被告于然强提供借款59258元，

借款分12期偿还，每期等本等息还款，每期还款金额为5441.86元，还款日期为每月的23日。此后，被告于然强仅向原告偿还了七期共计34567.17元款项。

法院认定意见：

根据双方关于还款的计算方法，自第二个月起，借款本金逐渐减少，但被告承担的利息不变，故被告承担的利率在逐渐升高。到第七期时，借款本金尚有24690.83元，利率升高为月息2%，尚不超过民间借款最高限制利率。故被告于然强此前偿还的款项，均在法律规定范围内，均为偿还的借款本息。因双方约定的逾期利率为日0.2%，相当于月息6%，与利息及违约金、罚息之和已远超民间借款月息2%的最高限制利率，超出部分，本院不予支持。

在上述案例中，人民法院对各期未还款项分别计算借款利率，对于已还各期款项认定为利率未超过法律保护的范围，而对后续各期未还款项认定为超过法律保护范围并不予支持。

三、防范措施

对于还款方式风险而言，我们建议金融机构尽量避免使用等本等息的还款方式，若综合成本选择等本等息还款方式而金融机构收取的贷款利息未使用等本等息还款方式的，则建议明确约定贷款利率的约定效力及还款顺序均优先于其他费用。此外，我们建议确保按IRR计算的借款人承担综合成本的实际年利率不超过法律法规保护上限，避免实际年利率过高不被支持的法律风险。

当然，《新民间借贷司法解释》发布后，有观点认为，根据该规定第二十八条①的修改内容，借款利率应按APR计算而非IRR，我们认为该观点存在一定的瑕疵。首先，该内容在《旧民间借贷司法解释》中即已存在，并非《新民间借贷司法解释》新增加的内容，新规仅修改了24%的相关表述为4倍LPR，而IRR计算的风险在《旧民间借贷司法解释》适用时即已存在。其次，该内容是有适用

① 第二十八条内容为：“借贷双方对前期借款本息结算后将利息计入后期借款本金并重新出具债权凭证，如果前期利率没有超过合同成立时一年期贷款市场报价利率四倍，重新出具的债权凭证载明的金额可认定为后期借款本金。超过部分的利息，不应认定为后期借款本金。按前款计算，借款人在借款期间届满后应当支付的本息之和，超过以最初借款本金与以最初借款本金为基数、以合同成立时一年期贷款市场报价利率四倍计算的整个借款期间的利息之和的，人民法院不予支持。”

前提的，按文义解释进行理解，其适用情形为重新出具债权凭证的情形，而非分期还款的情形。因此，还款方式风险并不因《新民间借贷司法解释》而消失，相关法律风险还应注意防范。

第四节 增信措施风险及防范

融资担保、保证保险等增信措施是我国国家政策鼓励的消费金融和小微企业融资业务风险缓释措施，这对于促进相关业务发展以及拉动经济增长起到了重要作用。在互联网助贷业务中，增信措施的使用亦较为普遍，增信措施方案的不当安排可能会对金融机构产生一定的法律风险。

一、风险方案

目前互联网助贷业务中常见的增信措施方案包括融资担保公司提供增信、保险公司提供保险以及在信托计划等资产管理层面安排投资收益的差额补足等。

1. 融资担保公司保证担保

在互联网助贷业务发展早期，不具备担保资质的机构提供增信服务的结构安排较为普遍，随着《关于规范整顿“现金贷”业务的通知》（整治办函〔2017〕141号）及《融资担保公司监督管理补充规定》等法律法规明确规定不具备融资担保资质的机构不得为贷款提供担保，采用融资担保公司提供增信的交易结构逐渐普及。融资担保公司主要通过为贷款债权提供保证担保的形式或受让贷款债权的形式提供增信。

2. 保险公司提供保险

保险公司提供保险的形式进行增信，在目前的互联网助贷业务中亦较为普遍。互联网助贷业务中保险公司提供保险的险种包括意外伤害险、信用保险、保证保险等，但目前开展的业务一般以信用保险和保证保险为主。

3. 资产管理产品层面安排增信

在信托产品等资产管理产品参与的互联网助贷业务项下，有些业务会在资产管理层面安排增信措施，例如信托产品份额区分为优先级信托单位和次级信托单位进行结构化设计，安排其他主体为资产管理产品的受益人投资收益提供差额补足等。

二、法律风险

在上述增信措施方案项下，基于目前的法律法规规定，可能存在相关方案违规风险、增信主体免责风险。

1. 违规风险

（1）超额增信的违规风险

根据法律法规规定，无论是融资担保公司提供保证担保还是保险公司提供信用保证保险，均有一定额度的限制。例如，根据《信用保险和保证保险业务监管办法》规定，“保险公司承保的信保业务自留责任余额累计不得超过上一季度末净资产的 10 倍”。根据《融资担保公司监督管理条例》第十五条规定，“融资担保公司的融资担保责任余额不得超过其净资产的 10 倍”。

我们认为，鉴于该等规定不属于法律、行政法规效力性强制性规定，若融资担保公司或保险公司超额增信的，不会导致该等超额增信无效，但不排除融资担保公司或保险公司因此受到监管关注及处罚从而导致影响互联网助贷业务的持续稳定开展，也不排除因其超额增信导致失去增信偿还能力的商业风险。

（2）保险产品违规搭售的违规风险

《中国银保监会办公厅关于开展银行保险机构侵害消费者权益乱象整治工作的通知》（银保监办发〔2019〕194 号）明确列示了银行业保险业侵害消费者权益乱象的表现形式，包括“在网络销售中限制消费者的自由选择权。如与第三方网络借款平台合作，强制消费者在借款过程中投保意外险、保证保险等，若不投保则无法办理借款。”一般在保险公司与金融机构合作的助贷业务中，借款人必须选择办理保险产品后才能申请借款，该等业务模式可能被认定为违规搭售保险产品。

例如，在国务院办公厅督查室于 2019 年 11 月 18 日发布的《关于中国建设银行北京市分行和平安银行北京分行办理小微企业贷款借贷搭售转嫁成本问题的督查情况通报》中明确通报了银行搭售人身险产品的情况，具体如下：

“核查发现，建行北分下辖通州分行个别客户经理违背客户真实意愿、强制要求小微企业借款客户在办理贷款过程中购买“贷无忧”人身险产品。该产品以借款人为被保险人，以意外伤害身故及残疾为保险责任，以银行为第一受益人。2018年1月1日至2019年5月31日间，建行北分下辖通州分行新发放抵押类小微企业贷款137笔、累计发放金额5.92亿元。其中47笔、累计发放金额1.93亿元小微企业贷款的借款人购买了“贷无忧”人身险产品，占全部发放金额的32.60%，占全部发放笔数的34.31%，保费合计47.91万元。

核查发现，建行北分未对小微企业贷款抵押物是否属于“容易受到自然灾害或意外事故影响而造成损失的押品”进行区分，“一刀切”地要求所有小微企业借款客户为抵押物购买财产保险，并承担相应保费，客观上增加了小微企业的综合融资成本。2018年1月1日至2019年5月31日间，建行北分新发放抵押类小微企业贷款2114笔，上述2114笔贷款抵押物全部购买财产保险，并由小微企业借款客户承担保费，保费合计849.22万元。

核查发现，平安北分违规向个人经营贷款借款人搭售平安福人身险产品。该产品以重大疾病、身故、意外伤害身故及残疾为保险责任，交费频次为年交、交费年期10至30年。2017年6月14日至2019年4月30日间，该行办理个人抵押经营贷款业务4721笔，累计发放金额133.73亿元。其中1295笔、累计发放金额41.58亿元个人经营贷款的借款人购买了平安福人身险产品，占全部发放笔数的27.43%，占全部发放金额的31.09%，保费合计2327.78万元。核查组对部分借款人进行了电话回访及见面访谈，其中13位借款人反映该行在办理贷款过程中，存在强行将购买保险与贷款进行挂钩、违背借款人真实意愿、损害其消费者权益的问题，主要表现为办理贷款时必须上保险，贷款额度与保费金额挂钩（客户经理要求保费一般为贷款额度的1%），不买保险则贷款利率上调等。”

并且，2020年11月21日，国务院办公厅督查室联合中国银保监会办公厅在国务院“互联网+督查”栏目项下曝光台发布了《关于部分银行保险机构助贷机构违规抬升小微企业综合融资成本典型问题的通报》，通报内容指出了部分银行及保险机构向小微企业乱收费的现象，其中包括兴业银行与平安保险（集团）下属平安普惠合作的小微企业保险助贷模式。该文件认为“中国平安保险（集团）股份有限公司下属平安普惠融资担保有限公司在与兴业银行合作开展普惠型贷款业务时，强制捆绑销售中国平安财产保险股份有限公司借款保证保险，未提供其他增信方式或其他保险公司产品供客户选择，侵害了消费者的自主选择权和公平交易权。"

我们认为，违规搭售并不会直接导致借款人签署的保险合同无效，在司法实践中已有大量的案例予以证实，但不排除保险公司因违规搭售行为受到监管关注及处罚从而导致影响互联网助贷业务的持续稳定开展的风险。

（3）资产管理产品增信的违规风险

对于不具备担保资质的主体通过资产管理产品层面结构化分层设计为互联网助贷业务提供增信的结构而言，不排除被认定为不具备资质的主体违规提供担保增信的风险。例如，有些地方监管部门将结构化资产管理产品的结构安排认定为变相提供增信，从而限制互联网助贷业务采用相关增信结构。当然，对于结构化资产管理产品是否构成变相增信也不能一概而言，例如，在增信主体仅是合格投资者投资资产管理产品而不对互联网助贷业务进行任何控制的情况下，该主体投资劣后资产管理产品份额的行为不应当理解为增信，而应认定为投资。但是，仍不能排除不同监管部门基于不同的监管逻辑而有不同的看法，进而可能导致互联网助贷业务结构因此受到影响的风险。

2. 免责风险

对于保险公司提供保险的业务结构项下，保险公司均会明确约定责任免除条款，而且个别责任免除条款可能会当然触发互联网助贷业务的常见操作，在极端情况下不排除存在保险公司引用该等条款约定主张免除责任的风险。

例如，平安财产保险官网披露的《平安个人借款保证险条款》明确约定了以下责任免除条款："出现下列任一情形时，保险人不负责赔偿：（一）未经保险人同意，投保人、被保险人擅自变更个人借款合同；（二）因被保险人的原因导致的个人借款合同无效或被撤销；（三）法律法规不予认可的借款本金及利息。"这些责任免除条款在互联网助贷业务项下均是比较容易触发的。首先，互联网助贷业务项下可能会比较频繁的更新借款合同版本，例如蚂蚁花呗经常发布合同更新的通知，若该等变更未经保险人同意，则可能会触发"未经保险人同意，投保人、被保险人擅自变更个人借款合同"的免责条件；其次，互联网助贷业务项下保险费及贷款利息加总后的综合资金成本若超过司法保护上限，则在没有明确约定贷款利率效力顺位的情况下，即便贷款利率未超过司法保护上限也可能导致部分贷款利息约定无效，从而可能同时触发"因被保险人的原因导致的个人借款合同无效或被撤销"及"法律法规不予认可的借款本金及利息"的免责条件。

三、防范措施

对于增信措施的相关法律风险，我们建议金融机构应确保相关增信措施合法合规，注意防范合同约定的免责等事项触发。

1. 增信措施合法合规

金融机构应确保互联网助贷业务项下采用的增信措施不存在违法违规风险，例如确保增信主体均具有相应的资质等。对于监管部门存在不同认定情形的项目结构，例如结构化资产管理产品是否可能被认定为变相增信，应注意及时关注监管部门的指导意见，并在项目合作协议中注意安排灵活处置方案。

2. 注意免责条款相关约定

鉴于保险公司保险条款的确定及修改均需通过监管部门备案或核准。对于保险条款中触发概率较大的免责条款，则建议在不违反法律法规规定的情况下要求保险公司变更相关条款，并且建议金融机构设计项目交易结构时避免可能触发免责条款的情形。

第五节
电子合同风险及防范

互联网助贷业务的特点之一便是借款人采用“数据电文 + 电子签名”形式签署借款合同。实践中存在因电子签名不是可靠电子签名、无法证实借款人身份等可能导致电子合同未成立或无效的风险，亦存在电子合同其他特性带来的法律风险。

一、风险方案

互联网助贷业务中电子合同签署方案存在以下特点[①]：

1. 线上远程签约

在互联网助贷业务项下，借款人均采取线上远程签约的方式完成借款合同签

---

① 电子合同具体签署方案请参见本书第三章相关内容。

署，没有当面签署的过程，在早期的互联网助贷业务中，借款人提供身份证件等材料即可完成借款申请。

2. 以计算机信息系统记录作为基本凭证

互联网助贷业务借款合同项下数据电文及电子签名均为电子数据，相关数据的提供均需要计算机信息系统记录作为基本凭证，若仅提供纸质打印形式的借款合同则无法证明相关合同合法有效签署。

3. 格式条款

互联网助贷业务中借款合同的内容均是由贷款人事先拟定，未与借款人进行协商，借款人签订时无法修改，属于我国民法典、合同法规定的采用格式条款订立的合同。

4. 网络仲裁

通过网络进行争议解决是互联网助贷业务项下最为便携的争议解决方式，目前诉讼和仲裁均可以通过互联网法院、支持网络仲裁的仲裁委员会进行网络开庭等争议解决程序。目前全国的互联网法院仅有三家（即杭州互联网法院、北京互联网法院、广州互联网法院），诉讼程序受到地域管辖范围的限制，仅在互联网法院管辖范围内的案件方可选择该互联网法院进行争议解决。而网络仲裁并不受地域管辖的限制，并且网络仲裁程序相较于诉讼而言效率更高，例如，根据《中国广州仲裁委员会网络仲裁规则》规定，“仲裁庭应当自组成之日起三十日内作出裁决”，而传统诉讼程序即便是适用简易程序，其法定审理时间也需要三个月。因此，网络仲裁在近年来成为互联网助贷业务项下重要的争议解决方式，贷款人可以在获得仲裁裁决后及时向人民法院申请强制执行。

二、法律风险

1. 电子签名效力风险

根据我国《电子签名法》规定：“可靠的电子签名与手写签名或者盖章具有同等的法律效力”。只有可靠电子签名才能具有识别签名人身份并表明签名人认可数据电文内容的效力。“数字证书”一般是公认的可靠电子签名，能够有效证明借款人已有效签署电子合同，司法实践中司法机关对于“点击确认”形式签署电子合同的效力大部分均予以认可。但是鉴于“点击确认”等形式能否被认定为可靠电子签名主要取决于助贷机构系统的有效性、稳定性、可靠性，若助贷机构系统因任何原因无法确保“点击确认”等形式为可靠电子签名，则对于仅采用“点击确认”等形式签署电子合同的情况，不排除被司法机关认定为电子合同未有效签署，从而可能影响金融机构参与互联网助贷业务贷款债权的实现。在司法实践的审判程序及执行程序中均存在相关风险案例。

①审判程序司法案例：系统页面变化无法证明达成合意

案例39：张某某与李凌风金融借款合同纠纷案

法院查明事实：

张某某自称系“贝才网”（上海贝才网络信息技术有限公司）的注册会员，于2014年4月8日向该网络平台充值200000元。2014年11月，李凌风根据“贝才网”的借贷流程，注册并上传认证资料、申请贷款、视频审核+电审、提现，“贝才网”在审核同意了李凌风的申请后，于系统内部形成了借款协议和居间协议，并于2014年11月5日由汇潮支付有限公司客户备付金账户向李凌风支付了2878元，后李凌风未向张某某或“贝才网”支付任何款项。

原审审理中，张某某提供了案外人张某某在与谢冰民间借贷纠纷一案中向原审法院提交的两份经公证机关公证的证据材料，以期推导使用，但这两份公证材料中，一份是借款人申请贷款的流程，该流程中未显示借款人以任何形式（包括电子形式）签署过系争的“协议”，亦无证据证明借款人看到过这份协议，另一份则是“贝才网”的管理人员对这笔借款进行管理的内容，其中包括有借款协议和居间协议，但该流程需“贝才网”的管理人员输入密码后进入。张某某在庭审中明确，以现有证据来证明案件事实，不再补充证据。

法院认定意见：

本院认为，本案是以互联网平台为媒介进行款项借贷的纠纷，上诉人张某某作为投资人向“贝才网”账户充值，可认为其具有通过“贝才网”向不特定主体出借款项的意思，被上诉人李凌风作为借款人在“贝才网”上申请贷款，并最终取得款项，可认为李凌风具有通过平台向投资人借款的意图。虽然现有证据材料表明，被上诉人李凌风在借款时可能并不知晓出借人的具体信息，但双方均通过其行为彰显了借贷合意。根据居间方“贝才网”平台提供的后台数据，被上诉人李凌风所借款项系由投资人张某某提供。由此，本院认为，本案双方民间借贷法律关系成立，被上诉人李凌风应依约向上诉人张某某还款。至于被上诉人李凌风承担债务的范围，本院认为，上诉人张某某一审时提供的公证材料显示，被上诉人李凌风在申请贷款时可以看到的是“贝才网”公布的标书，标书内容包括借款本金、借款期限和年利率，被上诉人李凌风应当按此约定归还款项，借款期限届满后的逾期利息依法应予支持。上诉人张某某不能举证证明的是，被上诉人李凌风在借款前看到过具体的借款协议并认可协议条款，因此借款协议中关于罚息、律师费等内容，不能约束被上诉人，故对上诉人张某某主张的罚息、律师费部分诉请，本院不予支持。

上述案例是一起P2P民间借款纠纷案例，贷款人与借款人通过网络借贷信息中介机构的贷款平台完成民间借贷行为，但是，贷款人无法提供证据证明借款人合法有效的签署了贷款平台提供的借款协议，即贷款人无法提供可靠电子签名签署的数据电文，因此，人民法院未予支持贷款人在借款协议项下享有的权利，而仅支持了系统数据可证明的债权。

②审判程序司法案例：账户主体无法确认

案例40：林×与××消费金融有限公司金融借款合同纠纷案

法院查明事实：

××消费金融有限公司向林×名下账号为62148312******** 的招商银行银行卡转账合计41200元。

林×2018年7月10日的个人征信报告显示：手机号码1852170****，贷款：2017年6月6日机构“××消费金融有限公司”发放的16500元（人民币）个人消费贷款，业务号51031703030009××××，信用/免担保，12期，按月归还，2018年6月5日到期。截至2018年5月6日，逾期6期，最近一次还款日为2017年11月6日。招商银行于2018年7月24日出具的业务回单显示：林×名下卡号为62148312******** 的银行卡于2017年7月29日口头解挂、2017年8月3日允许解挂。

支付宝注册过程中对外公开的《支付宝服务协议》主要内容为：支付宝分为支付宝会员号、支付宝账号。支付宝登录名是指注册支付宝会员号或支付宝账户时提供的用于登录的手机号或电子邮箱，分为会员号登录名和账户登录名两种。支付宝账户是指获得支付宝会员号且通过支付宝身份验证后取得后以供支付宝服务的支付账户。取得支付宝账户后，会员登录名即成为支付宝账户登录名。身份要素是指用于识别你身份的信息要素，包括但不限于会员号、支付宝账户、密码、数字证书、短信交验码、支付盾、电话号码、手机号码、身份证件号码及指纹信息、人脸信息等信息。身份验证：你在注册、使用支付宝服务过程中，应提供合法、真实、有效、准确并完整的资料（包括但不限于身份证、户口本等），你应确保支付宝登录名、会员号或账户绑定的电子邮箱或手机号均为本人持有。支付宝注册过程中对开公开的《支付宝隐私政策》中主要规定：注册支付宝账户或使用支付宝服务时，需要提供有效身份证件信息、联系方式、地址，如不提供，则可能无法注册支付宝账户或无法使用支付宝服务。某些产品或服务可能由第三方或支付宝关联公司提供时，我们会将收集的个人信息向第三方机构或支付宝关联公司提供。芝麻信用管理有限公司系支付宝关联公司。

被告 ×× 消费金融有限公司提供的《公证书》主要内容为：登录陶欢支付宝账户（账号 150********）—在支付宝搜索“安逸花”并点击进入—“安逸花”界面点击“马上借款”—进入“服务授权”页面，点击确认授权并授权成功后进入“身份信息”页面—点击“芝麻信用授权协议”并点击“我已阅读并同意《芝麻授权协议》”在姓名栏填写陶欢并点击“获取验证码”—手机号为 1502362****的手机收到验证码后填入并点击下一步—出现“人脸识别”界面，活体验证后出现“芝麻认证”页面，点击“认证服务协议”并点击“开始认证”—出现“身份验证”页面，验证后“芝麻认证”页面显示认证成功，继续点击“是”后出现“活体识别成功”，再点击下一步—设置密码—填写联系人（另一人及另外的手机号码）并浏览“征信协议授权”点击“同意”后显示授权成功—进入“申请通过”页面并显示可借款额度—点击“贷款合同”后出现“个人信用额度贷款合同”，浏览点击确定后在点击“去借款”—出现“借款”页面，显示借款期数、用途、最高可借、借款详情—点击“收款账户”并选择招商银行、输入银行卡号、姓名、身份证号码、开户地信息后，点击“发送验证码”—1502362**** 手机收到验证码并输入页面、提交—出现“借款”页面，输入借款金额 500 元并提交申请—输入交易密码后点击确定，出现“正在审核中”页面—审核完毕后出现“现金分期”页面，点击确定后出现“借款”页面。陶欢手机号为 1502362**** 收到短信“【××消费金融】尊敬的陶欢您成功申请现金分期 500.00 元共 3 期，每期应还 173.38 元。”随后，1502362**** 手机收到银行入账通知，显示入账 500 元。

被告××消费金融有限公司庭上陈述，原告林×通过支付宝账户进入“安逸花”公众号，通过《公证书》展现的借款过程向被告累计借款41200元（含本案借款16500元），该借款打入借款时填写的收还款账户（银行卡号为62148312******** 的招商银行），已经归还借款本金24626元，均直接从收还款账户中扣除。另外，该原告林×还通过该支付宝账户归还过本案借款4242.9元。无论是支付宝账户的注册要求，还是《公证书》公证的借款过程，均已显示原告林×需实名认证后才能借到借款。被告公司根据银监会监管要求及原告授权，将其逾期的事实上报个人征信中心，无任何过错。被告公司未保留涉案支付宝账号的实名注册信息。

原告林×庭上陈述，我本人未注册过淘宝或支付宝账户，个人征信报告中的1852170**** 也并非本人使用的手机号。银行账号为62148312******** 的招商银行卡已遗失，但我于2017年4月或5月份电话挂失。

法院认定意见：

本院认为，被告主张原告通过注册支付宝账户并经实名认证后通过“安逸花”向被告借款，其首先应承担举证证明案涉借款的支付宝账户系原告实名注册的账户，嗣后才能确认通过该支付宝账户借款的行为归属于原告。本案中，被告××消费金融有限公司并未举示证据证明案涉支付宝账户属原告账户，即被告××消费金融有限公司未举证证明涉案借款合同的借款人（支付宝账户）为原告林×，且不能证明其向原告林×银行账户转账的行为系基于原被告双方所达成的借款合意而为，同时被告主张其在审核发放贷款申请时对原告进行了活体动态认证，但其仅举示了打印的头像照片，故并不能证明申请贷款方为原告。在现无证据证明原告林×与被告××消费金融有限公司已达成借款合同、授信协议等合意的情况下，被告××消费金融有限公司据此向中国人民银行征信中心等各征信机构提交原告林×的逾期不良征信无事实及法律依据。故本院对原告林×的全部诉讼请求予以支持。

上述案例为一审审理结果，在二审审判时被改判支持××消费金融有限公司，但是上述一审法院的审判意见足以显示借款人账户身份无法证实的风险。即，假设所有的证据均可以证明张三这个身份向贷款人申请了借款，但是无论是活体识别还是收款账户均无法证实张三控制相关账户，则人民法院可能会以相关证据链不完整为由做出对贷款人不利的裁决。例如通过支付宝借款并以支付宝账户收款的，则支付宝的实名对应关系将决定着证据链的完整性。

③执行程序司法案例：未提交电子证据无法确认签署效力

案例41：××消费金融有限公司、邓××国内非涉外仲裁裁决执行实施类执行案

法院查明事实：

××消费金融有限公司申请立案执行时提交了《个人贷款信息详情单》、《商品/信用分期贷款合同》、一份无名的发送通知说明。根据《商品/信用分期贷款合同》显示：合同抬头签署日期为2019年3月28日，××消费金融有限公司为甲方（贷款人），邓××为乙方（借款人），旁附打印体“邓××”及××消费金融有限公司贷款合同专用章5001001118526；合同第八条约定的争议解决方式为向提请中国广州仲裁委员会，按照申请仲裁时该会现行有效的网络仲裁规则进行网络仲裁并进行书面审理；合同落款处无签名、盖章、日期。根据无名的发送通知说明显示：发送时间为2019年8月13日，发送账号N77×××24，流水号19081318220127982，接收号码188××××7220，消息状态5，发送内容主要为：“邓先生/女士，您与我司签订的《贷款合同》由于您的违约现郑重通知您：《贷款合同》的争议解决地修改为：因本合同引起的有关的争议，各方均同意提交北海仲裁委员会/北海国际仲裁院仲裁，由该机构采用书面审理的方式进行审理……您接到此变更通知后请在三日内做出答复，逾期未提出异议视为默认同意……”，通知上有编号为5001001118526××消费金融有限公司贷款合同专用章。

法院认定意见：

本院审查认为，当事人之间有请求仲裁的一致意思表示，是仲裁机构管辖案件的基本前提。依据《最高人民法院关于人民法院执行工作若干问题的规定（试行）》第21条第一款“申请执行仲裁机构的仲裁裁决，应当向人民法院提交有仲裁条款的合同书或仲裁协议书”的规定，本案中，××消费金融有限公司提交的《个人贷款信息详情单》、《商品/信用分期贷款合同》、无名的发送通知说明均无法证实其与邓××已协商达成提请北海国际仲裁院仲裁的仲裁协议。

首先，根据《中华人民共和国电子签名法》规定，电子签名应同时符合属于电子签名人专有、签署时电子签名制作数据仅由电子签名人控制、签署后对电子

签名的任何改动能够被发现、签署后对数据电文内容和形式的任何改动能够被发现。本案中，申请执行人提交的《商品/信用分期贷款合同》仅抬头处有打印体的“邓××”及编号为5001001118526的××消费金融有限公司贷款合同专用章，落款处均无签名、盖章，无证据显示该电子签名经过有效认证为本案被执行人所专有，故从形式上看，无法认定合同中“邓××”的电子签名为本案被执行人邓××所独占和专有、为其所签署，不能认定本案被执行人与申请执行人形成了仲裁的共同意思表示，达成了仲裁条款或协议。

其次，根据《商品/信用分期贷款合同》第八条约定的争议解决方式为向提请中国广州仲裁委员会，按照申请仲裁时该会现行有效的网络仲裁规则进行网络仲裁并进行书面审理。根据无名的发送通知说明，仅能证明2019年8月13日，账号N77×××24向号码188××××7220发送变更《贷款合同》争议解决地为提交北海仲裁委员会/北海国际仲裁院仲裁，由该机构采用书面审理的方式进行审理，接到此变更通知后请在三日内做出答复，逾期未提出异议视为默认同意的通知，申请执行人提供的《个人贷款信息详情单》《商品/信用分期贷款合同》中均未显示“188××××7220”为被执行人的联系号码，且申请执行人立案时提供的被执行人联系方式为“135××××9953”，综上，无法证明该通知是××消费金融有限公司向本案被执行人邓××发送的，而××消费金融有限公司单方更改争议解决方式为“提交北海仲裁委员会/北海国际仲裁院仲裁，由该机构采用书面审理的方式进行审理”后向北海国际仲裁委员会申请仲裁。显然，该更改争议解决方式的过程由始至终均系××消费金融有限公司单方意思表示，缺乏双方协商过程，不能体现邓××的意愿，仅以邓××逾期未提出异议为由就认定更改争议解决方式为提交仲裁，法律依据不足。

以上为贷款人以仲裁裁决作为执行依据向人民法院申请强制执行的案例，仲裁裁决支持了贷款人的贷款债权，而在执行申请时，人民法院认为贷款人提交的借款合同为打印体，不构成可靠电子签名，不能认定贷款人与借款人合法有效的签署了借款合同。

2. 格式条款风险

根据我国民法典、合同法及相关司法解释规定，“采用格式条款订立合同的，提供格式条款的一方应当遵循公平原则确定当事人之间的权利和义务，并采取合理的方式提示对方注意免除或者减轻其责任等与对方有重大利害关系的条款，按照对方的要求，对该条款予以说明。提供格式条款的一方未履行提示或者说明义务，致使对方没有注意或者理解与其有重大利害关系的条款的，对方可以主张该条款不成为合同的内容”，“对格式条款的理解发生争议的，应当按照通常理解予以解释。对格式条款有两种以上解释的，应当作出不利于提供格式条款一方的解释。格式条款和非格式条款不一致的，应当采用非格式条款”。

互联网助贷业务项下金融机构应按照规定对借款合同中其采用的格式条款向借款人进行提醒，否则可能导致对金融机构不利的风险。首先，金融机构未按规定向借款人提醒相关格式条款，并且提供格式条款一方减轻其责任、加重对方责任、排除对方主要权利的，或该条款与对方有重大利害关系的，该条款视为未约定；其次，若金融机构与借款人就格式条款的理解发生争议的，对格式条款有两种以上解释的情况，应当作出不利于提供格式条款一方的解释，格式条款和非格式条款不一致的，应当采用非格式条款。

例如以下司法判例中人民法院对格式条款做出了不利于贷款人的解释：

案例42：重庆市千方小额贷款有限公司与何金枝等小额借款合同纠纷案

法院查明事实：

合同页眉显示“千方小贷最高额循环贷款合同（专用卡法人代表个人版v1.0）”字样。

法院认定意见：

本院认为，根据千方公司提交的合同内容及合同文本上显示的页眉等信息，该合同应为采用格式条款订立的合同，提供格式条款的一方应当遵循公平原则，确定当事人之间的权利和义务，对格式条款的理解发生争议的，应当按照通常理解予以解释，对格式条款有两种以上解释的，应当作出不利于提供格式条款一方的解释。本案中，合同未列明还款的具体日期，在原告未提交其他证据情况下，本院作出不利于千方公司的解释，以每月最后一日作为还款日期，即首期50%的本金和利息偿还时间为9月30日，剩余本息偿还时间为10月31日。

3. 网络仲裁效力风险

根据我国法律法规规定，网络仲裁裁决可以作为执行依据向人民法院申请强制执行，但是基于网络仲裁裁决的程序问题，在司法实践中存在人民法院因网络仲裁程序问题而不予执行的情况。

例如以下案例，人民法院认定格式条款选择仲裁条款侵犯了借款人的基本程序权利。

案例 43：中国对外经济贸易信托有限公司与谢翔、徐珲借款合同纠纷执行案

法院认定意见：

本院在执行申请执行人中国对外经济贸易信托有限公司与被执行人谢翔、徐珲借款合同纠纷一案，经审查发现本案属于涉及 P2P 网贷平台的借款合同纠纷，中国广州仲裁委员会以网络仲裁方式作出〔2019〕穗仲网案字第 28924 号仲裁裁决存在申请执行人利用格式条款剥夺被执行人基本程序权利的情形。本院认为执行〔2019〕穗仲网案字第 28924 号仲裁裁决违背社会公共利益，该仲裁裁决应不予执行。

三、防范措施

对于电子合同相关法律风险，我们建议金融机构进行结构设计时确保有足够的证据证明电子合同效力，并确保电子合同约定条款合法合规。

1. 确保有足够的证据证明电子合同效力

金融机构应在开展业务合作时对助贷机构采用的电子合同签署方案进行充分尽调，确保助贷机构采用“数字证书”等可以确保提供相关证据证明借款人已签署借款合同并确保借款合同签署后具备防篡改保护安排，确保助贷机构可以证明其对借款人进行活体识别，并明确要求助贷机构确保电子合同合法有效并确保助贷机构系统的有效性、稳定性、可靠性，以确保相关证据链的完整性。

2. 确保电子合同约定条款合法合规

金融机构应确保电子合同中格式条款已根据法律规定作出充分提示，确保电子合同不存在违法违规导致的相关风险。对于争议解决方式等，应充分预估其可能产生的不利风险并采取相应的预防措施。

第六节 资金收付风险及防范

在互联网助贷业务中，现金流出与现金流入的资金收付方案是关系整个项目资金安排的重要方案。资金收付业务是我国法律法规明确规定的行政许可事项，未经监管部门批准，无证机构不得从事资金支付业务，持证机构从事资金支付业务亦受到一定的限制。互联网助贷业务中存在因无证机构违规从事支付业务或持证机构违规从事支付业务导致的法律风险。

一、风险方案

1. 贷款发放方案：第三方支付虚拟账户

银行与非银行支付机构（以下简称“第三方支付机构”）均可以从事资金支付业务，而在互联网助贷业务小额频繁的资金划付环节中，一般的银行机构不具备相应的技术能力，金融机构一般会选择由第三方支付机构提供贷款资金发放时的代付服务及借款人还款时的代扣、代收服务。第三方支付机构为金融机构提供该等服务时需要为信托公司开设“虚拟账户”（以下简称“内部过渡账户”）①。

2. 贷款回收方案：助贷机构回收转付

在部分互联网助贷业务中，基于借款人成本的考虑以及借款人客户体验等因素，助贷机构会直接接收或间接接收借款人的还款资金然后向金融机构转付。直接接收的情形主要指助贷机构以自有账户接收借款人资金，例如，助贷机构在银行开设结算账户，借款人将还款资金直接划付至助贷机构的银行结算账户。间接接收的情形主要是指助贷机构引入银行等持牌机构接收还款资金并由银行向金融机构进行清分，例如，助贷机构与银行合作，由银行以内部户等接收借款人还款资金，然后银行根据金融机构及助贷机构提供的借款交易信息向金融机构清分还

① 第三方支付的具体业务流程参见本书第三章“金融机构参与互联网助贷的主要模式”。

款资金。

二、法律风险

1. 贷款发放方案法律风险：持证机构违规从事支付业务

根据《非银行支付机构网络支付业务管理办法》规定，“支付机构不得为金融机构，以及从事信贷、融资、理财、担保、信托、货币兑换等金融业务的其他机构开立支付账户”。在互联网助贷业务中，金融机构从事信贷业务，第三方支付机构不得为其开设支付账户，因此，在实践中支付机构会为金融机构开设不被认定为支付账户的内部过渡账户。

根据《〈非银行支付机构网络支付业务管理办法〉条款释义》第三条：“实践中，部分支付机构开立的在途资金账户（亦称内部过渡账户、内部记账账户、中间账户等）不属于本办法所称支付账户，一般具有下列特征：（一）记录的余额是支付指令发起之后、执行完毕之前，客户待收或待付的在途资金金额，而不是客户的预付交易资金余额；（二）最多具有查询功能，客户不能凭以发起支付指令。”满足上述特征的内部过渡账户不被认定为支付账户，因此，若第三方支付机构为金融机构开设满足上述条件的内部过渡账户则不存在违规行为。

但是，若第三方支付机构为金融机构开设的账户名称虽为内部过渡账户，但其功能却远大于法规规定的范围，则该等“内部过渡账户”可能被认定为“支付账户”。例如，假设金融机构将拟放款资金存放在“内部过渡账户”，并在发放贷款时实时向第三方支付机构发送放款指令，将“内部过渡账户”的资金逐笔划付给各个借款人，在该结构项下的“内部过渡账户”中的资金则属于预付的交易资金，而不是金融机构发起指令之后划入的在途资金，该“内部过渡账户”本质上即为“支付账户”。若第三方支付机构被认定为违规开设支付账户的，则可能影响金融机构参与互联网助贷业务的持续、稳定开展。

在实践中存在第三方支付机构违规开设支付账户被处罚的案例，例如，根据《人民银行营业管理部行政处罚信息公示》（处罚机构：中国人民银行营业管理部；发文案号：银管罚〔2020〕12 号；处罚时间：2020.06.18），北京新浪支付科技有限公司因“违规开立与使用支付账户”等违法行为而被行政处罚。

2. 贷款回收方案法律风险：无证机构违规从事支付业务

根据《中国人民银行办公厅关于进一步加强无证经营支付业务整治工作的通

知》（银办发〔2017〕217号）规定，监管部门明确列示了无证机构违规从事支付业务的具体表现形式，包括无证机构留存商户资金自行清算（即“二清”）、持证机构通过系统接口、“内部过渡户”等为无证机构提供清算通道等。例如“为无证机构提供资金清算、结算通道”、“持证机构向无证机构开放支付接口，无证机构以平台对接或‘大商户’模式接入持证机构。无证机构通过支付接口将其拓展的商户交易上送持证机构，由该持证机构为其商户结算资金，或者通过其他持证机构为其商户结算资金”、“为无证机构开立内部过渡户，用于接收无证机构的商户资金；或者直接从内部过渡户向无证机构指定账户划转资金”等。在该等模式项下，并无持证机构对真实交易进行核对监督，所有的交易信息及资金均由无证机构实质控制，可能导致监管盲区等金融风险。

在互联网助贷业务中，若助贷机构实质构成无证从事代收还款资金行为的，则可能被认定为上述规定中监管明确列示的违规行为，可能影响金融机构参与互联网助贷业务的持续、稳定开展。

在实践中存在电商平台被举报涉嫌与持证机构合作从事违规支付业务的情况。例如，根据网络报道信息，电商平台拼多多曾在2018年被商家举报涉嫌“二清”，其业务模式即涉及其与持证机构平安银行的相关合作，根据报道，在该体系中，平台交易资金的流向为：“消费者通过微信、支付宝等方式支付货款—交易货款进入平安银行电子商务交易资金待清算专户—拼多多平台和支付机构将交易信息推送至平安银行—平安银行根据交易信息将货款分至商家子账户—商家通过绑定的银行账户提现。”① 该业务模式与互联网助贷业务项下借款人还款给助贷机构然后助贷机构向不同的金融机构进行清分的业务模式较为类似。不过，我们未检索到平安银行该项业务被处罚的相关信息。

三、防范措施

1. 贷款发放方案法律风险防范措施：合法开设支付账户

为防范贷款发放方案法律风险，我们建议金融机构在第三方支付机构开设符合《〈非银行支付机构网络支付业务管理办法〉条款释义》要求的内部过渡账户。

---

① 任晓宁：《商家举报拼多多涉嫌“二清”，拼多多回应：已于2017年引入平安银行托管，不再触碰交易资金》，载 https：//www.sohu.com/a/281277197_118622?_f=index_chan08licainews_1，最后访问日期：2020年9月19日。

应在支付程序上设置为金融机构向第三方支付机构划付在途资金前已向第三方支付机构出具资金代付指令。

金融机构亦可选择在具备相应科技能力的商业银行开设银行账户，实现贷款资金发放时贷款资金自银行账户进行逐笔划付。

2. 贷款回收方案法律风险防范措施：金融机构直接与持证机构合作

为防范贷款回收方案法律风险，我们建议金融机构对还款资金形成资金闭环，金融机构与持证支付机构直接合作，直接由持证机构代收借款人还款资金并直接向金融机构进行结算。例如，金融机构与第三方支付机构合作，由第三方支付机构根据金融机构和借款人的代扣指令直接扣划借款人还款资金，并由第三方支付机构直接结算支付至金融机构指定银行账户。

第七节 个人信息风险及防范

根据国务院发布的《促进大数据发展行动纲要》，“信息技术与经济社会的交汇融合引发了数据迅猛增长，数据已成为国家基础性战略资源，大数据正日益对全球生产、流通、分配、消费活动以及经济运行机制、社会生活方式和国家治理能力产生重要影响”。就宏观层面而言，大数据逐渐成为新金融发展的重要生产要素，并且牵涉多方利益，对大数据应用予以合理引导方能实现相关业务可持续发展，这也是我国法律法规在一定时间内努力的目标。就微观层面而言，对于金融机构等具体业务参与主体来说，合法合规应用大数据将是一项重要原则和趋势，这也决定着具体业务是否能长久发展。

在互联网助贷业务中，个人信息数据是助贷机构进行获客及金融机构进行授信审查、风险控制的主要依据，助贷机构及金融机构会采购第三方数据服务公司的大数据服务以加强业务风控，亦会自行收集相关数据，并且金融机构与第三方服务公司（包括但不限于助贷机构、外包服务机构、数据服务公司）之间会存在个人信息数据共享。而在未获得相关授权或超授权范围或不具备必要性的情况下收集、共享个人信息均会构成违法违规，进而可能对相关业务造成影响，产生一定的法律风险。

一、风险方案

1. 金融机构自行收集及共享

在互联网助贷业务中，只有向借款人发放贷款的金融机构才可以查询借款人的个人征信报告（即中国人民银行个人信用信息），除此之外，基于金融机构的技术能力限制，金融机构一般不会直接收集借款人的其他信息，而是向助贷机构或其他第三方数据公司收集其留存的个人信息。部分金融机构会将其收集的个人征信报告等信息共享给助贷机构用于获客筛选或将其收集的个人信息交由技术服务机构进行技术分析。此外，在金融机构以发行资产证券化产品等形式对外转让贷款资产时亦涉及向受让方及中介机构等共享相关贷款资产项下个人信息。

2. 助贷机构收集及共享

助贷机构收集借款人个人信息是互联网助贷业务风险控制的关键。为了多维度解析借款人的信用状况以用于对借款人进行初步审核，助贷机构一般会借助APP客户端、主营业务等业务渠道多维度收集借款人的各种个人信息，例如某平台个人信息授权协议中明确约定收集的个人信息范围包括：姓名、身份证号、生日、性别、民族、国籍、家庭关系、住址、职业信息及其他收入情况；在其他方的借款金额、期数及用途信息；电子邮箱；手机号；手机号验证码及创建账号的密码；第三方平台的昵称、头像、性别信息；身份证影像资料等身份证明、面部特征、声纹特征等生物识别信息；银行账户信息（包括户名、卡号及绑定的手机号）；通话记录；实名认证信息、学籍学历信息、负面信息、手机核验信息及经营或控制的商户交易信息；检验报告、手术及麻醉记录、用药记录等个人健康生理信息；填写或提交的收货人信息（包括收货人姓名、联系方式、地址）、账户信息；设备信息（指安装软件列表、硬件序列号、设备MAC地址、软件列表、唯一设备识别码等描述个人常用设备基本情况的信息）；地理位置信息；浏览器环境信息；SDK/API/JS代码版本、浏览器、互联网服务提供商、IP地址、平台、时间戳、应用标识符、应用程序版本、应用分发渠道、独立设备标识符、iOS广告标识符（IDFA）、安卓广告主标识符、网卡（MAC）地址、国际移动设备识别码（IMEI）、设备型号、安装列表、终端制造厂商、终端设备操作系统版本、会话启动/停止时间、语言所在地、时区和网络状态（WiFi等）、硬盘、CPU和电池使用情况等。

不同的信息在风险控制等环节均可能发挥重要的作用，例如，电池使用情况可以作为反欺诈的重要参数，其主要逻辑是，对于使用的手机设备，若发现其电池电量一直为100%，则该手机可能不是正常使用的手机，借款申请人有可能专门使用该手机用于欺诈等特殊用途，该等信息可以与其他信息综合使用判断其风险级别。

为金融机构进行最终审核的目的，助贷机构也需要将其收集的部分借款人信息共享给金融机构。

3. 第三方数据公司收集及共享

除了自行收集借款人信息外，金融机构及助贷机构一般也会选择接入第三方数据公司，向第三方数据公司查询其无法收集或不便收集的数据信息，例如，除中国人民银行征信报告外的其他多头借贷数据等。第三方数据公司的数据来源主要包括三部分：第一部分是其自有业务过程中积累的借款人数据；第二部分是其他机构与其合作时留存的数据；第三方部分是其通过爬虫等技术手段获取的借款人信息。

二、法律风险

在互联网时代，关于个人信息的保护一直以来都是学者和国家机关、监管部门研究和关注的重点，2019年以来，国家互联网信息办公室、全国信息安全标准化技术委员会相继发布《数据安全管理办法（征求意见稿）》《儿童个人信息网络保护规定（征求意见稿）》《个人信息出境安全评估办法（征求意见稿）》《信息安全技术个人信息安全规范》《信息安全技术移动互联网应用（APP）收集个人信息基本规范》等个人信息相关的规范征求意见稿及正式稿，并且我国法律对于个人信息的保护呈现刑法先行的状态。

无论是金融机构还是助贷机构或者第三方数据公司，在收集和共享借款人个人信息时均有可能存在未经授权或超越授权或未遵守最少够用原则等违法违规行为，该等违法违规行为可能导致相应的刑事责任、民事责任、行政责任，最终对金融机构及金融机构业务造成影响。

1. 刑事责任风险

个人信息违法违规导致的刑事责任风险主要包括直接侵犯个人信息的刑事责任以及侵犯个人信息过程中导致的刑事责任。

就直接侵犯个人信息而言，根据我国《刑法》第二百五十三条之一规定，“违反国家有关规定，向他人出售或者提供公民个人信息，情节严重的”，“违反国家有关规定，将在履行职责或者提供服务过程中获得的公民个人信息，出售或者提供给他人的”，“窃取或者以其他方法非法获取公民个人信息的”，均可能构成侵犯公民个人信息罪。

就侵犯个人信息过程而言，根据我国刑法规定，违反国家规定，侵入国家事务、国防建设、尖端科学技术领域的计算机信息系统以外的计算机信息系统或者采用其他技术手段，获取该计算机信息系统中存储、处理或者传输的数据，可能构成非法获取计算机信息系统数据罪。若信息收集方以“爬虫”等手段非法获取信息持有方计算机信息系统存储的个人信息数据的，则可能触犯该等刑法规定。

在实践中，单位工作人员构成相关犯罪的可能性更大，无论是金融机构还是非金融机构工作人员均可能构成该等刑事犯罪。例如，北京市西城区人民法院裁判的《沈 ×× 侵犯公民个人信息案》（案号：〔2018〕京 0102 刑初 936 号；裁判日期：2019.01.18）中，沈 ×× 为某信托公司信托经理，其采取“撞库”等方式获取中国人民银行个人征信系统用户名和密码，通过中国人民银行与该信托公司专线互联的终端机，非法登陆中国人民银行个人征信系统（服务器位于北京市西城区），查询并下载保存他人征信报告，该行为被认定为构成侵犯公民个人信息罪。再例如，山东省临沂市中级人民法院裁判的《常凯、颜兴旺等侵犯公民个人信息案》（案号：〔2018〕鲁 13 刑终 549 号；裁判日期：2019.02.19）中，数据堂（北京）科技股份有限公司（以下简称“数据堂公司”）于 2017 年 1 月成立营销产品线，营销产品线运营时，由资源合作部购进数据，由资源平台部负责对数据进行接收、整理、存储，将数据放入数据堂公司的大数据处理集群（以下简称“集群”），并负责数据发送系统加密和解密程序的设计。由产品组提出要求，技术组根据要求，将集群上的数据根据用户的兴趣、爱好不同进行加工，分别打上不同的标签后，再放入公司集群。由销售组联系客户，客户将其数据需求发送至产品组，产品组让技术组在公司集群中提取符合条件的数据，再由产品组利用数据发送系统自动将数据发送给客户，其中带有设备号的数据均会通过系统自动加上 SID。数据堂公司以上述模式向客户交付包含公民个人信息的数据 60 余万条，相关数据范围包括房产类、汽车、旅游、金融、贷款等，以及省份、手机号、IMEI、LAC、CELLID、时间、客户访问网站 UR、偏好度、时间戳等。人民法院认定数据堂公司上述业务中的各部门主管人、直接责任人员构成侵犯公民个人信息罪。

2. 民事责任风险

个人信息违法违规导致的民事责任风险主要包括对自然人的民事责任以及对其他信息主体的民事责任。

就对自然人的民事责任而言，我国《民法典》《民法总则》《最高人民法院关于审理利用信息网络侵害人身权益民事纠纷案件适用法律若干问题的规定》（法释〔2014〕11号）从侵权责任的角度对个人信息做出相关保护性规定，《民法总则》属首次将个人信息纳入法律层面的民事权利。并且我国《民法典》明确规定了“隐私权和个人信息保护”章节，对于个人信息保护的相关民事责任进行了更为明确的规定，侵犯个人信息的行为需向自然人承担民事赔偿等民事责任。

就对其他信息主体的民事责任而言，根据《民法总则》《民法典》的规定，法律对数据、网络虚拟财产的保护有规定的，依照其规定。学界对于此条规定的理解存在不同观点，有些学者认为，该条规定明确了信息收集方对其收集的个人信息数据的权益保护，而有些学者则认为该条规定并不能做出这样的解读。我们认为，在民事法律上，目前尚未有明确的法律规定可以当然性的作为信息持有方持有个人信息数据的相关权益的法律依据，但是若信息收集方与信息持有方为合作关系，则依据《民法典》《合同法》项下的合同关系而言，信息收集方收集相关信息时应当遵守合同约定。若金融机构等主体与相关合作方合作时存在违反约定行为的，则可能导致相应的违约责任。

在司法实践中存在民事责任相关司法判例，例如以下案例：

案例44：余波与捷信消费金融有限公司、仁怀市海峡数码网络侵权责任纠纷案

法院查明事实：

被告捷信消费金融有限公司是2010年11月10日成立于2017年8月31日登记的外国法人独资有限公司，仁怀市海峡数码即仁怀市海峡通讯七分店亦是经营者张雄同个人经营于2016年6月24日注册登记的个体工商户。被告仁怀市海峡数码即仁怀市海峡通讯七分店与被告捷信消费金融有限公司系合作关系。2016年8月31日，原告余波因涉嫌犯非法拘禁罪被仁怀市公安局刑事拘留，同年12月24日被仁怀市人民法院作出〔2016〕黔0382刑初537号刑事判决，判处有期

徒刑一年，刑期自2016年8月31日起至2017年11月30日止。在前，因原告对自己公民身份证管理不善，在其服刑期间，被他人利用于2017年6月16日到仁怀市国酒××路××（三转盘）被告仁怀市海峡数码即仁怀市海峡通讯七分店里办理手机按揭贷款购买商品总价2598.00元的手机，贷款人个人自付300元后申请办理贷款业务，被告捷信消费金融有限公司未当场核查贷款人所持居民身份证的人、证一致性即安排工作人员在该店为原告办理贷款2298元业务，分12期偿还，每月还款248.13元，首次还款日2017年7月16日，每月还款日16号，月利率1.750%。原告刑满释放后欲办理信用卡和银行贷款作投资，但各银行以原告征信不良为由被拒绝。原告余波经查其名下在2017年6月16日确有一笔消费贷款未还的记录，该笔贷款金额为2298.00元，逾期180天以上未还本金。由于贷款人逾期未还款造成了原告征信不良的后果。

法院认定意见：

根据《居民身份证法》第三条第二款“公民身份号码是每个公民唯一的、终身不变的身份代码，由公安机关按照公民身份号码国家标准编制。”和《关于规范居民身份证使用管理的公告》第三条“公民应当增强居民身份证安全保护意识，妥善保管居民身份证，防止丢失、被盗。”第五条“国家机关或者有关单位及其工作人员应当认真履行居民身份证核查义务，严格落实人、证一致性核查责任。不依法履行核查义务致使公民合法权益或公共利益遭受损害的，依照有关规定追究责任。……”第六条“国家机关或者有关单位的工作人员在履行职责或者提供服务过程中，应当当场核查居民身份证的人、证一致性，不得擅自记录居民身份证记载的公民个人信息”的规定，原告余波未按照《关于规范居民身份证使用管理的公告》第三条规定，对其居民身份证未尽到安全保护责任，以致其居民身份证被他人利用用于贷款，造成其征信不良的后果，其应自付一定责任。被告捷信消费金融有限公司、仁怀市海峡数码作为捷信消费金融信贷和销售部门，未按照公安部、中央综治办、国家发展改革委、工业和信息化部、人力资源社会保障部、住房城乡建设部、交通运输部、中国人民银行《关于规范居民身份证使用管理的公告》第五条、第六条规定，在本案销售手机、提供贷款服务过程中未认真履行职责，亦未尽到居民身份证核查义务和严格落实人、证一致性核查责任，盲目贷款，以致在银行系统内造成原告征信不良记录，无法贷款，使其名誉在银行系统内遭受损害，二被告对此应承担一定责任。故原告诉请要求被告撤销原告的不良记录和赔偿原告名誉损失等费用的请求合理合法，依法予以支持。

3. 行政责任风险

我国法律法规对于收集、提供个人信息存在较为分散的行政性规定及指引性规定。例如，我国《网络安全法》对网络运营者收集及使用个人信息进行了一些限制性规定；《中国人民银行关于银行业金融机构做好个人金融信息保护工作的通知（银发〔2011〕17号）》则规定，银行业金融机构不得向本金融机构以外的其他机构和个人提供个人金融信息，但为个人办理相关业务所必需并经个人书面授权或同意的，以及法律法规和中国人民银行另有规定的除外；此外，《信息安全技术个人信息安全规范（标准号：GB/T 35273-2017）》等国家标准亦对个人信息收集、使用细节做出了一些引导性规范。金融机构等违反相关规定的，则可能受到相应的行政处罚。

在行政执法实践中存在侵犯个人信息而被处罚的案例，例如，根据中国人民银行太原中心支行的行政处罚文件（发文案号：并银罚字〔2019〕第17号；处罚时间：2019.08.15），晋商消费金融股份有限公司因“未经同意查询个人信息”而被处罚。再例如，2019年10月31日，工业和信息化部发布《关于开展APP侵害用户权益专项整治工作的通知》（工信部信管函〔2019〕337号）并开始专项整治，工业和信息化部已就此专项整治发布了多批次专项整治通报，其中被点名的APP不乏一些贷款平台，比如，《关于侵害用户权益行为的APP通报（2020年第三批）》中明确点名了腾讯旗下“小鹅花钱”存在“私自收集个人信息”的问题，“还呗”存在将个人信息“私自共享给第三方”的问题。

三、防范措施①

为防范个人信息相关法律风险，我们建议金融机构应遵守“三重授权原则”。

所谓“三重授权原则”是指个人信息收集主体（以下简称“信息收集方”）向个人信息持有主体（以下简称“信息持有方”或“平台”）收集自然人主体（以下简称“用户”）个人信息时应获得“用户授权”+“平台授权”+“用户授权”的三重授权，即：首先，信息持有方向信息收集方提供用户个人信息应获得用户

① 林先海：《三重授权：消费金融中个人信息共享的原则》，载《金融法律评论》2019年卷总第10卷。

授权（即“第一重授权”）；其次，信息收集方获取、使用用户个人信息时应遵守其与信息持有方的合作协议约定，取得信息持有方的同意（即“第二重授权”）；再次，信息收集方使用用户个人信息时应明确告知用户其使用的目的、方式和范围，并再次取得用户的授权（即“第三重授权”）。

“三重授权原则”是由北京知识产权法院在“北京淘友天下技术有限公司等与北京微梦创科网络技术有限公司不正当竞争纠纷”（以下简称“脉脉与新浪微博不正当竞争纠纷案”）中首次提出的个人信息共享原则。在“脉脉与新浪微博不正当竞争纠纷案”中，对于北京淘友天下技术有限公司（以下简称“淘友技术公司”）、北京淘友天下科技发展有限公司（以下简称“淘友科技公司”）未经北京微梦创科网络技术有限公司（以下简称“微梦公司”，是新浪微博的经营人）及用户同意非法获取、使用新浪微博用户头像、名称、职业信息、教育信息、用户自定义标签及用户发布的微博内容、用户手机通讯录联系人（非脉脉用户）与新浪微博用户的对应关系等个人信息的行为,北京知识产权法院认为其违反了“三重授权原则”。

北京知识产权法院提出“三重授权原则”后，该原则被其他法院多次应用，其中最为典型的案例应属“深圳市腾讯计算机系统有限公司、腾讯科技（深圳）有限公司商业贿赂不正当竞争纠纷”一案（该案目前尚在审理阶段），天津市滨海新区人民法院引用“三重授权原则”对该案进行了行为保全裁定。

在互联网助贷业务中亦应遵守该等原则以避免相应的法律风险。

首先，就金融机构保存的个人信息共享而言，需要区分基于互联网助贷业务需要及基于延伸业务需要两种情形进行分析“三重授权原则”的应用。一方面，就互联网助贷业务而言，金融机构收集及向助贷机构提供个人信息应遵守第一重授权原则获得用户授权，助贷机构向金融机构获取金融机构保存的个人信息应遵守第二重授权原则获得金融机构授权，助贷机构向金融机构收集个人信息并使用应遵守第三重授权原则获得用户授权；另一方面，就延伸业务而言，主要是指以下情形：金融机构开展互联网助贷业务后，往往需要以贷款资产作为基础资产进行盘活资金，具体方式包括资产证券化、资产转让等，鉴于互联网贷款资产的动态池特性，项目尽职调查会涉及非入池资产信息的共享，其中不乏较为详细的个人信息，该等个人信息的共享应注意遵守“三重授权原则”获得用户的授权，若未获得用户授权则应根据《网络安全法》规定进行去标识化处理（例如将借款人姓名、身份证号、银行账号等具体个人信息进行掩码处理以达到无法对应具体用户的目的)。金融机构往往掌握着其他非金融机构无法获取的独家个人信息（例如个人征信报告等金融信息），金融机构保存个人信息的共享能否遵守“三重授权原则”将对个人信息安全起到至关重要的作用。

其次，就助贷机构保存的个人信息共享而言，助贷机构向金融机构共享个人信息时应确保以下要点：①助贷机构已就其向金融机构提供个人信息取得用户的明确授权；②金融机构已就其向助贷机构收集、使用个人信息取得用户的明确授权；③共享个人信息范围应以办理当前互联网贷款业务需要为限；④助贷机构向金融机构共享的个人信息来源应合法合规。在互联网助贷业务中，金融机构进行授信审查、风险控制的重要基础便是助贷机构向其共享的个人信息，因此，助贷机构保存的个人信息共享能否遵守“三重授权原则”亦是判断互联网助贷业务结构是否合法合规的重要切入点。

最后，就第三方机构保存的个人信息共享而言，在互联网助贷业务中，往往需要借助专门提供大数据服务的第三方数据公司（以下简称“第三方机构”）提供个人信息数据服务，而第三方机构获取的个人信息来源较为广泛复杂，其获取方式一般是个黑箱，是否合法合规不太容易判断。我们建议，在互联网助贷业务中，若涉及第三方机构的，则应确保第三方机构获取及共享个人信息数据的方式符合“三重授权原则”，否则，第三方机构的违法违规行为有可能导致影响相关合作互联网助贷业务的稳定开展。

第八节 金融科技风险及防范

金融科技是互联网助贷业务的核心，计算机信息系统是金融科技的具体表现形式，互联网助贷业务中相关系统的ICP许可、系统备案等合法合规性均可能导致未知的法律风险。

一、风险方案

互联网助贷业务的特点便是线上完成各种工作，计算机信息系统软件（以下简称“软件”）便是线上连接各方的工具。互联网助贷业务项下，均是通过软件完成获客、初审、电子合同签署、贷后管理工作。需要使用的相关软件包括：（1）为获客、贷款人与借款人之间电子合同签署、信息披露、通知等提供服务的客户端软件，例如支付宝 APP；（2）为进行风险控制和贷后管理提供服务的管理系统软件。此外，为实现互联网连接，还需要使用域名等工具。该等软件和互联网技术可以协助实现贷款审查、贷款核查、贷款管理的自动化批量处理，提高贷款发放效率，减少贷款发放成本。

二、法律风险

互联网助贷业务中使用的 APP、风控系统、贷款管理系统等软件若未按规定进行备案或侵犯其他主体知识产权的，则可能因此导致互联网助贷业务受到影响。

1. 未备案风险

（1）ICP 备案 / 许可风险

根据《互联网信息服务管理办法》规定，“互联网信息服务分为经营性和非经营性两类。”“经营性互联网信息服务，是指通过互联网向上网用户有偿提供信息或者网页制作等服务活动。非经营性互联网信息服务，是指通过互联网向上网用户无偿提供具有公开性、共享性信息的服务活动。”“国家对经营性互联网信息服务实行许可制度；对非经营性互联网信息服务实行备案制度。未取得许可或者未履行备案手续的，不得从事互联网信息服务。”“从事经营性互联网信息服务，应当向省、自治区、直辖市电信管理机构或者国务院信息产业主管部门申请办理互联网信息服务增值电信业务经营许可证（以下简称经营许可证）。”

互联网助贷业务中，助贷机构使用 APP 等贷款平台向借款人提供相应服务时一般不收取费用，因此助贷机构一般参照上述规定办理非经营性互联网信息服务备案（又称“ICP”备案）即可，而助贷机构若向借款人收取相关服务费或向金融机构收取相关服务费，则其使用 APP 等贷款平台的行为可能会被认定为从事经营性互联网信息服务，不排除监管部门要求其办理互联网信息服务增值电信业务经营许可证（又称“ICP”许可）的可能，而在实践中，“ICP”许可的办理难度较大，若助贷机构未办理“ICP”许可则不排除存在被暂停使用贷款平台提供服务进而影响互联网助贷业务的风险。

例如，在网络借贷信息中介机构相关规定中，法规明确要求网络借贷信息中介机构必须办理“ICP”许可。根据《网络借贷信息中介机构业务活动管理暂行办法》（中国银行业监督管理委员会、工业和信息化部、公安部、国家互联网信息办公室令 2016 年第 1 号）规定，“网络借贷信息中介机构完成地方金融监管部门备案登记后，应当按照通信主管部门的相关规定申请相应的电信业务经营许可；未按规定申请电信业务经营许可的，不得开展网络借贷信息中介业务。”而根据相关报道，截至 2018 年 10 月底，已办理 ICP 许可的 P2P 平台约 294 家，仅占当时 P2P 平台总数的五分之一[①]。

（2）APP 备案风险

根据《中国人民银行关于发布金融行业标准加强移动金融客户端应用软件安全管理的通知》（银发〔2019〕237 号）规定，“中国互联网金融协会等要加强客户端软件行业自律管理，制定行业公约，建立健全黑名单管理、自律检查、违规约束、信息共享等机制，做好客户端软件实名备案、风险监测等工作，督促金融机构严格落实本通知各项规定。同时，定期向人民银行报送相关情况。”

根据报道，中国互联网金融协会已召开金融业移动金融客户端应用软件备案管理工作试点启动会议，目前已完成第一批试点客户端软件的备案工作。[②]若金融机构使用相关 APP 软件，则应根据中国互联网金融协会的相关要求逐步完成备案工作，否则可能存在受处罚的风险。此外，助贷机构使用的相关 APP 在将来亦不排除被要求备案的可能。

（3）等保测评风险

根据《信息安全等级保护管理办法》（公通字〔2007〕43 号）规定，“信息系统的安全保护等级分为以下五级：第一级，信息系统受到破坏后，会对公民、法人和其他组织的合法权益造成损害，但不损害国家安全、社会秩序和公共利益。第二级，信息系统受到破坏后，会对公民、法人和其他组织的合法权益产生严重损害，或者对社会秩序和公共利益造成损害，但不损害国家安全。第三级，信息

① 《同时具备 ICP 许可证和 ICP 备案的 P2P 平台仅 294 家（附名单）》，载 https://www.sohu.com/a/273727189_660924，最后访问日期：2020 年 9 月 19 日。

② 张颖馨：《金融 APP 备案强监管启幕：整改率已达 94%》，载 https://www.mpaypass.com.cn/news/202008/05094704.html，最后访问日期：2020 年 9 月 19 日。

系统受到破坏后，会对社会秩序和公共利益造成严重损害，或者对国家安全造成损害。第四级，信息系统受到破坏后，会对社会秩序和公共利益造成特别严重损害，或者对国家安全造成严重损害。第五级，信息系统受到破坏后，会对国家安全造成特别严重损害。”“信息系统建设完成后，运营、使用单位或者其主管部门应当选择符合本办法规定条件的测评机构，依据《信息系统安全等级保护测评要求》等技术标准，定期对信息系统安全等级状况开展等级测评。第三级信息系统应当每年至少进行一次等级测评，第四级信息系统应当每半年至少进行一次等级测评，第五级信息系统应当依据特殊安全需求进行等级测评。信息系统运营、使用单位及其主管部门应当定期对信息系统安全状况、安全保护制度及措施的落实情况进行自查。第三级信息系统应当每年至少进行一次自查，第四级信息系统应当每半年至少进行一次自查，第五级信息系统应当依据特殊安全需求进行自查。经测评或者自查，信息系统安全状况未达到安全保护等级要求的，运营、使用单位应当制定方案进行整改。”

根据上述规定，计算机信息系统的运营、使用单位应当按照规定进行等保测评，并确保信息安全状况符合安全保护等级要求。在互联网助贷业务中无论是金融机构使用的风控及管理系统还是助贷机构使用的相关计算机信息系统均应遵守相关规定。若未遵守相关规定则不排除受到相应处罚甚至因系统安全问题导致损失的风险。

2. 侵犯知识产权风险

（1）域名侵权风险

根据《最高人民法院关于审理涉及计算机网络域名民事纠纷案件适用法律若干问题的解释》（法释〔2001〕24 号）规定，“人民法院审理域名纠纷案件，对符合以下各项条件的，应当认定被告注册、使用域名等行为构成侵权或者不正当竞争 :（一）原告请求保护的民事权益合法有效 ;（二）被告域名或其主要部分构成对原告驰名商标的复制、模仿、翻译或音译 ; 或者与原告的注册商标、域名等相同或近似，足以造成相关公众的误认 ;（三）被告对该域名或其主要部分不享有权益，也无注册、使用该域名的正当理由 ;（四）被告对该域名的注册、使用具有恶意。”

互联网助贷业务中助贷机构管理的贷款服务平台需要使用域名，通过域名指向特定 IP 地址项下网页链接。若与金融机构合作的助贷机构没有域名使用权限或者其使用的域名构成侵权或不正当竞争的，则可能会对互联网助贷业务的开展产生一定影响。

案例45：北京趣拿信息技术有限公司与广州市去哪信息技术有限公司不正当竞争纠纷

法院认定意见：

广州去哪公司受让使用“quna.com”域名、广州去哪公司注册并使用“123quna.com”“mquna.com”域名，侵害了北京趣拿公司对“qunar.com”域名所享有的权益。根据《最高人民法院关于审理涉及计算机网络域名民事纠纷案件使用法律若干问题的解释》第八条的规定：“人民法院认定域名注册、使用等行为构成侵权或者不正当竞争的，可以判令被告停止侵权、注销域名，或者依原告的请求判令由原告注册使用该域名；给权利人造成实际损害的，可以判令被告赔偿损失。”

（2）软件著作权侵权风险

根据我国《计算机软件保护条例》规定，“中国公民、法人或者其他组织对其所开发的软件，不论是否发表，依照本条例享有著作权”，“软件著作权人可以向国务院著作权行政管理部门认定的软件登记机构办理登记”。

软件著作权人对计算机软件享有发表权、署名权、修改权、复制权、发行权、出租权、信息网络传播权、翻译权、应当由软件著作权人享有的其他权利。

根据《计算机软件保护条例》规定，“许可他人行使软件著作权的，应当订立许可使用合同。许可使用合同中软件著作权人未明确许可的权利，被许可人不得行使。”

在互联网助贷业务中，存在软件著作权人并不是助贷机构，而是助贷机构关联方的情况，而助贷机构与助贷机构关联方之间多数情况下是无协议协同合作，并未签署相关许可使用合同等合作协议。

助贷机构和其关联方均为具有独立法人资格的民事主体，助贷机构使用其关联方的软件著作权时应通过订立许可使用合同获得许可。若助贷机构与软件著作权人之间未明确约定软件著作权使用事宜，则可能因股权变动或其他任何原因导致软件著作权人不允许助贷机构继续使用相关软件，进而可能影响助贷机构为金融机构提供获客、管理等服务的能力，甚至影响金融机构参与互联网助贷业务的继续开展。

此外，若助贷机构不享有软件著作权而仅有使用权等部分权利的，其权利行使亦可能因为被软件著作权人起诉侵权等情况而受到影响。

例如以下案例中，软件使用权人的使用权即因软件著作权人侵权而受到影响：

案例46：谢天来重庆易极付科技有限公司与深圳前海汇能互联网金融服务有限公司侵害计算机软件著作权纠纷

法院查明事实：

2015年1月28日，深圳前海汇能基金管理有限公司（以下简称汇能基金公司）和上诉人易极付公司签订《网络借贷系统开发协议》，约定汇能基金公司委托易极付公司开发网络借贷系统，功能模块包括前端用户系统、后台控制系统、技术支持服务、运维支撑服务、运营支持服务。双方约定：易极付公司拥有本协议约定开发软件的全部著作权，汇能基金公司拥有本协议约定范围内本软件的所有权。

法院认定意见：

上诉人谢天来作为被上诉人汇能金融公司的股东，在没有证据证明的情况下，基于个人与公司之间的私人恩怨，以汇能金融公司涉嫌犯罪为由给上诉人易极付公司发函，要求上诉人易极付公司收回平台系统的后台管理权限，使汇能金融公司无法正常使用涉案软件，即无法进行公司的正常运作，从而让汇能金融公司遭受经济损失。一审法院认定上诉人谢天来侵犯汇能金融公司的权益，构成侵权，定性准确，本院予以确定。

三、防范措施

1. 法律尽职调查

为防范金融科技风险，我们建议金融机构在于助贷机构开展业务合作前审慎开展法律尽职调查，对于互联网助贷业务中涉及的ICP备案/许可情况、APP备案情况、计算机系统等保测评情况、域名注册情况、软件著作权情况进行核查，确保助贷机构享有足够的权限使用相关技术提供助贷服务。

2. 合同约定

对于法律尽职调查过程中发现的瑕疵及风险隐患，我们建议通过协议约定的方式进行完善，例如若助贷机构不是软件著作权人，则应要求助贷机构在与金融机构合作前获得软件著作权人书面使用许可，若无法获得软件著作权人书面许可，则至少需要由助贷机构承诺其在与金融机构合作期间持续有权使用相关软件并且不得影响项目稳定开展，并对因承诺不真实而造成金融机构的损失予以赔偿。

第九节 业务外包风险及防范

互联网助贷业务中，金融机构天然的需要将部分工作外包给助贷机构或其他机构完成，例如没有技术能力的金融机构需要技术外包等。我国法律法规对于互联网助贷业务中可以外包的工作范围及不可外包的工作范围均有规定，违反法律法规规定将不可外包的工作予以外包的，则可能导致合规风险。助贷机构或其他机构违反其与金融机构外包工作相关约定的，亦可能造成金融机构的损失。

一、风险方案

1. 技术外包

互联网助贷业务几乎完全依赖金融科技，部分不具备科技研发能力的金融机构主要依赖外包服务。例如，根据报道，较多信托公司自2017年起开始准备金融科技建设的战略部署，逐年增加研发投入，而大部分信托公司在发展初期主要选择技术外包，记者曾在报道中称，其采访了15家信托公司，其中仅有3家信托公司采用“主导开发＋外包辅助”的模式发展金融科技，其余信托公司则主要采用外包服务的形式发展金融科技[①]。

2. 贷款流程外包

互联网助贷业务中，金融机构一般不直接接触借款人，贷款流程中涉及接触借款人的相关事项一般需外包给助贷机构或其他机构。例如，获客需要由助贷机构或助贷机构委托的其他机构完成，借款人身份验证、提交材料需要在助贷机构

① 王莹：《15家信托公司金融科技布局调查：少数自主开发，高度依赖外包服务》，载https://www.sohu.com/a/317777305_120014876，最后访问日期：2020年9月19日。

APP 等贷款平台完成，借款协议的签署需要通过助贷机构 APP 及 CA 电子认证服务机构完成，借款协议查询、贷款信息的反馈等需要通过助贷机构 APP 等贷款平台完成，借款优惠措施的实施需要通过助贷机构 APP 等贷款平台完成，贷款催收一般也是委托助贷机构或专业催收机构完成。

二、法律风险

1. 技术外包合规风险

我国监管部门对于银行、信托公司的科技外包规定了明确的风险防范指引。例如，《中国银监会关于印发〈银行业金融机构外包风险管理指引〉的通知》（银监发〔2010〕44 号）明确规定了承担外包活动最终责任的主体，明确规定了外包管理的组织架构及职责，金融机构应当进行尽职调查的范围，外包合作协议应当约定的内容，应当要求外包服务商承诺的事项。《中国银监会关于印发银行业金融机构信息科技外包风险监管指引的通知》（银监发〔2013〕5 号）、《中国银监会办公厅关于开展银行业金融机构信息科技非驻场集中式外包监管评估工作的通知》（银监办发〔2014〕272 号）等规定则对非驻场集中式外包等外包情形做出了进一步的监管要求。

若金融机构未遵守相关监管规定开展外包活动的，则可能因违反相关规定而受到处罚，甚至因相关系统存在瑕疵而导致系统安全等风险。

系统安全风险可能导致金融机构巨额损失，例如，根据新闻报道，上海市人民检察院第一分院获悉侦办了一起利用黑客技术侵入第三方支付机构计算机系统盗窃的案件，涉案金额上亿元。2018 年 4 月至 6 月期间，被告人利用上海某理财平台和 P2P 公司之间充值系统漏洞，采用将小额充值资金虚增为巨额金额再从第三方支付机构备付金账户将巨额资金划转至 P2P 账户的方法先后盗窃 5731 万余元和 5311 万余元。

2. 贷款流程外包合规风险

我国法律法规对于贷款业务外包具有明确的规定。例如，《关于规范整顿“现金贷”业务的通知》（整治办函〔2017〕141 号）明确规定“银行业金融机构与第三方机构合作开展贷款业务的，不得将授信审查、风险控制等核心业务外包”。《商业银行互联网贷款管理暂行办法》（中国银行保险监督管理委员会令 2020 年第 9 号）明确规定，商业银行不得将风险模型的管理职责外包；除共同出资发放贷款以外，商业银行不得将贷款发放、本息回收、止付等关键环节操作全权委托合作机构执行。

若金融机构违规将不得外包的贷款流程外包的，则可能因违反相关规定而受到处罚。根据网络流传的一份《中国银行保险监督管理委员会云南监管局信访事项处理意见书》(〔2020〕9号)(以下简称“9号文件”)，云南国际信托有限公司(以下简称“云南信托”)与无锡源石云科技有限公司(以下简称“源石云”)合作开展消费金融助贷业务，源石云公司作为一般委托人委托云南信托设立“云南信托－云象2号集合资金信托计划”(以下简称“云象2号”)，云象2号作为委托人委托云南信托设立“云南信托－普惠2022号单一资金信托计划”(以下简称“普惠2022号”)，源石云作为普惠2022号的资产服务顾问为其提供开发潜在借款人、初步审查、对贷款金额、期限、用途、还款方式等作出初步审核意见，并收集和保管贷款资料。云南信托以普惠2022号项下信托资金用于发放信托贷款。中国银行保险监督管理委员会云南监管局(以下简称“云南监管局”)认为上述助贷业务结构存在以下问题：(1)云南信托违规将核心业务外包给第三方机构；(2)云南信托作为金融机构发放高利贷；(3)云南信托为无放贷业务资质的机构提供资金发放贷款。云南监管局据此对云南信托采取相应监管措施并责令整改。其中，云南监管局做出违规将核心业务外包给第三方机构的认定。云南监管局的相关表述原文如下：

“源石云公司作为一般委托人投资于云南信托设立的“云象2号集合资金信托计划，而云南信托又通过与源石云公司签署信托资产服务顾问协议的方式，将“云象2号”所损资的“普惠1022号”信托计划项下资产(信托贷款)涉及的开发潜在借款人，对借款人资信进行初步审查，对贷款金额、期限、贷款用途、还款方式作出初步贷款审核意见，保证合同签署均为借款人本人完成，收集和保管借款人贷款资料等本应由其亲自履行的部分授信审查、风险控制等核心业务，委托外包给“云象2号”信托计划的一般委托人源石云公司，违反了《关于规范整顿“现金贷”业务的通知》中“银行业金融机构与第三方机构合作开展贷款业务的，不得将授信审查、风险控制等核心业务外包”的监管规定。”

上述云南监管局监管案例中监管部门认定不得外包的“核心业务”较为宽泛，不同监管部门的不同执法认定标准亦会导致一些或有风险。

3. 表见代理风险

根据我国《民法典》第一百七十二条规定："行为人没有代理权、超越代理权或者代理权终止后，仍然实施代理行为，相对人有理由相信行为人有代理权的，代理行为有效。"该规定为我国的表见代理制度，即相对人有理由相信其交易对手有代理他人的行为权限的，该项代理行为即为有效，被代理人应履行相应交易项下义务。

在互联网助贷业务中，鉴于金融机构将部分贷款流程业务外包给助贷机构完成，借款人主要通过助贷机构 APP 等贷款平台完成相应的贷款流程，若助贷机构擅自代理贷款人与借款人就某项行为达成一致的，则不排除该项行为构成表见代理，因为在该项代理行为项下，借款人可根据其贷款流程的一系列业务操作而有理由相信助贷机构 APP 等贷款平台中达成一致的事项即为其与金融机构的有效约定。若助贷机构擅自代理金融机构做出减免借款人还款义务等行为的，则该项行为即便未经金融机构同意，亦可能对金融机构生效。

例如，在新冠肺炎疫情影响下，互联网助贷业务项下贷款资产质量受到了一定影响，出于稳定民生、缓解社会矛盾、促进经济发展的考虑，国家政策鼓励实施减免利息等多种金融支持应对举措，助贷机构亦积极响应国家政策号召。若助贷机构以金融机构名义通过 APP 等助贷平台同意借款人延期还款或减免部分债务，则该项金融支持举措可能适用表见代理制度而当然对金融机构生效。

三、防范措施

1. 技术外包风险防范

我们建议金融机构在实施技术外包活动时严格按照相关监管规定开展尽职调查等外包业务流程，确保外包业务流程合法合规，并且对于外包机构开发的相关技术系统进行审慎验收，避免因质量瑕疵而导致业务风险。

2. 贷款流程外包风险防范

我们建议金融机构在贷款流程外包过程中自行控制授信审查、风险控制等核心业务，不断提高自主风控管理能力，在主动管理能力较差时可以选择联合贷款等业务模式合规的扩大贷款流程业务外包范围。

3. 表见代理风险防范

有些金融机构选择对借款协议等不主动加盖电子合同印章，避免电子合同内容未经其审核而导致不可控制的风险，该项操作在一定程度上可以防范合同签署的风险，但无法防范表见代理的风险。我们建议金融机构应首先与助贷机构明确约定其外包及可代理的业务范围，并限制金融机构超范围代理贷款相关业务，明确约定助贷机构应就其超范围代理导致的后果对金融机构承担违约责任及赔偿责任。并且，在互联网助贷业务开展过程中，金融机构应定期或不定期核查互联网助贷业务情况以及助贷机构的经营稳定情况，避免因助贷机构经营状况导致突发的表见代理风险。

第十节 信用卡业务风险及防范

互联网助贷业务中借款人获得授信的方式存在多种方案，有的授信为助贷平台的授信，有的授信为金融机构的授信，有的授信是一次性授信，有的授信是循环额度授信。循环额度授信模式存在被认定为从事信用卡业务的风险。

一、风险方案

在循环额度授信模式中，借款人在完成平台注册后实际借款前一般会首先获得可供循环使用的借款额度，借款人可以通过助贷机构平台客户端软件查看借款额度,例如“花呗”首页显示的“我的额度”。该等“我的额度”存在以下不同性质：（1）助贷机构单方审核后允许借款人通过助贷机构平台申请借款的最高额度；（2）金融机构对借款人审核后给予借款人的授信额度。借款人获得该等额度后甚至可以通过线上线下多渠道使用二维码进行消费。该等模式又被称为“虚拟信用卡”模式。

二、法律风险

根据《银行卡业务管理办法》（银发〔1999〕17号）规定：“本办法所称银行卡，是指由商业银行（含邮政金融机构，下同）向社会发行的具有消费信用、转帐结算、存取现金等全部或部分功能的信用支付工具。商业银行未经中国人民银行批准不得发行银行卡。”“非金融机构、金融机构的代表机构经营银行卡业务的，由中国人民银行依法予以取缔。”

根据《商业银行信用卡业务监督管理办法》规定，“商业银行开办发卡和收单业务应当按规定程序报中国银监会及其派出机构审批。全国性商业银行申请开办信用卡业务，由其总行（公司）向中国银监会申请审批。按照有关规定只能在特定城市或地区从事业务经营活动的商业银行，申请开办信用卡业务，由其总行（公司）向注册地监管机构提出申请，经初审同意后，由注册地监管机构上报中国银监会审批。外资法人银行申请开办信用卡业务，应当向注册地监管机构提出申请，经初审同意后，由注册地监管机构上报中国银监会审批。”“商业银行不符合本办法规定的条件，擅自开办信用卡业务的，中国银监会及其相关派出机构应当责令商业银行立即停止开办的信用卡业务，并依据《中华人民共和国银行业监督管理法》第四十五条规定采取相关监管措施。”

根据以上规定，金融机构办理信用卡业务应经中国银行保险监督管理委员会批准。金融机构参与互联网助贷时，若事先给予借款人授信额度并且在借款人后续提款时不予审核，则可能被认定为经营信用卡业务，若该业务未获得监管部门批准，则存在违规开展信用卡业务的风险。

例如，2014年，阿里巴巴、腾讯曾携手中信银行拟推出虚拟信用卡业务，但是该等业务在正式推出前即被中国人民银行以违规开展虚拟信用卡业务为由叫停。[①] 网传相关规定原文如下：

“中国人民银行支付结算司关于暂停支付宝公司线下条码（二维码）支付等业务意见的函

近期，支付宝（中国）网络技术有限公司已向实体特约商户推出条码（二维码）支付等面对面支付服务，并将联合商业银行推出虚拟信用卡产品。为维护支付服务市场秩序，防止支付风险，特提出如下意见：

一、线下条码（二维码）支付突破了传统受理终端的业务模式，其风险控制水平直接关系到客户的信息安全和资金安全。目前，将条码（二维码）应用于支付领域有关技术，终端的安全标准尚不明确。相关支付撮合验证方式的安全性尚存质疑，存在一定得支付风险隐患。虚拟信用卡突破了现有信用卡业务模式，在

① 何莎莎：《央行刹车虚拟信用卡监管与创新再博弈》，载http：//finance.ifeng.com/a/20140322/11953907_0.shtml，最后访问日期：2020年9月19日。

落实客户身份识别义务、保障客户信息安全等方面尚待进一步研究。为维护支付体系稳定、保障客户合法权益，总行有关部门将对该类业务的合规性、安全性进行总体评估。

二、请你处及时向支付宝公司提出监管意见，要求其立即暂停线下条码（二维码）支付、虚拟信用卡有关业务，采取有效措施确保业务暂停期间的平稳过渡，妥善处理客户服务，减少舆论影响，并要求支付宝公司将有关产品详细介绍、管理制度、操作流程、机构合作情况及利润分配机制、客户权益保障机制、应急处置等内容书面报告你处。请你处全面评估线下条码（二维码）支付、虚拟信用卡的合规性和安全性，并于3月31日前将支付宝公司报告材料和有关监管建议报送支付司。

三、请你处按照属地监管原则，要求辖内商业银行、支付机构在推出创新产品与服务、与境外机构合作开展跨境支付业务时，应至少提前30日履行业务报备义务，并督促指导辖内商业银行、支付机构严格按照有关制度规定和管理要求开展支付业务，审慎评估产品与服务的合规性和安全性，完善有关管理制度和风险防控措施，切实保护客户合法权益。”①

不过，根据监管对于小额贷款的政策文件，一次授信、循环使用的模式也是监管鼓励的贷款业务模式。例如，《中国银监会关于银行业金融机构大力发展农村小额贷款业务的指导意见》（银监发〔2007〕67号）规定，“协调有关部门，把农户贷款与银行卡功能有机结合起来，根据条件逐步把借记卡升级为贷记卡，在授信额度内采取‘一次授信、分次使用、循环放贷’的方式，进一步提高贷款便利程度”;《中国人民银行、银监会关于加大对新消费领域金融支持的指导意见》规定，“推动消费信贷与互联网技术相结合，鼓励银行业金融机构运用大数据分析等技术，研发标准化网络小额信用贷款，推广‘一次授信、循环使用’，打造自助式消费贷款平台”;《商业银行互联网贷款管理暂行办法》（中国银行保险监督管理委员会令2020年第9号）规定，“授信与首笔贷款发放时间间隔超过1个月的，商业银行应当在贷款发放前对借款人信用状况进行再评估”。这些规定说明监管部门鼓励金融机构利用科技手段简化审批流程，采用循环授信的模式发放

① 《附：中国人民银行支付结算司关于暂停支付宝公司线下条码（二维码）支付等业务意见的函》，载https：//www.huxiu.com/article/29804.html，最后访问日期：2020年9月19日。

贷款，但并不能说明监管部门认可了虚拟信用卡业务模式，基于互联网助贷远程授信的特点，金融机构仍需注意关注借款人信用状况发生变化的商业风险及相关法律风险。

三、防范措施

我们建议金融机构参与互联网助贷业务时采用以下措施防范信用卡业务风险：

（1）金融机构参与互联网助贷业务时不事先对借款人进行授信，并与助贷机构约定及向借款人披露，助贷机构平台客户端软件显示的授信额度不是金融机构给予的授信额度，而是助贷机构单方审核后允许借款人通过助贷机构平台申请借款的最高额度。

（2）若因项目特殊情况，金融机构需要事先审核给予借款人授信额度的，金融机构应与助贷机构约定及向借款人披露，金融机构审核后给予借款人的授信额度不代表金融机构的放款义务，并且在借款人每次申请借款时仍需按照自有风控规则或风控模型对借款人进行风控审核后决定是否向借款人发放贷款，即便相应流程由系统自动快速完成也一定要安排相应流程环节。

第十一节 暴力催收风险及防范

“暴力催收”被称为我国消费金融四恶之，在互联网助贷业务发展早期，“暴力催收”是普遍存在的现象。金融机构参与互联网助贷项目中，若发生借款人违约等情形的，金融机构一般均是委托助贷机构进行催收，助贷机构可能会选择委托专门的催收公司进行催收。若催收方式不当导致相应负面舆论甚至出现违法犯罪行为的，则可能对金融机构的声誉及其参与的业务造成一定的负面影响。

一、风险方案

对于借款金额较小的贷款债权，有些催收公司会采取电话侮辱、通讯录亲友轰炸等极端催收方式。2019 年央视“3·15”晚会报道了暴力催收的情况。根据聚投诉平台搜索结果，以“暴力催收”为关键词的搜索结果高达 10000 条（搜索网 址：http：//ts.21cn.com/home/search?keyword=%E6%9A%B4%E5%8A%9B%E5%82%AC%E6%94%B6）。根据黑猫投诉平台搜索结果，以“暴力催收”为关键词的搜索结果高达 55045 条（搜索网址：https：//tousu.sina.com.cn/index/search/?keywords=%E6%9A%B4%E5%8A%9B%E5%82%AC%E6%94%B6&t=0）。

二、法律风险

根据我国《刑法》规定，“以暴力或者其他方法公然侮辱他人或者捏造事实诽谤他人，情节严重的，处三年以下有期徒刑、拘役、管制或者剥夺政治权利。前款罪，告诉的才处理，但是严重危害社会秩序和国家利益的除外。通过信息网络实施第一款规定的行为，被害人向人民法院告诉，但提供证据确有困难的，人民法院可以要求公安机关提供协助。”“有下列寻衅滋事行为之一，破坏社会秩序的，处五年以下有期徒刑、拘役或者管制：（一）随意殴打他人，情节恶劣的；（二）追逐、拦截、辱骂、恐吓他人，情节恶劣的；（三）强拿硬要或者任意损毁、占用公私财物，情节严重的；（四）在公共场所起哄闹事，造成公共场所秩序严重混乱的。纠集他人多次实施前款行为，严重破坏社会秩序的，处五年以上十年以下有期徒刑，可以并处罚金。”

根据我国《刑法》上述规定，催收公司的极端催收行为在严重的情况下可能会触犯我国刑法规定的侮辱罪、寻衅滋事罪等罪名。若助贷机构及金融机构明知催收公司采取犯罪方式开展催收工作仍委托其进行催收的，则不排除助贷机构及金融机构共同承担责任的风险。

此外，《商业银行互联网贷款管理暂行办法》（中国银行保险监督管理委员会令 2020 年第 9 号）亦明确规定了，“商业银行不得委托有暴力催收等违法违规记录的第三方机构进行贷款清收。商业银行应明确与第三方机构的权责，要求其不得对与贷款无关的第三人进行清收。商业银行发现合作机构存在暴力催收等违法违规行为的，应当立即终止合作，并将违法违规线索及时移交相关部门。”

以下案例中催收人员即被认定为构成寻衅滋事罪：

案例47：魏同宁、陈冲、胡诗豪等寻衅滋事案

审理法院：浙江省绍兴市上虞区人民法院（原浙江省上虞市人民法院）

案号：〔2020〕浙0604刑初73号

裁判日期：2020.07.27

法院查明事实：

2017年12月，陈庆伟（另案处理）出资成立了河南昊鑫企业信用管理有限公司（以下简称“昊鑫公司”）从事催收业务。该公司由陈庆伟实际掌控，由刘康（另案处理）负责管理具体事务。自2018年下半年起，昊鑫公司开始为“闪电虎”“雏鹰”“甜兔”等多家网络APP平台实施有偿催收，逐渐形成了以陈庆伟、刘康为首，靳家宁（商务总监，另案处理）、王伟伟（催收主管，另案处理）、王岩（技术人员，另案处理）、李令令（人事、行政主管，另案处理）为重要成员，张新涛（另案处理）、李萌萌（另案处理）、徐重嫒（另案处理）以及被告人魏同宁、陈冲、胡诗豪、李海曼、王胜军、王鑫鑫、王亚斌、李晓磊、李文阳、张梦凡、刘乾龙等50余名一般成员的恶势力犯罪集团。该恶势力犯罪集团在催收过程中，通过以电话、短信、微信辱骂、恐吓、发送PS侮辱图片等方式滋扰借款人及其亲友，迫使其还款，严重扰乱了数百户家庭的正常生活秩序。该恶势力犯罪集团在发展过程中，又利用“七天乐享”和“畅响花”套路贷借款平台，以低息为诱饵，骗取相关被害人的财物，同时还侵犯公民个人信息数万条。该恶势力犯罪集团严重侵犯了被害人的人身财产权利，扰乱了经济、社会生活秩序，造成较为恶劣的社会影响。其中，被告人魏同宁系催收小组组长，负责整个小组的催收业务，并管理小组成员。被告人陈冲、胡诗豪、李海曼、王胜军、王鑫鑫、王亚斌、李晓磊、李文阳、张梦凡、刘乾龙系小组成员。

法院认定意见：

被告人魏同宁、陈冲、胡诗豪、李海曼、王胜军、王鑫鑫、程亚菲、王亚斌、李晓磊、李文阳、张梦凡、刘乾龙辱骂、恐吓他人，情节恶劣，其行为均已构成寻衅滋事罪。公诉机关指控的罪名成立，予以支持。

部分地方亦开始完善催收相关规范性文件，例如，广东银行同业公会于2020年发布《广东银行业金融机构委托催收自律公约（试行）》，明确了金融机构委托

催收欠款应遵循“遵纪守法、规范审慎、保护隐私、严格自律”的基本原则，并就“金融机构委托催收管理”“催收行为规范”“内控管理规范”“公约的执行及违约处理”等事项做出了明确规定，其中，亦明确禁止对无关第三人进行催收。

三、防范措施

我们建议金融机构参与互联网助贷业务时采用以下措施防范暴力催收风险：

（1）金融机构事先对助贷机构委托的催收公司情况进行了解，若发现催收公司存在暴力催收行为的，应禁止助贷机构委托该等催收公司催收金融机构持有的贷款债权。

（2）金融机构要求助贷机构承诺按合法方式进行催收并对催收机构催收行为实时监督，并且与助贷机构约定一旦金融机构发现助贷机构委托的催收机构存在暴力催收等违法行为的，金融机构有权随时停止与助贷机构的合作并应将相关违法违规行为线索移交相关部门处理。

第五章 互联网助贷的问题、成因及建议

金融科技对于金融机构参与互联网助贷业务具有重要的助推作用，但因法律法规滞后等原因仍导致出现了侵害金融消费者权益等问题，金融科技的自动批量处理特性更加加剧了相关问题的严重性，我们将对此进行分析并提出相应的对策。

第一节 互联网助贷的问题

互联网助贷业务中存在的问题主要包括侵害消费者权益、加大金融顺周期风险、监管套利、科技漏洞等。

1. 侵害消费者权益

侵害消费者权益应该属于互联网助贷业务等金融科技运用过程中产生的最大负面效应，也是监管部门重点治理的对象。侵害消费者权益的问题主要表现为高利贷、暴力催收、多头借贷、个人信息滥用（即我国消费金融“四恶”）等问题。

（1）高利贷

高利贷被称为消费金融的首恶，我们于 2020 年 9 月 18 日以“消费金融高利贷”为关键词在百度搜索引擎检索出 2310000 条结果，以“高利贷”为关键词在

黑猫投诉平台（新浪旗下消费者服务平台）检索出107159条结果。

根据《关于规范整顿“现金贷”业务的通知》（整治办函〔2017〕141号）规定，“各类机构以利率和各种费用形式对借款人收取的综合资金成本应符合最高人民法院关于民间借贷利率的规定，禁止发放或撮合违反法律有关利率规定的贷款”。根据最高人民法院最新修订的民间借贷相关司法解释，“年利率24%”和“年利率36%”的两线三区相关利率规定已经取消，目前人民法院支持的利率上限为“一年期贷款市场报价利率四倍”（以下简称“四倍LPR”）。此外，最高人民法院、最高人民检察院、公安部、司法部于2019年发布了《关于办理非法放贷刑事案件若干问题的意见》，明确规定“未经监管部门批准，或者超越经营范围，以营利为目的，经常性地向社会不特定对象发放贷款，扰乱金融市场秩序，情节严重的，依照刑法第二百二十五条第（四）项的规定，以非法经营罪定罪处罚”，而“超过36%的实际年利率”是认定构成“情节严重”的条件之一。

民间借贷相关司法解释修订前，基于以上法律法规的规定，信托公司及银行、消费金融公司、小额贷款公司等参与消费金融的机构在发放贷款时严格将“年利率36%”视为一条红线，贷款利率基本不会超过这条红线。当然，金融机构发放贷款属于经监管部门批准的业务，其贷款利率即便超过36%/年亦不会构成非法经营罪。但因部分项目结构涉及较多参与主体，除金融机构外的其他参与主体仍希望利润最大化，有些项目结构会将贷款利率固定为36%/年，也有些项目贷款利率较低，但会有担保机构、保险公司向借款人另行以搭售等方式销售保险产品并收取担保费、保险费等费用，其综合资金成本甚至会超过36%/年。民间借贷相关司法解释修订后，鉴于金融机构适用标准并无明确规定，不同金融机构操作方式不一。

在民间借贷相关司法解释修订前，一些小额消费金融贷款主要是依靠对借款人的直接催收而非通过人民法院的诉讼程序主张债权，多数借款人基于欠债被催收的压力而选择“自愿”偿还，“借新还旧”也是一些借款人常用的还款方式，这其实在一定程度上是对借款人权益的较大侵害，迫使借款人放弃选择不予偿还高利贷的权利。

（2）暴力催收

2019年央视“3·15”晚会曝光了网贷行业的暴力催收乱象，催收是消费金融等互联网贷款的一个难题。金融机构基本上是将催收业务外包给专门提供相关服务的机构和人员。为了完成催收任务获得收入，催收人员往往会选择采用电话轰炸、侮辱甚至上门威胁等极端方式，这种极端方式是对借款人人身权益的侵害，对借款人造成极大的精神压力，甚至有些借款人会因此选择轻生。① 对此，最高人民法院、最高人民检察院、公安部、司法部曾在 2018 年发布了《关于办理黑恶势力犯罪案件若干问题的指导意见》，将“暴力讨债”视为黑恶势力犯罪的表现形式之一。

（3）多头借贷

所谓“多头借贷”是指借款人在两家以上金融机构发生借款的行为。金融科技辅助下的互联网贷款具有便捷性，同时也导致了多头借贷的严重问题，借款人可以很便捷的在多家金融机构完成借款。根据百融金服于 2017 年 7 月发布的一份《2017 年现金贷行业分析报告》，申请多次借款的群体中，在多家机构申请借款的人数占比达 49.4%，在 1 家机构申请多次借款的客户仅占 7.2%，甚至有借款人一年通过数十个平台进行借款②。多头借贷会导致借款人债台高柱，若存在“以贷养贷”的现象则会导致利滚利，对于借款人会产生不小的还款压力。

（4）个人信息滥用

大数据是利用金融科技进行风险控制的核心基础，在互联网助贷等业务中，金融机构或其合作方需通过“爬虫”等技术大量收集借款人信息用于反欺诈、授信评分等，其中，未经同意擅自收集及共享个人信息、超越授权范围收集和使用个人信息、违反最少使用等原则收集个人信息等侵犯个人信息的现象大量存在。根据国家网络与信息安全信息通报中心在官方微信公众号披露，2019 年 11 月以来，全国公安机关网安部门集中查处整改了 100 款违法违规采集使用个人信息的 App 及其运营互联网企业，其中不乏天津银行等金融机构旗下产品和考拉海购等其他知名产品③。

① 《央视 315 曝光 714 高炮乱象：借款人承受催收骚扰和侮辱》，载 http：//finance.sina.com.cn/money/bank/bank_hydt/2019-03-15/doc-ihsxncvh2866559.shtml，最后访问日期：2020 年 9 月 19 日。

② 《多头借贷乱象：一人一年借 30 多平台欠款累计超 16 万》，载 https：//finance.qq.com/a/20171109/005328.htm，最后访问日期：2020 年 9 月 19 日。

③ 《100 款 App 违法采集个人信息被整改》，载 http：//finance.ifeng.com/c/7s9rmGl4X66，最后访问日期：2020 年 9 月 19 日。

2. 加大金融顺周期风险

经济活动具有周期性，金融活动具有顺周期性。所谓顺周期性，是指在经济周期中金融变量围绕某一趋势值波动的倾向。[①] 金融科技的应用（即科技与金融相融合）会更加加剧金融的顺周期风险，例如，在互联网助贷业务中，若不同金融机构与同一助贷机构或技术服务机构合作，其采用的风控策略等底层编码逻辑类似，市场发生不良变动时则会导致不同的贷款产品同时受到影响，若相关贷款产品已作为基础资产发行规模较大的资产证券化等资产管理产品的，则足以导致投资者投资收益大规模受到影响的顺周期风险。例如，2008 年美国"次级按揭贷款"导致的次贷危机便是很好的例证。

互联网助贷的顺周期性风险具有隐蔽性、突发性与传染性的特点。在互联网平台上的助贷交易对象、目的和过程缺乏透明度，交易风险不易暴露。金融科技的运用使得助贷交易、支付和结算便捷，资金运转速度提升，风险发生呈现一定的突发性，各参与主体与业态之间相互交叉传导、渗透。互联网助贷的这种顺周期性风险，主要源于信息不对称。在经济的顺周期性背景下，互联网助贷运行的虚拟性会强化金融活动中信息的不对称，导致助贷活动中的基础信息失真，风险评估偏差巨大，给投资者带来潜在的风险，加剧金融运转体系的危机。造成互联网助贷业务中的金融机构及助贷机构在借贷活动中的风险评估出现巨大的偏差，给投资者带来潜在的风险。此外，互联网助贷在顺周期性效应下面临着信用缺失问题。例如，由于违约成本较低，在顺周期性效应加剧投资风险的情况下，一些互联网助贷的参与者可能缺乏诚信，甚至恶意骗贷，卷款跑路，导致局部信用危机。

3. 监管套利

2018 年国务院调整"一行三会"的监管架构为"一行两会"，将中国银行业监督管理委员会和中国保险监督管理委员会的职责整合，组建中国银行保险监督管理委员会，作为国务院直属事业单位。同年，中国人民银行、中国银行保险监督管理委员会、中国证券监督管理委员会、国家外汇管理局联合发布《关于规范金融机构资产管理业务的指导意见》（银发〔2018〕106 号），规定同类型资产管理产品应按同一标准进行监管，避免监管套利。至此，我国资产管理行业进入大

① 关浣非：《中国金融业应加强管控顺周期风险》，载 http://www.ceweekly.cn/2018/0409/221993.shtml，最后访问日期：2020 年 9 月 19 日。

一统时代，监管套利的问题在一定程度上有所缓解。

而在金融科技应用业务中，监管套利的问题仍较为严重。例如，在互联网助贷业务中，参与机构包括银行、信托公司、消费金融公司、小额贷款公司、商业保理公司、保险公司、融资担保公司、科技企业等，不同的主体适用不同的法规，对应不同的监管部门，银行、信托公司、消费金融公司、保险公司由中国银行保险监督管理委员会监管，小额贷款公司、商业保理公司、融资担保公司由各地地方金融监督管理部门监管，科技企业则仅由工商管理部门监管，不同监管部门的监管尺度和标准均不同，在多方主体参与的业务中就有可能出现捉襟见肘的监管效果，监管套利是在所难免的，这便会造成监管成本在各方参与主体中的分配不公，从而导致金融资源从监管严格向监管松散的领域流失，滋生监管始料不及的金融生态，甚至引发系统性金融风险①。

金融机构引入第三方合作机构，在筛选客户、产品定价、获取资金、风险控制等各个环节进行协助，能够有效缓解信息不对称、风控不完备等难题。但是，一些中小银行等放贷机构将风险控制等核心业务外包给合作机构，合作机构的信用风险直接影响到放贷机构，甚至会引发系统性的金融风险。对此，银行业金融机构外包风险管理指引》（中国银行业监督管理委员会办公厅银监发〔2010〕44号）指出，银行业金融机构的战略管理、核心管理以及内部审计等职能不宜外包。《银行业金融机构信息科技外包风险监管指引》（银监发〔2013〕5号）对银行业金融机构的信息科技外包活动进行了规范，降低信息科技外包风险。业务实践中，有的金融机构将授信决策、风险控制等核心业务全部或部分外包，规避监管，面临极大的潜在风险。

4. 科技漏洞

在金融科技被广泛应用的同时，科技安全问题似乎并没有受到同等程度的重视。根据平安科技和绿盟科技联合发布的《2017 金融科技安全分析报告》，金融行业约 60% 的机构使用了各类云服务，但金融机构对安全事件处置时间较为滞后，20% 的安全事件处置时间超过一周；金融机构业务流程欠缺，只有 32.9% 的机构采用了 SDL（Security Development Lifecycle）开发（即安全开发生命周期）；

① 《监管套利与监管蒙蔽》，载 https：//www.sohu.com/a/128074644_499206，最后访问日期：2020 年 9 月 19 日。

71.3% 的企业计划增加安全预算投入，但只有 21% 的企业打算扩招安全团队[①]。根据中国信息通信研究院发布的《2019 金融行业移动 App 安全观测报告》，报告发现在样本软件中有 70.22% 的金融行业 App 存在高危漏洞，这些漏洞可被攻击者利用进行窃取用户数据、进行 App 仿冒、植入恶意程序、攻击服务等危害安全的行为，对 APP 安全具有严重威胁，其中排名前三的高危漏洞均存在导致 APP 数据泄露的风险[②]。

第二节 互联网助贷的问题成因

造成互联网助贷业务中存在相关问题的主要成因是我国相关基础设施不健全以及法律空白。

1. 金融基础设施不健全

与其他金融活动一样，互联网助贷涉及贷款资产的登记托管、清算结算、交易设施、交易报告、支付与基础征信系统等设施及相关运营机构。但是，互联网助贷具有不同于其他传统金融活动的新特征。在金融活动中，信息不对称是主要障碍，是诸多风险发生的原因所在，互联网科技运用于金融活动中对于解决信息不对称的问题作用重大，这也是金融科技的重要优势。然而，金融科技的发展目前处于业务先行、政府基础设施滞后的状态，因此导致出现了侵犯消费者个人信息权益等一系列问题的出现。例如，就互联网助贷业务的大数据风控而言，政府提供的借款人征信信息内容有限，共享范围有限，相关机构无法通过政府提供的官方信息实现精准风控，从而被迫选择自行收集借款人个人信息，甚至超范围收集借款人个人信息，以补充征信信息的空白作为替代数据，进而导致滥用个人信息等侵犯借款人权益的问题出现。就多头借贷的现状而言，相关机构无法通过政

① 《〈2017 金融科技安全分析报告〉看金融数据安全现状》，载 https：//www.sohu.com/a/228809412_398736，最后访问日期：2020 年 9 月 19 日。

② 《七成金融 APP 存高危漏洞风险！央行发声：信息安全如何保护？》，载 http：//www.rhd361.com/special/news?id=f7c175e6d3eb4f3ca6e57c535551493e，最后访问日期：2020 年 9 月 19 日。

府共享的信息获得包括 P2P 等网络贷款平台在内的贷款数据，自然也无法对此进行准确控制。

2. 助贷机构运营不规范

我国助贷业务发展的时间不长，助贷机构的经营管理能力和规范性程度还处于探索、成长阶段。助贷业务的线上化、批量化、标准化等特点，与传统的信贷业务有着根本性差异，对助贷机构的产品研发、信息技术应用、风险管理能力等提出了更高的要求。助贷业务的应用系统在登录认证、权限控制、数据传输、数据存储、日志审计、错误处理、安全编码缺乏明确的规范要求，系统上线后可能存在代码层漏洞导致的安全风险。在应用系统开发设计、业务操作、运营管理方面的人员缺乏金融与互联网技术方面的综合知识与经验，不能完全满足开展业务的需求。同时存在助贷机构内控管理不到位，业务流程不健全，存在风险管理不审慎、资金用途监测不到位等问题。在业务操作中，有的助贷机构甚至主导整个业务，其参与程度超越了合作机构的范畴，例如，有的助贷机构直接面向用款人，代表金融机构与用款人签署相关协议，如果支付服务机构系统无法实现自动扣款，助贷机构代收和代付借款人还款资金等。并且一些头部助贷机构对接的金融机构数量庞大，其业务集中程度过高，业务模式同质化程度过高，一旦发生风险则可能导致风险扩散传导至全部合作的金融机构，严重情况下可能引发系统性金融风险。助贷机构的野蛮生长一定程度上放大了助贷业务的风险。

3. 法律制度不完善

法律空白是包括金融科技在内的所有创新性业务面临的共性问题，主要包括法律法规对相关行为没有规定以及法律法规对于相关行为的规定不够具体两种类型。相关机构会因此无法合规合理的安排交易结构甚至出现故意钻空子的问题。这在互联网助贷业务中表现较为明显。

互联网助贷业务的法律空白较严重，包括“核心业务”范围不够明确、高利贷的认定不够明确、助贷机构未明确纳入监管等，我们仅以高利贷问题为例进行说明。

首先，互联网助贷业务中，金融机构发放贷款的利率是否适用民间借贷司法解释对利率限制性规定并不明确，金融机构贷款与民间借贷在能否获得人民法院支持与合规性上是否存在区别不太明确，在司法实践中亦存在不同的认定结果。在《高岚与北银消费金融有限公司等金融借款合同纠纷二审民事判决书》（审理法院：北京市第一中级人民法院；案号：〔2018〕京 01 民终 5511 号；裁判日期：2018.07.18）司法案例中，法院认为金融机构发放的金融借款，不属于民间借贷，不适用民间借贷司法解释的规定。而在《上海爱建信托有限责任公司诉苏州金本地产有限公司金融借款合同纠纷一案》（审理法院：上海市第一中级人民法院；案号：〔2017〕沪 01 民初 561 号；裁判日期：2018.08.24）司法案例中，法院认为，虽然金融机构发放贷款并不适用民间借贷司法解释，然而，金融机构的贷款利率应受到更为严格的限制，不应高于民间借贷。在《捷信消费金融有限公司、深圳捷信信驰咨询有限公司金融借款合同纠纷二审民事判决书》（审理法院：河南省郑州市中级人民法院；案号：〔2018〕豫 01 民终 2982 号；裁判日期：2018.04.24）司法案例中，法院则认为，《最高人民法院关于进一步加强金融审判工作的若干意见》（法发〔2017〕22 号）第 2 条规定严格依法规制高利贷，对总计超过年利率 24% 的部分予以调减的请求，应予支持。

其次，综合资金成本的范围及计算方式并不明确，对于互联网助贷业务中保险公司另行收取的保险费、担保机构另行收取的担保费是否需计入综合资金成本进行有效性的认定并不明确，在司法实践中亦存在不同的认定结果。在《维仕担保有限公司与冯翠翠追偿权纠纷一审民事判决书》（审理法院：山东省淄博市张店区人民法院：案号：〔2019〕鲁 0303 民初 1175 号；裁判日期：2019.05.08）的司法案例中，法院对于月利率 0.90% 的贷款利息及月费率的 1.50% 担保机构担保费（若按综合费率计算则超过了 24%/ 年）均予以支持。而在《维仕担保有限公司与闫晶追偿权纠纷一审民事判决书》（审理法院：吉林省长春市朝阳区人民法院：案号：〔2019〕吉 0104 民初 1900 号；裁判日期：2019.05.22）等吉林省长春市朝阳区人民法院判决的案例中，法院则认为，关于罚息、利息、服务费、担保费的利率合计已超过法律和相关司法解释的规定，对此不予支持。

对于高利贷的问题，在民间借贷司法解释最新修订前，某地方监管部门曾对某信托公司发放年利率 36% 的贷款行为引用《中国银监会关于整治银行业金融机构不规范经营的通知》（银监发〔2012〕3 号）“不得一浮到顶”（银行业金融机构的贷款定价应充分反映资金成本、风险成本和管理成本，不得笼统将贷款利率上浮至最高限额）的规定做出违规认定，而此文属于较为陈旧的法规文件，监管部门以如此陈旧的规定作为处罚依据也在一定程度上体现了监管部门在实践过程中对于因法律空白导致的缺乏监管依据的无奈。

此外，法律空白在互联网助贷业务相关资产证券化项目中亦有所体现。资产证券化业务项下金融科技应用的法律空白主要体现为个人信息的使用方面。在以互联网贷款等小额分散类资产为基础资产的资产证券化项目中，储架申报是比较常用的业务模式，在储架申报时一般需要对模拟资产池进行抽样核查，对该等资产进行核查势必涉及个人信息的提供，而此时的模拟池并非入池基础资产，对个人信息的核查是否需要获得个人的授权，法律法规未对此做出明确的规定，这对模拟池资产的真实性、合法性、有效性的有效核查则产生了障碍，亦不利于个人信息权益的保护。

第三节 互联网助贷相关问题的解决建议

我们认为，互联网助贷业务中相关问题的解决需要多措并举。首先，政府部门应当完善相关基础设施建设及填补法律法规的空白；其次，在相关基础设施及法律法规不足以完善的情况下，监管部门应采取宽严并济的监管手段，既要防范风险又不能影响创新业务的发展；最后，监管部门也应充分利用金融科技的优势发展监管科技以辅助监管部门进行监管。

1. 完善金融基础设施

征信体系是我国目前在大数据时代应当首当其冲进行完善的金融基础设施。我国于2006年建设了征信系统，2006年3月，中国人民银行设立中国人民银行征信中心，作为直属事业单位专门负责企业和个人征信系统（即金融信用信息基础数据库，又称企业和个人信用信息基础数据库）的建设、运行和维护[①]，我国征信系统对金融机构开展业务提供了重要的数据支撑，但是在金融科技的大数据时代其愈发显得滞后，相较于欧美发达国家征信体系，其覆盖度、成熟度处于长期落后的地位[②]。我们建议我国从扩大信用信息数据范围、扩大共享主体范围、提高

① 《征信中心概况》，载 http：//www.pbccrc.org.cn/zxzx/zxgk/gywm.shtml，最后访问日期：2020年9月19日。

② 程雪军：《互联网消费金融：科技应用、问题与监管对策》，载《当代经济管理》（2020年第42卷）。

更新数据频率等角度对个人及企业相关信用信息系统进行完善，从而减少相关机构违规自行收集信息的动力。

2. 完善法律法规体系

在法制社会，法律法规是解决社会问题、促进经济发展的重要手段，法律法规是否完善在一定程度上决定着对社会问题的治理是否有法可依。在金融科技飞速发展的时代，业务发展的速度远远超过法律法规更新完善的速度，这对国家相关立法部门提出了不小的挑战。我们建议相关部门对于金融科技相关业务涉及的各主体进行统筹规划立法，减少法律法规没有覆盖的范围及避免较为模糊的规定。例如，对于互联网助贷业务中综合资金成本的问题，我们建议对此进行明确规定哪些情形需要合并计算，避免在司法实践中不同的地方法院做出不同的判决结果，对金融机构进行交易结构设计时提供明确的法律法规指引。

3. 完善金融监管

金融监管对于引导和监督金融业务进行良性发展的意义重大。我们建议将科技企业类的助贷机构明确纳入银保监会监管，并结合业务实践明确规定其可以从事的业务范围，解决金融机构开展业务时不知如何选择助贷机构及安排合作模式的问题，这同时可以解决监管部门对于助贷机构不在其监管范围内而产生的监管外风险的担心。对于业务开展过程中涉及的计算机系统等金融科技技术的应用，我们建议监管部门应明确规定其在开展业务前应取得相关审计部门对于系统及技术的有效性、稳定性、可靠性的审查，并应对相关审查标准进行明确规定，避免因金融科技的技术瑕疵等问题导致的金融业务风险。

4. 进行包容性审慎监管

金融科技的应用对于经济发展具有重要意义，在基础设施不健全、法律法规不完善的条件下，难免会出现一些负面的问题，面对这些问题，我们建议监管部门应采取宽严并济的监管态度，必要时可以选择“让子弹再飞一会儿”的宽容态度以促进创新业务的发展，而不是全面否定。例如，互联网助贷业务在目前的经济结构项下对于解决小微企业融资难融资贵问题、促进消费拉动经济增长均起到了重要作用，但也同时存在核心业务外包等问题，而这些问题相较于非金融机构从事的“P2P”“714 高炮”等业务的风险更为可控，监管部门需要做的更多在于按现有技术手段等客观条件的限制对互联网助贷业务进行指引，而不能“一棒子打死”。但是，对于社会危害比较严重的经济形式，监管部门经慎重调研后应果断整治，例如“P2P”、非法放贷等业务。

5. 运用监管科技

传统抽查式的监管思路在金融科技应用的业务下会明显落后，无法满足实时变化的业务状态及随时可能发生的顺周期性金融风险。鉴于金融科技的快速风险传导性，若监管部门无法及时发现风险并采取措施，则可能会导致无法弥补的后果。在金融科技时代，监管科技尤为重要，《金融科技（FinTech）发展规划（2019—2021年）》提出要“运用数字化监管协议、智能风控平台等监管科技手段，推动金融监管模式由事后监管向事前、事中监管转变”。我们建议监管部门应充分利用科技的力量来完善监管措施，例如采用系统对接的方式实施监控金融机构的业务动态；采用区块链共识算法技术，将监管部门纳入分布式节点共享业务信息；利用区块链的智能合约技术将合规要点转化为智能合约算法，一旦金融机构业务触发智能合约条件则及时采取预设的停止业务等措施并通知监管部门。类似上述监管科技的运用将对于提高监管效率、防范风险具有重要意义。

结语

金融业务已经进入金融科技时代，金融科技对贷款等金融业务的影响将逐步深入。鉴于目前金融机构科技能力的不足，互联网助贷业务在很长一段时间内仍将是金融机构发展金融科技的重要业务模式。在金融机构自主科技能力发展完善之前，互联网助贷业务亦是促进消费拉动经济增长的重要手段，亦是扶持小微企业融资发展的重要工具。

尽管互联网监管制度趋严，尽管国家在降低金融业务盈利空间，在短期内这些政策可能会对互联网助贷等金融科技业务造成一定的影响，但是这种影响更像是国家对于市场的肃清。真正对社会发展有利的金融科技业务必然会通过金融科技的进步实现合规以及降低成本，意图打着金融科技的旗号牟取暴利的业务类型和机构必然要被淘汰。

在发展过程中，金融科技带来的问题越来越多，面对不同的问题，我们需要持发展的眼光和辩证的思路采取不同的解决方案，既要减少负面效应又要兼顾金融业务的创新。国际上有些国家对此具有更为丰富的经验，我国对此借鉴其他国家的做法也是有必要的。2018 年中国人民银行等部门联合发布《关于开展金融科技应用试点工作的通知》（银发〔2018〕325 号），决定在北京市、上海市等省市开展金融科技试点工作，2019 年 12 月，北京市在央行指导支持下在全国率先启动金融科技创新监管试点，其他地区亦将相继启动金融科技试点工作。此项金融科技试点被称为中国版的监管沙盒制度，是我国借鉴欧美等国家监管沙盒制度的重要体现。我们期待其对于我国金融科技在互联网助贷业务等金融领域的发展起到重要的推动作用，期待其辅助科技手段的有效应用以实现普惠金融的真正目标。

同时，在发展过程中，法律制度的缺陷可能导致金融机构面临各种或有的法律风险，金融机构应当更加注重对各种法律风险的防范，避免因法律风险而导致金融机构在经济和声誉等方面的损失。

后记

我们自互联网助贷业务发展早期便参与提供相关法律服务，数年来，我们结合业务实践加强对互联网金融相关法律基础与前言问题研究，并成功将研究成果反哺业务实践，不断追求高质量、更专业的互联网金融法律服务。我们将前期研究成果及实践经验整理成册形成本书，以供互联网金融相关从业者参考使用，并借此方式为我国互联网金融业务发展进程贡献一份力量。

在本书写作过程中，不断出现法律法规的更新和变动，书中观点需要根据新规不断调整，因此增加了不少工作量，并且，在写作本书的同时我们需要处理繁忙的法律服务工作，我们的法律服务质量也应兼顾，本书大部分内容是在业余时间完成，难免会出现疏漏和瑕疵。

我们欢迎各位读者批评、指正及参与各种互动交流，我们会根据具体情况通过交流渠道予以反馈以实现与读者的更多互动。本书完稿并不是我们工作的结束，而仅是我们与各位读者及互联网金融从业者交流的开端，我们期待通过各种沟通方式与各位读者及互联网金融从业者开展更多更深入的交流与探讨，共同促进我国互联网金融业务的成熟稳步发展。

本书写作过程中得到了各位师长、朋友的悉心指导与帮助。特别感谢蔡鄂生院长在百忙之中为本书欣然作序。特别感谢吴弘会长给予的支持和鼓励，并不辞辛苦为本书作序。

感谢上海市锦天城律师事务所及李宪普律师团队的支持，感谢同事的支持和鼓励，感谢我们家人和朋友对写作本书投入大量时间和精力的理解。

作者

2020 年 12 月于上海中心大厦

图书在版编目(CIP)数据

金融机构参与互联网助贷法律实务 / 李宪明,林先海著. -- 北京: 法律出版社,2021
ISBN 978 - 7 - 5197 - 5239 - 2

Ⅰ. ①金… Ⅱ. ①李… ②林… Ⅲ. ①互联网络 - 金融法 - 研究 - 中国 Ⅳ. ①D922.280.4

中国版本图书馆 CIP 数据核字(2020)第 256008 号

金融机构参与互联网助贷法律实务
JINRONG JIGOU CANYU HULIANWANG ZHUDAI FALÜ SHIWU

李宪明 林先海 著

责任编辑 薛 晗 田 浩
装帧设计 汪奇峰

出版 法律出版社
总发行 中国法律图书有限公司
经销 新华书店
印刷 三河市龙大印装有限公司
责任印制 胡晓雅

编辑统筹 法商出版分社
开本 710 毫米×1000 毫米 1/16
印张 21.25
字数 335 千
版本 2021 年 2 月第 1 版
印次 2021 年 2 月第 1 次印刷

法律出版社/北京市丰台区莲花池西里 7 号(100073)
网址/www.lawpress.com.cn
投稿邮箱/info@lawpress.com.cn
举报维权邮箱/jbwq@lawpress.com.cn
销售热线/400 - 660 - 8393
编辑电话/010 - 83938130

中国法律图书有限公司/北京市丰台区莲花池西里 7 号(100073)
全国各地中法图分、子公司销售电话:
统一销售客服/400 - 660 - 8393/6393
第一法律书店/010 - 83938432/8433
西安分公司/029 - 85330678
重庆分公司/023 - 67453036
上海分公司/021 - 62071639/1636
深圳分公司/0755 - 83072995

书号:ISBN 978 - 7 - 5197 - 5239 - 2
定价:90.00 元